* **어휘책**을 내면서…

『매3비』가 출시된 후 학생들에게 가장 많이 받은 질문은 '국어 공부법'에 관한 것이었다. 필자는 국어가 특히 약한 학생들을 대상으로 클리닉 상담을 많이 한다. 상담해 보면 학생들이 약한 분야는 비문학·현대시·고전 시가 등 천차만별이었지만, '어휘'는 대부분의 학생들이 특히 약한 부분이라는 것을 알 수 있었다. 실제로 비문학이 약하고 문학이 약하다는 학생들도 취약점을 체크해 보면 어휘가 약해서인 경우가 대부분이었다. 문제는 어렴풋이 아는 어휘가 국어 성적 향상의 발목을 잡는다는 것을 아는 학생이 드물다는 것이다.

『매3비』의 '클리닉 해설'에서는 '어휘'를 적용해 어휘력을 기를 수 있게 했다. 어휘 문제는 사전적 속에서 핵심을 추려 내고 ② 어휘의 뜻을 미루어 짐작할 수 어휘로 대체해 보는 것이 핵심이다. 이와 같은 '3단계 어휘 해석 의미와 문맥적 의미를 묻는 문제의 정답을 쉽게 찾아낼 수 있구나. 이 점에 착안하여 필자는 학생들이 자주 질문하거나, 안다고 생각하지만 정확한 의미를 몰라 독해 속도까지 느리게 만드는 어휘들을 모두 분류하였다. 그런 다음 어휘를 구성하는 음절을 낱낱이 쪼개 해당 어휘의 의미를 새길 수 있는 어휘 DB를 만들었다. 이것을 활용하여 '데이터베이스를 이용한 한자어 학습 자료 생성 방법'과 한자로 구성된 '한자어 학습용 교재'를 특허 출원하면서 매일 3단계로 익히는 『매3어휘』를 집필하였는데, 『매3어휘』에는 특허 받은(특허 번호: 제10-1652160호) 내용이 녹아들어 있다.

어휘의 뜻을 익히기 위해 사전적 의미를 몽땅 외우는 것은 불가능할 뿐더러 기억이 오래 가지도 않으며 적용력도 떨어진다. 그래서 『매3어휘』는 기존 어휘 사전과 달리 친숙한 어휘를 떠올리며 쉽게 익힐 수 있도록 구성하였다. '병치(竝置)'란 단어의 경우 사전적 의미(한곳에 두 가지 이상의 것을 나란히 둠.)를 외워 익히는 것이 아니라, '**병**행하다 병', '**배치**하다 치'를 떠올려 '**병**행하여 배**치**함'으로 익히는 것이 오래 기억될 뿐만 아니라, '병용'이라는 단어를 접했을 때 '**병**행하여 사**용**함'으로 적용할 수 있기 때문이다.

이와 같이 『매3어휘』는 어휘의 뜻을 무조건 암기하는 공부법을 지양하고, 낯선 어휘를 만나도 그 의미를 쉽게 파악할 수 있도록 친숙한 어휘를 떠올리며 익힐 수 있게 하였다. 국어가 약한 학생들에게 근본적인 해결책을 제시한 것이다.

다른 과목에 비해 국어가 특히 약하고, 시간 부족으로 문제를 끝까지 풀지 못하는 학생들에게 공동의 적(?)인 어휘! 이젠 무조건 외우지 말고 '친숙한 어휘'로 어휘의 뜻을 쉽게 이해하고 적용하자!

『매3비』저자 안 인 숙

"매3어휘"의 구성과 특징

'개념이 중요하다'는 말,
맞는 말이지만 국어 시험에서는 개념에 앞서 '어휘'가 중요하다.
어휘와 개념이 구분되지 않는 경우도 있지만,
'감정 이입'과 같은 개념은 어휘(이입)를 통해 개념(감정 이입)을
익히는 것이 효율적임을 강조한다.

01 낯선 어휘도 쉽게 익힐 수 있는 친숙한 어휘로 풀이!

- 어휘를 구성하는 음절마다 그 글자가 들어가는 어휘를 떠올려,
- 처음 접하는 낯선 어휘도 그 의미를 쉽게 짐작할 수 있게,
- 사전적 의미를 외우는 방법이 아닌, 친숙한 어휘를 결합하여 그 뜻을 이해할 수 있도록 풀이했다!

→ 친숙한 어휘보다 익히 알고 있는 한자의 훈(뜻)이 더 와 닿을 경우에 친숙한 어휘를 괄호 안에 넣는 것으로 함.

예 심상 : 마음 심(심중) / 형상→마음속의 형상

02 단순 암기가 아닌, 3단계로 익혀 오래 기억되게 구성!

- **1단계** 친숙한 어휘로 익히기
- **2단계** 기출 문제로 확인하기
- **3단계** 대표 사례로 다지기

로 구성하여, 어휘의 정확한 의미를 확실하게 알게 하고, 국어 시험 적용력과 해결력을 높이게 구성했다!

03 국어 시험에서 꼭 알아 두어야 할 빈출 어휘만 선정!

- 역대 수능 기출 문제와 전국연합학력평가, 그리고 학교 중간·기말고사에서,
- 국어 문제(발문과 답지)와 지문에 단골로 제시된 빈출 어휘 중,
- 어휘의 뜻을 잘 몰라서 오답에 답하게 만드는 어휘만 담았다!

04 찾아보는 어휘 사전 기능에 앞서 공부하게 만드는 어휘 책!

- 모르는 어휘를 찾아보고 그때그때 확인하는 것도 중요하지만,
- 처음부터 공부해 복습 페이지까지 활용하면 어휘에 대한 자신감을 갖게,
- 지문 독해와 문제를 풀어 나갈 때 막히는 어휘가 없도록, '공부하게 만드는' 교재로 구성했다!

05 사전과 달리 어휘와 연계되는 수능 용어(개념어)까지~!

- 국어사전에는 없지만(예 통사 구조), 국어 시험에는 출제되는 용어(개념어)를,
- 관련된 어휘(예 통사적)와 헷갈리는 어휘(예 통시적)를 함께 공부함으로써,
- 국어 문제를 푸는 데 필수적으로 알아야 하는 용어(개념어)까지 이해할 수 있게 강의하듯 설명했다!

06 자투리 시간을 활용해 매일 30분씩 4주 만에 끝내게!

- 등·하교 시간, 쉬는 시간 등 자투리 시간을 활용해
- 부담 없이 하루 30분만 투자하면 4주 만에
- 낯선 어휘를 만나도 그 뜻을 쉽게 이해할 수 있는 자신감을 갖게 구성하고 설명했다!

07 설명 속 어휘도 친숙한 어휘로 익혀 어휘력이 일취월장하게!

- 안다고 생각하지만 실제로는 모르는 어휘를,
- 사전적 의미만 챙길 경우, 나중에 또 나오면 다시 틀리는 어휘를,
- 친숙한 어휘로 익혀 어휘에 대한 자신감을 백배 키울 수 있도록 '어휘력 일취월장 노트'를 마련했다!

08 고전 문학 빈출 어휘 및 필수 어휘까지 일목요연하게!

- 고전 문학 작품에 자주 등장하는 고전 필수 어휘를,
- 수능과 내신 국어 시험에 자주 출제되는 고전 빈출 어휘를,
- 예시문과 정확하고 쉬운 현대어 풀이를 함께 제시하고, 관련하여 함께 알아 두어야 할 어휘까지 일목요연하게 정리했다!

제1부
국어빈출
어휘편

1 주차

2 주차

☞ 한자 성어와 고전 어휘 차례는 다음 페이지에서 확인!

제2부
국어빈출
한자성어편

4
주차

부록
국어빈출
고전어휘편

『매3어휘』를 효과적으로 공부하기 위한

십계명

01   매일 정해진 분량만큼 꾸준히 공부한다!

02   자투리 시간을 활용하여 공부하되 4주 만에 끝낸다!

03   사전적 의미를 참고하되, '친숙한 어휘'로 의미를 익힌다!

04   기출 문제에 쓰인 예를 확인하여 문제 적용력을 키운다!

05   '대표 사례'를 통해 어휘의 뜻을 명확하게 다지면서
       1단계의 '친숙한 어휘'를 한 번 더 새긴다!

06   3단계 아래에 제시된 '함께 알아 두면 좋을 어휘(개념)'는 꼭 챙겨 보도록 한다!

07   어떤 낯선 어휘와 맞닥뜨려도 해결력을 키워 주는,
       '친숙한 어휘'와 '대표 사례'는 '어휘력 일취월장 노트'에서도 체크하고 넘어가도록 한다!

08   일주일마다 복습 페이지를 활용해 '꼭 알아 두어야 할 어휘'는 다시 정확한 뜻을 새긴 다음,
       확실하게 이해했으면 O, 또 봐야 할 어휘는 V표시를 해 두고 다시 보도록 한다!

09   다른 교재로 공부할 때에도 모르거나 어렴풋하게 이해하고 있는 어휘(개념)가 있을 때는
       '빨리 찾기 색인(p.8)'을 통해 바로바로 확인하도록 한다!

10   부록의 '고전 빈출 어휘'는 작품 예시를 통해 그 뜻을 익히되,
       '현대어 풀이'를 이해한 다음, 함께 알아 두어야 할 어휘까지 챙기도록 한다.

>>

위와 같이 공부한 다음에도 『매3어휘』는,
국어 공부를 할 때 항상 곁에 두고 찾아보고 반복해서 그 의미를 새기도록 하자!
십계명을 지키며 공부한 『매3어휘』,
수능 국어 영역 대비는 물론 내신 국어 시험에도 강한 자신감을 갖게 해 줄 것이다!

매일 3단계로 공부하는 수능 · 내신 빈출 국어 어휘

제1부

국어 빈출

어휘편

매일 3단계로 공부하는 수능 · 내신 빈출 국어 어휘

매일 성취하고 매월 성장함.

날 **일**, 나아갈 **취**, 달 **월**, 장차 **장**

사전적 의미
나날이 다달이 자라거나 발전함.

일취월장 日就月將

매**일** / 성**취** / 매**월** / 성**장**

한자의 의미
날 **일**, 나아갈 **취**, 달 **월**, 장차 **장**

사전적 의미
나날이 다달이 자라거나 발전함.

매일 성취하고 매월 성장함.

〈**매3어휘**〉로 어휘력과 국어 실력이 일취월장하길 소망합니다!

주차

001

觀念 관념

한자의 의미
볼 **관**, 생각 **념**

사전적 의미 어떤 일에 대한 견해나 생각. 현실적이 아닌 추상적이고 공상적인 생각

1단계 친숙한 어휘로 익히기

주관적 / 상념

주관적인 상념 ㈜ 생각

2단계 기출 문제로 확인하기

❶ 오규원은 '순례' 연작시[1]에서 생성과 변화를 중시하면서 사물에 대한 고정된 인식이나 **관념**에서 탈피하려고 했다. ▶ 2013학년도 수능

❷ '아치고절[2]'은 매화에 부여된 **관념**적* 속성이다. ▶ 2007학년도 6월 고3 모의평가

3단계 대표 사례로 다지기

① 추상적 **관념** ② 고정**관념**, 경제**관념** ③ **관념**적인 대상(인식)

관념적
- 관념적 : 추상적(○), 철학적(○), 현실적(×), 구체적(×)
- 관념적 대상 : 자유, 고독, 영혼, 삶, 순수 등

관념적	=	추상적
↕		↕
현실적		구체적

관념적·추상적 대상의 구체화(시각화)

관념의 구체화	관념의 시각화
추상적인 관념을 구체적으로 표현하는 것	시각적이지 않은 것(추상적인 것)을 시각적인 것으로 표현하는 것
㈜ 구체적 형상화(☞p.111)	㈜ 구체적 시각화

❶ 삶은 언제나/은총(恩寵)의 돌층계의 어디쯤이다.
사랑도 매양/섭리(攝理)[3]의 자갈밭의 어디쯤이다. - 김남조, 「설일」
→ 관념적이고 추상적인 '삶'과 '사랑'을, 구체적이고 시각적인 '돌층계'와 '자갈밭'에 빗대어 표현함(삶 — 돌층계, 사랑 — 자갈밭).

❷ 차가운 시간이 버스 안으로 흘러들어온다.
▶ 2008학년도 7월 고3 전국연합학력평가
→ 추상적인 관념인 '시간'을 구체적·시각적(버스 안으로 흘러들어오는 것)으로 표현함.

❸ 내 마음은 호수요 - 김동명, 「내 마음은」
→ 마음(추상적인 관념)을 호수(구체화, 시각화)에 빗대어 표현함.

❹ 끊임없는 광음을
부지런한 계절이 피어선 지고 - 이육사, 「광야」
→ 시간(광음, 추상적인 관념)의 흐름을 꽃이 피고 지는 것(구체화, 시각화)으로 표현함.

❺ 시간이 똘똘 / 배암의 또아리를 틀고 있다. - 신동집, 「오렌지」
→ 시간(추상적인 관념)이 흐르는 것을 뱀이 따리를 틀고 있는 것(구체화, 시각화)으로 표현함.

❻ 여윈 추억의 가지가지엔 - 김광균, 「성호 부근」
→ 추억(추상적인 관념)을 나뭇가지에 빗대어 구체화, 시각화하여 표현함.

어휘력 일취월장 노트	친숙한 어휘로 익히기	대표 사례로 다지기
[1]**연작시**(連作詩)	(하나의 주제 아래 여러 개를) **연**달아 **작**성한 **시**	고은 시인의 연작시
[2]**아치고절**(雅致高節)	우**아**한 풍**치**나 높은(최**고**) **절**개	매화의 속성인 아치고절
[3]**섭리**(攝理)	자연계를 다스리는(**섭**정) 원리	자연의 섭리

具體的 구체적

1단계
친숙한 어휘로 익히기

구비 / 실체 / ~하는 것 적

실체를 구비하고 있는 것
⑪ 구상적(具象的) ⑪ 추상적, 관념적

한자의 의미
갖출 **구**, 몸 **체**, ~의 **적**

사전적 의미
사물이 일정한 형태와 성질을 갖추고 있는 것

2단계
기출 문제로 확인하기

❶ **구체적**인 사례를 제시하고 그와 관련되는 해결 방안과 한계를 설명하였다.
▶ 2014학년도 9월 고3 모의평가 국어 A형

❷ (고은의 「선제리 아낙네들」에서) '시오릿길'은 '군산 묵은장'과 '선제리' 사이의 거리로, '한밤중', '십릿길'과 더불어 '아낙네들'이 처한 상황을 **구체적**으로 나타낸다.
▶ 2011학년도 수능

❸ (김소월의 「접동새」에서는) **구체적** 지명을 활용하여 향토적 정서를 환기하고 있다.
▶ 2014학년도 6월 고3 모의평가 국어 A형

→ 「접동새」에 사용된 **구체적**인 지명(진두강 가람 가, 진두강 앞마을)은 향토적인 정서를 불러일으킨다. 한편, 고정희의 시 「우리 동네 구자명 씨」에는 '경기도 안산'과 '서울 여의도'라는 지명이 쓰였지만, 향토적인 정서를 불러일으키지 않는다. 즉, 구체적 지명을 활용한다고 해서 반드시 향토적 정서를 환기하는 것은 아니라는 것도 기억하자!

❹ 추상적 진술*에 바로 이어서, 이 내용을 온전하게 포함하는 **구체적** 설명을 하려고 한다. _____ 부분에 들어갈 글로 가장 적절한 것은?
▶ 1995학년도 수능

> • **추상적 진술** : 지적 재산권(知的財産權)은 인간의 지적(知的) 활동에 의해 얻어진 무형재(無形財)에 대한 소유권이다.
> • **구체적 설명** : _____

▶ 정답 : 저작, 특허, 컴퓨터 프로그램, 데이터베이스 등 지력으로 개발된 결과물 가운데 재산 가치를 지니는 것들에 대한 소유 권리를 말한다.

→ '인간의 지적(知的) 활동에 의해 얻어진 무형재(無形財)'에 대해 '저작, 특허, 컴퓨터 프로그램, 데이터베이스'의 예를 들어(예시) 구체적으로 설명함.

3단계
대표 사례로 다지기

① **구체적**인 예(사례, 대상, 증거물, 시대 상황)   ② **구체적**인 단서를 제공하다.
③ 문답 형식으로 화제에 대해 **구체적**으로 설명하다.

구체적 vs. 추상적	구체적	추상적
	실체(일정한 모습과 형태)가 있는 것 : 나무, 꽃 등	실체가 없는 것 : 사랑, 자유 등
	⑪ 구상적 ⑪ 추상적	⑪ 관념적

구체적 진술 vs. 추상적(일반적) 진술	구체적 진술	추상적(일반적) 진술
	• 일반적인 진술을 뒷받침하는 세부 내용을 담은 문장	• 주제(핵심 내용, 중심 내용, 요지)를 담은 문장
	• 사례(예시)를 들어 상세하게 설명함.	• 말하고자 하는 바를 포괄적으로 설명함.
	• 구체적인 진술의 예 : 부연, 예시, 상술 (☞p.27)	• 일반적인 진술의 예 : 주지 (☞p.27)

聯想 **연상**

1단계
친숙한 어휘로
익히기

연관 / 상념(발상)

연관되어 떠오르는 상념(발상)

한자의 의미
잇닿을 **연**, 생각 **상**

사전적 의미
하나의 관념이 다른 관념을 불러일으키는 작용

2단계
기출문제로
확인하기

다음은 '고속 도로'라는 소재를 두고, 글 쓰는 이가 자유 **연상***하는 과정을 나타낸 것이다. **연상**이 전개될수록 그 의미가 일반화*, 추상화*되는 방향으로 나아간 것은?

▶ 1995학년도 수능

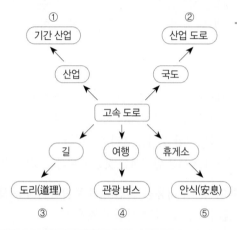

→ 왼쪽 그림은 '고속 도로'라는 어휘와 연관되어 떠오르는 단어들을 적은 것이다. '일반화'는 하위 개념에서 상위 개념으로 나아가는 것으로, 제시된 단어들 중 '고속 도로'의 상위 개념은 '길'이고, '길'의 하위 개념은 '국도, 산업 도로, 고속 도로'이다.

　한편, '추상화'는 관념적인 것으로, '길'이 추상적 의미로 쓰인 예는 '스승의 길, 어머니의 길' 등과 같이 '도리'의 의미로 쓰인 '길'이다. 따라서 이 문제의 정답은 ③이다.

3단계
대표사례로
다지기

① **연상** 작용　② 어둠으로부터 **연상**되는 공포

 자유 연상
• 꼬리를 물고 떠오르는 생각의 흐름을 따라가며 내용을 떠올리는 방법
• 작문의 내용 생성을 위한 창의적인 사고 활동에는 '자유 연상' 외에 '브레인스토밍'이 있다.
　*브레인스토밍 : 여러 사람이 가능한 한 많은 내용을 떠올리는 내용 생성 방법

 일반화 vs. 추상화

일반화	추상화
하위 개념에서 상위 개념으로 나아가는 것 → 상위 개념에서 하위 개념으로 나아가는 것은 '구체화'임	직접적으로 지각하거나 경험할 수 없는 관념적인 것(구체적 ×)

 '길'의 의미　❶ 본래의 고유한 의미 : 사람, 차 등이 다니는 공간
❷ 추상적 의미
　• 어떤 일을 하는 방법이나 수단
　　예 살아갈 길이 막막하다. / 억울한 사정을 해결할 길이 없다.
　• 살아가는 과정이나 방면
　　예 배움의 길에 들어서다. / 친구를 잘못 사귀어 나쁜 길로 빠졌다.
　• 어떤 자격으로서의 도리나 임무　예 스승의 길 / 어머니의 길
　• 시간의 흐름을 통해 전개되는 과정. 또는 사회 · 역사적인 발전의 방향
　　예 인류 문명이 발전해 온 길 / 근대화의 길로 들어서다.
❸ 상징적 의미 : 삶의 길, 즉 인생　예 아, 나는 뒷날을 위해 한 길은 남겨 두었습니다.(프로스트, 「가지 않은 길」에서)

蓋然性 개연성

1단계
친숙한 어휘로 익히기

대개 / 자연스럽다 / 성질

대개 자연스럽게 여기는 성질 [반]필연성

한자의 의미
덮을 **개**, 그러할 **연**, 성품 **성**

사전적 의미
확실하지 않으나 아마 그럴 것
이라고 생각되는 성질

2단계
기출문제로 확인하기

❶ 원칙적으로 어떤 사실이 일어났을지도 모른다는 **개연성**이 인정되면 입증이 성공하
였다고 본다. ▶2014학년도 6월 고3 모의평가 국어 A형

❷ 결론이 참일 가능성이 낮은 추론[1]은 **개연성**이 낮을 것이다. ▶2011학년도 6월 고3 모의평가

3단계
대표사례로 다지기

① **개연성**이 높다/낮다. ② **개연성**을 띠고 있다.

✳ 개연성
vs.
필연성

개연성(蓋然性)	필연성(必然性)
• **대개** 그럴 것이라고 생각하는 성질 [예] 소설은 개연성이 있는 허구다.	• **필히**(반드시) 그렇게 될 수밖에 없는 성질 [예] 그 사건은 우연이 아닌 역사적 필연성을 지닌 것이다.

假說 가설

1단계
친숙한 어휘로 익히기

가정하다(임시로 정하다) / **설명**

가정하여 설명함(가설이 참으로 검증되면 진리가 됨).
[유]가정(假定)

한자의 의미
임시 **가**, 말씀 **설**

사전적 의미 어떤 사실을 설
명하기 위해 임시로 세운 이론

2단계
기출문제로 확인하기

❶ 그(토인비)는 문명 중심의 역사를 이해하기 위한 몇 가지 **가설**들을 세웠다. 그리고 방
대한 사료(史料)[2]를 바탕으로 그 **가설**들을 검증하여 문명의 발생과 성장 그리고 쇠퇴
요인들을 규명하려 하였다. ▶2014학년도 수능 국어 A형

❷ 이론적으로 설정한 **가설**에 대하여 현실적인 사례를 들어가며 논증하였다.
▶2014학년도 9월 고3 모의평가 국어 A형·B형

3단계
대표사례로 다지기

① **가설** 검증 ② **가설**을 제시하다.

✳ 가설(假說)
vs.
가설(假設)

가설(假說)	가설(假設)
설명하기 위해 임시로 세운 이론 [예] 가설을 세우다.	임시로 설치한 것 [예] 가설무대를 철거하다.

어휘력 일취월장 노트	친숙한 어휘로 익히기	대표 사례로 다지기
[1]**추론**(推論)	**추리**하여 **결론**을 이끌어 냄. [유]유추	다양한 경험에서 새로운 정보를 <u>추론</u>하다.
[2]**사료**(史料)	**역사**적인 자료	발견된 <u>사료</u>의 가치

檢證 검증

1단계 친숙한 어휘로 익히기	**검사 / 증명** 검사하여 증명함.	**한자**의 의미 검사할 **검**, 증거 **증** **사전적** 의미 가설 또는 사실이나 이론 등을 검사하여 참인지 거짓인지를 증명함.

2단계
기출문제로
확인하기

객관적 사례를 제시하여 중간층과 관련된 이론의 논리적 타당성을 **검증**하였다.

▶ 2014학년도 수능 예비 시행 국어 B형

3단계
대표사례로
다지기

① 가설(사실) **검증** ② 전문가의 **검증**을 거치다.

 '검증'과 함께 알아 두어야 할 어휘

• 검증 ≒ 논증, 입증, 실증, 확증 : 이유나 근거를 들어 '증명'하는 것

어휘	친숙한 어휘로 익히기	기출 용례	어휘	친숙한 어휘로 익히기	기출 용례
논증	**논리적**으로 **증**명함.	• 두 견해가 서로 인과 관계에 있음을 논증하고 있다. ▶ 2013학년도 6월 고3 모의평가	실증	**실제**로 **증**명함.	• 세종대의 자각 시대나, 영·정조대의 실학 시대나, 개화기의 근대화 과정에서의 우리말, 우리글의 숭상은 그 역사적 실증이 된다. ▶ 1998학년도 수능
입증	증거를 내세워 **증**명함.	• 소송에서 입증은 주장하는 사실을 법관이 의심 없이 확신하도록 만드는 일이다. ▶ 2014학년도 6월 고3 모의평가 국어 A형	확증	**확실**히 **증**명함.	• 폐순환의 발견은 경험적으로 충분히 확증되지 못하였기 때문에 갈레노스의 이론을 '무효화'하지 못했겠군. ▶ 2008학년도 수능

反證 반증

1단계 친숙한 어휘로 익히기	**반대 / 증명** 반대되는 근거를 들어 증명함.	**한자**의 의미 돌이킬 **반**, 증거 **증** **사전적** 의미 어떤 주장에 대해 반대되는 논거를 들어 증명함.

2단계
기출문제로
확인하기

❶ 수많은 **반증**의 시도로부터 끝까지 살아남으면 성공적인 과학적 지식이 되는 것이다.

▶ 2013학년도 수능

❷ 모든 '역사적 서술'은 **반증**이 가능하고 언제라도 또다시 시험의 대상이 될 수 있다.

▶ 2006학년도 9월 고3 모의평가

3단계
대표사례로
다지기

① 증거에 대한 **반증** ② **반증**을 들다(제시하다).

 반증 vs. 방증

반증(反證)	방증(傍證)
반대되는 근거를 들어 **증**명하는 것 예 반대편 주장을 뒤집을 만한 반증을 찾았다.	**방**조(옆에서 도움)하여 **증**명함.(간접적으로 증명함.) 예 원점수 기준 1등급 컷 점수가 낮은 것은 시험의 난이도가 어려웠음을 방증하는 것이다.

→ '반증'을 '도리어 증명하는'의 의미로 쓰는 경우도 있지만, 이것은 일반적이지 않다. 그러므로 국어 시험에서 '반증'을 만나면 '반대되는'의 의미로 해석한 다음, 앞뒤 문맥을 통해 살핀다. '반대되는'의 의미가 어색하면 '도리어'로 해석하면 된다.

根據 근거

1단계 친숙한 어휘로 익히기

근본 / 증거

근본이 되는 증거 (유)이유, 까닭
→ '증거'로 바꿔 읽으면 의미가 통함.

한자의 의미
뿌리 **근**, 기댈 **거**

사전적 의미
어떤 일이나 의견의 근본
이 되는 바탕 또는 까닭

2단계 기출문제로 확인하기

ⓒ은 ⓓ의 **근거**이다. ▶ 1995학년도 수능

> ⓒ 한 종교나 사상이나 정치 제도가 다른 나라에 도입된다 하더라도 꼭 동일한 양상으로 발전되는 법은 없으며, 문화, 예술은 물론이고 과학 기술조차도 완전히 동일한 발전을 한다고는 볼 수 없다.
> ⓓ 이런 점에서는, 조상으로부터 물려받은 모든 유산이 다 고유하다고 할 수 있다.

3단계 대표사례로 다지기

① 판단의 **근거** ② **근거** 없는 소문 ③ **근거**를 대다(찾다).

前提 전제

1단계 친숙한 어휘로 익히기

이전 / 제시

이전(앞)에 제시한 것

한자의 의미
앞(먼저) **전**, 이끌 **제**

사전적 의미 어떤 사물이
나 현상을 이루기 위해 먼
저 내세우는 것

2단계 기출문제로 확인하기

❶ **전제**가 참이면 결론이 확실히 참인 연역 논증 ▶ 2013학년도 수능

❷ ㉠의 **전제**로 가장 적절한 것은? ▶ 1995학년도 수능

> ㉠나무에 아주 친구가 없는 것은 아니다. 달이 있고, 바람이 있고, 새가 있다. 달은 때를 어기지 아니하고 찾고, 고독한 여름 밤을 같이 지내고 가는, 의리 있고 다정한 친구다.
> – 이양하, 「나무」에서

① 나무는 불행하다. ② 나무는 고독한 존재다.
③ 나무는 믿을 만한 존재다. ④ 나무는 조화를 추구하고 있다.
⑤ 나무는 평등사상을 가지고 있다.

→ 왜 '나무에 아주 친한 친구가 없는 것은 아니다.'라고 했을까? 그 까닭(이유)은 무엇일까? ㉠ 바로 앞에 '나무는 친구가 없다'는 말(**전제**)이 있었을 것이다. 즉, '나무는 친구가 없다. 그렇다고 아주 친구가 없는 것은 아니다. 달, 바람, 새는 나무의 다정한 친구이다.'의 흐름으로 전개되고 있는 것이다. 따라서 ②가 답이 된다.

3단계 대표사례로 다지기

① **전제** 조건 ② 결혼을 **전제**로 사귀다.

전제 ≒ 까닭, 이유
• 국어 시험에서 '전제'를 찾는 문제는 '까닭, 이유'를 묻는 문제라고 생각하면 된다.
• '전제'를 묻는 문제는 반드시 지문 속에 답이 있다.

010

副題 부제

1단계
친숙한 어휘로
익히기

부차적 / 제목

부차적인 제목. 부제목. 주된 제목(표제)이 아닌,
그것에 딸린 부제목

한자의 의미
버금 **부**, 제목 **제**

사전적 의미
책이나 논문 등의 제목에 덧
붙여 그것을 보충하는 제목

2단계
기출문제로
확인하기

❶ 위 글의 표제와 **부제**로 가장 적절한 것은?   ▶ 2009학년도 수능

→ 제시문(위 글)은 공룡 발자국 연구를 통해 공룡의 종류, 크기, 보행 상태는 물론 당대의 기
후나 환경 등까지도 추정할 수 있다는 내용의 글이었는데, 표제는 '공룡 발자국 화석 연구
와 그 의미'였고, **부제**는 '한반도의 공룡 발자국 화석을 중심으로'였다.

❷ 위 글을 지역 신문에 싣고자 한다. 기사의 제목을 〈보기〉와 같이 붙일 때, 빈칸에 들
어갈 **부제**로 가장 적절한 것은?   ▶ 2011학년도 3월 고1 전국연합학력평가

〈보기〉	난방의 신개념, 지역난방
	– [ ]

→ 제시문(위 글)은 지역난방이 이루어지는 과정과 의의에 대해 설명하였는데, 〈보기〉에서 제
목(난방의 신개념, 지역난방)은 주어졌기 때문에 **부제**는 '지역난방이 왜 난방의 신개념인지'
를 보충해 주면 된다. '효율적인 에너지 활용이 가능해져'가 답이었다.

3단계
대표사례로
다지기

① 표제와 **부제**   ② **부제**를 붙이다.

 표제 vs. 부제

	표제	부제
	제목, 중심 내용, 글 전체를 포괄할 수 있는 내용, 글 전체를 통해 말하고자 하는 핵심 내용	표제를 뒷받침해 주는 것

→ '표제'와 '부제'를 묻는 문제는 '언급된 내용', '일치하는 내용'을 묻는 것이 아님. 지문에 언급된 내용이라 하더라도,
지문의 내용과 일치하는 내용이라 할지라도 글 전체를 포괄하는 내용이 아니면 '표제'가 될 수 없다는 것을 기억하자!

011

論旨 논지

1단계
친숙한 어휘로
익히기

논하다 / 요지(취지)

논하는 요지(취지) 윤 요지

한자의 의미
말할 **논**, 뜻 **지**

사전적 의미
논하는 말이나 글의 취지

2단계
기출문제로
확인하기

❶ 위 글의 **논지** 전개 방식으로 가장 적절한 것은?   ▶ 2014학년도 수능 예비 시행 국어 B형

❷ 두 견해의 공통점을 부각하여 **논지**를 강화하고 있다.   ▶ 2013학년도 6월 고3 모의평가

글의 전개 방식
=설명 방식
=서술 방식

【동태적 전개 방법】 *(동작 상태니까)* 시간의 흐름을 중시함.

구분	개념	예시
서사	• 움직임이나 변화를 순서대로 전개하는 방법 • 사건(무엇이 일어났나?)에 초점을 둠.	• 늦게 일어났다. 온 힘을 다해 달렸다. 정문을 지나 교실에 도착하니 9시가 넘었다.
과정	• 어떤 일의 절차와 순서를 보여 주는 방법 • 방법(어떻게 하나?)에 초점을 둠.	• 떡과 어묵에 고추장, 간장 등을 넣고 불 위에 올려놓고 끓인다. 육수를 넣어 가며 졸이다가 마지막에 파를 넣는다. ← 떡볶이 만드는 방법
인과	• 그 일이 일어나게 되는 원인과 결과를 밝히는 방법 • 원인(왜 일어났나?)과 결과를 중시함.	• 온실 효과로 인해 해수면이 상승하고, 해수면의 상승은 바다와 육지의 비율을 변화시켜 기후 변화를 초래하고, 저지대가 물에 잠기게 된다.

【정태적 전개 방법】 *(정지 상태니까)* 시간의 흐름을 중시하지 않음.

구분	개념	예시
예시	• 설명에 대한 구체적인 예를 제시하는 방법	• 우리 조상들은 단옷날 많은 풍속을 즐겨 왔다. 씨름, 그네뛰기, 가면극 등이 그 좋은 예이다.
정의	• 개념을 명백하게 밝혀 규정하는 방법	• 어머니는 자기를 낳아 준 여자를 부르는 말이다.
지정	• 'A는 B이다.' 식으로 가리키고 확인하듯 설명하는 방법	• 저분은 나의 어머니이시다.
구분	• 사물들을 특성에 따라 작은 항목으로 나누는 방법(큰 항목 → 작은 항목) • '분류'와 나누지 않고, '분류'에 포함시키도 함.	• 예술적인 글은 시 · 소설 · 수필 등으로, 논리적인 글은 논설문 · 비평 · 설명문 등으로 나눌 수 있다.
분류	• 사물들을 특성에 따라 큰 항목으로 묶는 방법(작은 항목 → 큰 항목)	• 시, 소설, 수필 등은 예술적인 글이고, 논설문, 비평, 설명문 등은 논리적인 글이다.
분석	• 한 사물을 부분으로 나누어 구성 요소를 자세히 풀이하는 방법	• 시계는 동력을 공급하는 태엽, 동력을 전달하는 톱니바퀴, 시각을 가리키는 시침과 분침 등으로 이루어져 있다.
묘사	• 사물의 모습이나 상황을 눈에 보이듯이 그리는 방법	• 사십에 가까운 노총각인 그는 수염투성이 얼굴에 부리부리한 눈망울이 마치 『삼국지』의 장비를 생각나게 한다.
비교	• 두 대상의 유사점을 견주는 방법	• 희곡과 시나리오는 갈등을 중심으로 한 극문학이라는 점에서 공통된다.
대조	• 두 대상의 차이점을 견주는 방법	• 희곡은 연극의 대본이고, 시나리오는 영화의 대본이다.
유추	• 친숙한 개념과 비교함으로써 쉽게 이해할 수 있게 설명하는 방법(연관 짓기)	• 일찍이 주시경 선생은, 말과 글을 정리하는 일은 집안을 청소하는 일과 같다고 말씀하셨다. 　→ '말과 글을 정리하는 일'을 '집안을 청소하는 일'과 비교하여 쉽게 설명함.

'분류'와 '분석'을
구분하는 법

• 나누어서 속성을 지니고 있으면 분류 예 장미, 백합, 튤립은 꽃에 속한다.

　➜ 장미 하나, 백합 하나도 모두 꽃에 속함.

• 나누어서 속성이 없어지면 분석 예 시계는 분침, 시침, 태엽 등으로 구성된다.

　➜ 분침 하나, 시침 하나 등으로는 시계의 기능을 할 수 없음.

敷衍(演) **부연**

부가하다 / 설명하다 연(연설)

부가하여 설명함.

한자의 의미
펼 **부**, 넓을 **연**(펼 연)

사전적 의미
알기 쉽게 설명을 덧붙여 자세히 말함.

❶ 고전 소설에 구현된 관습적 장치는 고전 소설의 중요한 형식적 특징이자 독서법에 대한 일종의 약속이기도 하다. 「옥루몽」에 사용된 관습적 장치에는 '전 회에서 서술된 사건을 **부연**·반복하여 앞뒤의 이야기를 자연스럽게 연결하는 대목'이 있다.

▶2010학년도 9월 고3 모의평가

뇌천풍이 투구*를 주워 쓰고 벽력부*를 휘두르며 크게 꾸짖었다. "조그만 오랑캐 장수야! 작은 재주만 무례히* 굴지 말라." 그러고는 다시 강남홍에게 달려들더니 홀연* 몸을 솟구치며 말에서 떨어졌다. 어찌된 일인지 모르겠구나. 다음 회를 보시라.

　14회　옥피리는 자웅(雌雄)의 음률을 주고받으며,
　　　　　거문고의 아름다운 소리는 끊어졌다 이어졌다 한다.

　각설*, 뇌천풍이 분기탱천*하여 도끼를 휘두르며 강남홍에게 덤벼들었지만 그녀는 태연히 웃으며 부용검*을 들고 서서 꼼짝도 않았다. 뇌천풍은 더욱 화가 나서 크게 소리 지르며 힘을 다해 강남홍을 공격했다. 순간 강남홍이 쌍검을 휘두르며 허공에 몸을 솟구쳤다. 뇌천풍이 허공을 쳐다보며 급히 도끼를 거두어들이려는데 갑자기 쨍그랑하는 소리가 머리 위에서 들렸다. 날아온 칼이 공중에서 떨어지며 투구를 쳐서 깨뜨린 것이었다. 뇌천풍이 황망*하여 몸을 뒤틀며 말에서 떨어졌다.

－ 남영로, 「옥루몽」

*투구 : 쇠로 만든 모자.　　*벽력부 : 큰 도끼.　　　　*무례히 : 예의가 없이(버릇없이).
*홀연 : 갑자기.　　　　*각설 : 이때.(☞p.238)　　*분기탱천 : 분한 기운이 하늘을 찌르다.
*부용검 : 부용(연꽃)을 새긴 칼.　　*황망 : 당황하여 허둥지둥함.(☞p.245)

→ 14회 바로 앞, 즉 13회가 끝나는 부분에서 뇌천풍이 말에서 떨어졌다는 것을 간단하게 제시하고 있다. 그런데 14회가 시작되는 부분을 보면 뇌천풍이 말에서 떨어지는 장면을 그 바로 앞의 사건 전개 과정을 포함하여 길고 자세하게 묘사하고 있다. '전 회에서 서술된 사건을 **부연**·반복'하고 있는 것이다.

❷ (가)는 논지와 주요 개념을 제시하고, (나)는 제시된 개념을 **부연**하여 설명한다.

▶ 2004학년도 수능

(가) 자연은 인간 사이의 갈등을 이용하여 인간의 모든 소질을 계발하도록 한다. 사회의 질서는 이 갈등을 통해 이루어진다. 이 갈등은 인간의 반사회적 사회성 때문에 초래된다. 반사회적 사회성이란 한편으로는 사회를 분열시키려고 끊임없이 위협하고 반항하면서도, 다른 한편으로는 사회를 이루어 살려는 인간의 성향을 말한다. 이러한 성향은 분명 인간의 본성 가운데에 있다.

(나) 인간은 사회 속에서만 자신을 더 나은 존재로 느낄 수 있기 때문에 자신을 사회화하고자 한다. 인간은 사회 속에서만 자신의 자연적 소질을 실현할 수 있는 것이다. 그러나 인간은 자신을 개별화하거나 고립시키려는 강한 성향도 있다. 이는 자신의 의도에 따라서만 행위하려는 반사회적인 특성을 의미한다. 그리고 저항하려는 성향이 자신뿐만 아니라 다른 사람에게도 있다는 사실을 알기 때문에, 그 자신도 곳곳에서 저항에 부딪히게 되리라 예상한다.

→ (가)에서는 자연은 갈등을 이용하여 인간의 소질을 계발하도록 한다는 논지를 제시한 후 '반사회적 사회성'의 주요 개념을 제시하고, (나)에서는 (가)에 제시된 개념인 '반사회적인 특성'의 의미를 **덧붙여 설명**하고 있다.

3단계
대표사례로
다지기

① **부연** 설명　②앞 단락에 대해 **부연**하고 있다.

  문단의 역할

주지	상술	부연	예시
주(중심)가 되는 요지(요점)	중심 문장의 내용을 **상**세하게 서술함.	중심 문장의 내용을 **부**가하여 설명(**연**설)함.	중심 문장의 내용에 대한 **예**(사례)를 제**시**함.
중심 문장	뒷받침 문장(문단)		

013

深化 **심화**

1단계
친숙한 어휘로
익히기

심도(심층적) / 변화

심도 있게(심층적으로) 변화됨.

한자의 의미
깊을 **심**, 될 **화**

사전적 의미
정도나 경지가 점점 깊어짐.

2단계
기출문제로
확인하기

❶ [A]에는 사랑의 속성에 대한 화자의 **심화**된 인식이 나타나고 있어.
▶ 2013학년도 6월 고3 모의평가

> 사랑은, / 호젓한 부둣가에 우연히, / 별 그럴 일도 없으면서 넋 놓고 앉았다가
> 배가 들어와 / 던져지는 밧줄을 받는 것 / 그래서 어찌할 수 없이 / 배를 매게 되는 것
>
> 잔잔한 바닷물 위에 / 구름과 빛과 시간과 함께 / 떠 있는 배
>
> ┌ 배를 매면 구름과 빛과 시간이 함께
> [A] 매어진다는 것도 처음 알았다
> └ 사랑이란 그런 것을 처음 아는 것
> 　　　　　　　　　　　　　　　　　　　　 - 장석남, 「배를 매며」

→ 화자는 사랑이란 그런 것(사랑을 하게 되면 구름과 빛과 시간이 함께 매어진다는 것)이라는 것을 처음 알았다고 했다. 이전에 알고 있었던 사랑과 달리 사랑을 새롭게 이해하게 되는 것, 이것은 사랑의 속성에 대해 화자의 인식이 **심화**된 것이라고 할 수 있다.

❷ 위 글을 읽고 **심화** 학습*을 하기 위한 질문으로 가장 적절한 것은?
▶ 2011학년도 3월 고1 전국연합학력평가

3단계
대표사례로
다지기

① 갈등의 **심화**　②대립의 양상이 **심화**되고 있다.　③화자의 정서를 **심화**하고 있다.

  심화 학습 →국어 시험에서 '심화 학습'을 묻는 문제는 다음 2가지를 충족해야 한다는 것을 기억하자!
　　　　　　　　 • 지문의 내용과 어긋나면 심화 학습이 아니다.
　　　　　　　　 • 지문에 그대로 제시되어 있는 것은 심화 학습이 될 수 없다.

認知 인지

1단계
친숙한 어휘로
익히기

인식 / 지각

인식하고 지각함.

한자의 의미
알 **인**, 알 **지**

사전적 의미 어떤 사실을 분명하게 인식하여 앎.

2단계
기출문제로
확인하기

❶ 우주에서 지구의 북극을 내려다보면 지구는 시계 반대 방향으로 빠르게 자전하고 있지만 우리는 그 사실을 잘 **인지**하지 못한다.
▶ 2014학년도 수능 국어 B형

❷ 우리는 생활에서 각종 유해 가스에 노출될 수 있다. 인간은 후각이나 호흡 기관을 통해 위험 가스의 존재를 **인지**할 수는 있으나, 그 종류를 감각으로 판별[1]하기는 어려우며, 미세한 농도의 감지[2]는 더욱 불가능하다.
▶ 2011학년도 9월 고3 모의평가

❸ (이근삼의 희곡 「원고지」에서는) '원고지 칸투성이'인 '양복'을 제시하여 교수가 처한 상황과 교수의 신분을 관객이 **인지**하도록 유도하고[3] 있다.
▶ 2014학년도 9월 고3 모의평가 국어 A형 · B형

3단계
대표사례로
다지기

① 상황을 **인지**하다.　② 시간의 경과를 분명하게 **인지**하다.

유연 柔軟하다

1단계
친숙한 어휘로
익히기

부드럽다 유(유순) / 연하다(연약)

부드럽고 연하다(융통성, 신축성, 탄력성이 있음).
반 완강하다, 경직되다, 완고하다

한자의 의미
부드러울 **유**, 연할 **연**

사전적 의미
부드럽고 연하다.

2단계
기출문제로
확인하기

❶ 만화는 물리적 시간의 부재[4]를 공간의 **유연**함으로 극복한다.
▶ 2013학년도 수능

❷ 창조 도시는 인재들을 위한 문화 및 거주 환경의 창조성이 풍부하며, 혁신적이고도 **유연**한 경제 시스템을 구비[5]하고 있는 도시인 것이다.
▶ 2009학년도 수능

3단계
대표사례로
다지기

① **유연**한 자세　② **유연**한 상황 적응력

어휘력 일취월장 노트	친숙한 어휘로 익히기	대표 사례로 다지기
[1]**판별**(判別)	**판**단하여 구**별**함.	옳고 그름을 판별하다.
[2]**감지**(感知)	**감**(느낌)으로 **지**각함(앎).	변화를 감지하다.
[3]**유도**(誘導)**하다**	**유**인하여 인**도**하다.	자발적인 참여를 유도하다.
[4]**부재**(不在)	존재하지 않음(×).	대화와 소통의 부재
[5]**구비**(具備)	**구**색을 갖추고 있고 준**비**되어 있음.	서류를 구비하다.

畏敬 외경

두려워하다 외 / 공경

두려워하고 공경함. 유 경외(敬畏)

❶ 다음 밑줄 친 부분에 들어갈 말로 알맞은 것은? ▶ 2005학년도 5월 고1 경기도 학업성취도 평가

> 선생님 : 이 작품은 '신둥이'라는 개를 주인공으로 한 우화 소설입니다. 이 작품을 통해 작가
> 가 궁극적으로 말하고자 했던 것은 무엇일까요? ☞우화 소설 p.42
> 학 생 : ＿＿＿＿＿＿＿＿＿＿＿＿＿＿＿＿＿＿＿＿＿＿＿＿＿＿＿＿＿
>
> − 황순원, 「목넘이 마을의 개」

→ 「목넘이 마을의 개」에서 신둥이라는 개는 미친개로 오해받아 생명의 위협을 받는다. 하
지만, 신둥이는 어려움 속에서도 살아남아 자신의 새끼를 퍼뜨리며 강인한 생명력을 보
여 준다. 즉, 이 작품은 끈질긴 생명력을 지닌 신둥이를 통해 우리 민족의 강인한 생명력
을 그리고 있다. 따라서 작가가 궁극적(☞p.34)으로 말하고자 했던 것은 '강인한 생명력에
대한 **외경**'이다.

❷ 열대 아프리카에서 제작된 주요 미술품은 가면과 3차원적인 조각품과 같은 목조각이
다. 이것들은 대부분 각이 졌으며 형태가 왜곡되고 불균형하다. 아프리카 사람들은
이러한 조각이 자연의 영(靈)과 조상신의 힘이 깃든 신성한 물건으로서 병을 치료하
거나 적을 해하는 힘이 있다고 믿는다. 특별한 때에는 가면과 조각상을 성지에서 옮
겨와 깨끗이 닦고 야자기름으로 광을 낸 뒤 구슬과 옷감으로 장식한다. 조각상에는
외경스러운 초자연적인 힘이 깃들어 있다고 해서 의식을 치르는 동안에는 여자와 아
이들이 이 조각상을 보는 것이 금지되었다. ▶ 2012학년도 3월 고1 전국연합학력평가

① **외경**의 대상   ② 대자연을 **외경**하다.

轉嫁 전가

옮기다 전(이전하다) / 떠넘기다 가

옮기고(이전하고) 떠넘김. → '떠넘김'으로 바꿔 읽으면 의미가 통함.
유 덮어씌움, 넘겨씌움, 뒤집어씌움

정부는 특정 조세에 대한 납부자를 결정하게 되면 조세법을 통해 납부 의무를 지운다. 그
러나 실제로는 납부자의 조세 부담이 타인에게 **전가**되는 현상이 흔히 발생하는데, 이를
'조세**전가**(租稅轉嫁)'라고 한다. ▶ 2009학년도 6월 고3 모의평가

① 잘못을 **전가**하다.   ② 책임을 제삼자에게 **전가**하다.

018

觀點 관점

1단계
친숙한 어휘로 익히기

관찰 / 초점

관찰하는 초점 ㈜ 시각, 입장

한자의 의미
볼 **관**, 점 **점**

사전적 의미 사물이나 현상을 관찰하는 태도나 방향

2단계
기출문제로 확인하기

❶ 필자의 **관점**을 명시한 후 다른 관점과 비교하고 있다.   ▶ 2013학년도 9월 고3 모의평가

❷ 〈보기〉의 **관점**에서 [A], [B]의 의미를 탐구하기 위한 구상으로 가장 적절한 것은?
▶ 2013학년도 수능

> 〈보기〉 문학 작품을 사회·문화적 맥락과 관련지어 해석한다.

→ 이때의 '**관점**'은 문학 작품을 바라보는 **관점**(문학 작품의 감상 방법*)을 말하는 것으로, '외재적 **관점**' 중 '반영론적 **관점**'을 질문한 것이었다. 박태원의 소설 「천변풍경」을 지문으로 한 이 문제에서는 '천변의 생활상에 주목하여, 당시 서울의 세태가 작품에 반영된 양상을 살펴본다.'가 적절한 답지였다.

3단계
대표사례로 다지기

① **관점**의 차이   ② **관점**이 나머지 넷과 다른 하나는?

  국어 문제에서 2가지로 해석되는 '관점'
일반적인 문장에서 '관점'은 **시각(입장)**의 의미로,
문학에서의 '관점'은 **문학 작품 감상 방법**을 묻는 것으로 생각하고 문제에 접근하자!

  문학 작품을 바라보는 관점(문학 작품의 감상 방법)
문학 작품을 감상하는 데에는 네 가지 측면(작품 내용, 작가, 작품에 나타난 현실, 독자)이 있다. 이 네 가지 중 어느 측면에 중점을 두느냐에 따라 **관점**이 달라진다.

관점의 유형		관심의 초점	서술 내용
내재적 관점	구조론적 관점 (=절대주의적 관점)	작품 자체의 내적 구조	시어의 의미, 이미지, 비유, 상징, 운율, 인물의 성격 등
외재적 관점	표현론적 관점	작가	작가의 체험·사상, 창작 의도 등
	반영론적 관점	작품에 나타난 시대, 현실	시대적 배경, 사회·역사적 현실, 당대 현실의 모습·분위기 등
	효용론적 관점	독자	주로, 독자가 '깨닫고, 감동을 받고, 교훈을 얻었다'는 내용 제시

• 내재적 관점 : '가벼운 웃음'이 흩어져 있다든지, '푸른 종소리'가 분수처럼 흩어진다든지 하는 표현의 특징을 분석해 본다.
▶ 2000학년도 수능 _ 김광균, 「외인촌」

• 표현론적 관점 : 그 당시 시인은 아마 생활이 어려웠을 거야. 나그네처럼 먼 길을 힘들게 걷다가 노을을 찾아오고, 술도 한 잔 하고 싶고, 그 허무한 마음을 표현한 것 아닐까?
▶ 2001학년도 수능 _ 박목월, 「나그네」

• 반영론적 관점 : 주변에서 흔히 볼 수 있는 가난한 사람들의 삶을 반영해 현실성을 높여 준다.
▶ 2002학년도 수능 _ 신경림, 「가난한 사랑 노래」

• 효용론적 관점 : 그 동안 이웃의 가난한 사람들에게 무관심하지 않았는가 하는 반성의 계기를 제공한다.
▶ 2002학년도 수능 _ 신경림, 「가난한 사랑 노래」

觀照 **관조**

관망(한발 물러나 바라봄.) / **조명**

관망하고 조명함. 윤 관망, 명상

한자의 의미
볼 **관**, 비출 **조**

사전적 의미 고요한 마음으로 사물이나 현상을 관찰하거나 비추어 봄.

조지훈의 「승무」에는 지상과 천상, 상승과 하강, 생성과 소멸의 속성을 지닌 다양한 빛이 등장하여 무녀의 외양과 행위, 더 나아가 내면세계를 비추고 있다. 이 빛은 관객이 무대와 인물을 **관조**하거나 그것에 몰입할 수 있도록 유도한다.

▶ 2010학년도 수능

① **관조**적* 태도(자세)   ② 삶(인생)을 **관조**하다.

※ **관조적**

- 한발 떨어진 자리에서 주관을 배제하고(감정을 절제하고, 차분한 마음으로, 담담하게) 보는 것
- **관조적**인 자세로 대상이 지닌 의미를 새롭게 발견한다.

▶ 2009학년도 수능

> 이렇게 한 해가 다 가고 / 눈발이 드문드문 흩날리던 날
> 앙상한 대추나무 가지 끝에 매달려 있던 / 나뭇잎 하나
> 문득 혼자서 떨어졌다
>
> 저마다 한 개씩 돋아나 / 여럿이 모여서 한여름 살고
> 마침내 저마다 한 개씩 떨어져 / 그 많은 나뭇잎들
> 사라지는 것을 보여 주면서
>
> – 김광규, 「나뭇잎 하나」

→ 주관적인 감정을 배제한 채 담담하게 마지막 나뭇잎이 떨어지는 모습을 바라보며 나뭇잎의 존재를 인식하고, 인생의 의미를 새롭게 발견하고 있다.

※ **'관조'와 함께 알아 두어야 할 어휘**

- 관조 vs. 달관   ※ **관(觀) : 보다**

관조	달관
대상과 일정한 거리를 두고 바라봄. 예 인생을 <u>관조</u>하다.	집착하지 않고 바라봄. 예 세상일에 <u>달관</u>하다.

- 초월 vs. 초연 vs. 초탈   ※ **초(超) : 뛰어넘다**

초월	초연	초탈
한계를 뛰어넘음. 예 신분(현실) 초월, 초월적 세계	현실에 얽매이지 않음(느긋하고 태연함). 예 세상, 돈, 죽음 등에 <u>초연</u>하다.	세속적인 것이나 한계에서 벗어남. 예 속세의 일, 물욕 등에서 <u>초탈</u>하다.

- 탈속 vs. 초탈   ※ **탈(脫) : 벗어나다**

탈속	초탈
속세(세속)를 벗어남. 예 <u>탈속</u>한 스님은 속세의 일에 <u>초탈</u>한 모습이었다.	세속적인 것에서 벗어남. 예 속세의 일, 물욕 등에서 <u>초탈</u>하다.

→ '탈속'과 '초탈'은 '세속에서 벗어남'의 의미를 지닌 비슷한 말이지만, '탈속'은 '초탈'과 달리 '공간(속세)'의 개념을 지니고 있다는 점에서 약간 차이가 있다.

慣習的 관습적

1단계
친숙한 어휘로 익히기

습관 / 습성 / ~하는 것 적

습관, 습성(버릇)이 된 것

한자의 의미
익숙할 **관**, 익힐 **습**, ~의 **적**

사전적 의미
관습에 따른 것

2단계
기출문제로 확인하기

❶ (가)를 참고할 때 (나)에서 **관습적**인 표현을 활용한 것은 개인적 정서를 보편적인 것으로 느끼게 하는 데 효과적이다.
▶ 2009학년도 수능

> (가) 시조나 가사에는, 임과 헤어져 있는 화자가 어떤 특정한 자연물로 다시 태어나서 임의 곁에 머물고 싶다는 진술이 흔히 나타난다. 이러한 진술은 화자의 소망을 강조하기 위한 관습적 표현인데, 그 속에는 당대인들의 세계관이 투영되어 있다. 인간과 자연이 깊은 관련을 맺으며 조화를 이룬다는 인식, 현세의 인연이 후세로 이어질 수 있다는 순환적 인식 등이 그것이다. 시가에 담긴 이러한 인식은 화자가 현실의 고난이나 결핍을 극복하는 데 도움을 준다.
>
> (나) 산 머리에 조각달 되어 님의 낯에 비추고자
>   바위 위에 오동 되어 님의 무릎 베고자
>   빈산에 잘새 되어 북창(北窓)에 가 울고자
>   지붕 위 아침 햇살에 제비 되어 날고지고
>   옥창(玉窓)의 앵두화에 나비 되어 날고지고
> – 작자 미상, 「춘면곡」

❷ ⓑ는 ⓐ와 달리 **관습적** 표현을 활용하고 있다.
▶ 2008학년도 수능

> ⓐ 긴— 여름 해 황망히 나래를 접고
> – 김광균, 「와사등」
> ⓑ 세월이 물 흐르듯 하니
> – 권호문, 「한거십팔곡(閑居十八曲)」 제2수

→ 세월이 빨리 흘러간다고 느낄 때 ⓑ와 같이 표현하는 것은 오랫동안 자연스럽게 써 온 것으로, ⓑ는 **관습적** 표현에 해당한다. 한편, ⓐ는 해가 지는 것을 날개를 접은 것으로 비유한 참신한 표현에 해당한다.

3단계
대표 사례로 다지기

① **관습적**인 표현   ② **관습적** 상징*   ③ **관습적** 속박에서 벗어남.

상징 다른 대상을 표시하거나, 본래의 고유한 의미 외에 다른 의미를 나타내는 표현 기법

관습적 상징	개인적 상징	원형적 상징
오랫동안 쓰여 사회적으로 인정받은 상징	개인이 독창적으로 창조한 상징(문학적 상징, 창조적 상징)	인류에게 공통으로 이해되는 상징
예 비둘기 : 평화	예 바람 : 시련	예 물 : 생명, 죽음, 소생
소(대)나무 : 지조 · 절개	하늘 : 이상	불 : 소멸, 파괴, 정열

慣用 **관용**

1단계
친숙한 어휘로 익히기

습관 / 사용

습관적으로 사용함.

한자의 의미
익숙할 **관**, 쓸 **용**

사전적 의미
오랫동안 써서 굳어진 대로 늘 쓰는 것

2단계
기출 문제로 확인하기

❶ (흥보의 말 중 "티끌 모아 태산으로 그렁저렁 살아 보세."에서는) **관용** 표현('티끌 모아 태산')을 이용하여 주인공(흥보)의 생각을 효과적으로 전달한다.

▶ 2009학년도 9월 고3 모의평가

❷ 밑줄 친 **관용** 표현의 의미를 나타낸 것으로 적절하지 <u>않은</u> 것은?

▶ 2013학년도 9월 고3 모의평가

① 우리는 그 폭포의 장대한 물줄기에 입이 벌어졌다. (→ 매우 놀라다)
② 이 가게에는 누나의 눈에 차는 물건이 없는 것 같다. (→ 마음에 들다)
③ 사람들은 산불을 진화하지 못해 동동 발을 굴렀다. (→ 안타까워하다)
④ 그녀는 손이 재기로 유명해서 잔치마다 불려 다닌다. (→ 일 처리가 빠르다)
⑤ 나는 동생이 혼자 그 많은 일을 다 해서 혀를 내둘렀다. (→ 안쓰러워하다)
→ 밑줄 친 말은 모두 **관용**적 표현으로, 그 의미를 잘못 나타낸 것은 ⑤이다. '혀를 내두르다'는 '매우 놀라거나 어이없어 말을 하지 못하다.'의 의미를 나타낸다.

3단계
대표 사례로 다지기

① **관용**어   ② **관용**구   ③ **관용**적(慣用的) 표현*

관용적 표현   **관**습적으로 오랫동안 사**용**해 온 표현으로, 속담, 격언, 연어[1], 고사 성어 등이 관용적 표현에 해당된다.

관용(慣用) vs.
관용(寬容)

관용(慣用)	관용(寬容)
습**관**적으로 사**용**하는 것	**관**대하게 포**용**하는 것 유 아량, 용서
예 관용어, 관용 표현	예 관용의 미덕[2], 관용을 베풀다.

어휘력 일취월장 노트	친숙한 어휘로 익히기	대표 사례로 다지기
[1]**연어**(連語)	둘 이상의 단어가 **연**결되어 의미를 이루는 언**어**(각 단어가 지닌 기본적인 의미로는 전체의 의미를 알 수 없음.)	• 발이 넓다(아는 사람이 많음), • 발이 묶이다(활동할 수 없는 형편임). • 발이 닳다(매우 바쁘게 많이 다님).
[2]**미덕**(美德)	아름다운(**미**인) 덕(도덕)	근면과 검소의 미덕

窮極的 궁극적

1단계
친숙한 어휘로 익히기

(극에) 달하다 궁 / 극도에 / ~하는 것 적

극도에 달하는 것(최종적인 것에 도달하는 것)

한자의 의미
다할 **궁**, 다할 **극**, ~의 **적**

사전적 의미
어떤 과정의 마지막이나 막다른 고비에 이르는 것

2단계
기출문제로 확인하기

❶ 글쓴이가 **궁극적**으로 말하고자 하는 것은? ▶ 1996학년도 수능

→ '궁극적으로'라는 말이 포함된 질문은 '글쓴이가 말하고자 하는 것' 중에서 '최종적으로' 말하고자 하는 바, 즉 '집필 의도'를 묻는 것임을 기억하자!

❷ 유학자들은 자신이 먼저 인격자가 될 것을 강조하지만 **궁극적**으로는 자신뿐 아니라 백성 또한 올바른 행동을 할 수 있도록 이끌어야 한다는 생각을 원칙으로 삼는다.
▶ 2014학년도 9월 고3 모의평가 국어 B형

3단계
대표사례로 다지기

① **궁극적** 목적   ② 사대부들이 **궁극적**으로 지향했던 삶

간과 看過하다

1단계
친숙한 어휘로 익히기

보다 간 / 통과하다

(대강) 보고 통과하다(대강 보아 넘기다).

한자의 의미
볼 **간**, 지날 **과**

사전적 의미 대수롭지 않게 대강 보아 넘기다.

2단계
기출문제로 확인하기

❶ 한 편의 영화를 제대로 평가하기 위해서는 영화와 관련된 여러 요소를 모두 고려해야 한다. 예컨대 제작에 참여하는 인력들의 역량이나 예산 같은 제작 여건을 고려해야 한다. 또한 영화의 표현 가능성을 확장시킨 기술의 발달 등도 **간과**할 수 없는 요인이다. 이런 점에서 감독은 영화의 일부분일 뿐이다. ▶ 2015학년도 6월 고3 모의평가 국어 A형 · B형

❷ 예술과 감정의 연관을 너무 강조하는 것은 예술이 지닌 숭고한 정신적 이념을 **간과**한 것이 아닌가.
▶ 2008학년도 6월 고3 모의평가

3단계
대표사례로 다지기

① 결코 **간과**해서는 안 될 문제   ② **간과**할 수 없는 사실

간과하다 vs. 간주하다

간과하다	간주하다
~을 놓치다(대강 보아 넘기다).	~으로 여기다(그렇다고 여기다).
예 간과해서는 안 될 내용	예 잘한 일로 간주하다.

'간과하다'에 대한 Q&A

▶ '안인숙 국어클리닉&컨설팅' daum 카페에서

[문제] 위 글의 내용에 대한 이해로 적절하지 <u>않은</u> 것은?

▶ 2012학년도 수능

③ 전통적인 경제학은 보조금을 지급하거나 벌금을 부과하는 데 따르는 비용을 고려하지 않는다. (적절한 답지)

> ▶ **지문의 근거**
>
> 전통적인 경제학은 모든 시장 거래와 정부 개입에 시간과 노력, 즉 비용이 든다는 점을 **간과**하고 있다.

Q

『매3비』에서, 저는 위 문제를 ③에 답해 틀렸거든요. '간과하는 것'은 얕게 대충 지나치는 것이지, 아예 '고려하지 않는 것'은 아니지 않나요? '간과하다'의 사전 뜻도 알아봤는데 흠.. 잘 모르겠어요. 물론 답이 왜 2번인지는 정확히 알고 있습니다.

A

어휘의 의미를 사전적 의미로 이해하고 있으면 좋지만, 모든 어휘의 사전적 의미를 외워서 알 수는 없으므로 해당 어휘를 친숙한 어휘로 대체해서 이해하는 것이 중요하다는 것부터 강조합니다.

'간과하다'의 사전적 의미(대강 보아 넘기다)를 정확하게 몰랐다고 해도 '~을 놓치다'는 뜻을 지닌 어휘라는 것을 알았다고 가정하고, '지문의 근거' 부분을 설명하겠습니다.

(1) **'지문의 근거'에 대한 해석** : 전통적인 경제학은 '모든 시장 거래와 정부가 개입하는 것에는 비용(시간, 노력 등)이 든다'는 사실을 놓치고 있다.

(2) **③에 대한 해석** : 전통적인 경제학은 '정부가 개입하면 비용(보조금 지급, 벌금 부과)이 든다'는 것을 고려하지 않는다.

(1), (2)로 볼 때, 전통적인 경제학은 비용이 든다는 사실을 놓침으로써 비용을 고려하지 않게 된 것으로 이해할 수 있습니다. 즉, 어떤 사항에 대해 별다른 관심을 기울이지 않고 지나쳤다면, 그 사항을 고려하지 않게 되는 것이지요.

덧붙여 강조합니다. 국어 시험에서 내용 이해나 내용 일치를 묻는 경우에는, 답지의 내용이 지문의 어휘를 그대로 가져오는 경우도 있지만, 대부분 다른 말로 대체하고 앞뒤 순서를 바꾸어 구성하는 경우가 많습니다. 이때 지문의 해당 어휘와 답지의 어휘가 유의어 또는 서로 대체할 수 있는 말이면 적절한 진술이 되고, 반의어 또는 아예 다른 말이면 틀린 진술이 됩니다. 그래서 국어 시험에서 어휘력이 중요하다고 강조하는 것이지요. 문제를 풀 때 단어의 뜻이 잘 와 닿지 않으면, 평상시에 그 말을 사용하는 상황과 맥락을 떠올려 보면 그 의미를 짐작하는 데 도움이 된다는 것도 기억하기 바랍니다.

4일째 오늘은 월 일입니다.

024 通時的 **통시적**

관통 / 시대 / ~하는 것 적

시대를 관통하는(꿰뚫어 통하는) 것

한자의 의미
통할 **통**, 때 **시**, ~의 **적**

사전적 의미
시간의 경과에 따라 나타나는 사물의 변화와 관련되는 것

'좁쌀'이란 단어에 대해 정리한 〈보기〉를 참고할 때, '뿔'이 어떻게 '쌀'이 되었는지를 고찰하면 그것은 **통시적** 연구이고, 중세 국어에서 '조뿔'을 '조ㅎ+뿔'로 분석하면 그것은 공시적 연구이다.
▶ 2008학년도 6월 고3 모의평가

> 〈보기〉 ○ '좁쌀'의 중세 국어 어형은 '조뿔'인데, 이는 '조ㅎ'과 '뿔'이 결합한 것이다.
> ○ '조뿔'은 'ㅼ'이 'ㅆ'으로, 'ㆍ'가 'ㅏ'로 변화하여 오늘날의 '좁쌀'이 되었다.
> ○ '좁쌀'의 'ㅂ'은 '뿔'의 흔적이다.

→ 중세 국어 어휘인 '뿔'이 많은 시간이 흐른 뒤인 현대 국어에 와서 어떻게 '쌀'이라는 형태로 바뀌었는지 살펴보는 것은 '**통시적**' 연구이고, 중세 국어에서 사용한 '조뿔'을 역사적 변화 과정에 대한 고찰 없이 당시의 언어 현상의 관점에서 분석하는 것은 '공시적' 연구이다.

① **통시적** 연구 ② 단어의 의미 변화 과정을 **통시적**으로 밝힘.

 통시적 vs. 공시적

통시적	공시적
• 어떤 시기를 종적으로 바라보는 것 • 시간의 흐름에 따라 바라보는 것 예 어휘의 역사적 변천을 살펴보는 것(의미 확대, 의미 축소, 의미 이동 등)	• 어떤 시기를 횡적으로 바라보는 것 • 공통의 시대에서 바라보는 것 예 어휘의 지역적 차이를 살펴보는 것(경상 방언과 전라 방언의 차이, 제주 방언의 특징 등)

025 統辭的 **통사적**

통사론(=문장론) / ~하는 것 적

문장과 관계되는 것

한자의 의미
거느릴 **통**, 말씀 **사**, ~의 **적**

사전적 의미 하나 이상의 어절로 구성된 완결된 내용을 나타내는 최소 단위와 관련되는 것

❶ '피동'이란 주어가 스스로 행동하지 않고 남의 동작을 받는 것을 말한다. 국어 문장의 피동 표현은 크게 세 가지로 나누어진다. 타동사 어근에 피동 접미사 '-이-, -히-, -리-, -기-'가 붙어서 이루어진 ㉠파생적 피동, 용언의 어간에 '-어지다'가 붙어서 이루어진 ㉡통사적 피동, 그리고 어휘 자체가 피동의 의미를 띠고 있는 ㉢어휘적 피동 등이 있다.

▶ 2012학년도 3월 고2 전국연합학력평가

→ ㉠은 '들렸다(-리-)', ㉡은 '만들어졌다(-어지다)', ㉢은 '(거짓말에) 당하다'가 그 예이다.

❷ (작자 미상의 가사인 「관등가」에서는) 유사한 **통사** 구조를 반복하며 달을 구분하고 있다.

▶ 2009학년도 10월 고3 전국연합학력평가

> 정월 원일에 달과 노는 소년들은 답교(踏橋)하고 노니는데
> 우리 님은 어디 가고 답교할 줄 모르는고
> 이월이라 청명일에 나무마다 춘기(春氣) 들고
> 잔디 잔디 속잎 나니 만물이 화락한데
> 우리 님은 어디 가고 춘기 든 줄 모르는고
> 삼월 삼일날에 강남서 나온 제비 왔노라 현신하고 〈중략〉
> 이화 도화 만발하고 행화 방초 흩날린다
> 우리 님은 어디 가고 화유(花遊)할 줄 모르는고
>
> ― 작자 미상, 「관등가」

→ 「관등가」에는 매월 '~에 ~우리 님은 어디 가고 ~줄 모르는고'의 문장(**통사**) 구조가 반복되고 있다. 이처럼 유사한 문장 구조가 반복되는 것을 '유사한 **통사** 구조의 반복'이라고 한다.

① 유사한 **통사** 구조의 반복* ② **통사적** 합성어*

유사한 통사 구조의 반복
= 비슷한 문장 구조의 반복
(통사 = 문장)

바람도 없는 공중에 수직의 파문을 내이며 고요히 떨어지는 오동잎은 <u>누구의 발자취입니까</u>

지리한 장마 끝에 서풍에 몰려가는 무서운 검은 구름의 터진 틈으로 언뜻언뜻 보이는 푸른 하늘은 <u>누구의 얼굴입니까</u>

꽃도 없는 깊은 나무에 푸른 이끼를 거쳐서 옛 탑 위의 고요한 하늘을 스치는 알 수 없는 향기는 <u>누구의 입김입니까</u>

근원은 알지도 못할 곳에서 나서 돌부리를 울리고 가늘게 흐르는 작은 시내는 구비구비 <u>누구의 노래입니까</u>

연꽃 같은 발꿈치로 가이없는 바다를 밟고 옥 같은 손으로 끝없는 하늘을 만지면서 떨어지는 날을 곱게 단장하는 저녁놀은 <u>누구의 시입니까</u>

▶ 2013학년도 6월 고3 모의평가 _ 한용운, 「알 수 없어요」

→'~는 ~누구의 ~입니까'라는 문장 구조를 반복적으로 제시하여 시상에 통일성을 부여하고 있다.

통사적 합성어 vs. 비통사적 합성어

통사적 합성어	비통사적 합성어
두 어근이 연결된 방식이 우리말의 단어나 문장 배열 구조와 일치하는 합성어	두 어근이 연결된 방식이 우리말의 단어나 문장 배열 구조와 일치하지 않는 합성어
• 명사 + 명사 : 눈물, 논밭, 밤낮 • 관형사 + 명사 : 온종일, 새해, 첫사랑 • 용언의 어근 + 관형사형 어미 '-(으)ㄴ-/-(으)ㄹ-' + 명사 　: 작은집, 큰집, 늙은이, 디딜방아 • 부사 + 용언 : 그만두다, 가로지르다, 잘하다 • 부사 + 부사 : 곧잘, 이리저리 • 조사 생략 : 힘들다, 힘쓰다, 빛나다, 앞서다 • 용언 + 아/어 + 용언 : 뛰어가다, 돌아가다, 알아보다	• 용언의 어근 + 명사 : 날짐승, 늦잠, 덮밥, 검버섯 • 부사 + 명사 : 부슬비, 척척박사, 산들바람, 오목거울 • 용언 + 용언(연결어미 생략) : 뛰놀다, 굳세다, 여닫다, 검붉다, 오르내리다, 높푸르다

通念 **통념**

1단계
친숙한 어휘로
익히기

통용(일반적으로 두루 쓰임) / 개념

통용되는 개념 ㈜ 통설

한자의 의미
통할 **통**, 생각 **념**

사전적 의미 일반적으로
널리 통하는 개념

2단계
기출문제로
확인하기

❶ 구체적 증거를 활용하여 **통념**이 잘못된 것임을 증명하고 있다.　　▶ 2012학년도 수능

❷ **통념**의 문제점을 지적하고 새로운 주장을 내세우고 있다.　　▶ 2012학년도 6월 고3 모의평가

3단계
대표사례로
다지기

① 사회적 **통념**　　② 대부분의 사람들이 지닌 **통념**　　③ 잘못된 **통념**을 바로잡고 있다.

蔓延 **만연**

1단계
친숙한 어휘로
익히기

만연체(길게 늘어놓은 문체 ㈝ 간결체) / 연속

'만연체'처럼 길게 연속적으로 이어짐.
→ '퍼져 있음'으로 바꿔 읽으면 의미가 통함.

한자의 의미
덩굴 **만**, 늘일/퍼질 **연**

사전적 의미 덩굴이 널리 뻗는다
는 뜻으로, 나쁜 현상이 널리 퍼
지는 것을 비유적으로 이르는 말

2단계
기출문제로
확인하기

❶ 환경 오염은 이제 전 지구적으로 **만연**해 있는 것이 엄연한 현실이다.
　　▶ 2006학년도 10월 고3 전국연합학력평가

❷ infestation: 횡행, **만연**　　▶ 2014학년도 6월 고3 모의평가 영어 B형

3단계
대표사례로
다지기

① 물질 만능주의의 **만연**　　② 우리 사회에 **만연**해 있는 향락 풍조

✱ **'만연'과 함께 알아 두어야 할 어휘**

만연	횡행	난무	창궐	팽배
마구 일어남(퍼져 있음).				
널리, 세차게, 거세게				
주로 '나쁜 현상'이 마구 일어나거나 퍼져 있을 때 쓰임.				나쁜 현상뿐만 아니라 긍정적인 현상에도 쓰임.
⑩ 부정부패 만연	⑩ 매관매직 횡행	⑩ 유언비어 난무	⑩ 전염병 창궐	⑩ 위기감 팽배(부정) 기대감 팽배(긍정)

喚起 환기

부르다 환(환호) / **야기하다**(일으키다)

불러일으킴.

한자의 의미
부를 **환**, 일어날 **기**

사전적 의미 감정, 여론,
생각 등을 불러일으킴.

❶ 계절적 배경을 통해 애상적 분위기를 **환기**하고 있다. ▶2014학년도 6월 고3 모의평가 국어 B형

❷ 과거에 대한 회상을 통해 그리움의 정서를 **환기**하고 있다. ▶2013학년도 9월 고3 모의평가

① 주의 **환기** ② 복습의 중요성을 **환기**할 필요가 있다.

환기(喚起) vs. 환기(換氣)	환기(喚起)	환기(換氣)
	불러일으키다. 예 과거의 상황을 환기하다.	공기를 바꾸다. 예 실내 환기를 자주 한다.

置換 치환

위치 / 전환

위치를 전환함. 유 대치(代置)

한자의 의미
둘 **치**, 바꿀 **환**

사전적 의미
바꾸어 놓음.

❶ 남성 작가가 자신의 분신[1]으로 여성 화자를 내세우는 방식은 우리 시가의 한 전통이다. 궁궐을 떠난 신하가 임금을 그리워하면서 지은 「사미인곡」도 이 전통을 잇고 있다. 긴긴 겨울밤을 배경으로 차가운 '앙금[2]'을 통해 외로운 처지를 표현한 것은 군신 관계를 남녀 관계로 **치환**한 결과이다. ▶2013학년도 6월 고3 모의평가

❷ '돌연변이(mutation)'란 유전자를 구성하는 기본 단위인 뉴클레오티드의 **치환**, 삭제 또는 삽입이 일어남으로써 유전 정보가 바뀌는 것을 말한다. ▶2009학년도 9월 고1 전국연합학력평가

① 상호 **치환** ② 다른 것으로 **치환**하다.

어휘력 일취월장 노트	친숙한 어휘로 익히기	대표 사례로 다지기
[1]분신(分身)	분리되어 나온 **신체**	그는 나의 분신이다.
[2]앙금(鴦衾)	원앙 금침(원앙을 수놓은 이불)	정성껏 수놓은 원앙금

竝置 병치

병행 / 배치

병행하여(나란히) 배치함(둠).

한자의 의미
나란할 **병**, 둘 **치**

사전적 의미
두 가지 이상의 것을 한 곳에 나란히 둠.

❶ [A]는 유사한 구절을 **병치**하여 운율감을 조성한다.

▶2011학년도 수능

[A] 먹밤중 한밤중 새터 중뜸 개들이 시끌짝하게 짖어댄다
  이 개 짖으니 저 개도 짖어
  들 건너 갈메 개까지 덩달아 짖어댄다
  이런 개 짖는 소리 사이로
  언뜻언뜻 까 여 다 여 따위 말끝이 들린다
  밤 기러기 드높게 날며
  추운 땅으로 떨어뜨리는 <u>소리하고 남이 아니다</u>
  앞서거니 뒤서거니 의좋은 그 <u>소리하고 남이 아니다</u>

– 고은, 「선제리 아낙네들」

→ '~소리하고 남이 아니다'라는 구절을 **병치**(나란히 배치)하여 운율감을 느끼게 한다.

❷ 1950년대 후반의 시적 경향을 보여 주는 박용래는 모더니즘의 기법에 전통과 자연에 대한 관심을 결합했다. 그는 사라져 가는 재래의 것들을 회화적 이미지로 복원하여 토속적 정취를 환기하고, 소박한 자연의 이미지를 **병치**하여 자연의 지속성과 인간과 자연의 조화에 대한 바람을 드러냈다.

▶2015학년도 6월 고3 모의평가 국어 B형

머리가 마늘쪽같이 생긴 고향의 소녀와
한여름을 알몸으로 사는 고향의 소년과
같이 낮이 설어도 사랑스러운 들길이 있다

그 길에 아지랑이가 피듯 태양이 타듯
제비가 날듯 길을 따라 물이 흐르듯 그렇게 / 그렇게

천연(天然)히

울타리 밖에도 화초를 심는 마을이 있다
오래오래 잔광(殘光)이 부신 마을이 있다
밤이면 더 많이 별이 뜨는 마을이 있다.

– 박용래, 「울타리 밖」

→ 마늘쪽, 울타리, 화초 등의 소박한 자연의 이미지를 인간의 모습과 **병치**한 이 시는 사라져 가는 재래의 것(울타리)을 통해 토속적 정취를 환기하고, 인간(울타리 안 영역)과 자연(울타리 밖 영역)의 조화에 대한 바람을 드러내고 있다고 볼 수 있다.

① 대립적인 시어의 **병치**   ② 과거와 현재를 **병치**하고 있다.
③ 다른 장소에서 동시에 벌어진 사건들을 **병치**하고 있다.

1 단계
친숙한 어휘로 익히기

배정 / 위치

배정하여 위치시킴.

한자의 의미
나눌 **배**, 둘 **치**

사전적 의미 사람이나 물건을 일정한 자리에 알맞게 나누어 둠.

2 단계
기출문제로 확인하기

❶ 방송 프로그램의 앞과 뒤에 붙어 방송되는 직접 광고와 달리 PPL(product placement) 이라고도 하는 간접 광고는 프로그램 내에 상품을 **배치**해 광고 효과를 거두려 하는 광고 형태이다.
▶ 2014학년도 수능 국어 A형 · B형

❷ (가)는 대비적 관계에 있는 시어를 **배치**하고 있다.
▶ 2009학년도 6월 고3 모의평가

> (가) 제비 한 마리 처음 날아와 / 지지배배 그 소리 그치지 않네
>   말하는 뜻 분명히 알 수 없지만 / 집 없는 서러움을 호소하는 듯
>   느릅나무 홰나무 묵어 구멍 많은데 / 어찌하여 그곳에 깃들지 않니
>   제비 다시 지저귀며 / 사람에게 말하는 듯
>   느릅나무 구멍은 황새가 쪼고 / 홰나무 구멍은 뱀이 와서 뒤진다오   - 정약용, 「고시(古詩)」

→ 이 작품은 서로 대비적 관계에 있는 '제비'와 '황새, 뱀'을 **배치**하여, 괴롭힘을 당하는 존재(제비)와 괴롭히는 존재(황새, 뱀)의 대비를 통해 탐관오리[1](황새, 뱀)의 횡포를 비판하고 있다.

❸ (조지훈의 시) 「승무」는 무녀(舞女)를 무대 공간의 중심에 **배치**하여 관객이 이를 바라보는 상황을 보여 주고 있다.
▶ 2010학년도 수능

3 단계
대표 사례로 다지기

① 시간의 흐름에 따라 사건을 **배치**하다.
② 동시에 벌어진 사건들을 나란히 **배치**하여 이야기의 흐름을 지연시키고 있다.

배치(配置)
vs.
배치(背馳)

배치(配置)	배치(背馳)
배정하여 위**치**시킴.	위**배**되고 상**치**됨(서로 어긋남).
예 자리를 배치하다.	예 말과 행동이 배치되다.

▶ '서로 어긋남'의 의미를 지닌 '배치(背馳)'가 쓰인 기출 예시
❶ '지루한 음악'을 삽입하여 장남의 말과 배치되는 극의 분위기를 조성하고 있다.
▶ 2014학년도 9월 모의평가 국어 A형 · B형_ 이근삼, 「원고지」
❷ 자신의 이념과 배치되는 현실에서 느끼는 실망감이 표출[2]되어 있다.
▶ 2014학년도 수능 국어 A형 · B형

어휘력 일취월장 노트	친숙한 어휘로 익히기	대표 사례로 다지기
[1]**탐관오리**(貪官汚吏)	**탐**욕이 많은 **관**리, **오**염된 관리	탐관오리의 횡포가 심하다.
[2]**표출**(表出)	겉(**표**면)으로 노출됨.	감정의 표출

032

寓話 우화

1단계
친숙한 어휘로 익히기

이솝 우화

이솝 우화와 같이 동물을 인격화하여 풍자하고 교훈을 주는 이야기

한자의 의미
맡길 **우**, 말씀 **화**

사전적 의미 인격화한 동식물이나 사물을 주인공으로 하여 풍자와 교훈의 뜻을 나타내는 이야기

2단계
기출문제로 확인하기

❶ (고전 소설 「서동지전」은) **우화**적 수법으로 불합리한 현실을 비판하고 있다.
▶ 2004학년도 5월 고1 경기도 학업성취도 평가

❷ (고전 소설 「흥부전」의) [C]에서 동물들이 대화하는 장면은 **우화**적 공간에서 서사가 진행되고 있음을 보여 주고 있다.
▶ 2015학년도 6월 고3 모의평가 국어 A형
→ [C]는 놀부에게 발목이 부러진 제비가 강남으로 돌아간 뒤 자신이 절뚝발이가 된 사연을 황제에게 말하고, 강남 황제는 제비의 원수를 갚아 주겠다고 약속하는 대화 장면이다. 제비와 강남 황제가 대화를 나누는 곳(강남)이 곧 '**우화**적 공간'에 해당된다.

3단계
대표사례로 다지기

① **우화** 소설* ② **우화**적 수법 ③ **우화** 형식

우화(우화 소설)의 특징	• 사람이 아닌 동식물이나 사물에 인격을 부여하여 씀. • 교훈적인 내용을 효과적으로 전달함. • 현실 비판 의식을 간접적으로 드러냄.

033

寓意 우의

1단계
친숙한 어휘로 익히기

우화 소설 / 의미

우화 소설처럼 빗대어 의미를 전달함.

한자의 의미
맡길 **우**, 뜻 **의**

사전적 의미 다른 사물에 빗대어 뜻을 드러냄.

2단계
기출문제로 확인하기

(고전 소설 「토끼전」은) 인간 사회의 모습을 **우의**적으로 드러내고 있다.
▶ 2005학년도 9월 고2 전국연합학력평가

3단계
대표사례로 다지기

① **우의**적 표현* ② **우의**를 통해 교훈을 전달하는 「이솝 우화」

우의적 표현의 특징	• 다른 사물에 빗대어 표현함.(비유적, 풍자적) • 간접적 제시(직접적×)	
우의(寓意) vs. **우의(友誼)**	**우의(寓意)**	**우의(友誼)**
	직접 말하지 않고 **빗대어 표현**하는 것 예 우의 소설	**우정**(친구 사이의 정), **우애**(형제나 친구 사이의 정) 예 우의가 깊다.

迂廻的 우회적

1단계 친숙한 어휘로 익히기

우회 도로 / ~하는 것 적

우회 도로로 가는 것처럼 '돌아가는' 것

한자의 의미
에돌(곧바로 하지 않고 돌려 하다) **우**, 돌 **회**, ~의 **적**

사전적 의미 곧바로 가지 않고 멀리 돌아서 가는 것

2단계 기출문제로 확인하기

(이호철의 소설 「나상」은) 포로 호송이라는 상황을 빌려 구성원을 획일화하는 사회를 **우회적**으로 비판한다.

▶ 2011학년도 수능

3단계 대표사례로 다지기

① **우회적** 표현　② **우회적** 말하기*
③ 박지원의 단편 소설 「호질」은 호랑이를 내세워 작가의 생각을 **우회적**으로 드러내고 있다.

 '우회적 말하기'의 특징
　　• 돌려 말하기
　　• 간접적으로 말하기(직접적 말하기×)

 우화 vs. 우의(적) vs. 우회적

구분	우화 – 글의 종류	우의(적) – 문학 표현 방식	우회적 – 말하기 방식 (문학 표현 방식이기도 함.)
(넌지시) 돌려 말함.	○	○	○
간접적으로 말함. (직접적×, 직설적×)	○	○	○
빗대어 말함.(비유적)	○	○	×

異質的 이질적

1단계 친숙한 어휘로 익히기

차이 / 성질 / ~하는 것 적

차이가 나는 성질의 것 ^반동질적

한자의 의미
다를 **이**, 바탕 **질**, ~의 **적**

사전적 의미
성질이 다른 것

2단계 기출문제로 확인하기
3단계 대표사례로 다지기

❶ ⓐ~ⓔ 중, (다)의 '귀신'의 입장에서 볼 때 가장 **이질적**인 것은?

▶ 2005학년도 10월 고3 전국연합학력평가

❷ (오영수의 소설) 「화산댁이」는 시골과 도시, 자연과 문명 세계라는 **이질적**인 공간에서 영위¹되는 삶의 양식을 대비한 작품이다.

▶ 2012학년도 6월 고3 모의평가

① **이질적**인 이야기　② **이질적**인 시선을 대비하다.

어휘력 일취월장 노트	친숙한 어휘로 익히기	대표 사례로 다지기
¹**영위**(營爲)	계획적으로 운영(경영)하는 행위를 함.	삶을 영위하다.

移入 이입

이동 / 대입

이동하여 대입됨.

한자의 의미
옮길 **이**, 들 **입**

사전적 의미
옮기어 들임.

2단계
기출문제로
확인하기

다음에는 화자의 감정이 **이입**되어 있다.

▶ 2007학년도 6월 고3 모의평가

> 녹양(綠楊)에 우는 황앵(黃鶯) 교태[1] 겨워하는구나.
> (푸른 버드나무에서 우는 꾀꼬리는 흥에 겨워 교태를 못 이기는구나.)
>
> – 송순, 「면앙정가」

→ 꾀꼬리의 울음소리를 듣고 화자는 교태를 못 이겨 우는 것으로 생각한다. 꾀꼬리는 울고 있을 뿐인데, 그 울음소리를 흥에 겨워 아양을 떠는 것으로 생각한 것은 화자의 감정이 흥겹기 때문이다. 화자는 면앙정(정자 이름) 주변의 아름다운 모습에 황홀해하고 있는 상황이다. 이때 들리는 꾀꼬리 울음소리이므로 꾀꼬리도 자신처럼 흥에 겨워 우는(짖는) 것으로 들린 것이다.
　　이와 같이 화자의 감정(흥겨움)을 대상(꾀꼬리)에 **이입**(옮겨 넣음)하여, 마치 대상(꾀꼬리)도 자신과 같은 감정(흥겨움)인 것처럼 표현한 것을 '감정 **이입**'이라고 한다.

3단계
대표사례로
다지기

① 감정 **이입***　② 대상에 감정을 **이입**하다.

 감정 이입

자신의 감정을 대상(자연물 등)에 **이입**시켜 표현하는 방법

> 산꿩도 섧게 울은 슬픈 날이 있었다.
>
> – 백석, 「여승」

→ 「여승」은, 집을 나간 지 10년이 넘도록 남편은 돌아오지 않고 어린 딸까지 죽자 머리를 자르고 여승이 된 여인의 이야기를 담고 있다. 여인이 머리를 자르고 여승이 되던 날을 '산꿩도 섧게 울은 슬픈 날'이라고 했다. 산꿩이 우는 것을 섧게 운다고 표현한 것은 여승의 삶이 섧게(서럽게) 여겨졌기 때문이다. 대상(여승)의 감정을 산꿩에 **이입**시켜 표현한 것이다.

기출용례
- 파초의 꿈은 가련하다. – 김동명, 「파초」
- 서러운 풀빛이 짙어 오것다. – 이수복, 「봄비」
- 새와 짐승들도 슬피 울고 강산도 찡그리니 – 최익현, 「절명시」
- 우리도 저 촛불 같아 속 타는 줄 모르노라. – 이개(시조)
- 저 물도 내 안 같아야 우러 밤길 녜놋다. – 왕방연(시조)
  (저 물도 내 마음 같아서 울면서 밤길을 가는구나.)

 객관적 상관물

화자의 감정을 불러일으키는 객관적인 대상으로, 화자의 감정을 간접적으로 드러내는 도구에 해당한다. 위 '감정 이입'에서 예로 든 '산꿩, 파초 등'은 모두 화자의 감정을 불러일으키는 '객관적 상관물'로 볼 수 있다. 즉, '감정 이입'의 대상도 '객관적 상관물'에 해당된다. 하지만, '객관적 상관물'이라고 해서 모두 '감정 이입'의 대상은 아니다. (객관적 상관물 ⊃ 감정 이입)

객관적 상관물
감정 이입

> 훨훨 나는 저 꾀꼬리 / 암수 서로 정답구나.
> 외로울사 이내 몸은 / 뉘와 함께 돌아갈꼬.
>
> – 유리왕, 「황조가」

→ 암수 서로 정답게 노는 꾀꼬리는 시적 화자인 유리왕의 정서(외로움)를 불러일으키는 대상으로 '객관적 상관물'이다. 하지만 꾀꼬리의 정서는 유리왕의 정서(외로움)와는 달리 정답기 때문에 유리왕의 감정이 **이입**된 것으로 볼 수 없다.

| '객관적 상관물'과
'감정 이입'을
구분하는 기준 | 대상과 감정이 일치하는지의 여부에 있다.
「면앙정가」의 '꾀꼬리'는 '화자'와 서로 감정이 일치하므로 '꾀꼬리'에 화자의 '감정이 이입' 된 것이고,
「황조가」의 '꾀꼬리'는 화자인 '유리왕'과 감정이 일치하지 않으므로 '객관적 상관물'에 그친다. |

037　投影 **투영**

투입 / 반영

투입하고 반영함.
→ '반영'으로 바꿔 읽으면 의미가 통함.

한자의 의미
던질 **투**, 그림자 **영**

사전적 의미　물체의 그림자를 어떤 물체 위에 비추는 일

❶ '이 밤을 어디메서 쉬리라던고'는 화자가 '한 송이 구름'에 방랑자로서의 자신의 심정을 **투영**하고 있음을 보여 준다.
▶ 2014학년도 수능 국어 B형

> 외로이 흘러간 한 송이 구름
> 이 밤을 어디메서 쉬리라던고.
> ‒ 조지훈, 「파초우」

❷ ㉠은 ㉡과 달리 화자의 의지가 **투영**되어 있다.
▶ 2009학년도 수능

> • 그러나 이별을 쓸데없는 눈물의 원천을 만들고 마는 것은 스스로 사랑을 깨치는 것인 줄 아는 까닭에, ㉠걷잡을 수 없는 슬픔의 힘을 옮겨서 새 희망의 정수박이에 들어부었습니다.
> ‒ 한용운, 「님의 침묵」
> • 이렇게 한 해가 다 가고 / 눈발이 드문드문 흩날리던 날
> 앙상한 대추나무 가지 끝에 매달려 있던
> ㉡나뭇잎 하나 / 문득 혼자서 떨어졌다
> ‒ 김광규, 「나뭇잎 하나」

→ ㉠에는 슬픔의 힘을 옮겨서 새 희망의 정수박이에 들어부었다는 데서 슬픔을 극복하고자 하는 화자의 의지가 **투영**되어 있다. 반면, ㉡에는 나뭇잎 하나가 떨어지는 모습을 화자가 바라보고 있을 뿐 그 어떤 의지도 **투영**되어 있지 않다.

❸ (이태준의 소설 「돌다리」에서) '아버지'에게 돌다리는 삶의 추억과 애환[2]이 **투영**된 장소애*의 대상이다.
▶ 2012학년도 수능

*장소애 : 인간의 안정된 삶을 보호하는 터전인 장소에 애착하는 심성.

① 작품에 **투영**된 작가의 생각　② 우물은 자신의 모습을 **투영**해 볼 수 있는 사물이다.

어휘력 일취월장 노트	친숙한 어휘로 익히기	대표 사례로 다지기
[1]교**태**(嬌態)	애**교**를 부리는 **태**도	교태(아양)를 부리는 모습
[2]**애환**(哀歡)	비**애**와 **환**희	삶의 애환이 서린 곳

變容 **변용**

1 단계
친숙한 어휘로
익히기

변화 / 용모

용모(모습)가 변화됨.
→ '바꾸는 것'으로 바꿔 읽으면 의미가 통함.

한자의 의미
변할 **변**, 얼굴 **용**

사전적 의미 사물의 모
습이나 형태가 바뀜.

2 단계
기출 문제로
확인하기

(이문구의 소설)「관촌수필」은 전(傳)*을 현대적으로 **변용**한 작품으로 평가받고 있다.
*전(傳) : 사람의 생애와 업적을 기록하는 글.   ▶ 2010학년도 수능

3 단계
대표 사례로
다지기

① 작가에 의한 주관적 **변용*   ② **변용** 과정을 거치다.

 주관적 변용   문학 작품에서, 작가가 자신의 생각에 따라(= 주관적으로) 사물의 원래 모습과 달리 변형해서 표현하는 것
☞ 관념의 구체화/관념의 시각화(p.18)

❶ 동짓달 기나긴 밤을 한허리를 버혀 내어
춘풍(春風) 이불 아래 서리서리 너헛다가
정든 임 오신 날 밤이면 구븨구븨 펴리라.   ▶ 1998학년도 수능_ 황진이(시조)

→ 동지는 일 년 중 밤이 가장 길다. 화자는 긴 밤의 시간을 칼로 베듯 잘라 내어 이불 속에 넣어 두었다가
임이 오면 밤을 길게 펼쳐 늘리겠다고 했다. 밤(시간)은 줄이고 늘리고 할 수 없는 것임에도 불구하고
작가는 상상력을 통해 주관적으로 시간을 늘릴 수 있는 것처럼 표현(**변용**)했다. 이와 같은 표현법을
'**주관적 변용**'이라 하고, '발상이 참신하다'고도 한다.

❷ 늘 시비(是非)하는 소리 귀에 들릴세라.
짐짓(일부러) 흐르는 물로 온 산을 둘러 버렸다네.   – 최치원, 「제가야산독서당」

→ 화자는 산(가야산) 속에 있다. 산에서 속세의 시비(옳고 그름을 따지는) 소리가 듣기 싫어 흐르는 물로
온 산을 휘감음으로써 물소리로 속세의 소리를 차단했다고 했다. 물은 화자가 두른 것이 아니다. 그럼
에도 마치 자신이 그렇게 한 것처럼 '주관적'으로 '**변용**'해 표현한 것이다.

❸ 십 년을 경영하여 초려삼간 지여내니
나 한 간 달 한 간에 청풍 한 간 맡겨 두고
강산은 들일 듸 업스니 둘러 두고 보리라.   – 송순(시조)

→ 10년 동안 계획해 세 칸짜리 초가를 지었다. 한 칸은 '나', 또 한 칸은 '달', 나머지 한 칸은 '맑은 바람'에
맡겨 두니 '강산'은 들일 곳이 없어 병풍처럼 둘러 두고 보겠다고 했다. '강산'은 집 안에 들여놓을 수 있
는 대상이 아님에도 불구하고 방에 들일 수 있는 대상인 것처럼 '주관적'으로 '**변용**'하여 표현한 것이다.

 **'변용'과 함께
알아 두어야 할
어휘**

변용(變容)	변경(變更)	변천(變遷)	변환(變換)
용모(모습)가 바뀜. 유 변모	**바꾸고 고침.**	**시간의 변화에 따라 바뀜.** 유 변이	**달라져 바뀜.**
예 예술 작품의 변용	예 주소 변경	예 역사적 변천	예 전압 변환, 기어 변환

기출 용례 혼동하기 쉬운 단어를 구별하여 사용한 예   ▶ 2005학년도 수능

┌ 눈은 빛의 자극을 전기 신호로 변환하여 뇌로 전달한다.
└ 지난 50년 간 변천해 온 여성의 생활상을 보여 주는 사진전이 열린다.

恣意的 자의적

방자하다 / 임의 / ~하는 것 적

방자하게 임의로 하는 것
㊀ 임의적(하고 싶은 대로 하는 것)

한자의 의미
제멋대로 **자**, 뜻 **의**, ~의 **적**

사전적 의미 일정한 원칙이나 법칙을 무시하고 제멋대로 하는 것

❶ 동물의 의사소통 수단과 인간 언어의 차이를 알기 위해 인간 언어의 특질 몇 가지를 알아보기로 한다. 우선, 언어 표현과 그것이 지시하는 내용 사이의 결합이 **자의적**이라는 점을 들 수 있다. 이는 같은 의미를 가진 말을 언어마다 달리 발음하는 사실만으로도 쉽게 확인된다. 간혹 의성어의 경우는 이 관계가 필연적이라는 이의가 제기되기도 하지만, 여기에도 필연성은 없다. 예를 들어 국어로는 개가 짖는 소리를 '멍멍'이라고 하지만 러시아 어로는 '가브가브'라고 한다.

▶ 2000학년도 수능

❷ 중심 화제의 위상을 **자의적**으로 평가하고 있다.

▶ 2007학년도 9월 고3 모의평가

① **자의적** 해석   ② **자의적**으로 판단하다.   ③ 언어의 **자의성***

자의성 :
언어의 특성
중 하나

언어의 특성	개념	예시
자의성	말소리와 의미 사이에는 <u>필연적인 관계가 없다.</u>	• '집'이라는 뜻을 가진 말을 국어에서는 [집], 다른 나라에서는 [하우스], [메종] 등 다르게 말한다.
분절성	언어는 연속적으로 이루어져 있는 세계를 <u>분절적으로 쪼개어</u> 표현할 수 있다.	• 이마, 뺨, 턱을 구분해 표현한다. • 무지개 색을 일곱 가지로 나누어 표현한다. • 12월 31일과 1월 1일을 불연속적으로 끊어 표현한다.
사회성	언어는 사회적 약속이므로 한 개인이 마음대로 바꿀 수 없다.	• 자기를 낳아 준 사람이란 뜻을 지닌 '어머니'를 '언니'라고 부르면 원활한 의사소통을 할 수 없다.
역사성	언어는 <u>시간이 흐름에 따라</u> 말소리와 의미, 문법 요소가 <u>변하기도</u> 한다.	• 소리의 변화 : 중세 국어에는 성조가 존재하였다. • 의미의 변화 : 어엿브다(불쌍하다) 〉 어여쁘다(아름답다) • 문법의 변화 : 중세 국어에서는 주격 조사 '가'가 존재하지 않았다.
기호성	언어는 <u>형식(말소리)과 내용(의미)으로</u> 이루어진 기호이다.	• '어머니'라는 언어 기호는 '자기를 낳아 준 사람'이라는 의미를 담고 있다.
규칙성	언어는 음운, 단어, 문장, 담화의 체계에서 일정한 규칙적인 특성이 있다.	• 할머니는 어제 병원에 갈 것이다.(규칙을 지키지 않음.) → 할머니께서는 어제 병원에 가셨다.
창조성	한정된 단어로 수많은 단어와 문장을 만들 수 있고, 처음 들어 보는 문장도 이해할 수 있다.	• '밥 먹자'와 '빨리 자자.'라는 문장을 배운 어린아이가 '빨리 먹자.'라는 새로운 문장을 만들어 낸다. • 은어, 채팅어 등
추상성	언어는 많은 구체적인 대상으로부터 공통의 속성만을 뽑아내어 하나의 말소리로 표현하는 추상성을 지니고 있다.	• '꽃'은 '진달래, 개나리, 철쭉 등(구체적인 대상)'에서 공통적인 특성을 뽑아 일반화한 개념이다.

040

凝集性 응집성

1단계
친숙한 어휘로
익히기

응결 / 집중 / 성질

응결하여(엉겨서) 하나로 집중되는 성질
→ 작문에서 문장과 문장, 문단과 문단 사이의 연결이
긴밀한 경우에 응집성이 있다고 함.

한자의 의미
엉길 **응**, 모을 **집**, 성품 **성**

사전적 의미
한곳에 엉기어 모이는 성질

2단계
기출문제로
확인하기

'이렇게 한 다음 연필꽂이의 바닥까지 모두 조립하고 사포질을 해 줍니다.'에는 〈보기〉의
㉮와 ㉯가 모두 나타나 있다.
▶ 2014학년도 3월 고3 전국연합학력평가 국어 A형 · B형

> 〈보기〉 **응집성**이란 담화*를 이루는 발화*나 문장들이 형식상 특정한 장치에 의해 연결되는 것
> 을 말하며, 주로 지시 표현, 접속 부사 등과 같은 ㉮연결어에 의해 표현된다. 또한 유사
> 한 어휘 또는 표현을 반복함으로써도 표현된다. 이 외에도 ㉯직접적으로 순서나 과정을
> 드러내는 어휘를 사용하기도 한다.

→ '이렇게'가 ㉮에, '다음'이 ㉯에 해당된다.

3단계
대표 사례로
다지기

① 글의 통일성과 **응집성***   ② 지시 표현을 사용하여 글의 **응집성**을 높이다.

 담화 vs. 발화

담화	발화
• 하나 이상의 발화나 문장이 모여 이루어진 것 • 화자(글쓴이), 청자(독자), 발화(내용 – 화자와 청자가 주고받는 정보), 맥락(장면 – 담화가 이루어지는 시간적 · 공간적 상황)이 종합적으로 작용하여 담화의 의미가 결정됨.	• 일정한 상황 속에서 문장 단위로 실현된 말 • 구어 의사소통의 기본 단위로, 문장과 달리 구체적인 상황 속에서 발화의 의미가 결정됨. • 발화의 기능 : 선언, 명령, 요청, 축하, 경고 등 • 직접적인 발화와 간접적인 발화가 있음.

*담화 표지 : 담화에서 화자의 의도나 심리를 효과적으로 전달하기 위해 사용되는 말로, 접속어와 지시어, 단어
의 반복 등을 통해 실현되고, 예고 · 강조 · 정리 등 효과적인 의사소통에 기여함.

 발화의 유형

직접적인 발화	간접적인 발화
• 발화자가 자신의 의도를 직접적으로 표현하는 것	• 발화자가 자신의 의도를 간접적으로 표현하는 것
• 문장 유형과 발화 의도가 일치함.	• 문장 유형과 발화 의도가 불일치함.
• 상황보다 의도가 우선 고려됨. 예 문 좀 열어 줘.	• 의도를 상황에 맞춰 표현함. 예 방이 너무 덥지 않니?

통일성 vs. 응집성	통일성(내용)	응집성(형식)
	• 발화나 글의 여러 내용이 하나의 주제로 긴밀하게 연결되는 것	• 발화나 문장(문단)들이 문법적으로 서로 긴밀하게 연결되는 것
	• 중심 내용을 뒷받침하는 문장이 적절함.	• 주로 접속어나 지시어에 의해 표현됨.

→ 발화(또는 문장)들이 모여 담화(또는 문단, 글)를 이루기 위해서는, 내용 면에서 통일성과 형식 면에서 응집성을 갖추어야 함.

041 糾明 규명

1단계 친숙한 어휘로 익히기

들추어내다 규(규탄) / **밝히다 명**(명료, 명백, 명쾌)

들추어내(따져) 밝힘.

→ '밝혀 내는 것'으로 바꿔 읽으면 의미가 통함.

한자의 의미
얽힐 **규**, 밝을 **명**

사전적 의미 어떤 사실의 원인이나 진상을 자세히 따져서 바로 밝힘.

2단계 기출문제로 확인하기

❶ 대상의 장단점을 분석하여 그 속성을 **규명**하고 있다. ▶2009학년도 4월 고3 전국연합학력평가

❷ 역사가는 정확한 사실의 **규명**이 아니라 그 의미를 제대로 살려야 한다. ▶2007학년도 4월 고3 전국연합학력평가

3단계 대표사례로 다지기

① 사건의 진상 **규명** ② 갈등의 근본 원인을 **규명**하다.

042 辨證法 변증법

1단계 친숙한 어휘로 익히기

변론 / 증명 / 방법

변론으로 증명하는 방법(인식이나 사물은 '정반합*' 3단계를 거쳐 전개된다고 보는 논리적 사고법)

한자의 의미
분별할 **변**, 증거 **증**, 법 **법**

사전적 의미 헤겔 철학에서, 모순 또는 대립을 근본 원리로 하여 사물의 운동을 설명하려는 논리

합
정 ↔ 반

*정반합 : 이미 있는 하나의 주장인 '**정**(正, 바름)'에 대해 이와 다른 주장인 '**반**(反, 반대)'이 나오고, 앞의 '정'과 '반'을 통합하고 절충하여 더 높은 종합적인 주장인 '**합**(合)'으로 발전됨.

2단계 기출문제로 확인하기

❶ 다양한 관점들을 소개하면서 이를 **변증법**적으로 절충하고 있다. ▶2012학년도 9월 고3 모의평가

❷ 진정한 의미의 개인과 사회의 관계는 존재나 생성의 과정에 그치지 않는 보다 높은 차원에 속하는 것이다. 그것은 존재하면서 생성하며, 생성하면서 문화 역사를 창조해 가는 관계인 것이다. 그러므로 그 관계는 발전과 비약을 가능하게 하는 **변증법**적 관계로 보는 편이 타당할 것이다. ▶1995학년도 수능

3단계 대표사례로 다지기

① **변증법**적 사고 ② **변증법**적 발전

止揚 지양

1단계
친숙한 어휘로 익히기

정지 / 고양(높이 올림)

고양하는 것을 정지함.
→ '그만두는 것'으로 바꿔 읽으면 의미가 통함.

한자의 의미
그칠 **지**, 날릴 **양**

사전적 의미 더 높은 단계로 오르기 위하여 어떠한 것을 하지 아니함.

2단계
기출 문제로 확인하기

❶ "승정원이나 홍문관은 그 인선[1] 방식이 해이[2]해져 종래의 타성[3]을 조속히 **지양**할 수 없으니, 짐이 의도하는 혁신 정치의 중추[4]로서 규장각을 세웠노라." — 정조(正祖) —

▶ 2006학년도 9월 고3 모의평가

→ 정조가 규장각을 세운 목적은 타성에 젖어 있는 승정원이나 홍문관의 인선 방식을 **지양**하게(그치게, 못하게) 하기 위함이었다.

❷ 아래의 '갑'이 비유를 활용하여 ㉠에 대해 비판적 의문을 제기한 것으로 가장 적절한 것은?

▶ 2005학년도 7월 고3 전국연합학력평가

> **갑** : 규범에 맞는 언어생활을 해야 한다고 강조하는 글쓴이
> **을** : 편리함을 추구하며 규범을 파괴하고 있는 '㉠인터넷 글쓰기에서 나타나는 규범의 혼란'을 하나의 사회적 현상으로 이해하는 글쓴이

→ '갑'은 ㉠에 대해 '편리함을 위해서 규범을 어기는 행위'라고 비판할 것이다. 따라서 비유를 활용하여 ㉠에 대해 비판적 의문을 제기한 것으로 적절한 말(정답)은 '조금 빨리 가자고 신호를 위반하거나 과속으로 운전하는 것은 **지양**해야 하지 않겠습니까?'였다. '조금 빨리 가자고 하는 것'은 '편리함을 위한 것'이고, '신호를 위반하고 과속으로 운전하는 것'은 '규범을 어기는 행위'로 이는 '하지 말아야(**지양**해야)' 할 행위인 것이다.

3단계
대표 사례로 다지기

① 남을 탓하는 태도는 **지양**해야 한다.　② 무분별한 개발을 **지양**하다.

 지양 vs. 지향

	지양(止揚)	지향(志向)
	그만두는 것	뜻이 (목표를) 향하는 것

→ 잘못된 정책은 지양해야 하고, 목표는 지향해야 한다.

어휘력 일취월장 노트	친숙한 어휘로 익히기	대표 사례로 다지기
[1]**인선**(人選)	**인**물을 **선**택함.	국무총리 인선
[2]**해이**(解弛)	풀어지고(**해**제) 느슨해짐(**이**완). ☞ 이완 p.67	도덕적 해이
[3]**타성**(惰性)	게으른(**나타** = **나태**) 습성	타성에 젖다.
[4]**중추**(中樞)	**중**요한 부분(**요추**)	중추적 역할

提高 제고

제시 / 고조

제시하여 고조시킴.

한자의 의미
끌 **제**, 높을 **고**

사전적 의미
쳐들어 높임.

❶ 밑줄 친 '제고하는'과 바꿔 쓸 수 있는 말은?   ▶ 2009학년도 수능

> 창조 계층을 끌어들이고 유지하는 것이 도시의 경쟁력을 <u>제고하는</u> 관건[1]이 된다.

→ '**제고**하는'과 바꿔 쓸 수 있는 말은 '높이는'이다.

❷ 유명인 모델의 광고 효과를 높이기 위해서는 유명인이 자신과 잘 어울리는 한 상품의 광고에만 지속적으로 나오는 것이 좋다. 이렇게 할 경우 상품의 인지도[2]가 높아지고, 상품을 기억하기 쉬워지며, 광고 메시지에 대한 신뢰도가 **제고**된다.

▶ 2011학년도 6월 고3 모의평가

❸ 감나무 밑에 누워 홍시 떨어지기를 바란다*더니, 수출 기업이 환율 상승만 믿고 경쟁력을 **제고**하기 위한 방책[3]을 강구[4]하지 않는다는 말이군.

▶ 2011학년도 9월 고3 모의평가

*감나무 밑에 누워 홍시 떨어지기를 바란다 : 아무런 노력도 하지 않고 좋은 결과만 바란다.

① 이미지 **제고**   ② 효율성을 **제고**하다.

＊ 제고 vs. 재고

	제고(提高)	재고(再考)	재고(在庫)
	제시하여 **고**조시키다. →높이다. ⃞예 대상에 대한 인식 제고를 강조하며 마무리한다.	**재**차 **고**려하다.→다시 생각하다. ⃞예 양자 역학의 불확정성 원리는 우리가 물체를 '본다'는 것의 의미를 재고하게 한다.	**창**고에 **존재**하다. ⃞유 재고품 ⃞예 유행이 바뀌어 재고를 처분한다.

→ '제고'는 '높이는 것', '재고'는 '다시 생각하는 것'과 '창고에 있는 것(재고품)' 중 하나!

어휘력 일취월장 노트	친숙한 어휘로 익히기	대표 사례로 다지기
[1]관건(關鍵)	빗장(**관**문)과 자물쇠(시**건**장치). 가장 중요한 부분	문제 해결의 <u>관건</u>
[2]인지도(認知度)	**인**식하여 **지**각하고 있는 정**도**	<u>인지도</u>가 낮다(높다).
[3]방책(方策)	**방**법(**방**안)과 대**책**	정직이 최선의 <u>방책</u>이다.
[4]강구(講究)	연**구**	대응책을 <u>강구</u>하다.

照應 **조응**

1단계
친숙한 어휘로
익히기

조명 / 대응

조명을 비추듯 서로 잘 대응함.
㊠ 상응(서로 어울림)

한자의 의미
비칠 **조**, 응할 **응**

사전적 의미 둘 이상의 사물
(현상) 또는 말과 글의 앞뒤 따
위가 서로 일치하게 대응함.

2단계
기출문제로
확인하기

❶ (가)를 읽고 난 후 (나)를 읽으면, (나)의 '가을바람'은 세상에서 소외된 화자의 처지와
조응하여 쓸쓸함을 더하게 한다.
▶2010학년도 7월 고3 전국연합학력평가

> (가) 최치원은 당나라에서 「토황소격문」을 작성하여
> 문장가로 이름을 날렸지만, 이방인의 한계를 절
> 감하고 28세에 신라로 귀국한다. 한림학사의 벼
> 슬을 받은 그는 경세의 뜻을 펼치려고 하였지만
> 894년 올린 개혁 정책인 「시무책」은 시행되지 않
> 았다. 결국, 자신의 뜻을 펼칠 수 없다고 생각한
> 최치원은 마흔 살이 채 되기도 전에 난세를 비관
> 하여 관직을 내놓고 가야산에 은거하였다.

> (나) 가을바람에 괴롭게 읊조릴 뿐
> 온 세상에 지음(知音)¹없구나.
> 창 밖에는 삼경에 비가 오는데
> 등불 앞에 마음은 만 리를 달리네.
> – 최치원, 「추야우중(秋夜雨中)」

❷ 밑줄 친 '월백(月白)'은 욕망이 정화²된 화자의 내면과 **조응**한다.
▶2005학년도 10월 고3 전국연합학력평가

> 구버난 천심녹수(千尋綠水) 도라보니
> 만첩청산(萬疊靑山)
> 십장홍진(十丈紅塵)이 언매나 가롓난고
> 강호(江湖)애 월백(月白)하거든 더욱 무
> 심(無心)하얘라
> – 이현보, 「어부단가」

현대어 풀이

> 굽어보니 천 길이나 되는 깊고 푸른 물이
> 고, 돌아보니 만 겹이나 되는 푸른 산이로다.
> 열 길이나 되는 붉은 먼지(속세)는 얼마나
> 가려 있는가
> 자연(강호)에 달이 밝게 비치니 더욱 욕심
> 이 없도다!

→ 속세와 멀리 떨어져 있는 자연 속에서 화자는 달이 밝게 비치는 모습을 보면 더욱더 욕심
이 없어진다고 했다. 따라서 이때의 '월백(月白)'은 욕심이 없어진 화자의 내면과 잘 대응
(**조응**)한다고 할 수 있다.

3단계
대표사례로
다지기

① 서로 잘 **조응**하다. ② 시대 변화에 **조응**(부응)하다.

어휘력 일취월장 노트	친숙한 어휘로 익히기	대표 사례로 다지기
¹**지음**(知音)	**음**률을 인**지**함. 마음이 통하는 벗 ㊠ 지기·지우	백아와 종자기는 지음이다.
²**정화**(淨化)	**정**결하게 변**화**함.	마음이 정화되는 것을 느끼다.

相應 **상응**

1단계
친숙한 어휘로
익히기

상호 / 대응

상호 간에 대응함. ㊠ 호응¹, 대응

한자의 의미
서로 **상**, 응할 **응**

사전적 의미
서로 비슷하게 어울림.

Tip **조응** | **조**화롭게 잘 **응**함.

❶ 바로크 초반의 음악 이론가 부어마이스터는 마치 웅변에서 말의 고저나 완급, 장단 등이 호소력을 이끌어 내듯 음악에서 이에 **상응**하는 효과를 낳는 장치들에 주목하였다.

▶ 2012학년도 수능

❷ 사람들은 어떤 결과에는 항상 그에 **상응**하는 원인이 존재한다고 생각한다.

▶ 2009학년도 수능

① 노력에 **상응**하는 대가를 지불하다.　② 처음과 끝을 동일한 내용으로 **상응**시켜 시상 전개에 안정감을 부여하고 있다. ← 시상 전개 방식 중 '수미상관 방식'에 대한 설명

＊ **상응 vs. 상반 vs. 상보 vs. 상충 vs. 상조**

상응	상반	상보	상충	상조
상호(서로) **응**함.	**상**호(서로) **반**대됨.	**상**호(서로) **보**충함.	**상**호(서로) **충**돌함.	**상**호(서로) **협조**함.
예 <u>상응</u>하는 (=적합한) 대우	예 <u>상반</u>(=대립) 되는 의견	예 <u>상보</u>(=보완) 관계	예 <u>상충</u>(=충돌) 되는 의견	예 <u>상조</u>(=상부상조) 하며 살다.

047

自問自答 **자문자답**

자기 / 질문 / 자기 / 대답

자기가 질문하고 자기가 대답함.

> 한자의 의미
> 스스로 **자**, 물을 **문**, 스스로 **자**, 대답 **답**
>
> 사전적 의미
> 스스로 묻고 스스로 대답함.

다음 시는 일상적인 언어를 사용하여, **자문자답**의 독백체로 표현한 것도 친근감[2]을 느끼게 해.

▶ 2003학년도 5월 고2 경기도 학업성취도 평가

> 어제도 하로밤 / 나그네 집에 / 가마귀 가왁가왁 울며 새었소. //
> 오늘은 / 또 몇 십 리(十里) / 어디로 갈까. //
> 산(山)으로 올라갈까 / 들로 갈까 / 오라는 곳이 없어 나는 못 가오. //
> 말 마소, 내 집도 / 정주 곽산 / 차 가고 배 가는 곳이라오. //
>
> — 김소월, 「길」

→ 이 시에서는 먼저 '오늘은 또 몇 십 리 어디로 갈까? 산으로 올라갈까, 들로 갈까?'라고 스스로 질문한 다음, '오라는 곳이 없어 나는 못 가오.'라고 스스로 대답하는 **자문자답**의 형식을 취하고 있다.

① **자문자답** 형식　② **자문자답**을 통해 문제를 해결하다.

＊ **문답법 ⊃ 자문자답** 묻고 답하는 형식을 취한다는 점에서는 문답법과 자문자답이 같지만, '자문자답'은 필자나 화자 스스로 질문하고 스스로 답하는 경우만을 가리킨다.

어휘력 일취월장 노트	친숙한 어휘로 익히기	대표 사례로 다지기
[1]**호응**(呼應)	부름(**호소**)에 **응**답함.	주술 <u>호응</u>, 독자들의 <u>호응</u>을 얻다.
[2]**친근감**(親近感)	**친**밀하여 늘 가까운(**근**방) 감정	독자에게 <u>친근감</u>을 느끼게 한다.

복습 문제 | 정답 p.56

1 빈칸에 들어갈 알맞은 말을 쓰시오.

❶ 수능 시험에서 좋은 성적을 거둔 것은 그동안의 노력을 [   ] 해 주는 것이다.

● 급소 힌트 곁에서(간접적으로) 증명에 도움을 주는 증거

❷ '어엿브다'는 중세 국어에서는 '가엾다'는 뜻이었는데, 현대 국어에서는 '예쁘다'의 뜻이니까 의미가 이동한 예이다. 이와 같이 어휘의 역사적 변천을 살펴보는 것은 [   ] 연구이다.

● 급소 힌트 시대를 관통하는 것

❸ 언어의 특성 중 [   ] 은 언어 형식과 의미가 가지는 관계가 절대적이지 않다고 본다. 즉, '집'이라는 뜻을 가진 말을 국어에서는 [집], 다른 나라에서는 [하우스], [메종] 등 다르게 말한다.

● 급소 힌트 말소리와 의미 사이에는 필연적인 관계가 없다.

2 다음 글의 전개 방식을 밝혀 쓰시오.

❶ 단체 경기는 춤으로 치면, 개인의 능력보다 전체의 조화와 협동을 통해 좋은 결과를 만들어 내는 군무(群舞)와 같다. 경기를 치르는 과정에서 단결심이 절로 함양된다.

● 급소 힌트 친숙한 개념과 비교함으로써 쉽게 이해할 수 있게 설명하는 방법(연관 짓기)

❷ 컴퓨터의 하드웨어는 입·출력 장치, 기억 장치, 연산 장치, 그리고 이들을 통제하여 서로 협력할 수 있도록 하는 제어 장치 등 5대 구성 요소로 이루어진다.

● 급소 힌트 한 사물을 부분으로 나누어 구성 요소를 자세히 풀이하는 방법

❸ 까치 몸의 반은 꽁지이다. 어깨와 배의 하얀 부분을 빼놓은 다른 부분은 언뜻 보아 검은색인데, 각도를 달리해 보면 날개와 꽁지깃이 청록색을 띤다.

● 급소 힌트 사물의 모습이나 상황을 눈에 보이듯이 그리는 방법

3 다음 시의 표현상 특징으로 가장 적절한 것은?

> ❶ 산꿩도 섧게 울은 슬픈 날이 있었다
> 산절의 마당귀에 여인의 머리오리가 눈물방울과 같이 떨어진 날이 있었다.　　　– 백석, 「여승」

① 과거와 현재를 병치하여 대상의 처지를 부각하고 있다.
② 관습적인 표현을 활용해 시적 분위기를 조성하고 있다.
③ 자연물의 속성에 빗대어 화자의 의지를 표출하고 있다.
④ 감각적 심상을 통해 화자의 현재 상황을 나타내고 있다.
⑤ 대상에 감정을 이입하여 화자의 애상감을 드러내고 있다.

> ❷ 어제도 하로밤 / 나그네 집에 / 가마귀 가왁가왁 울며 새었소. //
> 오늘은 / 또 몇 십 리(十里) / 어디로 갈까. //
> 산(山)으로 올라갈까 / 들로 갈까 / 오라는 곳이 없어 나는 못 가오. //
> 말 마소, 내 집도 / 정주 곽산(定州郭山) / 차(車) 가고 배 가는 곳이라오. //　　　– 김소월, 「길」

① 자문자답의 형식을 취하고 있다.
② 화자의 체험을 우의적으로 형상화하고 있다.
③ 추상적인 관념을 구체적으로 표현하고 있다.
④ 상상력을 통해 대상을 주관적으로 변용하고 있다.
⑤ 색채 이미지를 통해 화자의 정서를 환기하고 있다.

4 다음의 설명 내용이 옳으면 ○표, 틀리면 ×표를 하시오.

❶ 중심 내용을 담은 문장은 구체적 진술에 해당한다.　　　　　　　　　　　　　（　　）

❷ 지문에 언급된 내용과 일치하더라도 글 전체를 포괄하는 내용이 아니면 '표제'가 될 수 없다.
　　　　　　　　　　　　　　　　　　　　　　　　　　　　　　　　　　　　（　　）

❸ 객관적인 상관물은 모두 감정 이입의 대상으로 볼 수 있다.　　　　　　　　（　　）

❹ 응집성은 주로 지시 표현, 접속 부사 등과 같은 연결어에 의해 표현된다.　（　　）

복습 체크리스트

❶ 친숙한 어휘를 떠올려 메모한다.
❷ 대표 사례를 적으며 확실하게 그 의미를 익힌다.
❸ 어렴풋이 아는 것은 해당 페이지로 찾아가 다시 챙겨 본다.

구분	어휘	❶친숙한 어휘 떠올리기	❷대표 사례 적어 보기	❸찾아갈 페이지	구분	어휘	❶친숙한 어휘 떠올리기	❷대표 사례 적어 보기	❸찾아갈 페이지
1	관념			18	26	유사한 통사 구조			37
2	관념의 시각화			18	27	통사적 합성어			37
3	구체적 진술			19	28	통념			38
4	연상/자유 연상			20	29	만연			38
5	개연성/필연성			21	30	환기			39
6	가설			21	31	치환			39
7	검증			22	32	병치			40
8	반증/방증			22	33	배치			41
9	근거			23	34	우화 (소설)			42
10	전제			23	35	우의			42
11	부제/표제			24	36	우회적			43
12	논지/글의 전개 방식			25	37	이질적			43
13	부연			26	38	이입/감정 이입			44
14	심화/심화 학습			27	39	객관적 상관물			44
15	인지			28	40	투영			45
16	유연하다			28	41	변용/주관적 변용			46
17	외경			29	42	자의적/자의성			47
18	전가			29	43	담화와 발화			48
19	관점			30	44	응집성/통일성			49
20	관조(적)			31	45	규명			49
21	관습적/상징			32	46	변증법			49
22	관용/관용적 표현			33	47	지양/지향			50
23	궁극적			34	48	제고/재고			51
24	간과하다			34	49	조응/상응			52
25	통시적/공시적			36	50	자문자답			53

복습 문제 정답   1. ❶ 방증 / ❷ 통시적 / ❸ 자의성   2. ❶ 유추 / ❷ 분석 / ❸ 묘사
3. ❶ ⑤ / ❷ ①   4. ❶ × / ❷ ○ / ❸ × / ❹ ○

2
주차

048

口語 **구어**

한자의 의미
입 **구**, 말씀 **어**

사전적 의미 문장에서만 쓰는 특별한 말이 아닌, 일상적인 대화에서 쓰는 말

1단계
친숙한 어휘로 익히기

입 **구**(구술) / 말씀 **어**(언어)

입으로 주고받는 말 ⑪ 구두어 ⑪ 문어

2단계
기출문제로 확인하기

❶ (이문구의 소설 「관촌수필」에서는) 방언과 **구어**적 표현을 사용하여 생동감 있게 이야기를 풀어 가고 있다.
▶ 2010학년도 수능

→ 「관촌수필」에서는 인물들 간의 대화에서 일상 대화에 쓰는 **구어**적 표현을 확인할 수 있다. 특히 대화 내용 중 '옹젬이가 그렇당께.(← 옹점이가 그렇다니까.)', '못 견디겠슈.(← 못 견디겠습니다.)', '옥상헌티(← 한테) 샀지.' 등에 쓰인 방언과 **구어**적 표현은 생동감과 현장감을 느끼게 해 준다.

❷ 학 생 : 선생님, '이렇게 많은 걸 언제 다 모았니?' 라고 할 때, 여기서 '걸'은 띄어 써야 하나요? 아니면 붙여 써야 하나요? '걸'은 앞말에 붙여 쓰기도 하고 띄어 쓰기도 해서 혼란스러워요.

선생님 : 이 경우에는 띄어 쓰는 것이 맞아요. '걸'은 '것을'을 **구어**적으로 나타낸 것이랍니다. 여기서 '거'는 의존 명사 '것'에 해당하므로 앞말과 띄어 써야겠지요. 그런데 '걸'이 가벼운 반박이나 감탄의 뜻을 나타낼 때에는 앞말에 붙여 써야 합니다. 왜냐하면 이때 '걸'은 '-ㄴ걸, -는걸' 등과 같은 어미의 일부이기 때문이지요.
▶ 2013학년도 7월 고3 전국연합학력평가 국어 A형·B형

3단계
대표사례로 다지기

① **구어**체* ② **구어** 담화*

✳ 구어체 vs. 문어체	구어체	문어체
	일상적인 대화에서 쓰는 어휘와 문장을 그대로 사용한 문체[1]	일상적인 대화에서 쓰는 말이 아닌, 글에서 자주 쓰는 어휘와 문장을 사용한 문체

✳ 준언어적 표현 vs. 비언어적 표현

'준언어적 표현'과 '비언어적 표현'은 구어적 상황에서 언어 못지않게 중요한 역할을 한다.

준언어적 표현	비언어적 표현
억양, 성량, 속도, 어조 등 예 흥분된 목소리로 말하거나(억양), 목소리를 크게 하거나(성량), 빠르게 말하거나(속도), 문장의 끝을 올려 말하는(어조) 것	표정, 몸짓, 시선, 태도, 옷차림 예 (손가락 두 개를 펼쳐 보이며) 단 두 나라, 노르웨이와 우리나라에 있습니다. ▶ 2023학년도 9월 모의평가

→ 준언어적 표현은 언어에 '준하는' 표현, '비언어적 표현'은 언어가 '아닌(非)' 표현으로 기억하자!

✳ '문어 담화'와 대비되는 '구어 담화'의 특징

① 시간이 지나면 쉽게 잊어버린다.
② 화제[2]가 자주 바뀐다.
③ 반복 표현이 많다.
④ 군말(군더더기 말)이 많이 사용된다.
⑤ 문법에 어긋난 표현이 많다.

*담화 : 하나 이상의 발화(☞p.48)나 문장이 모여 이루어진 것

客體 객체

1단계
친숙한 어휘로 익히기

고객 / 몸체

주체의 고객(상대)이 되는 몸.
문장의 목적어나 부사어에 해당하는 대상 [반]주체

한자의 의미
손님 **객**, 몸 **체**

사전적 의미 문장 내에서
동사의 행위가 미치는 대상

2단계
기출 문제로 확인하기

다음은 주체와 **객체**가 전도된 표현을 통해 화자의 인생관을 분명히 하고 있다.

▶ 2008학년도 9월 고3 모의평가

공명(功名)도 날 꺼리고 부귀(富貴)도 날 꺼리니

- 정극인, 「상춘곡」

→ '나'(주체)가 부귀공명을 꺼린다(싫어한다)는 것을 마치 부귀공명(**객체**)이 '나'를 꺼리는 것처럼 표현함.(주객전도의 표현*)

3단계
대표 사례로 다지기

① 주체와 **객체**　② 서술어의 **객체**를 높이는 객체 높임법*

 주객전도의 표현

❶ 하늘은 날더러 구름이 되라 하고 / 땅은 날더러 바람이 되라 하네　- 신경림, 「목계장터」

→ 하늘과 땅(객체)이 나(주체)를 보고 구름과 바람이 되라고 한 것이 아니라, 내가 구름과 바람처럼 방랑하고 싶은 마음이 있음을 드러낸 표현이다.

❷ 늘 시비하는 소리 귀에 들릴까 / 짐짓 흐르는 물로 온 산을 둘러버렸다네.　- 최치원, 「제가야산독서당」

→ 물(객체)이 온 산을 둘러 흐르는 것이지 화자(주체)가 물을 둘러버린 것은 아니다.(☞주관적 변용 p.46)

 높임법

구분	높이는 대상	높임을 실현하는 방법
상대 높임법	말을 듣는 상대방	종결 어미(-ㅂ니다, -ㅂ니까, -시지요 등)
주체 높임법	행위의 주인공	① 주격 조사(께서)　② 선어말 어미(-시-) ③ 의존 명사(님)　④ 특수 어휘(계시다, 잡수시다)
객체 높임법	행위의 대상	① 특수 어휘(드리다, 뵙다, 여쭈다)　② 조사(께)

객체 높임법

• 문장 내에서 서술의 객체(목적어나 부사어가 지시하는 대상)를 높이는 방법
• 객체 높임을 실현하는 방법
　① 특수 어휘(모시다, 드리다 등)를 사용하여 객체를 높이는 방법
　　예 나는 어버이날 선물로 어머니께 노래를 불러 드렸다.
　② 조사('에게' 대신 '께')를 사용하여 객체를 높이는 방법
　　예 나는 어버이날을 맞이해 부모님께 편지를 썼다.

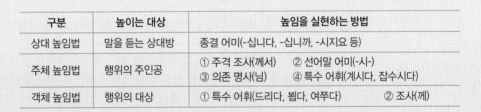

어휘력 일취월장 노트	친숙한 어휘로 익히기	대표 사례로 다지기
¹문체(文體)	문장의 특징을 드러내는 **체**제. 글투	개성적 문체, 문체가 화려하다.
²화제(話題)	말(대화, 담화)할 때의 **제**재, 이야깃거리	화제의 인물, 화제를 바꾸다.

乖離 괴리

어그러지다 괴 / 분리

어그러져 분리됨.

한자의 의미
어그러질 **괴**, 떠날 **리**

사전적 의미
서로 어그러져 동떨어짐.

❶ (고전 소설 「홍길동전」에서) 길동은 신분의 한계를 극복하는 과정에서 부당한 사회와 충돌하기도 하고, 개인적 욕망 성취를 위해 사회 부조리와 타협하거나 명분¹과 **괴리**되는 행위를 하여 스스로 모순에 빠지기도 한다.
▶ 2014학년도 수능 국어 A형

❷ (박태원의 소설 「천변풍경」에서는) '창수'가 '집으로나 다시 내려갔으면' 좋겠다고 생각하는 대목을 통해, 꿈과 현실 사이의 **괴리**에서 오는 혼란을 겪는 이의 마음을 엿볼 수 있다.
▶ 2013학년도 수능
→ 시골에서 올라온 소년 창수는 '다리 밑' 풍경조차도 행복일 수 있지 않느냐는 생각을 할 정도로 도시를 동경했다. 하지만 서울은 창수가 동경하는 것과 달랐고, 그래서 다시 시골로 내려갔으면 좋겠다는 생각을 하게 된다. 즉, 꿈과 현실은 많이 **괴리**되어(동떨어져, 어그러져) 있음을 알게 된 것이다.

❸ (이상의 소설 「날개」에서) 미쓰꼬시 옥상은 '나'와 '회탁의 거리' 사이의 **괴리**감을 드러내 준다.
▶ 2008학년도 9월 고3 모의평가
→ '회탁의'는 '회색의 탁한'이란 뜻이다. '나'는 '미쓰꼬시(일제 강점기에 서울에 있었던 백화점 이름) 옥상'에 올라가 '회탁의 거리'를 내려다본다. '회탁의 거리'에서 '나'는 '금붕어 지느러미처럼 흐늑흐늑 허비적거리는' 피곤한 생활의 연속이었음을 떠올린다. '회탁의 거리'는 '나'에게 부정적인 공간이었던 것이다. 따라서 '미쓰꼬시 옥상'은 '나'와 '회탁의 거리' 사이의 **괴리**감(서로 어그러져 분리되어 있다는 느낌)을 드러내 주는 기능을 한다고 볼 수 있다.

❹ 다음 밑줄 친 부분에 내포된 심리적 상황을 가장 잘 설명한 것은?
▶ 1994학년도 1차 수능

> 나오는 문 앞에서, 자기의 책상 위에 놓인 명부에 이름을 적고 천막을 나서자, 그는 마치 재채기를 참았던 사람처럼 몸을 벌떡 뒤로 젖히면서, <u>마음껏 웃음을 터뜨렸다.</u> 눈물이 찔끔찔끔 번지고, 침이 걸려서 캑캑거리면서도 그의 웃음은 멎지 않았다.
> 중립국. 아무도 나를 아는 사람이 없는 땅. 하루 종일 거리를 싸다닌대도 어깨 한 번 치는 사람이 없는 거리.
> – 최인훈, 「광장」

→ 바로 앞부분에서 '그'는 전쟁(6·25)의 포로가 되어 송환되는 과정에서 남과 북으로부터 선택을 종용받는다. '남'과 '북'이 아닌, '중립국'을 선택하고 나오면서 '그'는 '마음껏 웃음을 터뜨렸다'. 이때의 웃음은 결코 유쾌한 웃음일 수 없다. 조국을 선택하지 않고 제3국을 선택한 상황이기 때문이다. 따라서 정답은 '심경²과 행동의 **괴리**를 나타내고 있다.'였다.

① **괴리**감   ② 이상과 현실의 **괴리**

吐露 **토로**

1단계
친숙한 어휘로 익히기

실토 / 폭로(노출)

실토하고 폭로함(마음을 노출함).

한자의 의미
토할 **토**, 이슬 **로**

사전적 의미 마음에 있는 것을 다 드러내어서 말함.

2단계
기출문제로 확인하기

❶ (시집살이의 어려움을 노래한 고전 시가(민요) 「시집살이 노래」에서) '배꽃 같던 요내 얼굴 호박꽃이 다 되었네.'는 결혼 전후의 용모 변화를 자연물에 빗대어 시집살이의 고충³을 **토로**한 것이다.
▶2014학년도 6월 고3 모의평가 국어 A형 · B형

❷ [A]와 〈보기〉 모두 예전에 알고 지내던 인물과의 만남을 계기로 하여 자신의 심정을 **토로**하고 있다.
▶2014학년도 6월 고3 모의평가 국어 A형 · B형

> [A]　　형님 온다 형님 온다 분고개로 형님 온다.
> 　　　　형님 마중 누가 갈까 형님 동생 내가 가지.
> 　　　　형님 형님 사촌 형님 시집살이 어떱뎁까.
> 　　　　이애 이애 그 말 마라 시집살이 개집살이.
> 　　　　앞밭에는 당추 심고 뒷밭에는 고추 심어,
> 　　　　고추 당추 맵다 해도 시집살이 더 맵더라.
> 　　　　　　　　　　　　　　　　　　　　　　－ 작자 미상, 「시집살이 노래」
>
> 〈보기〉　저기 가는 저 각시, 본 듯도 하구나.
> 　　　　천상(天上) 백옥경(白玉京)을 어찌하여 이별하고
> 　　　　해 다 저 저문 날에 누굴 보러 가시는가.
> 　　　　어와, 너로구나. 이내 사설 들어 보오.
> 　　　　내 얼굴 이 거동이 임이 사랑함직 한가마는
> 　　　　어쩐지 날 보시고 너로다 여기시매
> 　　　　나도 임을 믿어 딴 생각 전혀 없어
> 　　　　아양이며 교태며 어지럽게 하였던지
> 　　　　반기시는 낯빛이 예와 어찌 다르신가.
> 　　　　　　　　　　　　　　　　　　　　　　－ 정철, 「속미인곡」

→ [A]에서는 시집 간 사촌 형님이 동생에게 시집살이가 정말 힘들더라는 심정을, 〈보기〉에서는 '나(저 각시)'가 본 듯도 한 사람에게 임과 이별하게 된 계기와 심정을 털어놓고(**토로**하고) 있다.

3단계
대표 사례로 다지기

① 불만을 **토로**하다.　　② 내면 심경을 직접 **토로**하다.

어휘력 일취월장 노트	친숙한 어휘로 익히기	대표 사례로 다지기
¹**명분**(名分)	**명**목과 **분**수 (1) 지켜야 할 도리, (2) 내세우는 구실	명분도 지키고 실리도 취하다.
²**심경**(心境)	**심**리 상태(**경**우, 형편)	복잡한 심경
³**고충**(苦衷)	**고**통스러운 속마음(**충**정, 충심)	고충을 털어놓다.

酷評 **혹평**

가혹 / 비평

가혹하게 비평함. 윤 악평(惡評) 반 호평(好評)[1]

한자의 의미
심할 **혹**, 평할 **평**

사전적 의미
가혹하게 비평함.

❶ 인상파 그림은 등장 당시에 왜 **혹평**을 받았을까?
▶ 2013학년도 11월 고1 전국연합학력평가

❷ 그(화가 르누아르)는 당시의 평단(評壇, 비평가의 사회)으로부터 **혹평**만 받아 왔던 자신의 예술 세계를 잠시 유보[2]하고, 간단한 포즈와 수수한 색조를 사용하는 식의 알기 쉬운 방법을 사용하기로 했다. 그리하여 오늘날 우리는 그 그림에서 르누아르 특유의 작품성을 발견하기 어렵게 되었지만, 결과적으로 그의 선택은 성공적이었다.
▶ 2003학년도 9월 고3 모의평가

① 비난과 **혹평**   ② 그 작품은 칭찬보다는 **혹평**이 쏟아졌다.

誤認 **오인**

착오 / 인식

착오하여 잘못 인식함. 윤 오판

한자의 의미
잘못할 **오**, 알 **인**

사전적 의미
잘못 보거나 그릇되게 인식함.

❶ 히치콕(할리우드 감독)은 관객을 **오인**에 빠뜨린 뒤 막바지에 진실을 규명하여 충격적인 반전을 이끌어 내는 그만의 이야기 도식을 활용하였다.
▶ 2015학년도 6월 고3 모의평가 국어 A형 · B형

❷ 우리가 누리고 있는 문화는 거의 모두가 서양적인 것이다. 우리가 연구하는 학문이 또한 예외가 아니다. 피와 뼈와 살을 조상에게서 물려받았을 뿐, 문화라고 일컬을 수 있는 거의 모든 것이 서양에서 받아들인 것인 듯싶다. 이러한 현실을 앞에 놓고서 민족 문화의 전통을 찾고 이를 계승하자고 한다면, 이것은 편협(偏狹)[3]한 배타주의(排他主義)[4]나 국수주의(國粹主義)[5]로 **오인**되기에 알맞은 이야기가 될 것 같다.
▶ 1994학년도 1차 수능

① 도둑으로 **오인**하다.   ② 쌍둥이 형을 동생으로 **오인**하다.

어휘력 일취월장 노트	친숙한 어휘로 익히기	대표 사례로 다지기
[1]**호평(好評)**	**호**감이 가게 **평**가함.	발표 내용이 호평을 받음.
[2]**유보(留保)**	**보류**(나중으로 미룸.)	일시적인 유보
[3]**편협(偏狹)**	**편**중되고 **협**소함.	편협한 사고
[4]**배타주의(排他主義)**	**타**인을 **배**척하는 주장(이론, 이념, 학설)	자기만 고집하는 맹목적 배타주의
[5]**국수주의(國粹主義)**	자기 **국**가만 최고(정수)라고 생각하여 다른 나라를 배척하는 극단적인 주장	지나친 국수주의 배타적 국수주의

悲壯 **비장**

1단계
친숙한 어휘로
익히기

비통하다 / 장대하다

비통하면서도 장대하다(씩씩하고 크다).

한자의 의미
슬플 **비**, 씩씩할 **장**

사전적 의미
슬프면서도 씩씩하고 꿋꿋함.

2단계
기출 문제로
확인하기

❶ (고전 소설 「심청전」은) **비장**미*와 골계미를 동시에 표현하고 있다.

▶ 2005학년도 6월 고3 모의평가

❷ 다음 글을 희곡으로 각색하여 공연할 때, ㉡에 가장 잘 어울리는 동작이나 표정은?

▶ 2004학년도 6월 고3 모의평가

> 우중신 노인은 무슨 계책이라도 서 있는 듯이 심각한 표정을 지어 보였다.
> 곧 '인간단지'에 비상소집이 내렸다. 모두 보통 때와 같이 일을 하다가 부락민들이 또 몽둥
> 이를 들고 올 때는 곧 한곳에 모이기로 했다.
> "먼저 손을 대서는 안 댄데잇! 저쪽에서 기어이 덤빌 때는, 그때는 한번 해 보자 말이다.
> 알겠나? ㉡이기고 지고는 이번이 마지막이다."
> – 김정한, 「인간단지」

→ 부당한 폭력에 대한 나병 환자들의 항거를 그린 「인간단지」에서 우중신 노인은 나환자들
만의 자치 기구인 '인간단지'를 건설하고자 한다. 그러나 이를 파괴하고자 하는 부락민들
과 관(官)에 맞서게 되는데, 밑줄 친 부분은 우중신 노인의 **비장**한 각오가 엿보이는 대목
이다. 따라서 '**비장**한 표정으로'가 정답이었다.

3단계
대표 사례로
다지기

① **비장**의 무기 ② **비장**한 최후를 맞이하다.

비장미 :
미적 범주 중
하나

- 숭고미 : 경건하고 엄숙한 분위기에서 느껴짐.
- 우아미 : 조화롭고 만족하는 분위기(자연 친화
  등)에서 느껴짐.
- 비장미 : 슬픔과 한스러운 분위기에서 느껴짐.
- 골계미 : 우스꽝스러운 분위기(해학, 익살, 희화
  화)에서 느껴짐.

있어야 할 것

	숭고	비장	
융합			상반
	우아	골계	

있는 것

미적 범주	위 그림에 대한 해석과 작품 예시	있는 것	있어야 할 것	있는 것과 있어야 할 것
숭고미	'있어야 할 것'의 '융합' 예 제망매가	누이의 죽음으로 인한 이별	미타찰에서 다시 만나야겠다는 기대	융합
우아미	'있는 것'의 '융합' 예 어부사시사	어부의 즐거운 생활	어부의 즐거운 생활을 해야겠다는 생각	융합
비장미	'있는 것'을 부정하고, '있어야 할 것'을 긍정하는 '상반' 예 원생몽유록	충신이 참혹한 지경에 이른 상황	충신은 마땅히 흥해야 한다는 생각	상반
골계미	'있어야 할 것'을 부정하고, '있는 것'을 긍정하는 '상반' 예 봉산 탈춤	양반에 대한 말뚝이의 항거	말뚝이는 양반에게 복종해야 한다는 생각	상반

055

완곡婉曲하다

완만하다 / 곡선

완만하게 곡선을 그리듯이 부드럽고 모나지 않게 말하다
→ 직설적으로 말하기 ×, 돌직구 ×

한자의 의미
순할 **완**, 굽을 **곡**

사전적 의미 말하는 투가, 듣는 사람의 감정이 상하지 않도록 모나지 않고 부드럽다.

'제가 잠시 들어가도 되겠습니까?'에서 밑줄 친 '-겠-'은 **완곡**한 태도를 나타내기 위해 사용된 것이다.
▶ 2013학년도 7월 고3 전국연합학력평가 국어 A형 · B형

→ 태도가 '완곡하다'는 것은 직설적으로 말하지 않고 빙 둘러서 말하거나 부드럽게 말하는 것이다. 밑줄 친 '-겠-'은 '제가 잠시 들어갈게요.' 하고 직접적으로 말하지 않고, '-겠-'을 사용하여 빙 둘러서 완곡한 태도로 말한 것이다.

① **완곡**어*   ② **완곡**하게 표현하다.

＊ 완곡어 vs. 금기어

완곡어	금기어
• 부드럽게 표현한 말 • 금기어를, 불쾌감을 덜 느끼도록 부드럽게 바꾼 말 • 완곡어법 : 부드러운 말을 쓰는 표현법	• 금지하는 말 • 죽음, 질병, 범죄, 위험하거나 불쾌하고 두려운 것을 연상하게 하여 입 밖에 내기를 싫어하는 말

[금기어를 완곡어로 바꾼 예] 개발도상국(← 후진국), 교도소 (← 형무소 ← 감옥), 환경미화원(← 청소부), 마마, 손님(← 천연두), 뒷간, 화장실, 해우소(← 변소), 뒤보다(← 똥 누다) 등

056

완고頑固하다

완강하다 / 고집

완강하고 고집이 세다.
🔁 유연하다(융통성 · 탄력성 · 신축성이 있다.)

한자의 의미
완고할 **완**, 굳을 **고**

사전적 의미
성질이 융통성이 없고 올곧고 고루함.

(이태준의 소설 「돌다리」에서) '아버지'는 자아로서의 **완고**한 성격을 세계에 대해서도 유지하고 있는 인물이다.
▶ 2012학년도 수능

→ 의사인 아들은 병원을 넓히기 위해 아버지에게 땅을 팔아 달라고 부탁한다. 이에, 아버지는 '천금이 쏟아진다고 해도 땅은 못 팔겠다.'고 한다. '땅은 천지만물의 근거'라며 '절대 땅을 팔 수 없다.'고도 하는데, 아버지의 **완고**한 성격을 엿볼 수 있는 대목이다.

① 엄하고 **완고**한 아버지   ② **완고**하게 의견을 고집하다.

緩急 완급

1단계
친숙한 어휘로 익히기

느리다 완(완행) / 급하다(급행)

느린 것과 급한 것

한자의 의미
느릴 **완**, 급할 **급**

사전적 의미　느림과 빠름.
일의 급함과 급하지 않음.

2단계
기출문제로 확인하기

❶ 다음은 행의 길이에 변화를 주어 리듬의 **완급**을 조절하고 있다.

▶2014학년도 6월 고3 모의평가 국어 A형

접동
접동
아우래비* 접동

누나라고 불러 보랴
오오 불설워*

진두강 가람 가에 살던 누나는
진두강 앞마을에
와서 웁니다.

시새움에 몸이 죽은 우리 누나는
죽어서 접동새가 되었습니다

옛날, 우리나라
먼 뒤쪽의
진두강 가람 가에 살던 누나는
의붓어미 시샘에 죽었습니다

아홉이나 남아 되던 오랩동생*을
죽어서도 못 잊어 차마 못 잊어
야삼경(夜三更)* 남 다 자는 밤이 깊으면
이 산 저 산 옮아가며 슬피 웁니다.

– 김소월, 「접동새」

*아우래비 : 아홉 오라비.
*오랩동생 : 남동생.

*불설워 : 몹시 서러워.
*야삼경(夜三更) : 밤 11시~새벽 1시.

→ 「접동새」는 행의 길이는 일정하지가 않다. 한 연에서도 행의 길이가 길고 짧은 변화가 있다. 이때 긴 행은 빠르게 읽히고 짧은 행은 느리게 읽히므로 행의 길이에 변화를 주어 **완급**을 조절하고 있다고 한 것이다.

❷ (고전 소설 「조웅전」에서는) 사건의 압축적 제시와 대화 장면의 제시를 통해 사건 전개의 **완급**을 조절하고 있다.

▶2014학년도 6월 고3 모의평가 국어 B형

→ 「조웅전」에는 사건을 압축해 제시한 부분(이러구러 삼 년이 되었는지라.)과 대화 장면(조웅과 부인, 월경 대사의 대화)이 제시되어 있다. 3년 간의 사건을 한 문장으로 요약해 제시한 것은 사건을 빠르게 전개시킨 것이고, 대화 장면은 사건을 느리게 전개시킨 것이므로 사건 전개의 **완급**을 조절하고 있다고 설명한 것이다.

3단계
대표사례로 다지기

① **완급**을 조절하다.　② 웅변에서 말의 **완급**은 호소력을 이끌어 낸다.

요약적 제시는 사건을 빠르게 전개시키고, 대화 장면의 제시는 사건을 느리게 전개시킨다.

緩和 **완화**

늦추고 줄이다 완(완만, 완충) / 온화

늦추고 줄이고 온화하게 함.
㉰ 누그러뜨림. 느슨하게 함.

한자의 의미
느릴 **완**, 화할 **화**

사전적 의미
긴장된 상태나 급박한 것을 누그러뜨림.

❶ 간접 광고 제도가 도입된 취지는 프로그램 내에서 광고를 하는 행위에 대해 법적인 규제를 **완화**하여 방송 광고 산업을 활성화하겠다는 것이었다.

▶ 2014학년도 수능 국어 A형·B형

❷ 국가의 대규모 공공 투자 정책으로 실업이 **완화**되면서 위기는 해소되었다.

▶ 2014학년도 수능 예비 시행 국어 B형

① 긴장 **완화**　② 충격 **완화**　③ 심리적 거리감*을 **완화**하다.

 거리감　어떤 대상과 떨어져 있다고 느끼는 감정

• **물리적 거리감 = 공간적 거리감**

❶ 화자와 '새'의 거리감을 표현하기 위해 '하늘', '구름', '산'이 있는 원경(遠景)을 포착한다.

▶ 2007학년도 9월 고3 모의평가

> 저 청청한 하늘 / 저 흰 구름 저 눈부신 산맥
> 왜 날 울리나 / 날으는 새여 / 묶인 이 가슴
> 　　　　　　　　　　　　　　　　　　　　 - 김지하, 「새」

❷ 밑줄 친 부분에는 '정원'과 '다림'의 물리적 거리를 통해 서로에 대한 감정 표현을 주저하는 인물의 태도가 드러난다.

▶ 2014학년도 수능 예비 시행 국어 A형·B형

> S # 80. 벤치 (낮)
> 　정원과 다림은 하드를 먹으며 말없이 앉아 있다. 사이를 두고 앉은 둘의 모습은 어색해 보인다.
> 　　　　　　　　　　　　 - 오승욱·허진호·신동환 각본, 「8월의 크리스마스」

→ '정원'과 '다림'은 붙어 앉지 않고 '사이를 두고 앉'아 있다고 했는데, 이것이 '물리적 거리'에 해당한다.

• **심리적 거리감 = 정서적 거리감**

❶ 밑줄 친 '천만리'는 물리적 거리라기보다는 정서적 거리가 그만큼 멀다는 의미이다.

▶ 2005학년도 5월 고1 경기도 학업성취도 평가

> 천만리(千萬里) 머나먼 길에 고운 님 여의옵고
> 　　　　　　　　　　　　　　　　　　　　 - 왕방연(시조)

→ 실제로 천리(천만리)나 떨어진 것이 아니라, 심리적으로 그렇게 멀리 떨어져 있는 것으로 느낀다는 것이므로 이때의 '천리(천만리)'는 심리적 거리감을 표현한 것이다.

❷ 속세와의 거리감을 수(數) 표현을 통해 드러내고 있다.

▶ 2005학년도 6월 고3 모의평가

> 장안(長安)을 돌아보니 북궐(北闕)이 천리(千里)로다
> 　　　　　　　　　　　　　　　　　　　　 - 이현보, 「어부단가」

→ 화자는 속세(장안, 북궐)와 떨어진 자연 속에 있다. 속세와의 거리를 '천리'라고 표현한 것 또한 실제 거리가 아닌, 심리적 거리에 해당한다.

※ '정서적 거리'는 예찬하는 대상과는 가깝고, 부정적인 대상과는 멀다.

弛緩 **이완**

해이 / 완화

해이해지고 완화됨. 쪤 긴장, 수축

한자의 의미
늦출 **이**, 느릴 **완**

사전적 의미 바짝 조였던
정신이 풀려 늦추어짐.

❶ (윤흥길의 소설 「장마」를 각색한 시나리오에서) # 28에서 # 29로 바뀔 때, 장맛비의
긴장과 보슬비의 **이완**을 대립적인 매개 요소로 사용하고 있다. ▶ 2010학년도 수능

→ '긴장'과 '**이완**'이 대립적인 의미라는 점에서 '**이완**'이 '긴장하지 않음'의 뜻을 지니고 있다
는 것을 미루어 알 수 있다.

❷ 한국 춤의 묘미는 긴장과 **이완**의 적절한 배합에 있다. ▶ 2004학년도 4월 고3 전국연합학력평가

① 수축과 **이완** ② 결속력을 **이완**시키다. ③ 긴장된 분위기를 부드럽게 **이완**시키다.

素材 **소재**

바탕 소(요소) / 재료

바탕이 되는 재료

한자의 의미
본디 **소**, 재목 **재**

사전적 의미 어떤 것을 만
드는 데 바탕이 되는 재료

❶ (한용운의 시 「알 수 없어요」와 장석남의 시 「배를 매며」는 모두) **소재**에 상징적 의미
를 부여하여 주제 의식을 부각하고 있다. ▶ 2013학년도 6월 고3 모의평가

→ 「알 수 없어요」에서는 '오동잎(임의 발자취), 푸른 하늘(임의 얼굴), 작은 시내(임의 노
래), 저녁놀(임의 시)' 등의 **소재**를 통해 임의 존재에 대한 발견과 그것을 통한 임에 대한
사랑을 드러내고 있고, 「배를 매며」에서는 '배'라는 **소재**를 사랑에 비유하여 사랑의 의미
에 대한 깨달음을 노래하고 있다. 이로 보아 두 작품 모두 **소재**에 상징적 의미가 부여되
어 있고, 이를 통해 주제 의식이 부각되고 있다.

❷ (이시영의 시 「마음의 고향 6─초설」은) 고향에서의 삶과 관련된 **소재**들을 열거하고
있다. ▶ 2013학년도 수능

→ 이 시에서 고향에서의 삶과 관련된 **소재**는 '참새 떼 와자히 내려앉는 대숲, 노오란 초가
을의 초가지붕, 고요 적막한 뒤란, 추수 끝난 빈 들판, 짚벼늘' 등이다.

① 상징적 **소재** ② **소재**에 상징적 의미를 부여하다.

소재(素材) vs. **소재(所在)**	소재(素材)	소재(所在)
	• 재(材) : 재료 예 중심 소재 : 중심이 되는 재료(글감)	• 재(在) : 존재(있는 것) 예 책임 소재 : 책임이 있는 곳

→ '소재'라는 단어가 나오면 이 말 대신 '글감', '있는 곳'을 차례로 대입해 보면 그 의미를 구분할 수 있다.

061　　概括 개괄

1단계
친숙한 어휘로 익히기

개요 / 총괄

개요(요점을 간추린 것)를 총괄적으로 뭉뚱그림.

한자의 의미
대개 **개**, 묶을 **괄**

사전적 의미
내용의 대체적인 줄거리나 요점을 대강 추려 냄.

2단계
기출문제로 확인하기

❶ **개괄**적인 내용 파악을 통한 예측하기나 질문 만들기를 하면서 읽어야 한다.
▶2014학년도 수능 예비 시행 국어 B형

❷ 독자의 이해를 돕기 위해 도입부에 **개괄**적인 내용을 소개한다.
▶2005학년도 4월 고3 전국연합학력평가

❸ 문제가 되는 현상을 제시하고 그 변화 과정을 **개괄**하고 있다.
▶2013학년도 6월 고1 전국연합학력평가

3단계
대표사례로 다지기

① **개괄**적으로 설명하다.
② 역대 수능에 출제된 국어 영역의 특징을 분류해 **개괄**해 보았다.

062　　等閑視 등한시

1단계
친숙한 어휘로 익히기

등한하다(소홀히하다) / **여기다 시**(경시·무시하다)

소홀한 것으로 여김. 〈유〉경시(輕視), 도외시

한자의 의미
무리 **등**, 한가할 **한**, 볼 **시**

사전적 의미
관심이 없거나 소홀함.

2단계
기출문제로 확인하기

❶ 참고 도서를 위주로 한 독서가 유행하면서 사람들은 점차 원전[1] 독서를 **등한시**하여 원전이 담고 있는 풍부함을 맛볼 수 없게 되었다.
▶2014학년도 9월 고3 모의평가 국어 B형

❷ 문맥상 ⓐ와 바꾸어 쓰기에 가장 적절한 것은?
▶2011학년도 수능

> 전통적인 철학적 미학에 따르면 참된 예술은 훌륭한 내용과 훌륭한 형식이 유기적으로 조화될 때 달성된다. 이러한 고전적 기준을 수용할 때, 훌륭한 뮤지컬 작품은 어느 한 요소라도 ⓐ소홀히 한다면 만들어지기 어렵다.

→ '**등한시**(等閑視)한다면'이 답이었다. 오답지로는 '멸시(蔑視)한다면, 천시(賤視)한다면, 문제시(問題視)한다면, 이단시(異端視)한다면'이 제시되었는데, '멸시하고 천시하는 것'은 '깔보고 업신여기는 것'의 의미가 담겨 있고, '문제시하거나 이단시하는 것'은 '부정적으로 아주 문제가 많은 것으로 본다는 것'의 의미가 담겨 있어서 문맥상 어색하다. ⓐ의 앞뒤 문맥으로 볼 때 '소홀히 한다면'과 바꾸어 쓰기에 적절한 것은 '중요하게 생각하지 않는다면' 정도의 의미가 담긴 '**등한시**한다면'이다.

3단계
대표사례로 다지기

① 절대 **등한시**할 수 없는 어휘　② 교과서를 **등한시**해서는 안 된다.

(Tip) 등한시하다 | 돌 돌려 한동안 무시하다.

생소生疎하다

낮설다 생(생경하다) / **소원하다**(서먹서먹하다)

한자의 의미
날 **생**, 성길 **소**

낮설고 소원하다(서먹서먹하다).
ⓤ 낮설다, 생경하다 ⓟ 낮익다, 친숙하다

사전적 의미
친숙하지 못하고 낮이 설다.

❶ ㉠과 바꿔 쓸 수 있는 말로 적절한 것은?　　　　▶2009학년도 6월 고1 전국연합학력평가

　은행이나 농협이라고 하면 알겠는데, 제1 금융권, 제2 금융권이라는 말은 왠지 ㉠낮설다.

→ ㉠과 바꿔 쓸 수 있는 적절한 말로 '**생소**하다'가 답지에 제시되었다.

❷ 아무리 일상적인 형태에서 유추된 모형을 따르는 어휘나 문법 형태소일지라도 말을 직접 사용하는 언중(言衆)² 이 쓰지 않으면 사어(死語)³ 가 되고 만다. 반대로 많은 독자층을 갖고 있는 작가의 말은 다소 **생소**하더라도 상당한 설득력을 갖는다.
　　　　▶2006학년도 4월 고3 전국연합학력평가

① **생소**한 어휘　② 훌륭한 번역은 외국의 문화가 **생소**하지 않도록 의역⁴하는 것이군.

현저顯著하다

드러나다 현(현미경, 발현) / **드러나다 저**(저명하다)

한자의 의미
나타날 **현**, 나타날 **저**

드러나고 또 드러나다(뚜렷하다).
→ '두드러짐'으로 바꿔 읽으면 의미가 통함.

사전적 의미
뚜렷이 드러나 있다.

그 결과 생산성이 **현저**히 증가하면서, 생산 라인의 길이를 절반 이상 줄일 수 있었고, 노동 비용의 80%, 에너지 비용의 50%를 절감할 수 있었다.
　　　　▶2005학년도 수능

① **현저**한 변화　② **현저**하게 증가하다.　③ **현저**히 둔화된다.

 '현저하다'의 '저'는 '낮다(低)'가 아니라 '드러나다(著)'임을 기억하자!

어휘력 일취월장 노트	친숙한 어휘로 익히기	대표 사례로 다지기
¹**원전**(原典)	**원**래(본디, **원**본)의 고**전**	**원전**을 번역한 책
²**언중**(言衆)	같은 **언**어를 사용하는 대**중**	언어는 언중들이 의사소통을 하기 위해 서로 약속한 '사회적 약속'이다.
³**사어**(死語)	죽은(**사**망한) 단**어**(언**어**)	'뫼(산), 즈믄(천), 온(백)' 등은 현대에 쓰이지 않는 **사어**이다.
⁴**의역**(意譯)	**의**미(뜻)를 살리는 번**역**	의미를 이해하는 데에는 직역보다 **의역**이 낫다.

065

語調 **어조**

1단계
친숙한 어휘로
익히기

언어 / 곡조

언어(말)의 곡조

→ '말투'로 바꿔 읽으면 의미가 통함.

한자의 의미
말씀 **어**, 고를 **조**

사전적 의미
말의 가락

2단계
기출문제로
확인하기

❶ 밑줄 친 부분은 영탄적 **어조**로 낭송하면 화자의 간절한 심정과 내면 심리를 엿보는 데 도움을 줄 수 있겠어.

▶ 2010학년도 6월 고3 모의평가

> 아아, 이 애 몸이 또 달아 오르노나.
> 가쁜 숨결을 드내쉬노니, 박나비*처럼,
> 가녀린 머리, 주사* 찍은 자리에, 입술을 붙이고
> 나는 중얼거리다, 나는 중얼거리다,
> 부끄러운 줄도 모르는 다신교도(多神教徒)와도 같이,
> 아아, 이 애가 애자지게 보채노나!
>
> — 정지용, 「발열(發熱)」
>
> *박나비 : 흰제비불나방. 몸이 흰색이고 배에는 붉은 줄무늬가 있음.
> *주사(朱砂) : 짙은 붉은색의 광물질로, 한방에서 열을 내리는 데 사용하였음.

→ 화자는 열이 나서 아파 보채는 아이를 바라보고 있다. 감탄사 '아아'에 드러난 영탄적 **어조**에서 화자의 간절한 심정을 엿볼 수 있다.

❷ 다음은 명령적 **어조**를 활용하여 화자의 강한 의지를 표출한다.

▶ 2013학년도 수능

> 피하지 마라
> 빈 들에 가서 깨닫는 그것
> 우리가 늘 흔들리고 있음을.
>
> — 오규원, 「살아 있는 것은 흔들리면서 – 순례 11」

→ '피하지 마라'라는 서술어(-라)를 통해 명령형 **어조**를 확인할 수 있다.

3단계
대표사례로
다지기

① 비판적 **어조**
② 성찰적 **어조**(☞p.74)
③ 냉소적 **어조**(☞p.81)
④ 영탄적 **어조**(☞p.100)
⑤ 애상적 **어조**(☞p.78)
⑥ 담담한 **어조**
⑦ 단호한 **어조**
⑧ 친근한 **어조**
⑨ 섬세하고 부드러운 **어조**

'어조의 변화'를 엿볼 수 있는 대표적인 수능 빈출 작품

> 사랑도 사람의 일이라, 만날 때에 미리 떠날 것을 염려하고 경계하지 아니한 것은 아니지만, 이별은 뜻밖의 일이 되고, 놀란 가슴은 새로운 슬픔에 터집니다.
> 그러나 이별을 쓸데없는 눈물의 원천을 만들고 마는 것은 스스로 사랑을 깨치는 것인 줄 아는 까닭에, 걷잡을 수 없는 슬픔의 힘을 옮겨서 새 희망의 정수박이에 들어부었습니다.
>
> — 한용운, 「님의 침묵」

→ '그러나' 앞에서는 슬픔의 어조이지만, '그러나' 이후에는 슬픔을 극복하는 강한 의지가 담긴 어조로 변하는 것(**어조 변화**)을 확인할 수 있다.

樂觀 **낙관**

1단계
친숙한 어휘로 익히기

낙천적 / 관망

낙천적으로(밝고 희망적으로) 관망함.

유 낙천 반 비관

한자의 의미
즐길 **낙**(락), 볼 **관**

사전적 의미 앞으로의 일이 잘되어 갈 것으로 여김.

2단계
기출문제로 확인하기

(이기영의 소설 「고향」에서) 희준이 '희망에 날뛰어서 **낙관**'하다가도 '다시 고적[1]'해하는 것을 통해 갈등이 해결되지 않고 있음을 알 수 있군. ▶ 2013학년도 9월 고1 전국연합학력평가

→ 「고향」에서 주인공 '희준'은 일제 강점기하의 농촌이 맞닥뜨린 다양한 문제점을 해결하고자 한다. 야학[2]을 하며 농민들을 계몽해 보려 하지만, 청년회 회원들은 농민들을 계몽할 의지가 없다. 이와 같은 상황 속에서도 희준은 일에 열중할 때는 '희망에 날뛰어서 **낙관**'하다가도 다시 고독과 내적 갈등을 겪게 된다.

3단계
대표 사례로 다지기

① 앞날을 **낙관**하다.　② 미래에 대한 **낙관**적 전망을 제시하고 있다.

낙관적 vs. 낙천적

• 둘 다 세상(인생)을 밝게, 희망적으로 바라본다는 점에서 유사한 의미를 지닌다.
• 군이 구분을 하자면, 미래는 낙관적으로 본다고 하고, 성격은 낙천적이라고 한다. 그러나 이 둘은 비슷한 뜻을 지닌 어휘로 생각하면 된다.

작품 예시 (가)는 눈물과 비탄(슬퍼하며 탄식함), 즉 고통은 곧 극복될 것임을 낙관하고 있고, (나)는 삶과 죽음을 긍정적, 낙천적으로 바라보는 태도를 드러내고 있다.

(가)　고통과 설움의 땅 훨훨 지나서
　　　뿌리 깊은 벌판에 서자
　　　두 팔로 막아도 바람은 불듯
　　　영원한 눈물이란 없느니라
　　　영원한 비탄이란 없느니라
　　　캄캄한 밤이라도 하늘 아래선
　　　마주잡을 손 하나 오고 있거니
　　　　　　　　　　　　　　　　　　－ 고정희, 「상한 영혼을 위하여」

(나)　나 하늘로 돌아가리라.
　　　아름다운 이 세상 소풍 끝내는 날,
　　　가서, 아름다웠더라고 말하리라……
　　　　　　　　　　　　　　　　　　－ 천상병, 「귀천」

어휘력 일취월장 노트	친숙한 어휘로 익히기	대표 사례로 다지기
[1]**고적(孤寂)**	**고**독하고 **적**막함.	고적감을 느끼게 하는 계절
[2]**야학(夜學)**	**야**간 **학**교(학습) 반 주간 학교	야학해서 검정고시에 합격하다.

無常 무상

1단계
친숙한 어휘로
익히기

없다 무(×) / **상주하다**(항상 살고 있다)

상주하는 것은 없음. 즉, 모든 것은 변함. 그래서 슬픔과
덧없음을 느낌. 圖 허무

한자의 의미
없을 **무**, 항상 **상**

사전적 의미
모든 것이 덧없음.

2단계
기출문제로
확인하기

❶ 밑줄 친 부분은 시어의 대비를 통해 화자의 **무상**감을 드러내고 있다.

▶ 2014학년도 수능 국어 A형·B형

> 청초(靑草) 우거진 골에 자느냐 누웠느냐
> 홍안(紅顔)을 어디 두고 백골(白骨)만 묻혔느냐
> 잔(盞) 잡아 권(勸)할 이 없으니 그를 슬퍼하노라
> ― 임제(시조)

→ 이 시조에서 '홍안(젊어서 혈색이 좋은 얼굴)'은 황진이의 얼굴을 일컫는다. 밑줄 친 부분은 붉은색인 '홍안'과 흰색인 '백골'을 대비하여 젊고 아름다운 얼굴이 죽어 무덤에 묻혀 있는 상황을 표현한 것이다. 화자는 황진이의 무덤 앞에서 **무상**감(덧없음)을 느끼고 있는 것이다.

❷ (김만중의 「구운몽」에서는) 성진의 삶을 통해 인생**무상**의 깨달음을 전달하고 있다.

▶ 2004학년도 9월 고1 전국연합학력평가

→ 「구운몽」은 인생무상을 주제로 다루고 있는 대표적인 소설로, 주인공 성진이 꿈속에서 양소유로 태어나 온갖 부귀영화를 누리다가 인생의 유한함과 **무상**함(덧없음)을 깨닫고 꿈에서 깨어나 불도에 정진함으로써 극락세계로 가는 내용이다.

3단계
대표 사례로
다지기

① 인생**무상**   ② 영웅의 죽음 앞에서 **무상**감을 느끼다.

'무상감(인생무상)'을 주제로 한 시조 3편

현대어 풀이

❶ **길재의 시조**
오백 년 도읍지를 필마로 도라드니,
산천은 의구하되 인걸은 간 듸 없다.
어즈버 태평연월이 꿈이런가 하노라.

❶
오백 년 도읍지를 한 필의 말로 돌아보니
산천은 옛날과 다름이 없는데 인재들은 간 데 없구나.
아아, 태평했던 그 시절이 꿈인 것 같도다.

❷ **원천석의 시조**
흥망이 유수하니 만월대도 추초로다.
오백 년 왕업이 목적에 부쳐시니,
석양에 지나는 객이 눈물 계워 하더라.

❷
흥하고 망하는 것이 운수에 달려 있으니 고려의 궁궐 만월대도 가을 풀만 무성하다.
오백 년 고려의 왕업이 목동의 피리 소리에만 남아 있으니
지는 해에 지나는 객이 눈물을 이기지 못하더라.

❸ **황진이의 시조**
산은 옛 산이로되 물은 옛 물이 안이로다.
주야에 흐르니 옛 물이 이실소냐.
인걸도 물과 같아서 가고 안이 오노매라.

❸
산은 옛날 산 그대로이지만 물은 옛날 물 그대로가 아니로다.
밤낮으로 흐르니 옛날 물이 남아 있겠는가.
인재도 물과 같아서 한 번 가면 오지 않는도다.

068

傍觀 **방관**

곁 방(방증, 방조) / **관찰**

곁에서 관찰만 함. 윤 수수방관(☞p.204)

한자의 의미
곁 **방**, 볼 **관**

사전적 의미
어떤 일에 직접 나서서 관여하지 않고 곁에서 보기만 함.

❶ 텔레비전 토론 프로그램이 공중[1]을 수동적인 **방관**자로 전락시켜 합리적 판단과 비판적 의견을 스스로 형성할 수 없게 한다고 비판하는 학자들도 있다.

▶ 2006학년도 6월 고3 모의평가

❷ 우리가 손을 내밀어야 하는 타자[2]는 왕이나 독재자, 부자가 아니라 가난한 자, 고아, 노숙자[3], 즉 고통 받는 사람들이다. 이들에 대한 대속[4]은 마음의 선물이 아니라 자신이 먹을 빵을 내주는 것이며, 자신의 지갑을 열어 주는 것일 뿐 아니라 자신의 집 문을 열어 주는 것이고, 타인의 고통을 **방관**하지 않고 자신이 대신 지는 것이다.

▶ 2005학년도 10월 고3 전국연합학력평가

① **방관**적인 태도　② 속수무책(☞p.172)으로 **방관**만 하고 있다.

'방관'과 함께 알아 두어야 할 어휘

방관(傍觀)	방치(放置)	방목(放牧)	방조(幇助)
[관찰]	[배치]	[목축]	[보조]
곁에서 **관찰**만 함.	그냥 **내버려 둠.**	(가축을) **풀어놓고** 기름.	범죄 행위를 **도와줌.**
예 남의 일처럼 구경하듯 방관하다.	예 고장난 자전거를 방치해 두다.	예 가축을 풀밭에 방목하다.	예 범행을 방조한 혐의를 받다. *방조(傍助) : 옆에서 도와줌.

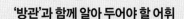

어휘력 일취월장 노트	친숙한 어휘로 익히기	대표 사례로 다지기
[1]**공중**(公衆)	**공공**연한 **대중** 윤 민중, 일반인	공중을 위해 일하다.
[2]**타자**(他者)	**타**인. 남(다른 사람) 반 자아	자아의 상대 개념인 '타자'
[3]**노숙자**(露宿者)	이슬(**노**지, **노**천)을 맞으며 잠자는(**숙**박) **자**(사람)	노숙자의 처지
[4]**대속**(代贖)	**대**신하여 **속**죄함(죄를 씻음).	인간의 죄를 대속한 예수

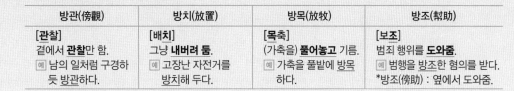

省察 성찰

1단계
친숙한 어휘로 익히기

반성 / 관찰

반성하고 관찰함. ⑪ 반성

한자의 의미
살필 **성**, 살필 **찰**

사전적 의미 자기의 마음을 반성하고 살핌.

2단계
기출문제로 확인하기

다음은 자기 **성찰**의 자세를 보이고 있다.

▶ 1995학년도 수능

> 죽는 날까지 하늘을 우러러
> 한 점 부끄럼이 없기를,
> 잎새에 이는 바람에도
> 나는 괴로워했다.
>
> - 윤동주, 「서시」

→ '**성찰**' 하면 윤동주가 가장 먼저 떠오를 정도로, 윤동주의 시(수능에 4회 출제)는 '자아 **성찰**'을 주로 다루고 있다. '한 점 부끄럼(**성찰**)이 없기를'에서 식민지 지식인으로서 자신을 돌아보는 (**성찰**하는) 모습을 확인할 수 있다.

3단계
대표사례로 다지기

① 자아 **성찰**   ② **성찰**의 시간을 가지다.

 '성찰 vs. 반성'에 대한 Q&A

▶ '안인숙 국어클리닉&컨설팅' daum 카페에서

김원일, 「잠시 눕는 풀」에서

▶ 2011학년도 9월 고3 모의평가 38번 문제_ ③이 답이 아닌 이유

38. ③ 사건 조작 모티프의 설정은 작가가 당대 사회를 비판적으로 성찰하기 위한 것이었겠군.

Q

질문의 핵심은… '성찰 vs. 반성' 입니다. 답이 왜 ⑤번인 줄은 클리닉 해설을 통해 깔끔하게 이해가 되었습니다. 그러나 개인적으로 ③번 선지가 밟힙니다. 그 이유인즉슨, 저는 지금까지 성찰≒반성이라는 개념을 안고 있기 때문인데요, 본 작품이 당대 사회의 부조리한 면을 비판적인 시선으로 그려 내기 때문에 '당대 사회를 비판한다'는 십분 이해를 하지만, 당대 사회를 성찰하고 있다는 것은 무슨 뜻인가요?

표준국어대사전을 찾아보면,

성찰 : 자기의 마음을 반성하고 살핌.

반성¹ : 자신의 언행에 대하여 잘못이나 부족함이 없는지 돌이켜 봄.

이라고 나와 있는데… 기출 선지에 자주 등장하고 있는 어휘인 '성찰'… 제가 뭔가를 크게 놓치고 있는 것 같은데, '성찰'의 의미를 제대로 알려 주세요~~

A

크게 안 놓치고 있습니다. '반성하고 살피고', 그래서 '성찰과 반성'을 늘 묶어 생각하기도 하고, 특히 윤동주 시에서 '성찰과 반성'이 묶여 다닙니다. 또, '살핀다'는 점, '돌이켜본다'는 점에서 같은 맥락으로 이해되는 단어이기도 합니다.

「잠시 눕는 풀」에서는 죄 없는 시우가 죄를 덮어쓰는 상황이 전개되고 있습니다. 독자들은 이와 같은 부조리한 상황에 대해 돌아보게 됩니다. 부조리한 현실을 돌아보며 독자는 이러한 현실에 대해 부끄러움(성찰)을 느끼고 반성하게 됩니다. 따라서 학생이 성찰과 반성을 비슷하게 본 것은 제대로 본 것이라고 할 수 있습니다.

求道 **구도**

구하다 / 도리

도리를 구함.

한자의 의미
구할 **구**, 길 **도**

사전적 의미　진리나 종교적
인 깨달음의 경지를 구함.

「알 수 없어요」를 비롯한 한용운의 시는 '절대자'라는 궁극적 존재를 탐구하는 시이다. 동시에 그것은 역설에 의한 **구도**자로서의 자기 정립¹ 또는 자기 극복의 시이기도 하다. 이를 참고할 때, 밑줄 친 '약한 등불'은 '타고 남은 재가 기름이 됩니다'와 관련되면서, **구도**자로서의 자기 정립에 대한 화자의 열망을 역설적으로 드러낸다고 볼 수 있다.

▶ 2013학년도 6월 고3 모의평가

　타고 남은 재가 다시 기름이 됩니다 그칠 줄을 모르고 타는 나의 가슴은 누구의 밤을 지키는 약한 등불입니까

– 한용운, 「알 수 없어요」, 6행

→ 타고 남은 재가 다시 기름이 되지는 않는다. 하지만 이 역설적 표현을 통해 화자는 **구도**자(진리나 종교적인 깨달음의 경지를 구하는 사람)로서의 자기 정립 및 자기 극복에 대한 열망을 '약한 등불'로 드러내고 있다. 또한, '그칠 줄을 모르고 타는 나의 가슴'은 임을 향한 사랑과 진리를 향해 끊임없이 깨달음을 구하는 정신을 보여 주고 있다는 측면에서 「알 수 없어요」는 **구도**적 자세를 노래하고 있다고 볼 수 있다.

① **구도**적인 자세　② 속세를 떠난 **구도**자

구도(求道) vs. 구도(構圖)	구도(求道)	구도(構圖)
	도리(깨달음)를 **구**함. 예 끝없는 **구도** 정신을 드러내다. **기출 용례** **구도**적인 자세를 통해 사물이 지닌 의미를 새롭게 발견하고 있다. ▶ 2010학년도 9월 고3 모의평가	**도**면을 **구**성함. 또는 '전체적인 짜임새'를 비유적으로 이름. 예 기본 **구도**를 잡다. 대립과 갈등을 조장하는 이분법적² **구도** **기출 용례** 최인훈의 소설 「광장」에는 이념적 대립 **구도**에 갇힌 현실에 대한 대안으로, 일상적 삶을 자유롭게 누릴 수 있는 사회가 드러나 있어. 주인공이 중립국에서 누리고자 하는 삶의 모습을 기술한 데에서 이를 엿볼 수 있지. ▶ 2014학년도 9월 고3 모의평가 국어 B형

어휘력 일취월장 노트	친숙한 어휘로 익히기	대표 사례로 다지기
¹**정립**(正立)	**정**확하게 확**립**함.	가치관을 정립하다.
²**이분법적**(二分法的)	**2**개로 구**분**해서 나누는 방**법**의	모든 것을 둘로 나누어 생각하는 이분법적 사고

071   懷疑的 **회의적**

1단계
친숙한 어휘로 익히기

품다 회 / 의심 / ~하는 것 적

의심을 품는 것

한자의 의미
품을 **회**, 의심할 **의**, ~의 **적**

사전적 의미
어떤 일에 의심을 품는 것

2단계
기출문제로 확인하기

❶ [A], [B] 모두 화자가 주어진 상황을 **회의적**으로 바라보고 있다.

▶ 2007학년도 11월 고2 전국연합학력평가

> [A] 보름달은 밝아 어떤 녀석은
>   꺽정이처럼 울부짖고 또 어떤 녀석은
>   서림이처럼 해해대지만 이까짓
>   산 구석에 처박혀 발버둥 친들 무엇하랴.
>   – 신경림, 「농무」
>
> [B] 千천里리萬만里리 길흘 뉘라서 찾아갈고.
>   니거든 여러 두고 날인가 반기실가.
>   – 정철, 「사미인곡」
>
> **현대어 풀이**
> 천 리 만 리나 되는 머나먼 길을 누가 찾아갈꼬?
> 가거든 열어 두고 나를 보신 듯이 반가워하실까?

→ [A]에서는 아무리 발버둥을 친다고 해도 자신이 처한 상황을 극복하기 어렵다고 보고 있고, [B]에서는 멀리 떨어져 있는 임에게 선물(정성껏 지은 임의 옷)을 보내더라도 임이 그것을 열어 두고 나를 본 것처럼 반가워할지에 대해 의심을 품고 있는 상황이므로, 둘 다 상황을 **회의적**으로 바라보고 있는 것이다.

❷ 텔레비전 토론 프로그램이 진정한 모습의 공론장을 구현하고 있는지에 대한 **회의적** 견해도 제기되고 있다.

▶ 2006학년도 6월 고3 모의평가

3단계
대표 사례로 다지기

① **회의적** 태도   ② **회의적**인 시각

 '회의'와 함께 알아 두어야 할 어휘

회의(懷疑)	회유(懷柔)	회고(懷古)	회포(懷抱)
의심을 품음.	**구슬리고 달램.**	**옛일을 생각함.**	**품은 생각**
예 심각하게 <u>회의</u>를 느끼다.	예 동의해 달라고 <u>회유</u>하다.	예 어린 시절을 <u>회고</u>하다.	예 오랜만에 만나 <u>회포</u>를 풀다.
기출 용례 「구운몽」은 '회의(懷疑)와 부정(否定)'의 과정을 통해서 서사가 구성된다. – 김만중, 「구운몽」	기출 용례 정한담은 회유와 협박을 통해 상대방의 행위를 강요하고, 천자는 구차한 변명을 통해 상황을 모면하려 하고 있다. – 작자 미상, 「유충렬전」	기출 용례 나는 거기 아무 데나 주저앉아서 내 자라 온 스물여섯 해를 회고하여 보았다. – 이상, 「날개」	기출 용례 평생 슬픈 회포 어디에 견주리오 – 작자 미상, 「춘면곡(春眠曲)」

悔恨 **회한**

후회 / 한탄

후회와 한탄 ▣ 한탄, 후회, 회개

한자의 의미
뉘우칠 **회**, 한 **한**

사전적 의미
뉘우치고 한탄함.

❶ **회한** 없는 백골'은 죽음에 대한 화자의 태도를 드러낸 것으로, '나'를 통해 생명을 회복하려는 의지를 담아낸 표현이다.　▶ 2014학년도 9월 고3 모의평가 국어 B형

> 그 열렬한 고독 가운데 / 옷자락을 나부끼고 호올로 서면
> 운명처럼 반드시 「나」와 대면케 될지니 / 하여 '나'란 나의 생명이란
> 그 원시의 본연한 자태를 다시 배우지 못하거든
> 차라리 나는 어느 사구(沙丘)*에 회한(悔恨) 없는 백골을 쪼이리라
>
> ― 유치환, 「생명의 서」
>
> *사구 : 모래 언덕.

→ 원시 본연의 생명의 순수성을 찾지 못하면 차라리 후회 없는 죽음을 택하겠다는 의지를 보이고 있다.

❷ 밑줄 친 '길'은 '님'이 떠나간 길로, 이별로 인한 **회한**을 불러일으킨다.　▶ 2001학년도 수능

> 눈물 아롱아롱 / 피리 불고 가신 님의 밟으신 길은
> 진달래 꽃비 오는 서역(西域)* 삼만 리(三萬里).
> 흰 옷깃 여며 여며 가옵신 님의 / 다시 오진 못하는 파촉(巴蜀)* 삼만 리(三萬里).
>
> 신이나 삼아 줄 걸, 슬픈 사연의 / 올올이 아로새긴 육날 메투리.
> 은장도 푸른 날로 이냥 베어서 / 부질없는 이 머리털 엮어 드릴 걸.
>
> ― 서정주, 「귀촉도」
>
> *서역, 파촉 : 죽음의 세계를 뜻함.

→ '다시 오진 못하는 파촉'으로 난 '길'을 밟으신 임, 즉 죽은 임을 생각하니, 임이 살아 있을 때 자신의 머리털을 엮어 미투리(신발)를 만들어 주지 못한 것이 후회된다는 심리를 드러내고 있다.

① **회한**의 눈물　② 지나온 삶에 대한 **회한**이 드러나 있다.

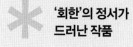

'회한'의 정서가 드러난 작품

❶ 심중에 남아 있는 말 한 마디는
끝끝내 마저 하지 못하였구나
사랑하던 그 사람이여.
사랑하던 그 사람이여!　― 김소월, 「초혼」

→ 사랑하는 사람이 살아 있을 때 하지 못했던 말에 대한 후회와 한탄의 심정이 잘 드러나 있음.

❷ 살아 평생 당신께 옷 한 벌 못해 주고
당신 죽어 처음으로 베옷 한 벌 해 입혔네.
― 도종환, 「옥수수밭 옆에 당신을 묻고」

→ 아내가 죽은 후, 살아 있을 때 옷 한 벌 못 해 준 것에 대한 후회와 한탄의 정서가 담겨 있음.

哀傷的 애상적

1단계
친숙한 어휘로
익히기

애통 / 상심 / ~하는 것 적

애통해 하고 상심하는 것 〔유〕감상적(感傷的)*

한자의 의미
슬플 **애**, 다칠 **상**, ~의 **적**

사전적 의미 슬퍼하거나
가슴 아파하는 것

2단계
기출문제로
확인하기

❶ 다음 시는 **애상적** 어조를 통해 비극적 분위기를 드러내고 있다.

▶ 2014학년도 6월 고3 모의평가 국어 A형

> 접동
> 접동
> 아우래비 접동
>
> 진두강 가람 가에 살던 누나는
> 진두강 앞마을에
> 와서 웁니다.
>
> 옛날, 우리나라 / 먼 뒤쪽의
> 진두강 가람 가에 살던 누나는
> 의붓어미 시샘에 죽었습니다
>
> 누나라고 불러 보랴
> 오오 불설워
> 시새움에 몸이 죽은 우리 누나는
> 죽어서 접동새가 되었습니다
>
> 아홉이나 남아 되던 오랩동생을
> 죽어서도 못 잊어 차마 못 잊어
> 야삼경(夜三更) 남 다 자는 밤이 깊으면
> 이 산 저 산 옮아가며 슬피 웁니다.
>
> – 김소월, 「접동새」

→ '웁니다, 죽었습니다, 슬피 웁니다' 등에서 **애상적** 어조를 엿볼 수 있고, 죽은 누이가 동생들을 못 잊어 우는 상황과 **애상적** 어조는 비극적 분위기를 드러낸다.

❷ 밑줄 친 부분은 시각과 청각 이미지를 통해 **애상적** 분위기를 자아내고 있다.

▶ 2013학년도 9월 고3 모의평가

> <u>공산리(空山裏) 저 가는 달에 혼자 우는 저 두견(杜鵑)아.</u>
> (빈 산 속에서 지는 달을 보고 홀로 우는 저 두견새야.)
>
> – 권구, 「병산육곡(屏山六曲)」

→ '가는 달(시각적 이미지)'과 '혼자 우는 두견(청각적 이미지)'을 통해 **애상적**(슬픈) 분위기를 자아내고 있다.

3단계
대표 사례로
다지기

 애상적 태도(정서)   **애상적** 분위기를 고조시킨다.

---

* **애상적 vs. 감상적**

애상적(哀傷的)	감상적(感傷的)
슬퍼하는 것	슬퍼하는 것, 또는 쉽게 감동하고 기뻐하는 것

* **감상(感傷) vs. 감상(鑑賞) vs. 감상(感想)**

감상(感傷)	감상(鑑賞)	감상(感想)
슬퍼하는 것	예술 작품을 즐기고 평가하는 것	마음속에서 일어나는 느낌이나 생각
예 묘지 앞에서 흘린 감상의 눈물	예 음악, 연극, 미술 감상	예 경치 감상, 독서 감상문

悲觀的 비관적

1단계 친숙한 어휘로 익히기

슬프다 비 / 보다 관 / ~하는 것 적
(비애, 비탄)　　(관망)

슬프게 보는 것　[유] 절망적　[반] 낙관적

한자의 의미
슬플 비, 볼 관, ~의 적

사전적 의미 인생이 뜻대로 되지 않을 것으로 보아 슬퍼하거나 절망스럽게 여기는 것

2단계 기출 문제로 확인하기

(조세희의 소설 「난장이가 쏘아 올린 작은 공」에서는) 서술자의 시각을 통해 상황에 대한 **비관적** 인식이 드러나고 있다.
▶2014학년도 수능 국어 A형

→ 「난장이가 쏘아 올린 작은 공」에는 집을 철거하겠다는 계고장¹을 받는 내용이 나온다. 이와 같은 상황에서 서술자 '나(영수)'는 강제 철거에 항의해 봤자 소용이 없다고 생각한다. (주민들이 자기의 의견들을 큰 소리로 말하는 것을 보면서는 '쓸데없는 짓이었다. 떠든다고 해결될 문제는 아니었다.'라고 함.) 그리고 동생 영호는 대문 기둥에 붙은 표찰²을 떼어 내는 것을 못마땅해 하지만, '나'는 '그러나 마음에 드는 일이 우리에게 일어나 주기를 바랄 수는 없는 일이었다.'고 한다. '나'는 상황에 대해 **비관적**으로 생각하고 있는 것이다.

3단계 대표 사례로 다지기

① **비관적** 태도 ② 미래를 **비관적**으로 전망하는 모습

국어 시험 빈출 문제 '태도'와 관련된 어휘

구분	친숙한 어휘로 익히기	예시
낙관적	즐길 **락** – 인생(세상)을 즐거운 것으로 보는 것	낙관적 견해(전망)
낙천적		낙천적 성격
염세적	싫어할 **염**(**염**증, 싫증) – **세**상을 싫어하는 것　[반] 낙천적	염세적 비관론자
비판적	옳고 그름을 **비**평하고 **판**단하는 것	비판적 시각
고답적	현실과 동떨어진 것을 **고상**하게 여기는 것	고답적인 선비
배타적	**타**인(남)을 **배**척하는 것	배타적 성격
유화적	너그러울 **유** – 너그럽게 대하고 **화목**하게 지내는 것	유화적 태도(자세)
체념적	희망을 버리고 단**념**하는 것	체념적 분위기
단정적	**단**호하게 **결정**짓는 것	단정적 주장
회의적	품을 **회** – **의**심을 품는 것	회의적인 반응
해학적	익살스럽고 우스꽝스러운 것	해학적 풍자
관조적	한 발 떨어진 자리에서 **관**찰하고 **조**명하는 것	관조적인 태도(자세)
냉소적	찰 **냉**, 웃을 **소** – **냉**랭하게 조**소**하는(비웃는) 것	냉소적 반응

어휘력 일취월장 노트	친숙한 어휘로 익히기	대표 사례로 다지기
¹**계고장**(戒告狀)	경**계**하여 **고**하는 문서(경고**장**)	철거 계고장
²**표찰**(標札)	**표**시해 놓은 것(명**찰**)　[유] 문패	표찰을 붙이다.

自嘲 자조

자기 / 조롱

자기를 조롱함.

한자의 의미
스스로 **자**, 비웃을 **조**

사전적 의미
스스로 자기를 비웃음.

밑줄 친 부분에서 화자의 물음은 앞날을 낙관하지 못하는 농촌 사람들이 던지는 **자조**적 물음으로도 이해될 수 있어.
▶ 2014학년도 9월 고3 모의평가 국어 B형

> 비료 값도 안 나오는 농사 따위야
> 아예 여편네에게나 맡겨 두고
> 쇠전을 거쳐 도수장 앞에 와 돌 때
> 우리는 점점 신명이 난다
> 한 다리를 들고 날나리를 불꺼나
> 고갯짓을 하고 어깨를 흔들꺼나
>
> – 신경림, 「농무」

→ 신명이 안 나는 세상이다. 그 가운데 화자는 농무를 추고 있다. '한 다리를 들고 날나리를 불어야지, 고갯짓을 하고 어깨를 흔들어야지'가 아니다. '한 다리를 들고 날나리를 불까, 고갯짓을 하고 어깨를 흔들까'라며 물음을 던지고 있다. 이는 산업화와 도시화로 인해 피폐해져 가는 농촌 현실, 그 속에서 농민들이 느끼는 암담하고 희망이 보이지 않는 앞날로 인해 스스로에게 던지는 **자조**적 물음으로 볼 수 있다.

---

① **자조**적인 웃음
② **자조**감과 비애감이 서려 있는 어조

＊ 자조 vs. 냉소

둘 다 '비웃는 것'을 뜻하는 점에서는 유사하다. 굳이 둘의 차이를 구분하면 '자조'는 자기(스스로)를 비웃는 것이고, '냉소'는 쌀쌀한 태도로 냉랭하게 비웃는 것을 말한다.
예 그는 자조 섞인 미소를 지었다. / 경멸에 가까운 냉소의 표정을 보내다.

＊ '자조적 태도'가 드러나 있는 작품

이상화, 「빼앗긴 들에도 봄은 오는가」	김수영, 「사령」
강가에 나온 아이와 같이 짬도 모르고 끝도 없이 닫는 내 혼아 무엇을 찾느냐 어디로 가느냐 우스웁다 답을 하려무나. ▶ 2014학년도 수능 예비 시행 국어 B형	그대는 반짝거리면서 하늘 아래에서 간간이 자유를 말하는데 우스워라 나의 영은 죽어 있는 것이 아니냐 ▶ 2008학년도 수능
→ 시적 현실은 들(국토)을 빼앗긴 암울한 상황이다. 그럼에도 불구하고 화자는 좋아라 하며 봄 들판을 다닌다. 이런 자신에 대해 자조하는 모습이 '우스웁다'에 표현되어 있다.	→ '자유'를 부르짖어야 하는 상황임에도 불구하고 영(영혼)이 죽어 있는 화자는, 정의롭지 못한 사회에 적극 대항하지 못하는 자신에 대해 자조적인 태도를 보이고 있다.

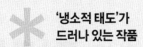 **'냉소적 태도'가 드러나 있는 작품**

• (염상섭의 소설 「만세전」은) **냉소적** 어조를 통해 세태[1]에 대한 비판적 태도를 드러내고 있다.

▶ 2014학년도 6월 고3 모의평가 국어 B형

> "그 근본정신은 생각지 않고 부모나 선조의 산소 치레를 해서 외화(外華)*나 자랑하고 음덕(蔭德)*이나 바란다는 것도 우스운 수작이란 것을 알아야 할 거 아니겠소. 지금 우리는 공동묘지 때문에 못살게 되었소? 염통 밑에 쉬스는 줄은 모른다*구, 깝살릴* 것 다 깝살리고 뱃속에서 쪼르륵 소리가 나도 죽은 뒤에 파묻힐 곳부터 염려를 하고 앉았을 때인지? 너무도 얼빠진 늦둥이 수작이 아니오? 허허허." – 염상섭, 「만세전」
>
> *외화(外華) : 화려한 겉치레.　　　　　*음덕(蔭德) : 조상의 덕.
> *염통 밑에 쉬스는 줄 모른다 : 염통(심장) 밑에 쉬스는(파리가 알을 낳는) 줄 모른다는 것은 눈에 보이지 않아도 정말 중요한 것인데, 그것의 문제점은 보지 못하는 것을 말함.
> *깝살리다 : 재물이나 기회 따위를 흐지부지 다 없애다.

→ 시대적 배경은 3 · 1 운동이 일어나기 전 해이다. 화자(주인공)는 아내가 위독하다는 전보를 받고 귀국하는 길이다. 위 내용은 기차 안에서 만난 청년이 공동묘지법에 대해 부정적인 생각을 내비치자 화자가 답하는 부분이다. 산소를 만드는 근본정신(예)과는 달리 겉치레만 일삼는 풍조[2]에 대해 **냉소적** 어조로 자신의 생각을 드러내고 있다.

076 유장悠長하다

 1단계 친숙한 어휘로 익히기

유유자적 / 장시간(긴 시간)

유유자적하고 장시간이 걸리다.
유 느긋하다, 느릿하다, 길다

한자의 의미
멀 **유**, 길 **장**

사전적 의미
(1) 길고 오래다.
(2) 느릿하고 급하지 않다.

 **2단계** 기출문제로 확인하기

유장한 어조*로 경건한 분위기를 조성하고 있다.

▶ 2009학년도 9월 고3 모의평가

3단계 대표사례로 다지기

① **유장**한 가락(리듬)　② **유장**한 문장(문체)　③ **유장**한 역사(세월)

 유장한 어조

• 급하지 않고 느릿한 어조
• 유장한 가락이 느껴지는 대표적인 갈래는 민요임.
• 유장한 어조를 느낄 수 있는 작품 예시

> 까만 눈동자 살포시 들어 / 먼 하늘 한 개 별빛에 모두오고, 〈중략〉
> 휘어져 감기우고 다시 접어 뻗는 손이 / 깊은 마음 속 거룩한 합장인 양하고　– 조지훈, 「승무」

어휘력 일취월장 노트	친숙한 어휘로 익히기	대표 사례로 다지기
[1]세태(世態)	세상의 상태	서로 속고 속이는 세태를 비판하다.
[2]풍조(風潮)	풍속의 조류(흐름)	과소비 풍조, 불신 풍조

077

激情 **격정**

1단계
친숙한 어휘로
익히기

격렬 / 감정

격렬한 감정

한자의 의미
격할 **격**, 뜻 **정**

사전적 의미
감정이 강렬하게 일어나
누르기 어려운 것

2단계
기출 문제로
확인하기

❶ 봄 한철 / **격정**을 인내한 / 나의 사랑은 지고 있다.　　▶ 2014학년도 수능 국어 A형_이형기, 「낙화」

❷ 밑줄 친 '격노의 기억'은 '완만한 곡선'이 되기 전 **격정**적인 감정에 휩싸였던 '산'의 지난날을 의미하고 있다.　　▶ 2011학년도 4월 고3 전국연합학력평가

> 이 심연* 같은 적막에 싸여 / 조는 둥 마는 둥
> 아마도 반쯤 눈을 감고 / 방심무한* 비에 젖는 산
> 그 옛날의 격노*의 기억은 간 데 없다.
> 깎아지른 절벽도 앙상한 바위도 / 오직 한 가닥 / 완만한 곡선에 눌려 버린 채
> 어쩌면 눈물 어린 눈으로 보듯 / 가을비 속에 어룽진 윤곽
> 아아 그러나 지울 수 없다.　　　　　　　　　　　　　－ 이형기, 「산」
>
> *심연 : 깊은 못. 빠져 나오기 힘든 상황을 비유적으로 이르는 말.
> *방심무한 : 마음 놓고 끝없이.　　　*격노 : 몹시 화를 냄.

→ '격노의 기억'은 산의 지난 시절을 가리킨다. '완만한 곡선'이 되기 전, '깎아지른 듯한 절벽과 바위'를 지닌 모습이라고 할 수 있다.

3단계
대표 사례로
다지기

① **격정**적 어조*　② 내적 갈등을 **격정**적으로 표출하고 있다.

✳ '격정적 어조'가
드러난 작품

❶
그날이 오면, 그날이 오면은
삼각산이 일어나 더덩실 춤이라도 추고,
한강 물이 뒤집혀 용솟음칠 그날이
이 목숨이 끊기기 전에 와 주기만 하량이면
나는 밤하늘에 날으는 까마귀와 같이
종로의 인경*을 머리로 들이받아 울리오리다.
두개골은 깨어져 산산조각이 나도
기뻐서 죽사오매 오히려 무슨 한이 남으오리까
　　　　　　　　　　　　　－ 심훈, 「그날이 오면」

*인경 : 통행금지를 알리기 위해 밤마다 치던 종.
　'종로의 인경'은 '보신각 종'을 일컬음.
→ 조국 광복의 날을 간절히 소망하는 마음을 **격정**적으로 노래함.

❷
바닷가 햇빛 바른 바위 위에
습한 간을 펴서 말리우자. //
코카서스 산중에서 도망해 온 토끼처럼
둘러리를 빙빙 돌며 간을 지키자. //
내가 오래 기르던 여윈 독수리야!
와서 뜯어먹어라. 시름없이 //
너는 살찌고 / 나는 여위어야지. 그러나, //
거북이야! / 다시는 용궁의 유혹에 안 떨어진다. //
프로메테우스, 불쌍한 프로메테우스,
불 도적한 죄로 목에 맷돌을 달고
끝없이 침전하는 프로메테우스. //　　－ 윤동주, 「간」

→ 스스로 기르던 독수리에게 자기의 간을 뜯어먹으라고 하는 부분에서 **격정적 어조**를 확인할 수 있음.

力動的 역동적

1단계
친숙한 어휘로 익히기

힘 력(역량) / 활동 / ~하는 것 적

힘차게 활동하는 것 　유 동적(動的)　반 정적(靜的)[1]

한자의 의미
힘 력, 움직일 동, ~의 적

사전적 의미
활발하고 힘차게 움직이는 것

2단계
기출 문제로 확인하기

❶ 다음 시에는 대상의 **역동적** 이미지가 드러난다.　▶ 2004학년도 9월 고1 전국연합학력평가

> 모든 산맥(山脈)들이 / 바다를 연모(戀慕)해 휘달릴 때에도
> 차마 이곳을 범(犯)하던 못하였으리라.
>
> – 이육사, 「광야」

→ 산맥이 형성되는 과정을 '휘달린다'라고 표현함으로써 **역동적** 이미지가 드러난다.

❷ 「조웅전」의 '군담[2]' 모티프*는 개인의 영웅적 능력이 국가적 위기에서 발현[3]되는 과정을 묘사한 이야기 단위인데, 조력자[4]의 개입, 강력한 적수[5]의 등장, **역동적** 전투 장면 등으로 구성된다.　▶ 2014학년도 6월 고3 모의평가 국어 B형

❸ 판소리는 전대[6]의 고소설에 비해 서술자의 설명이 축소된 반면 묘사는 확대되고 있음을 보여 준다. 서술자의 객관적인 묘사 중에서도 인물의 모습이나 행위에 대한 세밀하고[7] 구체적인 묘사가 빈번하게[8] 이루어지며, 고정된 대상이 아니라 활발하게 움직이는 대상에 대한 **역동적**인 묘사가 많이 발견된다.　▶ 2003학년도 4월 고3 전국연합학력평가

3단계
대표 사례로 다지기

① **역동적**인 분위기　② **역동적** 이미지를 활용하여 생동감[9]을 자아낸다.

　모티프
- 창작 동기가 되는 중심 생각 예 소설의 모티프를 얻다.
- 소설에서 이야기의 주제를 구성하는 최소 단위, 화소(話素) 예 천상에서 죄를 지어 지상으로 내려와 시련을 겪는 '적강 모티프', 전쟁 이야기를 다룬 '군담 모티프', 남녀 간의 애정 이야기를 다룬 '결연 모티프', 사건을 거짓으로 꾸며 낸 이야기가 담긴 '사건 조작 모티프', 남을 위해 자신을 희생하는 내용이 담긴 '자기희생 모티프' 등

어휘력 일취월장 노트	친숙한 어휘로 익히기	대표 사례로 다지기
[1]정적(靜的)	**정**숙한 것(고요한 것) 반 동적(움직이는 것)	정적 이미지
[2]군담(軍談)	전쟁(**군**사) 이야기(**담**화) 예 「유충렬전」, 「임진록」 등	군담 소설
[3]발현(發現)	**발**생하고 출**현**함.	욕망의 발현
[4]조력자(助力者)	힘(**역량**)을 보**조**해 주는 사람 유 후원자	영웅 소설의 조력자
[5]적수(敵手)	대**적**할 만한 사람(선**수**) 유 맞수, 경쟁자, 라이벌	영원한 적수
[6]전대(前代)	이**전** 시대	전대미문
[7]세밀(細密)하다	자**세**하고 치**밀**하다. 유 상세하다	세밀한 분석
[8]빈번하다	**빈**도수가 높아 **번**거로울 정도로 많다. 유 잦다	빈번한 사건 발생
[9]생동감(生動感)	**생**기 있게 활**동**하는(움직이는) 듯한 **감**각(느낌) → 사투리와 현재형 시제, 역동적인 표현을 사용하면 생동감이 느껴짐.	생동감이 넘친다.

警世 경세

경고(경각심) / 세상 사람(세인)

세상 사람들에게 경고함(경각심을 줌).

한자의 의미
깨우칠 **경**, 인간 **세**

사전적 의미
세상 사람들을 깨우침.

최치원은 당나라에서 「토황소격문」을 작성하여 문장가로 이름을 날렸지만, 이방인의 한계를 절감하고 28세에 신라로 귀국한다. 한림학사의 벼슬을 받은 그는 **경세**의 뜻을 펼치려고 하였지만 894년 올린 개혁 정책인 「시무책」은 시행되지 않았다. 결국, 자신의 뜻을 펼칠 수 없다고 생각한 최치원은 마흔 살이 채 되기도 전에 난세[1]를 비관하여 관직을 내놓고 가야산에 은거[2]하였다.
▶ 2010학년도 7월 고3 전국연합학력평가

① **경세**적 성격　② **경세**의 효과를 거두다.

 '경세'적 성격을 지닌 작품들

❶ 아버님 날 낳으시고 어머님 날 기르시니
　두 분 곳 아니시면 이 몸이 살아시랴
　하늘 같은 가없는 은덕을 어디다가 갚사오리.
　　　　　　　　　　　　- 정철, 「훈민가」(시조)
　→ 부모님께 효도하라고 깨우치는 글이다.

❷ 무식한 창생(세상 모든 사람)들아 저 거동을
　자세히 보고
　그릇된 일을 알았거든 고치도록 힘을 쓰소.
　옳은 말을 들었거든 행하기를 일삼으소서.
　　　　　　　　　　　- 작자 미상, 「용부가」(가사)
　→ 용부(어리석은 부인)의 그릇된 일을 경계
　　삼기를 깨우치는 글이다.

獨斷的 독단적

독자적으로 / 결단 / ~하는 것 적

독자적으로(혼자) 결단을 내리는 것

한자의 의미
홀로 **독**, 끊을 **단**, ~의 **적**

사전적 의미　혼자서 판단하거나 결정하는 것

❶ 문맥에 맞는 어휘를 바르게 선택하면?
▶ 2006학년도 3월 고3 전국연합학력평가

그는 다른 사람과 상의 없이 (독선 / 독단)으로 일을 처리했다.

▶ 정답 : 독단

❷ 의궤*의 철저한 기록은 막강한 왕권 중심 체제에서 국왕의 **독단적**인 국정 운영을 방지할 수 있는 견제책[3]이자 정치의 투명성을 확보하는 방법이었다.
▶ 2010학년도 9월 고1 전국연합학력평가

*의궤 : 의식(儀式)과 궤범(軌範)을 합한 말로 '의식의 모범이 되는 책'이라는 뜻

① **독단적**인 태도　② **독단적**으로 판단하고 결정하다.

독단적 vs. 독선적	독단적(獨斷的)	독선적(獨善的)
	독자적으로 결**단**(판단)하는 것 예 **독단적**인 태도 · 결정 · 판단 · 행동	유**독** 혼자만이 **선**하다고(옳다고) 믿고 행동하는 것 예 **독선적**인 성격 · 태도 · 자세 · 행동

081

衒學的 현학적

자랑하다 현 / 학식 / ~하는 것 적

학식을 자랑하는(잘난 척하는) 것

한자의 의미
자랑할 **현**, 배울 **학**, ~의 **적**

사전적 의미
학식이 있음을 자랑하는 것

당대의 소설가이자 음악 비평가인 스탕달은 로시니가 빈의 **현학적**인 음악가들과는 달리 유려한[4] 가락에 능하다는 이유를 들어 그를 최고의 작곡가로 평가하였다.

▶ 2014학년도 수능 국어 B형

① **현학적**인 표현   ② **현학적**인 태도

 '현학적'인 태도가 담긴 작품

뒥(宅)들에 동난지이 사오. 저 장사야 네 황후 긔 무서시라 웨는다. 사쟈.
외골내육(外骨內肉), 양목(兩目)이 상천(上天), 전행(前行) 후행(後行), 소(小)아리 팔족(八足), 대(大)아리 이족(二足), 청장(淸醬) 으스슥 ᄒᆞᆫ는 동난지이 사오.
장사야, 하 거복이 웨지 말고 게젓이라 하렴은.

– 작자 미상(사설시조)

현대어 풀이

"사람들아 동난젓 사오." 저 장수야. 네(장수)가 사라고 하는 물건, 그 무엇이라고 외치는가?
겉은 뼈고 속은 살이고, 두 눈은 하늘로 치솟아 있고, 앞으로 갔다가 뒤로 갔다가 작은 발이 8개, 큰 발이 2개, 맑은 간장 아스슥하는 동난젓 사오.
장수야, 너무 거북하게 말하지 말고 게젓(동난젓)이라 하려무나.

→ 장수가 동난젓(게젓)을 사라고 한다. 이 말을 들은 사람이 무엇을 사라는 것이냐고 묻자 장수는 '게'를 설명한다. 한자어(외골내육, 양목, 상천, 전행 후행 등)를 사용하여 어렵게 설명한다. 학식이 있는 것처럼 자랑하는 것이다. 이에 종장에서는 장수의 **현학적** 태도를 비판하는 것으로 마무리하고 있다.

어휘력 일취월장 노트	친숙한 어휘로 익히기	대표 사례로 다지기
[1]난세(亂世)	**혼란**하여 살기 힘든 **세상**	난세를 사는 지혜
[2]은거(隱居)	**은둔**하고 칩**거**함.	깊은 산속에서 은거 생활하는 선비들
[3]견제책(牽制策)	**견제**하기(막기, 억누르기) 위한 방**책**	왕권 견제책, 여당 견제책
[4]유려(流麗)하다	**유창**하고 화려하다.	유려한 문장, 유려한 필치

牧歌的 **목가적**

1 단계
친숙한 어휘로
익히기

목동 / 가요 / ~하는 것 적

양 치는 목동이 부르는 가요처럼 평화롭고
소박하며 한가한 것

한자의 의미
칠(가축을 기르다) **목**,
노래 **가**, ~의 **적**

사전적 의미 농촌처럼 평
화롭고 고즈넉한 분위기

2 단계
기출 문제로
확인하기

다음 작품에 대해 '**목가적** 분위기를 대화적 구성을 통해 보여 주고 있어.'라고 한다면 적절
한 반응일까?

▶ 2008학년도 9월 고3 모의평가

> 첩첩산중에도 없는 마을이 여긴 있습니다. 잎 진 사잇길 저 모랫둑, 그 너머 강기슭에서도 보
> 이진 않습니다. 허방다리 들어내면 보이는 마을.
> 갱(坑) 속 같은 마을. 꼴깍, 해가, 노루꼬리 해가 지면 집집마다 봉당에 불을 켜지요. 콩깍지,
> 콩깍지처럼 후미진 외딴집, 외딴집에도 불빛은 앉아 이슥토록 창문은 모과 빛입니다.
> 기인 밤입니다. 외딴집 노인은 홀로 잠이 깨어 출출한 나머지 무를 깎기도 하고 고구마를 깎
> 다, 문득 바람도 없는데 시나브로 풀려 풀려 내리는 짚단, 짚오라기의 설레임을 듣습니다. 귀를
> 모으고 듣지요. 후루룩 후루룩 처마깃에 나래 묻는 이름 모를 새, 새들의 온기를 생각합니다.
> 숨을 죽이고 생각하지요.
> 참 오래오래, 노인의 자리맡에 밭은기침 소리도 없을 양이면 벽 속에서 겨울 귀뚜라미는 울지
> 요. 떼를 지어 웁니다. 벽이 무너지라고 웁니다.
> 어느덧 밖에는 눈발이라도 치는지, 펄펄 함박눈이라도 흩날리는지, 창호지 문살에 돋는 월훈
> (月暈)*.
>
> – 박용래, 「월훈(月暈)」
>
> * 월훈 : 달무리.

→ 결론부터 말하면 이 시는 **목가적** 분위기와는 거리가 멀다. 그럼에도 불구하고 대부분의 학
생들이 「월훈」에서 **목가적** 분위기를 느낄 수 있다고 생각해 오답에 답했고, 정답이 아닌 이
유를 따져 물었다. '콩깍지, 외딴집, 짚단, 창호지 문살' 등에서 전원적인 분위기가 드러나지
않느냐는 것이 질문의 핵심이었다.
　'**목가적**'이란 말이 전원적, 향토적, 토속적이라는 말과 비슷한 상황에서 쓰이기는 하지만,
'**목가적** 분위기'는 평화로움이 느껴져야 한다. 즉, '**목가적**'은 그냥 시골 냄새가 나는 경우가
아니라 평화롭고 서정적인 분위기가 느껴져야 한다는 점이 '향토적 · 토속적 분위기'와 다르
다고 할 수 있다.
　「월훈」에는 '콩깍지, 외딴집, 짚단, 창호지 문살 등'의 향토적인 분위기를 느끼게 하는 시
어가 사용되었지만, 노인의 외로움이 부각되고 있다는 점에서 평화롭고 서정적인 **목가적**인
분위기와는 거리가 멀다는 것을 기억해 두자.

3 단계
대표 사례로
다지기

① **목가적**인 풍경　② **목가적**인 서정이 나타나 있는 시

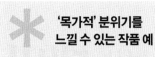

**'목가적' 분위기를
느낄 수 있는 작품 예**

❶ 언덕에서는 우리의 어린 양들이 낡은 녹색 침대에 누워서

남은 햇볕을 즐기느라고 돌아오지 않고

조용한 호수 위에는 인제야 저녁 안개가 자욱히 내려오기 시작하였습니다.

그러나 어머니, 아직 촛불을 켤 때가 아닙니다

- 신석정, 「아직 촛불을 켤 때가 아닙니다」

❷ 어머니, / 당신은 그 먼 나라를 알으십니까? //

깊은 삼림대(森林帶)를 끼고 돌면 / 고요한 호수에 흰 물새 날고,

좁은 들길에 들장미 열매 붉어, / 멀리 노루 새끼 마음놓고 뛰어다니는

아무도 살지 않는 그 먼 나라를 알으십니까?

- 신석정, 「그 먼 나라를 알으십니까」

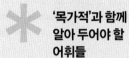

**'목가적'과 함께
알아 두어야 할
어휘들**

'**목가적**, 전원적, 향토적, 토속적'이란 말은 모두 농촌(시골) 분위기가 느껴질 때 사용되는 어휘이다. '자연 친화적'이란 말도 같은 맥락에서 답지에 자주 등장한다. 그런데 이들 중 '**목가적**'은 농촌 분위기에 평화로움이 더해져 느껴질 경우에 해당된다는 것을 알아 두자!

❶ 다음은 구체적 지명을 활용하여 **향토적** 정서를 환기하고 있다.   ▶ 2014학년도 6월 고3 모의평가 국어 A형

> 진두강 가람 가에 살던 누나는 / 진두강 앞마을에 / 와서 웁니다.
>
> - 김소월, 「접동새」

→구체적인 지명을 활용했다고 해서 모두 '향토적'인 것은 아니지만(☞p.19), 이 시에 쓰인 '진두강 가람 가, 진두강 앞마을'과 같은 구체적인 지명은 **향토적**인 정서를 불러일으킨다. 한편, 문학 작품에 사투리를 사용하면 **향토적**이고 **토속적**, 사실적이면서 친근감과 현장감을 갖게 해 주는 경우가 많다는 것도 기억하자!

❷ 다음은 **토속적**이고 서정적인 문체를 통해 낭만적인 분위기를 잘 드러내었다.

▶ 2003학년도 9월 고2 전국연합학력평가

> 조 선달 편을 바라는 보았으나, 물론 미안해서가 아니라 달빛에 감동하여서였다. 이지러는 졌으나 보름을 갓 지난 달은 부드러운 빛을 흐붓이 흘리고 있다. 대화까지는 팔십 리의 밤길. 고개를 둘이나 넘고 개울을 하나 건너고 벌판과 산길을 걸어야 된다. 길은 지금 긴 산허리에 걸려 있다. 밤중을 지난 무렵인지 죽은 듯이 고요한 속에서 짐승 같은 달의 숨소리가 손에 잡힐 듯이 들리며, 콩포기와 옥수수 잎새가 한층 달에 푸르게 젖었다. 산허리는 온통 메밀밭이어서 피기 시작한 꽃이 소금을 뿌린 듯이 흐붓한 달빛에 숨이 막힐 지경이다. 붉은 대궁이 향기같이 애잔하고, 나귀들의 걸음도 시원하다.   - 이효석, 「메밀꽃 필 무렵」

→메밀꽃이 흐드러지게 핀 아름다운 달밤을 낭만적이고 **토속적**인 분위기로 그려 내고 있다. 한편, 2015학년도 6월 고3 모의평가 국어 B형에서는 '**토속적** 정취를 자아내는 시어를 활용하여 전통적 세계에 대한 지향'을 드러낸 박용래의 「울타리 밖」(☞p.40)이 출제되었다.

❸ 다음은 **전원**에서의 **자연 친화적**인 삶을 추구하고 있다.   ▶2002학년도 11월 고2 전국연합학력평가

> 남으로 창을 내겠소. / 밭이 한참갈이.
>
> 괭이로 파고 / 호미론 김을 매지요. //
>
> 구름이 꼬인다 갈 리 있소. / 새 노래는 공으로 들으랴오.
>
> 강냉이가 익걸랑 / 함께 와 자셔도 좋소. //
>
> 왜 사냐건 / 웃지요. //   - 김상용, 「남으로 창을 내겠소」

→전원(농촌)에서의 생활, 자연과 가까이 하는 삶을 추구하는 화자의 태도에서 **전원적, 향토적, 자연 친화적**인 분위기를 느낄 수 있다. 전원에서 사는 삶이 평화롭게 여겨진다는 점에서 '**목가적**'이라고도 할 수 있겠다.

083

對比 대비

대조 / 비교

대조하여 비교함.

한자의 의미
대할 **대**, 견줄 **비**

사전적 의미 (1) 서로 맞대어 비교함. (2) 회화에서, 상반되는 형태·색채·톤(tone)을 나란히 배치하는 일

❶ 다음 시에서는 공간의 **대비**를 통해 지향하는 가치를 드러내고 있다.

▶ 2013학년도 9월 고3 모의평가

> 건어물집의 푸석한 공기에 풀리다가 / 기름에 튀겨지고 접시에 담겨졌던 것이다
> 지금 젓가락 끝에 깍두기처럼 딱딱하게 집히는 이 멸치에는
> 두껍고 뻣뻣한 공기를 뚫고 흘러가는 / 바다가 있다 그 바다에는 아직도
> 지느러미가 있고 지느러미를 흔드는 물결이 있다
> — 김기택, 「멸치」

→ 생명력이 없는 '건어물집'과 생명력이 있는 '바다'를 **대비**하고 있다.

❷ (가), (나)는 시적 대상의 의미를 **대비**하여 주제를 드러내고 있다.

▶ 2012학년도 9월 고3 모의평가

> (가) 새는 울어 / 뜻을 만들지 않고 / 지어서 교태로 / 사랑을 가식하지 않는다 //
> — 포수는 한 덩이 납으로 / 그 순수를 겨냥하지만,
> 매양 쏘는 것은 / 피에 젖은 한 마리 상한 새에 지나지 않는다.   — 박남수, 「새1」
> (나) 그래서 내가 담는 한 그릇의 물과 / 어머니가 담는 한 그릇의 물은 다르다
> 말 하나가 살아남아 빛나기 위해서는 / 말과 하나가 되는 사랑이 있어야 하는데
> 어머니는 어머니의 삶을 통해 말을 만드셨고 / 나는 사전을 통해 쉽게 말을 찾았다
> — 정일근, 「어머니의 그릇」

→ (가)에서는 순수한 '새'와 순수를 파괴하는 '포수'를, (나)에서는 따뜻함이 담긴 어머니의 '그릇'과 그렇지 못한 나의 '그릇'을 **대비**함.

① 인간과 자연의 **대비**   ② 과거와 현재의 **대비**   ③ 명암의 **대비**

 대비 vs. 대조

'글의 전개 방식'에서 '비교'는 공통점을, '대조'는 차이점을 밝히는 방법(☞p.25)이다. '대비'를 글의 전개 방식 중 하나인 '비교'로 생각해 '대비'는 차이점을 밝히는 방법이 아니라고 여기는 경우가 많다. 하지만, '대비' 또한 '차이'를 밝히기 위해 서로 맞대 비교하는 것이라는 점을 기억할 필요가 있다. '대비'의 사전적 의미와 기출 문제의 예를 통해 '대비'의 의미와 쓰임을 익혀 두자.

대비(對比)	대조(對照)
두 가지의 차이를 밝히기 위해 서로 맞대어 비교함.	둘 이상인 대상의 내용을 맞대어 같고 다름을 검토함.

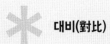 **대비(對比)**

❶ 밑줄 친 '지조 높은 개'는 자아의 부정적인 모습과 **대비**되어 화자를 새로운 존재로 거듭나게 하는군.

▶ 2013학년도 9월 고3 모의평가

> 지조 높은 개는
> 밤을 새워 어둠을 짖는다. //
> 어둠을 짖는 개는
> 나를 쫓는 것일 게다. //
> 가자 가자
> 쫓기우는 사람처럼 가자
> 백골 몰래
> 아름다운 또 다른 고향에 가자. //
>
> – 윤동주, 「또 다른 고향」

→ '지조 높은 개'는 '밤을 새워 어둠을 짖'고, 그것은 '나를 쫓'기 위한 것이라고 했다. 즉, '지조 높은 개'는 자아의 부정적인 모습과 **대비**되는, 자아로 하여금 어둠으로부터 벗어나 아름다운 또 다른 고향으로 가도록 일깨우는 존재이다.

❷ 밑줄 친 '고매한 정신처럼'에서는, 생활인으로서 시인이 지녔던 고뇌와 **대비**되는 대상의 위대성을 느낄 수 있어.

▶ 2013학년도 수능

> 규정할 수 없는 물결이
> 무엇을 향하여 떨어진다는 의미도 없이
> 계절과 주야를 가리지 않고
> 고매한 정신처럼 쉴 사이 없이 떨어진다
>
> – 김수영, 「폭포」

→ 김수영은 생활인으로서의 자신을 뛰어넘으려고 했고, 위대성에 주목하면서 대상(폭포)의 숭고한 면을 발견하려고 했다. 바로 이 점에서 '고매한 정신처럼'은 '시인이 지녔던 고뇌'와 **대비**된다고 할 수 있다.

 **대조(對照)**

❶ (가)의 '네 홀로'에는 다른 꽃들과 **대조**되는 국화의 속성이 드러나 있다.

▶ 2015학년도 6월 고3 모의평가 국어 A형

> **(가)** 국화(菊花)야 너는 어이 삼월동풍(三月東風) 다 지내고
> 낙목한천(落木寒天)*에 네 홀로 피었느냐
> 아마도 오상고절(傲霜孤節)은 너뿐인가 하노라
>
> – 이정보(시조)
>
> *낙목한천 : 나뭇잎이 떨어지는 때의 추운 하늘.

→ 삼월동풍(따뜻한 날)에 피는 다른 꽃과 낙목한천(추운 날)에 피는 국화(네 홀로)를 **대조**하고 있다.

❷ (나)는 색채의 선명한 **대조**를 통해 표현 효과를 높이고 있다.

▶ 2008학년도 9월 고3 모의평가

> **(나)** 서울 길의 붉은 먼지 꿈에서도 바라지 않고,
> 초록 도롱이 푸른 삿갓과 함께 살아간다네.
>
> – 설장수, 「어옹」

 '대비(對比)'와 함께 알아 두어야 할 어휘

대비(對備)	대응(對應)	대립(對立)	대등(對等)
앞으로 일어날지도 모르는 일에 **미리 준비함**. 유 대처, 준비 예 시험 대비	어떤 일에 맞추어 **응대함**. 유 대처, 대비(對備) 예 법적 대응 두 대상이 **서로 짝이 됨**. 유 상응, 조응 예 일대일 대응	의견(처지, 속성 등)이 **서로 반대**되거나 모순됨. 유 대치 예 의견 대립	서로 낫고 못함이 없이 **동등함**(비슷함). 유 대동소이, 동등 예 대등 관계

戲畫化 희화화

1단계
친숙한 어휘로 익히기

희화(우스꽝스럽게 그린 그림) / 화하다(어떤 상태로 되다)
(희롱, 회화)　　　　　　　　　(영화화하다)

희화처럼 됨. 우스꽝스럽게 됨. ⓤ 익살, 해학*

한자의 의미
놀 희, 그림 화, 될 화

사전적 의미 인물의 외모나 성격, 또는 사건이 의도적으로 우스꽝스럽게 묘사됨.

2단계
기출 문제로 확인하기

❶ (채만식의 소설 「미스터 방」은) 풍자적 기법으로 인물의 행위를 **희화화**하고 있다.

▶ 2005학년도 5월 고2 경기도 학업성취도 평가

→ 「미스터 방」의 주인공 '방삼복'은 "우랄질! 독립이 배부른가?"라며 해방이 되어도 기뻐하지 않고 자신에게 이익이 되지 않는 독립을 저주하기까지 한다. 이와 같은 '방삼복'의 잘못된 역사 인식은 풍자의 대상이 되고 있는 한편, '아내와 다투는 장면' 등에서는 방삼복의 모습이 우스꽝스럽게 묘사(**희화화**)되고 있다.

❷ (고전 소설 「이춘풍전」은) 부정적 인물을 **희화화(戲畫化)**시켜 극적 흥미를 유발[1]하고 있다.

▶ 2004학년도 5월 고2 경기도 학업성취도 평가

→ 「이춘풍전」의 주인공 춘풍은 아내가 품팔이 해 모은 돈까지 기생 추월에게 빠져 모두 탕진[2]하는 부정적 인물이다. 춘풍의 아내는 비장(무관 벼슬)으로 변장해 추월을 벌주고 돈을 되찾아 춘풍에게 주는데, 비장이 아내라는 것을 모르는 춘풍은 아내 앞에서 자기가 장사로 돈을 번 것처럼 허세를 부린다. 그런가 하면 다시 비장의 모습으로 변한 아내 앞에서 허둥지둥하는데, 이 대목에서 춘풍의 모습은 **희화화**되어 웃음을 유발한다.

3단계
대표 사례로 다지기

① 세태를 **희화화**하다.
② 풍자의 대상을 **희화화**하다. → '**희화화**'는 풍자의 효과를 높여 주는 역할을 함.

해학
 • 웃음을 유발하는 내용을 담은 작품은 해학적이라고 할 수 있다.
 • 이때의 웃음은 조롱이나 냉소가 담기지 않은, 악의가 없는 웃음이다.
 • 해학과 비슷한 뜻으로 쓰이는 어휘에는 익살, 골계, **희화화**, 희극적 등이 있는데, 이들은 모두 '우스꽝스러움'으로 바꿔 읽으면 의미가 통한다.
 • 문학 작품에서의 해학성은 인물을 **희화화**하거나 비속어의 사용, 언어유희, 과장된 희극적 상황의 설정 등을 통해 드러난다.
 • 인물의 **희화화**는 보통 사람보다 열등한 말이나 행동, 상식적인 기대를 깨뜨리는 행위, 상황에 어울리지 않는 말이나 행동, 흉내를 내는 행위 등을 통해 이루어진다.

어휘력 일취월장 노트	친숙한 어휘로 익히기	대표 사례로 다지기
[1]**유발**(誘發)	꾀어서(유도) 발생하게 함.	흥미 유발, 교통 체증 유발
[2]**탕진**(蕩盡)	방탕한 생활로 소진함(없앰).	재산을 탕진하다.

諷刺 풍자

1단계
친숙한 어휘로 익히기

풍유법(비유적·암시적으로 표현하는 수사법) / **자극**

풍유법처럼 자극(폭로, 비판)하는 표현법

한자의 의미
풍자할 **풍**, 찌를 **자**

사전적 의미
부정적 현상이나 모순 등을 빗대어 비웃으면서 씀.

2단계
기출 문제로 확인하기

❶ 가전(假傳)은 사물을 의인화하여 그 일생을 전(傳)* 형식으로 서술한 글로서 인물의 가계[1]와 성품, 생애, 공과(功過)[2] 등을 '가계-행적[3]-논평'이라는 틀 속에 담아내었다. 내용상으로는 인간 세태를 **풍자**하고 세상을 경계(警戒)[4]하려는 성격이 강해 교훈성을 지닌다.   *전(傳) : ☞p.46   ▶ 2014학년도 9월 고3 모의평가 국어 B형

❷ (박지원의 소설 「호질」에서 '동리자'의) 다섯 아들은 '북곽 선생'을 여우로 여긴다. 이는 '북곽 선생'의 위선[5]을 **풍자**하기 위하여 작가가 마련한 설정으로, 그들이 여우에 대해 하는 말과 행동은 '북곽 선생'의 성격과 행위를 암시한다.   ▶ 2012학년도 수능

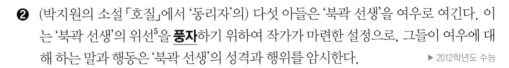

3단계
대표 사례로 다지기

① **풍자**적 표현   ② 양반 사회에 대한 신랄한 **풍자**

✻ 풍자 vs. 해학

풍자	해학
• 비웃는 웃음, 비꼬는 웃음 • 빗대어 비판함.(간접적으로○, 직접적×)	• 공격성을 띠지 않는, 악의 없는 웃음. • 우스꽝스러운 말이나 행동(유머, 익살스러움)
공통점 : 웃음을 자아내는 것	

문학에서, '해학' 하면 김유정의 작품(「봄·봄」과 「동백꽃」 등)을, '풍자' 하면 채만식의 작품(「태평천하」와 「치숙」 등)을 대표적으로 꼽는다. 한편, 조선 후기 사설시조에는 풍자와 해학이 모두 담긴 작품들이 많은데 다음 작품도 그중 하나이다.

사설시조 예시	현대어 풀이
두터비 파리를 물고 두엄 우희 치다라 안자 것넌 산 바라보니 백송골(白松骨)이 떠 잇거늘 가슴이 금즉하여 풀덕 뛰어 내닷다가 두엄 아래 잣바지거고 모처라 날낸 낼식만정 에헐질 번 하괘라.	두꺼비가 파리를 물고 두엄(가축의 배설물 따위를 썩힌 거름) 위에 치달아 앉아 건넛 산을 바라보니 백송골이 떠 있거늘 가슴이 끔찍하여 풀떡 뛰어 내닫다가 두엄 아래 자빠졌구나. 다행히 날낸 나였기에 망정이지 (만일 둔한 놈이었다면) 피멍이 들었을 뻔했도다.

→ '백성(파리)'을 괴롭히는 '관리(두꺼비)'가 자신보다 높은 '중앙 관리(백송골)'를 보자 두엄 위에서 놀라 자빠졌다. 게다가 그 와중에도 자신이 날랬기에 다행이지 그렇지 않았으면 피멍이 들었을 것이라고 한다. 즉, 이 사설시조는 백성을 괴롭히는 관리를 **풍자**(비판)하고 있는데, 자빠지면서도 허세를 부리는 모습에서 해학도 엿볼 수 있다.

어휘력 일취월장 노트	친숙한 어휘로 익히기	대표 사례로 다지기
[1]**가계**(家系)	대대로 이어져 내려온 한 집안(가정)의 **계**통	**가계**를 잇다.
[2]**공과**(功過)	**공**로와 **과**실	**공과**를 따지다.
[3]**행적**	**행**위의 실**적**	커다란 **행적**을 남기다.
[4]**경계**(警戒)	**경**각심을 주고 훈**계**함.	앞날의 **경계**로 삼다.
[5]**위선**(僞善)	**위**장된 **선**행	양반들의 **위선**을 풍자하다.

遊戲 **유희**

1 단계
친숙한 어휘로
익히기

유흥 / 희희낙락

유흥을 즐기며 희희낙락함. 유 놀이

한자의 의미
놀 **유**, 희롱할 **희**

사전적 의미
즐겁게 놀며 장난함.

2 단계
기출 문제로
확인하기

❶ 어린아이는 어머니에게 말하는 것을 배웁니다. 우리가 자기 나라 말을 가리켜 모어(母語)라 부르는 것은, 이 점에 있어서 결코 우연한 일이 아닙니다. 아이는 어머니에게서 도덕과 지식 일반의 최초의 개념, 저 재미있는 옛날이야기, 지극히도 자극적인 노래와 **유희**를 처음 배우는 것입니다.
▶ 2005학년도 7월 고3 전국연합학력평가

❷ 광고에 쓰이는 어휘의 최근 경향은 동음 관계나 다의 관계* 등 단어의 의미 관계를 교묘하게 활용한 언어 **유희***가 많고 신조어(새로 생긴 말)의 사용이 부쩍 늘었다는 것이다.
▶ 2006학년도 3월 고3 전국연합학력평가

3 단계
대표 사례로
다지기

① **유희**를 즐기다.
② 언어 **유희**나 신조어들은 유행어와 밀접한 관계를 맺기도 하면서 현재 우리의 언어생활의 한 단면을 이룬다.

 다의어 vs. 동음이의어

다의어	동음이의어
하나의 단어가 둘 이상의 의미를 가지는 관계(중심 의미와 주변 의미의 관계)에 있는 말 예 **다리** : 신체의 **다리**, ② 책상 **다리** · 지겟**다리** 등 ※ 위 예에 제시된 '다리'와 동음이의 관계에 있는 '다리' • 물을 건널 수 있게 만든 것 예 한강 다리	소리는 같지만 의미적으로 완전히 다른 두 단어가 가지는 관계에 있는 말 예 **배** : 먹는 **배(梨)**, 타는 **배(舟)**, 신체의 **배(腹)** 등 ※ 위 예에 제시된 신체 일부분인 '배'와 다의 관계에 있는 '배' • 배가 불룩한 주전자 • 한 배에 여러 마리의 새끼를 낳은 돼지

 언어유희   언어 놀이. 유사한 발음 또는 동음이의어를 이용한 말장난

❶ 신 것 많이 먹어 안 시건방질가 몰라. / 열녀도 더 되고 백녀다 백녀 　　　　　 －「심청가」

❷ "허어, 그분이 갈비를 달래면 익은 소갈비를 달래지, 사람의 생갈비를 달랜단 말이오?"
　 "열녀가 이부를 섬기다니." "이부(二夫)가 아니라 외얏리자 쓰는 이부(李夫)를 말씀이오." －「춘향가」

❸ 이애 이애 그 말 마라 시집살이 개집살이 　　　　　　　　　　　 － 작자 미상, 「시집살이 노래」

→ 기출에서는 '말을 엮어 나가는 방식' 또는 '표현 방식'으로 질문하기도 한다.

　기출 용례　 ⓐ에서 말을 엮어 나가는 방식과 거리가 가장 먼 것은?　　　　　 ▶ 1996학년도 수능

> **말뚝이** : 예예, 아! 이 양반이 허리 꺾어 절반인지, 개다리소반인지, 꾸레미전에 백반인지, 말뚝이 꼴뚝아, 밭 가운데 최뚝아, 오뉴월에 밀뚝아, 잣대뚝에 메뚝아, 부러진 다리 절뚝아, 호도 엿장수 오는데 할애비 찾듯 왜 이리 찾소?

① 여보, 아주뱀이고 도마뱀이고 세상이 다 귀찮아요. 언제 전곡을 갖다 맽겼었나. 아나 밥, 아나 돈, 아나 쌀.

② 애야! 밤낮 주야로 오매불망, 올망졸망하고 기다리던 네 서방인지 남방인지 이몽룡 씨 영락없이 비렁거지 신세 되어 와 버렸다.

③ 이엿사나 이여도사나 이엿사나 이여도사나 우리 배는 잘도 간다 솔솔 가는 건 솔남의 배여 잘잘 가는 것은 잡남의 배여 어서 가자 어서 어서.

④ 애, 누가 찾아왔나 보다. 그 누구냐? 대가리꼴 하고……. 친구를 잘 사귀어야 하는 거야. 친구라고 찾아온다는 것이 왜 모두 그따위뿐이냐?

⑤ 우리 아저씨 말이지요? 아따 저 거시기 한참 당년에 그놈의 것, 사회주의라더냐 막걸리라더냐, 그 걸 하다 징역 살다 나와서 폐병으로 시방 앓고 누웠는 우리 오촌 고모부 그 양반…….

▶ 정답 ④

087 風流 **풍류**

1단계
친수한 어휘로 익히기

풍치 / 교류

풍치 있게 교류를 즐김.

한자의 의미
바람 **풍**, 흐를 **류**

사전적 의미
풍치가 있고 멋스럽게 놂.

2단계
기출문제로 확인하기

밑줄 친 '거문고와 노래'는 매화가 불러일으킨 시흥을 즐기기 위한 **풍류**적 요소이다.

▶ 2014학년도 9월 고3 모의평가 국어 A형 · B형

	현대어 풀이
매영(梅影)이 부딪힌 창에 옥인금차(玉人金釵) 비겼구나 이삼(二三) 백발옹(白髮翁)은 <u>거문고와 노래로</u> 이윽고 잔 들어 권할 적에 달이 또한 오르더라 　　　　　　　　　　－ 안민영, 「매화사」	매화 그림자가 비친 창문에 미인의 금비녀가 비스듬히 보이는구나. 두세 명의 노인은 거문고를 타며 노래를 부르고 있도다. 얼마 후 잔을 들어 (술을) 권할 때에 달이 또한 솟아오르더라.

→ 시를 짓고 싶은 마음(시흥)을 불러일으킨 것은 창문에 비치는 매화 그림자이다. 여기에 거문고와 노래, 그리고 술(잔)까지 더해 매화의 흥취를 즐기는 **풍류**적 태도를 엿볼 수 있게 한다.

3단계
대표 사례로 다지기

① **풍류**적 태도　　② 옛사람 **풍류**를 미칠까 못 미칠까(정극인, 「상춘곡」에서)

풍류 vs. 풍유	풍류(風流)	풍유(諷諭 · 喻)
	풍치 있게 **교류**를 즐기는 것 예 **풍류**를 즐기는 선비의 모습	풍유법. 비**유**하여 표현하는 것(직접 표현×) 예 속담이나 격언 등을 끌어들여 말하는 것을 풍유법이라고 한다.

복습 문제 | 정답 p.96

1 빈칸에 들어갈 알맞은 말을 쓰시오.

❶ '냉소'와 달리 [   ] 는 스스로를 비웃는 것이다.

● 급소 힌트 자기를 조롱함.

❷ 텔레비전 토론 프로그램이 진정한 모습의 공론장을 구현하고 있는지에 대한 [   ] 견해도 제기되고 있다.

● 급소 힌트 의심을 품는 것

❸ 김소월의 시 「초혼」에서의 '심중에 남아 있는 말 한마디는 / 끝끝내 마저 하지 못 하였구나'라는 표현에는 사랑하는 사람이 살아 있을 때 하지 못했던 말에 대한 [   ] 의 심정이 잘 드러나 있다.

● 급소 힌트 후회와 한탄

2 다음 단어의 유의어(❶~❸)와 반의어(❹~❻)를 쓰시오.

❶ 감상적 ⊜ (   )

● 급소 힌트 애통해하고 상심하는 것

❹ 비관 ⬌ (   )

● 급소 힌트 낙천적으로 관망함.

❷ 악평 ⊜ (   )

● 급소 힌트 가혹하게 비평함.

❺ 긴장, 수축 ⬌ (   )

● 급소 힌트 해이해지고 완화됨.

❸ 낯설다 ⊜ (   )

● 급소 힌트 생경하고 소원하다.

❻ 유연하다 ⬌ (   )

● 급소 힌트 완강하고 고루하다.

3 의미가 나머지 넷과 <u>다른</u> 하나는?

❶　① 경시하다　　② 도외시하다　　③ 소홀히 하다
　④ 현저하다　　⑤ 등한시하다

❷　① 실토하다　　② 유장하다　　③ 털어놓다
　④ 토로하다　　⑤ 피력하다

❸　① 골계　　② 유희　　③ 희화화
　④ 익살　　⑤ 해학

❹　① 상세하다　　② 세밀하다　　③ 자세하다
　④ 치밀하다　　⑤ 친밀하다

4 다음의 설명 내용이 맞으면 ○표, 틀리면 ✕표를 하시오.

❶　정서적 거리는 예찬하는 대상과는 가깝고, 부정적인 대상과는 멀다.　　（　　）

❷　구어 담화와 달리 문어 담화는 반복 표현이 많은 것이 특징이다.　　（　　）

❸　비언어적 표현은 화자의 표정, 몸짓, 시선, 태도, 옷차림 등을 통해 의도 및 심리를 드러내는 방법이다.　　（　　）

❹　'공명(功名)도 날 꺼리고 부귀(富貴)도 날 꺼리니'는 주체와 객체가 전도된 표현이다.　　（　　）

❺　요약적 제시는 사건을 빠르게 전개시키고, 대화 장면의 제시는 사건을 느리게 전개시킨다.　　（　　）

❻　시에서 향토적·토속적 시어가 사용되었다고 해서 반드시 목가적 분위기가 조성되는 것은 아니다.　　（　　）

복습 체크리스트

❶ 친숙한 어휘를 떠올려 메모한다.
❷ 대표 사례를 적으며 확실하게 그 의미를 익힌다.
❸ 어렴풋이 아는 것은 해당 페이지로 찾아가 다시 챙겨 본다.

구분	어휘	❶친숙한 어휘 떠올리기	❷대표 사례 적어 보기	❸찾아갈 페이지	구분	어휘	❶친숙한 어휘 떠올리기	❷대표 사례 적어 보기	❸찾아갈 페이지
1	구어			58	26	낙관			71
2	구어체/문어체			58	27	무상(감)			72
3	구어 담화/문어 담화			58	28	방관			73
4	객체			59	29	성찰			74
5	주객전도의 표현			59	30	구도			75
6	객체 높임법			59	31	회의적			76
7	괴리			60	32	회한			77
8	토로			61	33	애상적			78
9	혹평			62	34	감상적			78
10	오인			62	35	비관적			79
11	비장			63	36	자조			80
12	비장미/골계미			63	37	냉소적 태도			81
13	완곡하다			64	38	유장하다			81
14	완곡어/금기어			64	39	격정(적)			82
15	완고하다			64	40	역동적			83
16	완급			65	41	경세(적)			84
17	완화			66	42	독단적/독선적			84
18	거리감			66	43	현학적			85
19	이완			67	44	목가적			86
20	소재			67	45	대비/대조			88
21	개괄			68	46	희화화			90
22	등한시			68	47	풍자/해학			91
23	생소하다			69	48	유희/언어유희			92
24	현저하다			69	49	다의어/동음이의어			92
25	어조			70	50	풍류/풍유(법)			93

복습 문제 정답
1. ❶ 자조 / **❷** 회의적 / **❸** 회한
2. ❶ 애상적 / **❷** 혹평 / **❸** 생소하다 / **❹** 낙관 / **❺** 이완 / **❻** 완고하다
3. ❶④ / **❷**② / **❸**② / **❹**⑤
4. ❶○ / **❷**× / **❸**○ / **❹**○ / **❺**○ / **❻**○

3

주차

088

比喻 **비유**

한자의 의미
견줄 **비**, 깨우칠 **유**

사전적 의미 어떤 현상이나 사물을 다른 비슷한 현상이나 사물에 빗대어 표현함.

1단계
친숙한 어휘로
익히기

비교 / 깨우쳐 주다 유

비교하여(빗대어) 깨우침을 줌.

2단계
기출문제로
확인하기

❶ ㉠은 국순의 성품을 바다에 **비유**한 것으로, 넓고 깊은 국순의 마음을 의미한다.

▶ 2014학년도 9월 고3 모의평가 국어 B형

> 순은 그릇과 도량이 크고 깊었다. ㉠출렁대고 넘실거림이 만경창파(萬頃蒼波) 같으며, 맑게 하려 해도 더는 맑아질 수 없고 뒤흔든대도 흐려지지 않았다. ─ 임춘, 「국순전」

❷ (고전 소설 「임진록」에서는) 과장된 **비유**를 활용하여 상황의 급박함을 드러내고 있다.

▶ 2013학년도 6월 고3 모의평가

→ 「임진록」에는 '벽력 소리 진동하며 천지 뒤눕는 듯하고, 돌이 달음질하고 비 바가지로 담아 붓듯이 와'라는 표현이 있다. 과장된 **비유**가 쓰인 것이다.

3단계
대표사례로
다지기

① **비유**적 표현

② 「고공가」는 국가 정치를 한 집안의 농사일에 **비유**하여 관료 사회의 단면을 보여주고 있다.

 비유법

수능에 자주 출제되는 수사법 중 하나로, 직접 설명하지 않고 빗대어 표현하는 방법이다. 표현법 중에 '유'와 '의'자가 들어간다.

유(喻)	깨우치다, 비유하다 예 직**유**, 은**유**, 활**유**, 대**유**, 풍**유**, 제**유**, 환**유**
의(擬)	비교하다, 견주다, 모방하다 예 **의**인, **의**성, **의**태 ※ 중**의**(重義)

 수능에 자주 출제되는 수사법

• 변화법

구분	개념	예시
설의법	답변을 요구하지 않는 질문인데 의문 형식으로 표현하는 수사법 ☞p.102	• 어찌 부러워하리오.
대구법	비슷한 어구를 짝 지어 표현하는 수사법 ☞p.103	• 우는 것이 뻐꾸긴가 푸른 것이 버들숲인가
도치법	한 문장 안에서 말의 순서를 바꾸어 표현하는 수사법	• 왠지 느닷없이 그렇게 퍼붓는다. 지금은 어쩔 수가 없다고,
역설법	모순되지 않는 내용을 문장의 겉만 보면 모순되게 표현하는 수사법 ☞p.104	• 찬란한 슬픔의 봄
반어법	실제와 반대로 표현하는 수사법 ☞p.105	• 죽어도 아니 눈물 흘리우리다
돈호법	이름을 불러 관심을 불러일으키는 수사법	• 아이야, 우리 식탁엔 은쟁반에 하이얀 모시 수건을 마련해 두렴.

• 비유법

구분		개념	예시
직유법		'같이, 처럼, 듯이, 양' 같은 말과 결합하여 두 사물을 직접 비유하는 수사법	• 그믐처럼 몇은 졸고 • 찬란한 야경 무성한 잡초인 양 헝클어진 채
은유법		원관념과 보조 관념을 'A=B이다' 또는 'A의 B' 식으로 비유하는 수사법	• 내 마음은 호수 원관념 보조 관념
대유법	환유법	사물의 속성(특성)과 관계가 있는 다른 낱말을 빌려서 표현하는 수사법	• 흰옷 → 우리 민족 • 요람에서 무덤까지 → 태어나서 죽을 때까지
	제유법	사물의 한 부분으로 그 사물의 전체를 나타내는 수사법	• 빵(→ 먹을 것)만으로 살 수 없다. • 빼앗긴 들(→ 국토)에도 봄은 오는가
풍유법		속담이나 격언 등 직접 표현하지 않고 빗대어 암시적으로 비유하는 수사법	• 울며 겨자 먹기
의인법		사람이 아닌 것을 사람인 것처럼 표현하는 수사법	• …… 활자(活字)는 반짝거리면서 하늘 아래에서 / 간간이 / 자유를 말하는데 / 나의 영(靈)은 죽어 있는 것이 아니냐
활유법		생명이 없는 것을 생명이 있는 것처럼 표현하는 수사법	• 포효하는 바다(활유법○, 의인법×) • 몸을 뒤척이는 바다(활유법○, 의인법○)
의성법		소리를 흉내 내어 표현하는 수사법　☞p.108	• 덜그럭덜그럭
의태법		모양을 흉내 내어 표현하는 수사법　☞p.108	• 데굴데굴
중의법		한 단어에 두 가지 이상의 뜻을 담은 수사법　☞p.107	• 청산리 벽계수(碧溪水)야 수이 감을 자랑 마라. → 벽계수 : '사람 이름'이면서 '푸른 시냇물'을 뜻하기도 함.

• 강조법

구분	개념	예시
과장법	사물을 지나치게 크게, 또는 작게 표현하는 것	• 천만리 머나먼 길에~ : 실제로 천만 리 떨어진 길이 아님.
대조법	서로 반대되는 것을 내세워 차이점을 강조하는 수사법	• 까마귀 검다 하고 백로야 웃지 마라
반복법	동일하거나 비슷한 단어나 구절 또는 문장을 되풀이하여 표현하는 수사법	• 귀먹어서 삼 년이요 눈 어두워 삼 년이요 말 못해서 삼 년이요
열거법	비슷한 어구 여러 개를 나열하여 내용을 강조하는 수사법	• 형형한* 눈, / 고독한 이마 그리고 날카로운 부리　*형형한 : 광채가 반짝반짝 빛나며 밝은
영탄법	감탄을 표현하는 수사법　☞p.100	• 아 아버지가 눈을 헤치고 따 오신 그 붉은 산수유 열매—
점층법	점점 더 크게(높게, 강하게) 표현하는 수사법 (↔ 점강법)	• 파도를 만들고 해일을 부르고 고깃배를 부수고 그물을 찢었던 것이다
연쇄법	앞 구절의 끝 말을 다음 구절의 앞 구절에 이어받아 그 뜻을 강조하는 수사법	• 닭아 닭아 우지 마라 네가 울면 날이 새고 날이 새면 나 죽는다.

詠歎 **영탄**

읊조리다 영 / 감탄

읊조리고 감탄함.

한자의 의미
읊을 **영**, 탄식할 **탄**

사전적 의미
마음속 깊이 느끼어 탄복함.

❶ 5행과 10행은 **영탄**적 어조로 낭송

▶ 2010학년도 6월 고3 모의평가

> 5행 : 아아, 이 애 몸이 또 달아 오르노나.
> 10행 : 아아, 이 애가 애자지게 보채노나!
>
> - 정지용, 「발열(發熱)」

→ 감탄사 '아아'와 감탄형 어미 '-노나'를 사용해 '열이 나 보채는 아이'에 대한 안타까운
화자의 심정을 강하게 드러내고 있다.

❷ 다음은 **영탄**과 독백의 어조를 통해 화자의 심정을 드러내고 있다. ▶ 2014학년도 수능 국어 A형

> 가야 할 때가 언제인가를 / 분명히 알고 가는 이의 / 뒷모습은 얼마나 아름다운가.
>
> - 이형기, 「낙화」

→ '뒷모습은 아름답다'가 아니라 '뒷모습은 얼마나 아름다운가'라고 표현함으로써 '가야 할
때를 알고 가는 이의 뒷모습은 정말 아름답다!'는 화자의 심정을 강하게 드러내고 있다.
바로 여기에서 **영탄**적 어조를 확인할 수 있다.

① **영탄**적 표현 ② **영탄**법*을 활용하여 화자의 정서를 표출하고 있다.

✳ 영탄법
감탄사(오, 아 등)나 감탄형 어미(-구나, -로구나, -군, -어라 등)를 이용하여 기쁨, 슬픔, 놀라움과 같은 감정을 강하게
나타내는 수사법

✳ '영탄법 vs. 설의법'에 대한 Q&A

▶ '안인숙 국어클리닉&컨설팅' daum 카페에서

Q1 감탄사(아, 오 등)가 없어도 영탄법인 경우가 있나요?

A1 네. 감탄사가 없어도 영탄법인 경우가 있습니다. 위 2단계에
서 예로 든 이형기의 「낙화」에서도 감탄사가 없지만 영탄적 어
조를 통해 화자의 감정을 강하게 표현한 것이지요. 이현보의
「어부단가」에서도 감탄사는 없지만 영탄법이 사용되었습니다.

 강호에 월백(月白)하거든 더욱 무심(無心)하여라
(강과 호수에 달이 밝으니 더욱 욕심이 없도다.)
 무심코 다정한 이 이 두 것이로다
(욕심 없이 다정한 것은 구름과 흰 갈매기, 이 두 가지뿐이로다.)

❶, ❷에는 감탄사가 없지만, '-여라, -로다' 등의 감탄형 어미를 사용함으로
써 화자의 감정을 강하게 나타내고 있습니다.

Q2 설의법도 영탄법이 될 수
있나요?

A2 이현보의 「어부단가」에 '인세(人
世)를 다 잊었거니 날 가는 줄을
알랴(인간 세상을 다 잊었거니
세월 가는 줄을 알겠는가?)'라는
표현이 있습니다. 자연 속에서의 삶이 좋아 인간 세
상의 일을 모두 잊고 세월 가는 줄을 모른다는 것입
니다. '알랴'는 의문 형식을 취했지만 답을 요구하
는 질문이 아니라 '모른다'는 것을 강조하기 위한 설
의적 표현입니다. 동시에 '세월 가는 줄 모를 정도
로 좋다'는 감탄을 드러내기도 하므로, 넓게 보면
'영탄법'도 될 수 있습니다.

美化 미화

1단계
친숙한 어휘로
익히기

아름답다 미(미인) / 변화

아름답게 변화시킴.

한자의 의미
아름다울 **미**, 될 **화**

사전적 의미
아름답게 꾸밈.

2단계
기출문제로
확인하기

다음 글에서 석 시랑은 비유를 활용하여 백 소부의 성품을 **미화**하고 있다.
▶2012학년도 9월 고3 모의평가

> (석 시랑이) "누이 말을 들은즉 생질녀*와 정한 배필은 눈먼 폐인*이라 하더이다. 아름답고
> 어진 생질녀를 두고 반드시 이런 폐인을 사위로 삼고자 하니 어찌 사려 깊지 못한 것이 아니리
> 오? 이는 아름다운 옥을 구덩이에 버리고 상서로운* 난새를 까막까치의 짝으로 삼음과 같으
> 니, 깊이 애석하도다."
> – 서유영, 「육미당기」
> *생질녀 : 누이의 딸.   *폐인 : 병 따위로 몸을 망친 사람.
> *상서로운 : 복되고 길한(운이 좋은) 일이 일어날 조짐이 있는.

→ 석 시랑은 '백 소저(생질녀)'의 외삼촌이고, '백 소부'는 '백 소저'의 아버지이다. 즉, 석 시랑은
'백 소부'가 아닌, '백 소저'의 외모와 성품(아름답고 어진 생질녀)을 '아름다운 옥, 상서로운
난새'에 비유하여 미화하고 있다. 그럼에도 불구하고 이 답지를 옳은 설명으로 생각해 틀린
학생들이 많았던 것은 정확한 의미를 모르는 어휘들(생질녀, 폐인, 상서로운 등) 및 비슷한
지칭어(백 소부, 백 소저)로 인해 인물을 혼동했기 때문이었다는 점도 기억할 필요가 있다.
한편, '천하고 교양이 없는'의 의미는 '상스러운'이다. 즉, *상서로운 것은 긍정적, 상스러운 것은*
부정적 의미를 지닌다는 것도 알아 두자!

3단계
대표사례로
다지기

① **미화**법*   ② **미화**된 삶

 미화법   표현하고자 하는 대상을 실제보다 아름답게 꾸며 나타내는 수사법

❶ 금자(금으로 된 자), 산호수(산호 보석으로 만든 지게), 백옥함(흰 구슬로 만든 보석함)

> 원앙금(鴛鴦錦) 베어 놓고 오색선 풀어 내어 금자에 겨누어서 임의 옷 지어 내니 수품(手品)은
> 물론이고 제도(制度)도 갖출시고. 산호수 지게 위에 백옥함에 담아 두고 임에게 보내려고 임 계신
> 데 바라보니
> – 정철, 「사미인곡」
>
> **현대어 풀이** 원앙을 수놓은 비단을 베어 놓고 오색실을 풀어 내어 금으로 만든 자로 재어서 임의 옷
> 을 지어 내니 솜씨는 말할 것도 없거니와 격식마저도 갖추었구나. 산호 지게 위에 백옥
> 함에 담아 두고 임에게 보내려고 임 계신 곳을 바라보니

→ 그리운 임(임금)의 옷을 '금으로 된 자'로 재어 만들어 '산호(보석)'로 만든 지게 위에, '백옥함(흰 구슬
로 만든 보석함)'에 담아 보내려고 한다고 했다. '금자, 산호수, 백옥함'은 '자, 지게, 상자'를 **미화**한(아
름답게 표현한) 것이다.

❷ 백년화(흰 연꽃 같은 달)

> 白빅蓮년花화 호 가지롤 뉘라셔 보내신고. 일이 됴흔 世셰界계 눔대되 다 뵈고져 – 정철, 「관동별곡」
>
> **현대어 풀이** 흰 연꽃 같은 달을 누가 보냈는가? 이렇게 아름다운 세상을 다른 사람 모두에게 다 보
> 이고 싶다.

→ '백년화'는 '달'을 비유적으로 **미화**해 표현한 말로, 밝은 달의 아름다운 모습을 보며 임금의 은혜를 백
성들에게 모두 보여 주고 싶다고 표현한 것이다.

 設疑 **설의**

1 단계
친숙한 어휘로
익히기

설정 / 의문형

의문형을 설정해 둠.

한자의 의미
베풀 **설**, 의심할 **의**

사전적 의미
의문을 내세움.

2 단계
기출 문제로
확인하기

❶ 다음에서는 **설의**적 표현을 사용하여 대상의 처지를 드러내고 있다.

▶ 2013학년도 9월 고3 모의평가

> 낙화 광풍(落花狂風)에 <u>어느 가지 의지하리</u>.　　　　　　 - 권구, 「병산육곡(屛山六曲)」

→ '어느 가지 의지하리.'는 의지할 곳이 없는 대상(두견)의 처지를 강조한 **설의**적 표현이다.

❷ (가), (나)는 모두 **설의**적 표현으로 시상을 마무리하고 있다.

▶ 2008학년도 9월 고3 모의평가

> (가) 청풍명월(淸風明月) 외에 <u>어떤 벗이 있사올꼬</u>.
> 　　 아모타 백년행락(百年行樂)이 <u>이만한들 어찌하리</u>.　　　　 - 정극인, 「상춘곡(賞春曲)」
> (나) 어기여차 노랫소리는 뱃사람의 흥취이니,
> 　　 세상에 옥당(玉堂)* 있다고 <u>어찌 부러워하리오</u>.　　　　 - 설장수, 「어옹(漁翁)」
>
> *옥당 : 문장 관련 업무를 담당한 관청의 별칭.

→ (가)의 '어떤 벗이 있사올꼬.'는 청풍명월 말고는 벗이 없다, 즉 청풍명월만이 벗이라는
　 것이고, '이만한들 어찌하리.'는 백 년 동안 누리는 즐거움이 이만하면 만족스럽다는 것
　 이며, (나)의 '어찌 부러워하리오.'는 옥당이 있다고 세상을 부러워하지 않는다는 것이다.
　 밑줄 친 표현들은 모두 의문 형식을 취했지만, 질문한 것이 아니라 **설의**적 표현으로 시상
　 을 마무리함으로써 화자가 전달하고자 하는 의미를 강조한 것이다.

3 단계
대표사례로
다지기

① **설의**법*
② **설의**적인 표현을 사용하여 의미를 강조하고 있다.

 설의법　**의문형을 설정해 둔 수사법**

→ 실제로 질문하는 것이 아님. 답을 정해 놓고 의문형 형식만 취한 수사법임.

❶ 외롭기로 작정하면 <u>어딘들 못 가랴</u>(어디든 갈 수 있다).
　 가기로 목숨 걸면 <u>지는 해가 문제랴</u>(문제가 안 된다).　　　　 - 고정희, 「상한 영혼을 위하여」
❷ 우부(愚夫, 어리석은 남자)도 알며 하거니 <u>그 아니 쉬운가</u>(정말 쉽다).
　 성인도 못 다 하시니 <u>그 아니 어려운가</u>(진짜 어렵다).　　　　 - 이황, 「도산십이곡」
❸ 근심이라 있으며 <u>시름이라 붙었으랴</u>(걱정이 붙어 있질 않다).
　 호탕정회(浩蕩情懷)야 <u>이에서 더할소냐</u>(이보다 더 낫지 않다).　　 - 송순, 「면앙정가」
❹ 이제야 팔려 한들 알 이 있어 <u>사러오랴</u>(사러 올 사람이 없다).
　 화형제(和兄弟) 신붕우(信朋友) <u>그르다 할 이 뉘 이시리</u>(잘못되었다 할 사람이 없다). - 박인로, 「누항사」

對句 대구

1단계
친숙한 어휘로 익히기

대응 / 구절

구절을 대응시킴(비슷한 구절을 나란히 배치함).

한자의 의미
대할 **대**, 구절 **구**

사전적 의미
비슷한 어조를 가진 것으로 짝 지은 둘 이상의 글귀

2단계
기출문제로 확인하기

❶ 다음은 **대구**의 방식으로 시상을 마무리하면서 여운을 강화한다.

▶ 2014학년도 9월 고3 모의평가 국어 B형

> 한 다리를 들고 날나리를 불꺼나
> 고갯짓을 하고 어깨를 흔들꺼나
>
> — 신경림, 「농무」

→ 밑줄 친 구절들이 서로 짝을 이루고 있다. **대구**의 방식을 활용하고 있는 것이다. 또한 단정적인 어조를 취하지 않고 '날나리를 불어 볼까, 어깨를 흔들어 볼까'라고 하여, 현재 정해지지 않은 행위를 언급하며 마무리함으로써 여운을 강화하고 있다고 볼 수 있다.

❷ 다음은 **대구**적 표현을 통해 시상을 강조하고 있다. ▶ 2014학년도 9월 고3 모의평가 국어 A형

> (1) 이 세상 어디서나 개울은 흐르고
>   이 세상 어디서나 등불은 켜지듯
>
> (2) 외롭기로 작정하면 어딘들 못 가랴
>   가기로 목숨 걸면 지는 해가 문제랴
>
> (3) 영원한 눈물이란 없느니라
>   영원한 비탄이란 없느니라
>
>   — 고정희, 「상한 영혼을 위하여」

→ (1)~(3) 모두 비슷한 구절을 나란히 배치한 대구적 표현이다. 비슷한 문장 구조가 반복되고 있다는 점에서 '유사한 통사 구조의 반복'이기도 하다.

3단계
대표사례로 다지기

① **대구**의 표현 방식   ② **대구**를 통해 안정적인 운율감을 조성하고 있다.

 '대구법'에 대한 Q&A

▶ '안인숙 국어클리닉&컨설팅' daum 카페에서

 Q 대구의 정확한 의미는 무엇인가요? 사전적인 것 말고 음... 그러니까 단순 반복 같은 건 안 되나요? 다음 ❶, ❷는 대구라고 볼 수 없나요?

> ❶ 어디로 갔나,
>   밥상은 차려놓고 어디로 갔나,
>   넙치지지미 맵싸한 냄새가
>   코를 맵싸하게 하는데
>   어디로 갔나,   — 김춘수, 「강우」
>
> ❷ 외로이 늙으신 할머니가 / 애처로이 잦아드는 어린 목숨을 지키고 계시었다. //
>   이윽고 눈 속을 / 아버지가 약을 가지고 돌아오시었다.   — 김종길, 「성탄제」

❸
우리가	살린	우유 팩,	나무를	지키고
우리가	지킨	나무,	지구를	살립니다.

▶ 2012학년도 6월 고3 모의평가

❹
청산은	어찌하여	만고에	푸르르며
유수는	어찌하여	주야에	그치지 아니한고

▶ 2012학년도 9월 고3 모의평가

❶, ❷가 대구가 되려면 ❸, ❹와 같이 짝을 이루어야 합니다. 다음과 같이 표현하면 ❶, ❷도 대구적 표현으로 볼 수 있습니다.

> ❶' 밥상은 차려 놓고 어디로 갔나?
>   넙치지지미 장만해 놓고 어디로 갔나?
>
> ❷' 외로이 늙으신 할머니가 / 애처로이 잦아드는 어린 목숨을 지키고 계시었다. //
>   눈 속을 헤매신 아버지가 / (아이를) 깨끗이 낫게 해 줄 약을 가지고 오시었다.

A 대구법은 짝을 이루는 비슷한 구절을 나란히 배치하여 문장에 변화를 주는 표현법입니다. 단순히 글자 수만 맞춘 것이 아니라, 문장 구조가 비슷해야 합니다. 예를 들면,

093

力說 **역설**

1단계
친숙한 어휘로
익히기

역량 / 설명

역량(힘)껏 설명함.
→ '강조'로 바꿔 읽으면 의미가 통함.

한자의 의미
힘 **력**, 말씀 **설**

사전적 의미
힘주어 말함.

2단계
기출문제로
확인하기

❶ A는 B에 비해 세부 정보 파악에 치중하는 독서를 **역설**하고 있군.
▶ 2014학년도 수능 예비 시행 국어 B형

❷ 근대 이후 나타난 부정적인 인간형의 특징을 살펴보고 근대 이전의 상황으로 복귀해
야 함을 **역설**하고자 하였습니다.
▶ 2006학년도 10월 고3 전국연합학력평가

3단계
대표사례로
다지기

① 연설에서 **역설**한 내용　② 필요성을 **역설**하다.

**역설(力說)
vs.
역설(逆說)**

역설(力說)	역설(逆說)
힘주어 **설**명함(강조함). 예 중요성을 역설하다.	표현 기법의 하나(**모순**을 일으키는 말) 예 역설적 표현, 반어(☞ p. 105)와 역설

역설법

한 문장 내에서 모순이 일어나는 표현. 문장의 겉(표면)만 보면 모순되지만, 내용 면에서 잘 살펴보면 모순되지
않는, 의미 있는 내용을 담고 있는 표현

기출 용례

아아, 님은 갔지마는 나는 님을 보내지 아니하였습니다.
▶ 2009학년도 수능_ 한용운, 「님의 침묵」

→ '님은 갔는데 보내지 않았다'는 것은 겉으로 드러난 문장만 보면 모순된다. 하지만 시 전체적 맥락에서 보면
　모순되지 않는다. '조국(님)'은 일제에게 빼앗겼지만 나는 반드시 조국(님)의 광복을 맞이할 것이라는 확신을
　가지고 있기 때문에 보낸 것이 아니고 지금은 잠시 침묵할 뿐이라고 해석되기 때문이다.

• <u>외롭고 황홀한</u> 심사이어니
\- 정지용, 「유리창」

• 정작으로 고와서 서러워라.
\- 조지훈, 「승무」

• <u>찬란한 슬픔의 봄</u>
\- 김영랑, 「모란이 피기까지는」

• <u>향기로운 님의 말소리에 귀먹고, 꽃다운 님의 얼굴에 눈멀었습니다.</u>
\- 한용운, 「님의 침묵」

• 타고 남은 재가 기름이 됩니다.
\- 한용운, 「알 수 없어요」

• 우리들의 사랑을 위하여서는 이별이, <u>이별이 있어야 하네.</u>
\- 서정주, 「견우의 노래」

• 결별이 이룩하는 축복에 쌓여
\- 이형기, 「낙화」

• 괴로웠던 사나이, 행복한 예수 그리스도에게처럼
\- 윤동주, 「십자가」

• 이것은 소리 없는 아우성
\- 유치환, 「깃발」

• 얻는다는 것은 곧 잃는 것이다.
\- 김수영, 「파밭 가에서」

• 네 이름의 <u>외로운 눈부심</u> 위에
\- 김지하, 「타는 목마름으로」

• 바라보노라 온갖 것의 <u>보이지 않는 움직임</u>을
\- 고은, 「눈길」

反語 **반어**

반대 / 언어

반대되는 뜻의 언어(말). 표현된 문장이 실제 상황과는 반대로 표현한 것
→ 할머니가 예쁜 손자에게 "아이고, 그 녀석 밉상이네." 하며 반대로 표현하는 것

한자의 의미
돌아올 **반**, 말씀 **어**

사전적 의미
실제와는 반대로 말하는 표현 방법

❶ 죽어도 아니 눈물 흘리오리다.

▶ 1999학년도 수능_김소월, 「진달래꽃」

→ 임과 이별한 상황에서, 실제로는 슬퍼 눈물을 흘릴 수밖에 없다. 그럼에도 불구하고 눈물을 흘리지 않겠다고 반대로 표현했다.

❷ 어인 귀뚜리 지는 달 새는 밤에 긴 소리 짧은 소리 절절(節節)이 슬픈 소리 제 혼자 울어 예어 사창(紗窓) 여윈 잠을 살뜰히도 깨우는고야.

▶ 2006학년도 6월 고3 모의평가_작자 미상(사설시조)

현대어 풀이 어찌 된 귀뚜라미가 지는 달, 새는 밤에 긴 소리, 짧은 소리 마디마디 슬픈 소리로 저 혼자 울어, 사창(여인의 방 창문) 안에서 잠깐 든 잠을 잘도 깨우는구나.

→ 임과 이별한 여인이 잠깐 잠이 들었는데 귀뚜라미 울음소리에 잠을 깬다. 임이 없는 외로운 상황에서 겨우 든 잠을 깨운 귀뚜라미는 얄미워야 한다. 그런데 '잘 깨웠다(살뜰히도 깨우는고야)'고 한 것은 실제 상황과 반대되는 표현이다.

① **반어**적 표현
② 역설과 **반어**를 통해 화자의 의도를 효과적으로 드러내고 있다.

 '반어법'이 쓰인 문학 작품의 예

❶ 먼 훗날 당신이 찾으시면 / 그때에 내 말이 「잊었노라.」 — 김소월, 「먼 후일」

❷ 한 줄의 시는커녕 / 단 한 권의 소설도 읽은 바 없이 〈중략〉
높은 자리에 올라 / 이처럼 훌륭한 비석을 남겼다 — 김광규, 「묘비명」

❸ 나는 누워서 편히 지냈다.
사랑하는 사람을 잃어버린 / 이 겨울 — 문정희, 「겨울일기」

❹ 내 그대를 생각함은 항상 그대가 앉아 있는 배경에서 해가 지고 바람이 부는 일처럼 사소한 일일 것이나 언젠가 그대가 한없이 괴로움 속을 헤매일 때에 오랫동안 전해 오던 그 사소함으로 그대를 불러 보리라. — 황동규, 「즐거운 편지」

❺ 고속 도로를 달려가는 자동차 소리는 얼마나 경쾌하냐. / 예부터 인생은 여행에 비유되었으니 / 맥주나 콜라를 마시며 / 즐거운 여행을 해 다오. / 되도록 생각을 하지 말아 다오. — 김광규, 「상행」

 반어 vs. 역설

구분	반어	역설
문장의 표면만 볼 때	모순되지 않음.	모순됨.
전체 내용으로 볼 때	상황과 반대되는 진술	의미 있는 내용

重義的 **중의적**

1 단계
친숙한 어휘로
익히기

이중(두 겹) / **의미(뜻)** / **~하는 것 적**

이중의 의미를 지닌 것

한자의 의미
무거울 **중**, 옳을 **의**, ~의 **적**

사전적 의미
한 단어나 문장이 두 가지 이상
의 뜻으로 해석될 수 있는 것

2 단계
기출문제로
확인하기

❶ (나)의 '울지를 못한다'와 (다)의 '내리는'은 모두 **중의적**으로 해석할 수 있겠어.

▶ 2010학년도 6월 고3 모의평가

> (나) 검은 벽에 기대선 채로
>   해가 스무 번 바뀌었는디
>   내 기린(麒麟)은 영영 울지를 못한다
>   － 김영랑, 「거문고」

> (다) 해일처럼 굽이치는 백색의 산과 골짜기에
>   눈보라가 내리는
>   백색의 계엄령.
>   － 최승호, 「대설주의보」

→ (나)에서 '울지를 못한다'는 것은 거문고가 연주되지 않는 것을 말하기도 하지만, 화자가 시대적 현실로 인해 맘 놓고 울 수 없는 상황을 말하는 것이기도 하다. (다)에서 '내리는' 또한 '눈'이 내리는 것을 말하면서 동시에 '계엄령'이 내려지는 상황을 일컫는 것이기도 하다.

❷ **선생님** : 한 문장이 두 가지 이상의 의미로 해석되는 표현을 **중의적** 표현이라 합니다. 일상에서 이러한 표현은 전달하고자 하는 의미를 모호하게 만들 수 있습니다. 다음 문장들은 **중의적** 표현인데, **중의성**을 해소할 수 있는 방법을 말해 보도록 합시다.

▶ 2008학년도 9월 고1 전국연합학력평가

> ㉠ 저 배 좀 봐라.
> ㉡ 철수와 영희는 결혼했다.
> ㉢ 아름다운 그녀의 목소리를 듣고 싶다.
> ㉣ 남편은 나보다 드라마를 더 좋아한다.
> ㉤ 교실에는 동수의 그림이 걸려 있다.

㉠ '배'는 먹는 것(과일), 타는 것(선박), 신체의 일부(복부) 중 무엇을 가리키는 것인지가 모호하다. '배' 앞에 '먹음직스러운'과 같은 말을 추가하면, 이때의 '배'는 '먹는 배'가 되므로 **중의성**이 해소된다.

㉡ 철수와 영희 둘이 결혼한 것인지, 철수와 영희가 각각 다른 사람과 결혼한 것인지가 모호하다. '철수는 영희와 결혼했다.'라고 바꾸면 철수와 영희 둘이 결혼한 것이 되므로 **중의성**이 해소된다.

㉢ '아름다운' 대상이 '그녀'인지, '그녀의 목소리'인지가 모호하다. '그녀의 아름다운 목소리'로 바꾸면 '아름다운' 대상이 '그녀의 목소리'가 되므로 **중의성**이 해소된다.

㉣ 비교 대상이 모호하다. '남편은 나를 좋아하기보다는 드라마를 더 좋아한다.' 또는 '남편은 내가 드라마를 좋아하는 것보다 더 드라마를 좋아한다.'로 바꾸어야 **중의성**이 해소된다.

㉤ 교실에 걸려 있는 그림이 동수가 그린 그림인지, 동수를 그린 그림인지, 동수가 소유했던 그림인지가 모호하다. '동수가 그린 그림'으로 바꾸면 **중의성**이 해소된다.

3 단계
대표사례로
다지기

① **중의적** 표현(문장)

② **중의성**을 해소하는 방법

중의법 vs. 중의문 vs. 중의성

중의법	중의문	중의성
한 단어에 두 가지 이상의 뜻을 곁들여 표현함으로써, 언어의 단조로움으로부터 벗어나고 여러 의미를 나타내고자 하는 수사법	하나의 문장이 여러 가지 의미로 해석될 수 있는 문장	한 문장이 두 가지 이상의 의미를 나타내는 특성

'중의법'이 쓰인 문학 작품의 예

수양산 바라보며 이제(夷齊)를 한(恨)하노라.
주려 죽을진들 채미(採薇)도 하난 것가.
비록애 푸새엣것인들 그 뉘 따헤 났다니.

　　　　　　　　　　　　　　　　　　-성삼문(시조)

> **현대어 풀이**
>
> 수양산을 바라보며 백이와 숙제를 한탄하노라.
> 굶어 죽을지언정 고사리를 캐어 먹었다는 것인가?
> 비록 푸성귀일지라도 그것이 누구 땅에서 났던가?

→ 백이와 숙제는 주나라가 은나라를 친 것을 두고 신하가 군주를 친 것이라며 주나라의 곡식은 먹지 않겠다고 수양산에 들어가 고사리를 캐어 먹고 살다가 굶어 죽은 인물이다. 이 고사로 인해 백이와 숙제는 충의와 절개를 지키는 대표적인 사람으로 꼽힌다.

　　그런데 이 시조를 지은 성삼문은 자기 같으면 고사리도 주나라 땅에 난 것이므로 안 먹을 것이라고 하며 백이와 숙제의 절개도 오히려 약하다고 비판한다. 세조(수양대군)가 단종을 폐위한 것에 항거하는 강한 의지를 비유적으로 표현한 것이다. 이때의 '수양산'은 '산 이름'이면서 동시에 '수양대군'을 비유한 것으로, **중의법**이 쓰인 것이다.

중의문의 유형

❶ 수식 범위의 중의성

> 용감한 그의 아버지는 적군을 향해 돌진했다.

→ '용감한'의 대상이 '그'인지 '그의 아버지'인지 명확하지 않음.

중의성 문장 고치기

- 그의 용감한 아버지는 적군을 향해 돌진했다.
- 용감한, 그의 아버지는 적군을 향해 돌진했다.

❷ 비교 대상의 중의성

> 그녀는 나보다 컴퓨터 게임을 더 좋아한다.

→ 비교 대상이 명확하지 않음.

중의성 문장 고치기

① 비교 대상이 '그녀'와 '나'인 경우 : 내가 컴퓨터 게임을 좋아하는 정도보다 그녀가 컴퓨터 게임을 좋아하는 정도가 더 크다.

② 비교 대상이 '나'와 '컴퓨터 게임'인 경우 : 그녀는 나를 좋아하는 정도보다 컴퓨터 게임을 좋아하는 정도가 훨씬 더 크다.

❸ 부정문의 중의성

> 손님들이 다 오지 않았다.

중의성 문장 고치기

- 손님들 모두 오지 않았다.
- 손님들의 일부만 왔다.

❹ 주어부의 중의성

> 선생님이 보고 싶은 학생이 많다.

중의성 문장 고치기

- '보고 싶다'의 주어가 '선생님'일 경우 : 선생님이 많은 학생들을 보고 싶어 한다.
- '보고 싶다'의 주어가 '학생'일 경우 : 선생님을 보고 싶어 하는 학생이 많다.

❺ 그 밖에 시험에 자주 출제되는 중의문

> 철수는 영수와 순이를 좋아한다.

→ (1) 철수와 영수가 함께 순이를 좋아하는 것인지,
　(2) 철수 혼자서 영수와 순이를 좋아하는 것인지가 명확하지 않음.

> 철수는 영호를 안 때렸다.

→ (1) '철수'가 아닌 다른 사람이 영호를 때린 것인지,
　(2) 철수가 때린 것은 '영호'가 아니라 다른 사람인 것인지, (3) 철수가 영호를 '때리지' 않고 다른 행위를 했다는 것인지가 명확하지 않음.

擬聲語 의성어

1단계 친숙한 어휘로 익히기

흥내 내다 의(모의고사) / 소리 성(음성) / 언어

소리를 흥내 낸 언어

한자의 의미
헤아릴 **의**, 소리 **성**, 말씀 **어**

사전적 의미 사람이나 사물의 소리를 흥내 낸 말

2단계 기출 문제로 확인하기

❶ 다음 작품은 **의성어**의 변화로 화자의 심리를 표현하고 있다.

▶ 2012학년도 수능

차례를 지내고 돌아온
구두 밑바닥에
고향의 저문 강물 소리가 묻어 있다
겨울 보리 파랗게 꽂힌 강둑에서
살얼음만 몇 발자국 밟고 왔는데
쑥골 상엿집 흰 눈 속을 넘을 때도
골목 앞 보세점 흐린 불빛 아래서도
찰랑찰랑 강물 소리가 들린다
내 귀는 얼어
한 소절도 듣지 못한 강물 소리를
구두 혼자 어떻게 듣고 왔을까
구두는 지금 황혼

뒤축의 꿈이 몇 번 수습되고
지난 가을 터진 가슴의 어둠 새로
누군가의 살아 있는 오늘의 부끄러운 촉수가
싸리 유채 꽃잎처럼 꿈틀댄다
고향 텃밭의 허름한 꽃과 어둠과
구두는 초면 나는 구면
건성으로 겨울을 보내고 돌아온 내게
고향은 꽃잎 하나 바람 한 점 꾸려 주지 않고
영하 속을 흔들리며 떠나는 내 낡은 구두가
저문 고향의 강물 소리를 들려준다.
출렁출렁 아니 덜그럭덜그럭.

– 곽재구, 「구두 한 켤레의 시」

→ 이 시에 쓰인 **의성어**는 '찰랑찰랑, 출렁출렁, 덜그럭덜그럭'이다. 이와 같은 강물 소리(**의성어**)의 변화는 화자의 심리(고향에 대한 그리움)를 표현하고 있다.

❷ 다음은 **의성어**를 통해 생동감을 드러내고 있다.

▶ 2005학년도 6월 고1 전국연합학력평가

至지匊국悤총* 至지匊국悤총 於어思사臥와*
(찌그덩 찌거덩 어영차)

– 윤선도, 「어부사시사」

*지국총 : 노 젓는 소리.　　*어사와 : 노를 저으며 어기여차 외치는 소리.

→ 노 젓는 소리(**의성어**)를 통해 경쾌한 리듬감과 어부 생활의 사실감을 부여해 준다.

3단계 대표사례로 다지기

① **의성어**와 의태어*
② **의성어**를 통해 구체적인 생동감을 부여한다.

 의성어 vs. 의태어

의성어	의태어
소리를 흥내 낸 말 예 쨍그랑 (깨지다)	모양을 흥내 낸 말 예 구비구비 (흐르다)

→ 의성어와 의태어를 아울러 '음성 상징(어)'라고 이르기도 한다.

[음성상징어의 효과] *(1) 리듬감(운율감) 형성 (2) 생동감 부여 (3) 현장감과 사실감을 높여 줌.*

語句 **어구**

말 어(언어) / 구절

말의 구절. 어귀(×)
둘 또는 그 이상의 어절*로 이루어진 것

한자의 의미
말씀 **어**, 글귀 **구**

사전적 의미
말의 마디나 구절

*어절 : 문장을 구성하고 있는 문장 성분의 최소 단위로 띄어 쓰는 단위와 일치함.

(가)~(다)는 유사한 **어구**를 반복하여 시적 상황을 부각한다. ▶ 2013학년도 수능

(가) 곧은 소리는 소리이다
  곧은 소리는 곧은
  소리를 부른다. − 김수영, 「폭포」

(나) 살아 있는 것은 흔들리면서
  튼튼한 줄기를 얻고
  잎은 흔들려서 스스로
  살아 있는 몸인 것을 증명한다. − 오규원, 「살아 있는 것은 흔들리면서 − 순례11」

(다) 내 마음의 고향은 이제
  참새 떼 왁자히 내려앉는 대숲 마을의
  노오란 초가을의 초가지붕에 있지 아니하고
  내 마음의 고향은 이제
  토란 잎에 후두둑 빗방울 스치고 가는
  여름날의 고요 적막한 뒤란에 있지 아니하고 − 이시영, 「마음의 고향 6 − 초설」

→ (가)~(다)는 모두 두 어절 이상의 **어구**(시구)를 반복하여 시적 상황을 부각하고 있다. 이렇게 두 어절 이상의 **어구**가 반복되는 것을 '**어구**의 반복'이라 한다. (다)의 '내 마음의 고향은 이제'는 동일한 **어구**의 반복이면서 동일한 시행(내 마음의 고향은 이제)의 반복이기도 하다.

① 의문형 **어구**
② 시에 쓰인 **어구**의 다양한 의미

시어 vs. 시구 vs. 시행

시어	시구	시행
시에 쓰는 말(단**어**)	**시**의 구절(2어절 이상)	**시**가 배열되어 있는 한 **행**(한 줄)
예 김광균의 시 「수철리」에서 '환—하고', '아득—한' 등의 '—'는 시어의 느낌을 풍부하게 한다. ▶ 2012학년도 6월 고3 모의평가	예 김광균의 시 「나뭇잎 하나」에서는 '저마다 한 개씩'이라는 시구를 반복함으로써 세상과 화합할 수 없는 존재의 고뇌를 강조하고 있다. ▶ 2009학년도 수능	예 위 2단계의 (다) 시에서는 동일한 시행의 반복을 통해 운율감을 자아내고 있다. ▶ 2013학년도 9월 고3 모의평가

098   發想 **발상**

유발 / 생각 상(구상)

생각을 유발함. 요 **아이디어**

한자의 의미
필 **발**, 생각 **상**

사전적 의미
어떤 생각을 해냄.

---

❶ '결별이 이룩하는 축복'과 같은 **발상**과 표현이 사용된 것은?

▶ 2004학년도 6월 고1 전국연합학력평가_이형기, 「낙화」

→ '역설적 표현'이 쓰인 것을 찾는 문제로 '마침내 어둠까지도 커다란 깃발인 그 날 앞두고 / 우리에게 이 어둠이 얼마나 환희(歡喜)입니까?(고은, 「기(旗)」)'가 답이었다.

❷ '저 물도 내 안 같도다 우러 밤길 녜놋다.'와 **발상** 및 표현이 가장 가까운 것은?

▶ 2005학년도 5월 고1 경기도 학업성취도 평가_왕방연(시조)

→ '감정 이입'을 묻는 문제로 '산(山)꿩도 섧게 울은 슬픈 날이 있었다.(백석, 「여승」)'가 답이었다.

❸ **발상** 및 표현이 '낙시질도 하려니와 취(取)한 것이 이 흥(興)이라'와 가까운 것은?

▶ 2000학년도 수능_윤선도, 「어부사시사」 추사 4

→ '낚시질도 하고 (자연을 즐기는) 흥도 취하겠다'에 담긴 **발상** 및 표현은 '한 가지 일로 두 가지 효과를 보겠다'는 것으로, '하려니와'의 앞뒤가 '첨가'의 관계를 이루고 있다. '제가 이 회사에 지원한 이유는 전공을 살릴 수 있을 뿐더러, 저의 이상도 실현할 수 있는 곳이라고 생각했기 때문입니다.'가 답이었다.

※ '발상 및 표현'을 묻는 문제는 '표현상의 특징'이 유사한 것부터 찾도록 한다.

① **발상** 및 표현   ② **발상**의 전환*

발상의 전환   '발상 및 표현' 또는 '시적 발상'을 묻는 문제 중 국어 시험에서 자주 출제되는 문제 중 하나는 '발상의 전환'이다.
답답하고 부정적인 상황에서 벗어나기 위해 '생각(발상)'을 바꾸는(전환하는) 표현을 사용한 작품은 다음과 같다.

❶ 창 내고자 창을 내고자 이 내 가슴에 창 내고자
고모장지 세살장지 들장지 열장지 암톨쩌귀 수톨쩌귀 배목걸쇠 크나큰 장도리로 뚝딱 박아 이 내 가슴에 창 내고자
이따금 하 답답할 제면 여닫아 볼까 하노라
― 작자 미상(사설시조)

→ 답답함을 해소하기 위해 발상을 전환하여 가슴에 창을 내겠다고 표현하였다.

❷ 양춘(陽春)을 부쳐 내어 임 계신 데 쏘이고져.
― 정철, 「사미인곡」

→ '양춘(따뜻한 봄 햇볕)'은 개인이 마음대로 옮길 수 있는 대상이 아니다. 그런데도 화자는

자신이 있는 곳(전라도 창평)보다 더 추운 북쪽(한양)에 계신 '임(임금)'이 걱정되어, '양춘'을 임금에게 보내고 싶다고 하는 데서 발상의 전환을 확인할 수 있다.

❸ 동짓달 기나긴 밤을 한허리를 버혀 내어
춘풍(春風) 이불 아래 서리서리 너헛다가
정든 임 오신 날 밤이면 구뷔구뷔 펴리라.
― 황진이(시조)

→ 벨 수 없는 시간을 칼로 베듯 잘라 내어 이불 속에 넣어 두었다가 임이 오는 날의 밤 시간에 붙여 길게 늘리겠다고 표현하여 임에 대한 그리움을 드러내고 있다. ☞주관적 변용 p.46

形象化 형상화

1단계
친숙한 어휘로 익히기

형체 / **대상** / **화하다**(어떤 상태로 되다 – 영화화하다)

형체를 가진 대상으로 나타냄.
→ '(구체적으로) 나타냄'으로 바꿔 읽으면 의미가 통함.

한자의 의미
모양 **형**, 코끼리 **상**, 될 **화**

사전적 의미
형체가 분명히 나타나 있지 않은 것을 구체적이고 명확한 형상으로 나타냄.

2단계
기출문제로 확인하기

❶ ⓐ, ⓑ 모두 시간을 시각적으로 **형상화**하고 있다. ▶ 2008학년도 수능

> ⓐ 긴— 여름 해 황망히 나래를 접고 － 김광균, 「와사등」
> ⓑ 세월이 물 흐르듯 하니 － 권호문, 「한거십팔곡(閑居十八曲)」 제2수

→ ⓐ는 해가 지는 시간의 흐름을 새가 날개를 접는 것(시각적)으로, ⓑ는 세월(시간)의 흐름을 물이 흐르는 것(시각적)으로 표현했다. 즉, 시간(세월)의 흐름은 형체가 없는 것인데, 각각 '새가 날개를 접는 것'과 '물이 흐르는 것'으로 나타낸(**형상화**한) 것이다.

❷ (전광용의 소설 「꺼삐딴 리」의 주인공 이인국 박사는 등기 서류, 저금통장을 넣어 두는 비상용 캐비닛이 있는데, 여기에 자신이 제국 대학 졸업 때 받은 수상품인 회중시계까지 넣고야 잠자리에 든다. 이런) '비상용 캐비닛'은 주인공의 성격을 **형상화**해 주는 소재로, 만일의 상황에 대비하는 주인공의 주도면밀함[1]을 보여 주는 사물이다.
▶ 2014학년도 9월 고3 모의평가 국어 A형

❸ (윤선도의 「어부사시사」에서는) 시적 배경이 되는 공간을 이상적 세계로 **형상화**하고 있다.
▶ 2014학년도 수능 예비 시행 국어 A형 · B형
→ 「어부사시사」에서 시적 배경이 되는 공간은 '수국(어촌 마을)'이다. 여기에 묘사된 '수국'의 모습은 뻐꾸기가 울고, 푸른 버들 숲이 어우러져 있고, 안개가 들락날락거리고, 연못에는 온갖 고기가 뛰논다. 게다가 화자는 욕심 없는 백구와 하나가 되어 마음껏 즐기고 있다. '수국'이 이상 세계의 모습으로 나타나(**형상화**되어) 있는 것이다.

❹ 「임진록」은 임진왜란이라는 역사적 사실을 소재로 한 역사 군담 소설로서, 역사에 허구[2]를 더해 전란으로 인해 상처받은 민족적 자존감[3]을 보상하면서 전란의 피해와 책임에 대한 민중들의 생각과 정서를 반영하고 있다. 이를 위해 신이한[4] 능력을 지닌 주인공을 통해 조선인의 우월성을 드러내거나 때로는 역사적 근거가 부족한 가공[5]의 사건을 **형상화**하기도 했다.
▶ 2013학년도 6월 고3 모의평가

3단계
대표사례로 다지기

① 구체적 **형상화**(☞p.18)   ② 작품 속에 **형상화**된 사회

어휘력 일취월장 노트	친숙한 어휘로 익히기	대표 사례로 다지기
[1]**주도면밀**(周到綿密)**하다**	**면밀**(세밀)함이 **주**위까지 **도**달하다. ⊕ 용의주도하다, 빈틈없다	매사에 주도면밀하다.
[2]**허구**(虛構)	**허**위(거짓)로 **구**성됨.	사실과 허구
[3]**자존감**(自尊感)	**자**기를 **존**중하는 **감**정 ⊕ 자부심, 자긍심	자존감이 높은 사람
[4]**신이**(神異)**한**	**신**기하고 **이**상한	신이한 인물(능력)
[5]**가공**(架空)	**가**설한 **공**상(실제로 존재하지 않는 것) ⊕ 허구 ⊜ 실재	가공의 사건을 형상화

集約 **집약**

100

1단계
친숙한 어휘로
익히기

집중 / 요약

집중적으로 요약함.

한자의 의미
모을 **집**, 맺을 **약**

사전적 의미
한데 모아 요약함.

2단계
기출 문제로
확인하기

3단계
대표사례로
다지기

다음에서는 화자의 감회가 **집약**적으로 제시되고 있다.

▶ 2007학년도 6월 고3 모의평가

건곤도 풍성할사 간 데마다 경이로다.
현대어 풀이 온 세상이 풍성하여 가는 곳마다 경이롭다(놀랍다). ― 송순, 「면앙정가」

→ 면앙정 주변의 경치를 본 느낌을 '경이롭다'라는 말로 **집약**해서 표현하고 있다.

① 시상 **집약*** ② 의견을 **집약**하다.

시상 **시**를 지을 때의 착**상**이나 구**상**

시상 집약 **시상**을 한데 모아 요약해서 표현하는 것

기출 용례 **시상**을 **집약**하는 소재가 나타나 있다. ▶ 2011학년도 6월 고3 모의평가

빗발은 한 치 앞을 못 보게 한다.
왠지 느닷없이 그렇게 퍼붓는다.
지금은 어쩔 수가 없다고,
― 김춘수, 「강우」

→ '비'는 시상(아내를 잃은 슬픔)을 **집약**하는(집중적으로 심화시키는) 핵심 소재이다.

아 아버지가 눈을 헤치고 따 오신
그 붉은 산수유 열매 ―
― 김종길, 「성탄제」

→ '붉은 산수유 열매'는 시상(아버지에 대한 그리움)을 **집약**하는(집중적으로 불러일으키는) 핵심 소재이다.

시상 확산 '**시상**이 점점 확**대**되어 가는 것(개인에서 사회, 사회에서 국가, 국가에서 세계로)

기출 용례 기출 작품 중 **시상의 확산**을 엿볼 수 있는 작품 ▶ 2002학년도 4월 고3 전국연합학력평가

나는 떠난다. 청동의 표면에서 / 일제히 날아가는 진폭의 새가 되어
광막한 하나의 울음이 되어 / 하나의 소리가 되어 〈중략〉
나는 바람을 타고 / 들에서는 푸름이 된다.
꽃에서는 웃음이 되고 / 천상에서는 악기가 된다.
― 박남수, 「종소리」

→ '나'는 '종소리'이다. 종소리가 억압의 공간(청동의 표면)에서 점점 더 (자유를 향해) 나아간다. 진폭의 새가 되어, 하나의 울음이 되어, 하나의 소리가 되어… 그리고 푸름이 되고, 웃음이 되고, 악기가 된다. 자유의 의미가 확산되고 있는 것이다. 이와 같은 시상 전개 방식을 **시상의 확산**이라고 할 수 있다.

시상 촉발 **시상**이 촉매가 되어 유**발**(일어남)되는 것

기출 용례 [A]는 대상에 대한 태도(가까이 가고 싶지 않음)가 드러나며 **시상**이 촉발되는 부분으로, 그중 '너무도 여러 겹의 마음'은 화자가 대상에 대해 거리감을 가지게 되는 이유를 나타낸다. ▶ 2015학년도 6월 고3 모의평가 국어 A형

[A] 너무도 여러 겹의 마음을 가진
그 복숭아나무 곁으로
나는 왠지 가까이 가고 싶지 않았습니다
― 나희덕, 「그 복숭아나무 곁으로」

→ 왠지 가까이 가고 싶지 않은 그 복숭아나무가 **시상**을 불러일으키고(촉발하고) 있다.

先景後情 선경후정

한자의 의미
먼저 **선**, 볕 **경**, 뒤 **후**, 뜻 **정**

사전적 의미
먼저 경치에 관한 묘사가 나타나고 뒤에 정서적인 부분이 나타나게 하는 한시를 짓는 방법 중 하나

1단계
친숙한 어휘로 익히기

우선 / 경치 / 이후 / 정서

우선 경치부터 묘사한 다음, 이후에 정서(감정)를 표현하는 것

2단계
기출문제로 확인하기

❶ **선경후정**의 방식을 사용하여 주제를 드러내고 있다.

▶ 2010학년도 3월 고3 전국연합학력평가

❷ 다음은 외부 상황 묘사에서 화자의 내면으로 시선이 옮아가고 있다.

▶ 2008학년도 3월 고3 전국연합학력평가

> 세속의 나그네는 이르지 않는 곳 / 올라보니 뜻도 생각도 절로 맑아
> 산 모습도 이 가을엔 더더욱 좋고 / 강의 색도 이 밤에 더욱 흰쿠려
> 백조는 높이 날아 사라져 가고 / 외로운 돛단배 가벼이 가네
> 부끄럽구려, 달팽이 더듬이 위에서 / 반평생 헛이름만 찾고 있구나
>
> ― 김부식,「감로사차혜원운(甘露寺次惠遠韻)」

→ 가을 산에 오른 화자는 산 모습, 강의 색, 백조, 돛단배 등의 외부 경치(**선경**)를 먼저 묘사한 다음, 반평생 헛이름만 찾고 있었던 자신의 삶을 부끄럽다(화자의 내면, 즉 **후정**)고 고백한다.

3단계
대표사례로 다지기

① **선경후정**의 구조
② **선경후정**의 시상 전개 방식

'선경후정' 방식이 나타난 문학 작품의 예

❶ 훨훨 나는 꾀꼬리는 / 암수 서로 정다운데, 외롭구나, 이 내 몸은 / 뉘와 함께 돌아갈꼬.
― 유리왕,「황조가」

→ 앞에는 꾀꼬리의 다정한 모습(**선경**)을, 뒤에는 화자의 외로운 정서(**후정**)를 드러내고 있다.

❷ 나라는 망했어도 산과 강은 남아 있고, 성 안에 봄이 오니 초목이 우거졌네. 시절을 느낌에 꽃을 보아도 눈물이 나고 이별을 한탄하니 새 소리에도 마음이 놀란다.
― 두보,「춘망(春望)」

→ 나라는 망해도 그대로인 자연의 모습(**선경**)과 대조되는 이별의 고통(**후정**)을 드러내고 있다.

❸ 벌레 먹은 두리기둥, 빛 낡은 단청(丹靑), 풍경 소리 날아간 추녀 끝에는 산새도 비둘기도 둥주리를 마구 쳤다. 큰 나라 섬기다 거미줄 친 옥좌(玉座) 위엔 여의주(如意珠) 희롱하는 쌍룡(雙龍) 대신에 두 마리 봉황새를 틀어올렸다. 어느 땐들 봉황이 울었으랴만 푸르른 하늘 밑 추석을 밟고 가는 나의 그림자. 패옥(佩玉) 소리도 없었다. 품석(品石) 옆에서 정일품(正一品), 종구품(從九品) 어느 줄에도 나의 몸 둘 곳은 바이 없었다. 눈물이 속된 줄 모를 양이면 봉황새야 구천(九天)에 호곡(呼哭)하리라.
― 조지훈,「봉황수」

→ '벌레 먹은~틀어 올렸다'에서는 퇴락한 고궁의 모습(**선경**)을, '어느 땐들~호곡하리라'에서는 퇴락한 고궁을 보고 느끼는 슬픔(**후정**)을 노래했다.

1단계
친숙한 어휘로
익히기

제기 / 계승 / 전환 / 결론

먼저 문제(시상)를 제기한 후, 이 내용을 계승하고, 내용을 전환한 다음, 결론을 짓는 방식(문학 장르 중에서는 주로 한시에 나타나는 시상 전개 방식임).

한자의 의미
일어날 **기**
이을 **승**
구를 **전**
맺을 **결**

사전적 의미 글 또는 한시를 짜임새 있게 구성하는 방식 → '기'는 시를 시작하는 부분, '승'은 그것을 이어받아 전개하는 부분, '전'은 시의(詩意)를 한 번 돌리어 전환하는 부분, '결'은 전체 시를 끝맺는 부분

2단계
기출 문제로
확인하기

❶ 옛사람의 글에는 올바른 도리나 일에 관한 것뿐만 아니라, 시에서 편을 짓는 방법이나 **기승전결**과 같이 글을 구성하는 방법 등 사소한 것들까지도 말해 두었다.

▶ 2014학년도 수능 예비 시행 국어 B형

❷ 다음의 **결구(結句)**에 대한 설명으로 가장 적절한 것은? ▶ 1998학년도 수능

> 비 개인 긴 강둑엔 풀빛이 짙었는데 / 남포에서 그대 보내니 슬픈 노래 울리네.
> 대동강 물은 그 언제나 다할런가 / 해마다 이별의 눈물 푸른 물결에 더하거니.
>
> – 정지상, 「송인(送人)」

① **기구(起句)**의 '풀빛'과 시각적으로 어울린다.
   → **기구**의 '풀빛'과 **결구**의 '푸른 물결'이 시각적으로 잘 어울림.
③ **전구(轉句)**의 '언제나 다할런가'와 의미가 호응한다.
   → **전구**와 **결구**는 도치된 표현으로, **결구**는 **전구**에 대한 답으로 볼 수 있음.

3단계
대표 사례로
다지기

① **기승전결**의 시상 전개 방식*
② **기승전결**의 한시 구조를 통해 주제를 이끌어 내고 있다.

 시상 전개 방식

시인은 시를 쓰면서 일정한 방식에 의해 시상을 전개해 나가는데, 시상 전개 방식에 따라 시적 의미가 살아나기도 하고, 주제가 강조되기도 하며, 운율이 느껴지기도 한다.

시상 전개 방식	수능 답지	출처
시간의 흐름	시간의 변화가 시상 전개에 중요한 역할을 한다.	2009학년도 6월 모의평가
공간의 이동	공간의 이동에 따라 화자의 정서가 변화하고 있다.	2010학년도 10월 고3 전국연합
시선의 이동	시선이 이동하는 순서에 따라 시상을 전개하고 있다.	2010학년도 3월 고3 전국연합
대상의 변화	1~3연에서 '골짜기' → '길' → '대추나무' → '나뭇잎 하나'로 시적 대상이 바뀌면서 화자와 대상의 거리가 가까워지고 있다.	2009학년도 수능
과거 회상	과거 회상을 중심으로 시상을 전개하고 있다.	1998학년도 수능
색채어 사용	색채어를 활용하여 시의 분위기를 다채롭게 조성하고 있다.	2013학년도 6월 모의평가

→ 이 밖에 수능 시험에 자주 출제되는 시상 전개 방식에는 유사한 통사 구조의 반복(☞p.37), 수미상관(☞p.120), 선경후정(☞p.113), 대비적 표현(☞p.88), 대립적 이미지(☞p.88), 대조적 이미지(☞p.88), 대화체 구성(☞p.129), 점층적 전개(☞p.99), 어조의 전환(☞p.70) 등이 있다.

近景 근경

1단계
친숙한 어휘로 익히기

근처 / 경치

근처(가까운 곳)의 경치 〔반〕원경(遠景)

한자의 의미
가까울 **근**, 볕 **경**

사전적 의미
가까이 보이는 경치

2단계
기출문제로 확인하기

근경에서 원경으로 시선을 확대해 가면서 심리의 변화를 보여 주고 있다.

▶ 2014학년도 6월 고3 모의평가 국어 A형·B형

3단계
대표사례로 다지기

① 원경에서 **근경**으로의 묘사 ② **근경**에서 원경으로의 시선 이동

근경에서 원경으로, 원경에서 근경으로의 이동이 드러난 작품

❶ 근경에서 원경으로의 이동

들길은 마을에 들자 붉어지고
마을 골목은 들로 내려서자 푸르러졌다.
바람은 넘실 천이랑 만이랑
이랑 이랑 햇빛이 갈라지고
보리도 허리통이 부끄럽게 드러났다.
꾀꼬리는 여태 혼자 날아 볼 줄 모르나니
암컷이라 쫓길 뿐
수놈이라 쫓을 뿐
황금 빛난 길이 어지럴 뿐
얇은 단장하고 아양 가득 차 있는
산봉우리야 오늘밤 너 어디로 가 버리련?

- 김영랑, 「오월」

→ 화자는 오월의 모습을 바라보고 있다. 붉은 꽃이 피어 있는 마을(**근경**)에서 푸른 들판(원경)으로, 들판의 보리밭의 바람과 햇빛에서 꾀꼬리, 그리고 주변에 난 길에 시선이 머물다가 다시 산봉우리로 시선이 옮아가 멀어지고 있다는 점에서 **근경**에서 원경으로의 시선 이동을 확인할 수 있다.

❷ 원경에서 근경으로의 이동

하이얀 모색(暮色) 속에 피어 있는
산협촌의 고독한 그림 속으로
파—란 역등(驛燈)을 달은 마차가 한 대 잠기어 가고,
바다를 향한 산마루 길에
우두커니 서 있는 전신주 위엔
지나가던 구름이 하나 새빨간 노을에 젖어 있었다.

바람에 불리우는 작은 집들이 창을 내리고
갈대밭에 묻힌 돌다리 아래선
작은 시내가 물방울을 굴리고

안개 자욱한 화원지(花園地)의 벤치 위엔
한낮에 소녀들이 남기고 간
가벼운 웃음과 시들은 꽃다발이 흩어져 있었다.
〈하략〉

- 김광균, 「외인촌」

→ 1연에서는 푸른 등불을 달고 산협촌(산골짜기 마을)의 어둠 속으로 사라져 가는 마차의 모습과 노을에 젖어 있는 전신주 위의 구름을, 2연에서는 창문을 닫은 집들과, 돌다리 아래의 시냇물을, 3연에서는 꽃밭에서 놀다 간 소녀들의 모습과 시든 꽃다발의 모습을 그림으로써 원경에서 **근경**으로 시선을 이동하면서 산협촌의 정경을 묘사하고 있다.

이 밖에도 **근경**에서 원경으로 묘사한 작품으로, 면앙정(정자) 주변의 경치를 묘사근 송순의 「면앙정가」가 있다. 면앙정 주변에 흘러내리는 시냇물을 묘사한 다음, 모래밭이 펼쳐져 있는 물가에서 오르락내리락하는 기러기와, 면앙정에서 멀리 바라보이는 산봉우리들을 묘사한 부분이 바로 **근경**에서 원경으로 묘사한 부분이다.

104

心象 **심상**

1단계
친숙한 어휘로
익히기

마음 심(심정, 심중) / **형상**

마음속의 형상 유 이미지*

한자의 의미
마음 **심**, 모양 **상**

사전적 의미 감각에 의해 얻은
현상이 마음속에 떠오르는 것

2단계
기출문제로
확인하기

(이시영의 「마음의 고향 6 – 초설」에서는) 감각적 **심상**을 활용하여 화자의 정서를 드러내
고 있다.

▶ 2013학년도 수능

→ 「마음의 고향 6 – 초설」에서는 다양한 감각적 **심상**을 활용하여 화자의 정서(그리움)를 드러
내고 있다.

- 청각적 **심상** : 참새 떼 와자히, 후두둑 빗방울, 쿵쿵 울리며 등
- 시각적 **심상** : 노오란 초가을의 초가지붕, 흰 옷자락, 파르라한 옷고름, 싸락눈 홀로 이마
  에 받으며 등
- 공감각적 **심상*** : 서늘한 뜨거운 기적 소리(청각의 촉각화)

3단계
대표사례로
다지기

① 감각적 **심상**　② 묘사적 **심상**　③ 비유적 **심상**　④ 상징적 **심상**

이미지
= 심상

'이미지'는 '심상'과 같은 뜻으로 쓰인다.

- 이미지(심상)의 종류

감각적 이미지	묘사적 이미지	비유적 이미지	상징적 이미지
5감(시각, 청각, 촉각, 후각, 미각)에 의해 떠오르는 형상	그림 그리듯이 그려지는 형상	비유적 표현(직유, 은유, 의인 등)에 의해 그려내는 형상	상징적 수법에 의해 그려내는 형상

- 감각적 이미지

→ 국어 시험 문학에서 '이미지(**심상**)'가 나오면 '감각적 이미지'부터 떠올리도록 한다!

시각적 이미지	청각적 이미지	후각적 이미지	촉각적 이미지	미각적 이미지
눈으로 보는 것같이 떠오르는 형상 예 돌아설 듯 날아가며 사뿐히 접어 올린 외씨보선이여.	귀로 들리는 것같이 떠오르는 형상 예 철없이 킬킬대는구나	코로 냄새를 맡는 것같이 떠오르는 형상 예 알 수 없는 향기	피부에 닿는 것같이 떠오르는 형상 예 젊은 아버지의 서느런 옷자락	혀로 느껴지는 맛같이 떠오르는 형상 예 쓴 약 같은 입술 담배 연기

→ '감각적 이미지'를 활용하면 대상에 대한 인상과 정서, 상황을 구체적으로(생생하게) 드러낼 수 있는데, 이중
시각적 이미지(회화적 이미지)는 회화성(회화가 가지는 특성)을 살리는 데 효과적이다.

→ 5감 중 하나라도 드러나면 감각적 이미지가 사용된 것으로 보아야 한다.

• 감각적 이미지 외에 내용(의미)에 의해 떠오르는 '상승·하강 이미지'와 '정적·동적 이미지', '역동적(☞p.83) 이미지', '긍정적·부정적 이미지' 등도 출제된다.

❶ '상승적 이미지'의 예

아 벌받은 몸으로, 벌받는 목숨으로 기립하여, 그러나
이게 아닌데 이게 아닌데
온 혼(魂)으로 애타면서 속으로 몸 속으로 불타면서
버티면서 거부하면서 영하에서
영상으로 영상 5도 영상 13도 지상으로
밀고 간다, 막 밀고 올라간다

— 황지우, 「겨울-나무로부터 봄-나무에로」

❷ '하강적 이미지'의 예

관(棺)이 내렸다.
깊은 가슴 안에 밧줄로 달아 내리듯.
주여 / 용납하옵소서.
머리맡에 성경을 얹어 주고
나는 옷자락에 흙을 받아
좌르르 하직(下直)했다.

— 박목월, 「하관」

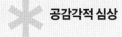

둘 이상의 감각적 심상(시각, 청각, 촉각, 미각, 후각 등)이 함께 쓰인 표현으로, 하나의 감각이 다른 감각으로 전이(이동하고 바뀜)되어 나타나는 경우를 말한다.

> 추운 땅으로 떨어뜨리는 소리하고 남이 아니다   ▶ 2011학년도 수능 _ 고은, 「선제리 아낙네들」

→ '떨어뜨리는'은 시각적 이미지이고, '소리'는 청각적 이미지이다. '떨어뜨리는 소리'는 '소리(청각)'를 '떨어뜨린다(시각)'로 전이된 표현이다. 감각의 전이가 일어났는지의 여부를 따지려면 표현하고자 하는 주된 감각이 무엇인지를 먼저 파악해야 한다. '떨어뜨리는 소리'에서는 '소리'가 표현하고자 하는 주된 대상이다. '소리'는 청각적 이미지인데, '소리'를 '떨어뜨린다'고 표현함으로써 청각을 시각화한 표현이 된 것이다.

기출 용례

• 금빛 게으른 울음을 우는 곳
  → 청각의 시각화   — 정지용, 「향수」

• 분수처럼 흩어지는 푸른 종소리
  → 청각의 시각화   — 김광균, 「외인촌」

• 꽃처럼 붉은 울음을 밤새 울었다.
  → 청각의 시각화   — 서정주, 「문둥이」

• 금으로 타는 태양의 즐거운 울림
  → 시각의 청각화   — 박남수, 「아침 이미지」

• 이것(깃발)은 소리 없는 아우성
  → 시각의 청각화   — 유치환, 「깃발」

• 피부의 바깥에 스미는 어둠
  → 시각의 촉각화   — 김광균, 「와사등」

• 새파란 초생달이 시리다.
  → 시각의 촉각화   — 김기림, 「바다와 나비」

• 향기로운 님의 말소리
  → 청각의 후각화   — 한용운, 「님의 침묵」

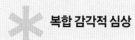

두 개 이상의 감각이 함께 제시되는 복합 감각의 심상과 공감각적 심상을 헷갈려서는 안 된다. 복합 감각의 심상은 두 개의 감각이 함께 있기는 하지만, 감각의 전이가 일어나지 않는 경우를 이른다.

❶ 술 익는 마을마다 타는 저녁놀   — 박목월, 「나그네」

→ 2개의 감각(후각과 시각)이 함께 있긴 하지만, 감각의 전이가 일어나지 않았다. 타는 저녁놀(시각)이 익어 가는 것(후각)도 아니고 '익어 가는 술(후각)'이 타들어가는 것(시각)도 아니기 때문이다. 즉, 이 구절은 '술이 익어 가고(후각) 저녁놀이 타는(시각)' 것이기 때문에 감각이 복합된 것에 불과하다.

❷ 우는 것이 뻐꾸기인가 푸른 것이 버들 숲인가

— 윤선도, 「어부사시사」

→ 2개의 감각(청각과 시각)이 함께 있긴 하지만, 감각의 전이가 일어나지 않았다. 뻐꾸기의 울음소리(청각)가 푸르다(시각)고 한 것도 아니고, 푸른 버들 숲(시각)이 운다(청각)고 한 것도 아니므로, 감각의 전이가 일어나지 않은 복합 감각의 예에 해당된다.

韻律 운율

운문 / 율동(음률)

운문에서 느껴지는 율동 █유█ 율격
→ '리듬'으로 바꿔 읽으면 의미가 통함.

한자의 의미
운(시행의 끝 부분)/소리 **운**, 법칙 **율**

사전적 의미 운문 문학에서 소리의 강약, 장단, 고저 또는 동음이나 유음의 반복을 통해 리듬감을 자아내게 하는 것

---

❶ 다음은 통사 구조가 유사한 구절을 대응시켜 **운율**을 형성하고 있다.

▶ 2014학년도 4월 고3 전국연합학력평가 국어 A형 · B형

> • 갈 때는 안개뿐이요 올 때는 달이로다
> • 내일도 이리하고 모레도 이리하자
>
> – 윤선도, 「어부사시사」

→ 위 두 시행은 대구의 방식으로 운율을 형성하고 있다는 점에서 통사(문장) 구조가 유사한 구절을 대응시켜 **운율**을 형성하고 있다고 볼 수 있다.

❷ 다음 시에서는 유사한 구절을 병치하여 **운율**감을 조성한다.

▶ 2011학년도 수능

> 추운 땅으로 떨어뜨리는 소리하고 남이 아니다
> 앞서거니 뒤서거니 의좋은 그 소리하고 남이 아니다
>
> – 고은, 「선제리 아낙네들」

→ 유사한 구절('소리하고 남이 아니다')을 병치(나란히 배치)하여 **운율**감이 느껴진다.

❸ 다음은 음보율을 통해 정형¹적 **운율**미를 느끼게 한다.

▶ 2010학년도 수능

> 쌍룡이 뒤트는 듯 긴 깁을 펼쳤는 듯
> 어디로 가노라 무슨 일 바빠서
> 닫는 듯 따르는 듯 밤낮으로 흐르는 듯

→ 4음보(쌍룡이 / 뒤트는 듯 / 긴 깁을 / 펼쳤는 듯 // 어디로 / 가노라 / 무슨 일 / 바빠서 // 닫는 듯 / 따르는 듯 / 밤낮으로 / 흐르는 듯)의 정형적 **운율**을 느낄 수 있다.

❹ 김소월의 「진달래꽃」은 처음 발표되었을 때와 달리 시어를 바꾸고 글자 수를 조절해 **운율**상의 배려를 했다.

▶ 1999학년도 수능

> (가) 김소월, 「진달래꽃」   (나) 처음 발표되었을 때
> 가시는 걸음 걸음   가시는길 발거름마다
> 놓인 그 꽃을   쏙려노흔 그곳을
> 사뿐히 즈려 밟고 가시옵소서.   고히나 즈러밟고 가시옵소서.

→ (가)는 처음 발표되었을 때와 비교하면 7 · 5조 3음보의 율격을 통해 **운율**을 느낄 수 있다.

❺ 다음은 대구적 표현을 사용하여 **운율**감을 형성하고 있다.

▶ 2014학년도 3월 고2 전국연합학력평가 국어 A형 · B형

> • 슬프나 즐거오나 옳다 하나 외다 하나
> • 뫼는 길고 길고 물은 멀고 멀고
>
> – 윤선도, 「견회요」

① 시의 **운율**   ② 동일한 시행의 반복을 통해 **운율**감을 자아내고 있다.

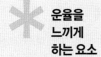

운율을 느끼게 하는 요소   시를 구성하는 '음운, 시어, 시구, 시행'의 반복

- **음운**의 반복 : '말의 뜻을 구별해 주는 소리의 단위(자음, 모음 등)'가 반복

> - 얄리얄리 얄라셩 얄라리 얄라   *– 작자 미상, 「청산별곡」(고려 가요)*
> - 갈래갈래 갈린 길   *– 김소월, 「길」*

→ 'ㄹ, ㅇ'음의 반복과 'ㄱ, ㄹ'음의 반복

- **시어**의 반복 : '하나의 단어'가 반복

> 영상으로 영상 5도 영상 13도 지상으로
> 밀고 간다, 막 밀고 올라간다
> 온몸이 으스러지도록
> 으스러지도록 부르터지면서   *– 황지우, 「겨울-나무로부터 봄-나무에로」*

- **시구**의 반복 : '둘 이상의 어절(띄어쓰기 단위)'이 반복

> 나는 중얼거리다, 나는 중얼거리다,
> 부끄러운 줄도 모르는 다신교도와도 같이.   *– 정지용, 「발열(發熱)」*

→ '나는 중얼거리다'의 반복(시행의 반복이 아님.)

- **시행**의 반복 : '싯줄(시가 배열되어 있는 한 줄)'이 반복

> 내 마음의 고향은 이제
> 참새 떼 왁자히 내려앉는 대숲 마을의
> 노오란 초가을의 초가지붕에 있지 아니하고
> 내 마음의 고향은 이제
> 토란 잎에 후두둑 빗방울 스치고 가는
> 여름날의 고요 적막한 뒤란에 있지 아니하고   *– 이시영, 「마음의 고향 6 – 초설」*

- **음보**의 반복   ☞음보율 p.120
- **글자 수**의 반복   ☞음수율 p.121
- **유사한 통사 구조**의 반복 : 비슷한 문장 구조의 반복   ☞p.37
- **수미상관**의 구성 : 처음과 끝 부분의 반복   ☞수미상관 p.120
- **aaba 구조** : 우리 문학 작품에서 보편적으로 발견되는 운율적 특징 중 하나로, 동일하거나 유사한 구절이 두 번 반복(aa)된 후 다른 구절이 한 번(b) 나오고, 다시 처음에 반복된 구절이 한 번 더(a) 나오는 경우

> - 접동 접동 아우래비 접동
>   a   a   b   a   *– 김소월, 「접동새」*
> - 살어리 살어리랏다 청산에 살어리랏다   *– 작자 미상, 「청산별곡」(고려 가요)*
> - 가시리 가시리잇고 브리고 가시리잇고   *– 작자 미상, 「가시리」(고려 가요)*
> - 귀또리 져 귀또리 어여쁘다 져 귀또리   *– 작자 미상(사설시조)*
> - 창 내고쟈 창 내고쟈 이내 가슴에 창 내고쟈   *– 작자 미상(사설시조)*
> - 형님 온다 형님 온다 분고개로 형님 온다   *– 작자 미상, 「시집살이 노래」(민요)*

어휘력 일취월장 노트	친숙한 어휘로 익히기	대표 사례로 다지기
[1]**정형**(定型)	**정**해진 **형**식	시조의 정형, 정형을 벗어나다.

首尾相關 수미상관

머리 수(수석) / **꼬리 미**(말미, 미괄식) / **서로 상**(상호) / **관계**

맨 앞(처음)과 맨 뒤(끝)가 서로 관계가 있음.

㊒ 수미상응(문학에서, '처음과 끝 부분이 비슷한 내용이나 구절, 문장으로 배치되는 방식'을 말함.)

한자의 의미 머리 **수**, 꼬리 **미**, 서로 **상**, 빗장 **관**

사전적 의미
처음과 끝이 서로 이어 통함.

수미상관의 방식으로 시상을 완결하여 구조적 안정감을 얻어 내고 있다.

▶ 2013학년도 6월 고3 모의평가

→ 2008학년도 수능 시험에서는 '첫 연과 끝 연을 대응시켜 화자의 정서를 심화시키고 있다.'는 답지가 제시되었는데, 이는 **'수미상관** 방식'에 대해 설명한 것이다.

> 내 마음의 어딘 듯 한편에 끝없는
>   강물이 흐르네.
> 돋쳐 오르는 아침 날빛이 빤질한
>   은결을 도도네.
> 가슴엔 듯 눈엔 듯 또 핏줄엔 듯
> 마음이 도른도른 숨어 있는 곳
> 내 마음의 어딘 듯 한편에 끝없는
>   강물이 흐르네.
>
> – 김영랑, 「끝없는 강물이 흐르네」

→ 이 시와 같이 **수미상관** 방식을 사용하면,
(1) 의미가 강조(정서 심화)되고,
(2) 안정감이 느껴지고,
(3) 운율감(리듬)이 형성된다는 것도 알아 두자.

① **수미상관**법 ② **수미상관**의 구성

音步律 음보율

4음보(음절, 보폭) / **운율**

3음보 또는 4음보처럼 끊어 읽는 단위에서 느껴지는 운율

한자의 의미
소리 **음**, 걸음 **보**, 법칙 **율**

사전적 의미 시에서 한 호흡 단위의 규칙적 배열로 형성되는 운율

(다)와 〈보기〉는 동일한 **음보율**을 사용하여 리듬감을 살리고 있군. ▶2014학년도 수능 국어 A형 · B형

> (다)　흥망(興亡)이 유수(有數)하니 만월대(滿月臺)*도 추초(秋草)로다
>   오백 년(五百年) 왕업(王業)이 목적(牧笛)*에 부쳤으니
>   석양(夕陽)에 지나는 객(客)이 눈물겨워 하노라
>
> – 원천석(시조)
>
> 〈보기〉 홍진(紅塵)에 묻힌 분네 이 내 생애(生涯) 어떠한고
>   옛사람 풍류(風流)에 미칠까 못 미칠까 〈하략〉
>
> – 정극인, 「상춘곡」
>
> *만월대 : 고려의 왕궁 터.　*목적 : 목동의 피리.

→ **음보율**은 대개 정형시에서 느껴지는데, 우리 시가에서 한 행은 보통 3음보(민요, 속요), 또는 4음보(시조, 가사, 민요)로 이루어진다. (다)는 시조이고 〈보기〉는 가사로, 모두 4음보 율격이다. 한 행을 네 마디씩 끊어 읽는 것이다.

음보율에 따라 끊어 읽으면 (다)는 '흥망이 / 유수하니 / 만월대도 / 추초로다'이고, 〈보기〉는 '홍진에 / 묻힌 분네 / 이 내 생애 / 어떠한고'이다. 이와 같은 **음보율**은 리듬감(운율)을 살리는 역할을 해 준다.

① 3**음보율**과 4**음보율**

② **음보율**을 규칙적으로 사용하여 리듬감을 형성하고 있다.

③ **음보율**을 통해 정형적 운율미를 느끼게 한다.

음보율 vs. 음수율

❶ **음보율** : 끊어 읽기 단위에서 느껴지는 운율(리듬) 예 3음보, 4음보

• **3음보** : 한 행을 세 마디씩 끊어 읽음. → 고려 가요, 경기체가 등

[고려 가요] 가시리 / 가시리 / 잇고 — 작자 미상, 「가시리」

[경기체가] 당당당 / 당추자 / 조협남게 — 한림제유, 「한림별곡」

※ 현대시에서도 3음보 율격을 확인할 수 있음.

[현 대 시] 강나루 / 건너서 / 밀밭 길을 — 박목월, 「나그네」

• **4음보** : 한 행을 네 마디씩 끊어 읽음. → 시조, 가사 등

[시 조] 이런들 / 어떠하며 / 저런들 / 어떠하리 — 이방원(시조)

[가 사] 동풍이 / 건듯 불어 / 적설을 / 헤쳐 내니 — 정철, 「사미인곡」

※ 현대시에서도 4음보 율격을 확인할 수 있음.

[현대시] 세사에 / 시달려도 / 번뇌는 / 별빛이라 — 조지훈, 「승무」

❷ **음수율** : 글자 수가 비슷하게 반복됨으로써 느껴지는 운율(리듬) 예 3·4조, 4·4조, 7·5조

• **3·4조 또는 4·4조** : 3글자(또는 4글자)와 4글자로 이루어진 글자가 일정하게 배열됨. → 시조, 가사 등

[시 조] <u>흥망이</u> <u>유수하니</u> <u>만월대도</u> <u>추초로다</u> — 원천석(시조)
     3   4   4   4

[가 사] <u>홍진에</u> <u>묻힌 분네</u> <u>이 내 생애</u> <u>어떠한고</u> — 정극인, 「상춘곡」
     3   4   4   4

[민 요] <u>형님 온다</u> <u>형님 온다</u> <u>분고개로</u> <u>형님 온다</u> — 「시집살이 노래」
     4   4   4   4

• **7·5조** : 7글자와 5글자로 이루어진 글자가 일정하게 배열됨. → 민요조의 전통시

[현대시] <u>나 보기가 역겨워</u> <u>가실 때에는</u> — 김소월, 「진달래꽃」
      7   5

<u>산 너머 남촌에는</u> <u>누가 살길래</u> — 김동환, 「산 너머 남촌에는」
      7   5

→ 4(3)·3(4)·5로 나누어 3음보율로 보기도 함.

108

視點 **시점**

1단계
친숙한 어휘로
익히기

시각 / 관점

시각과 관점
→ '현재 시점'이라고 할 때의 '시점'과는 다름.

한자의 의미
볼 시, 점 **點**

사전적 의미 (1) 사물을 보는 관점
(2) 소설에서, 이야기를 서술하여
나가는 방식이나 관점

2단계
기출 문제로
확인하기

❶ 인물의 행동을 객관적 **시점**에서 묘사하여 인물의 성격을 짐작하게 한다.

▶ 2014학년도 수능 국어 B형

→ 이때의 '시점'은 '시각' 또는 '관점'으로 바꿔 쓸 수 있다.

❷ 채만식의 「미스터 방」은 서술자가 작중 상황과 사건을 전지적 **시점**으로 전달하고 있다.

▶ 2014학년도 6월 고3 모의평가 국어 A형

→ **시점**을 묻는 문제는 1인칭인지 3인칭인지를 먼저 따진다. 작품 속에 '나'가 있으면 1인칭
이고 없으면 3인칭 **시점**이다. 이 글은 '나'가 등장하지 않으므로 3인칭 **시점**이다. 다음으
로, 3인칭 **시점**이면 3인칭 관찰자 **시점**인지 전지적 작가 **시점**인지를 구분한다. 등장인물
의 심리가 드러나 있으면 전지적 작가 **시점**이고, 심리 제시가 없고 관찰자 입장에서 객관
적으로 서술하고 있으면 3인칭 관찰자 **시점**이 된다.

제시된 「미스터 방」에서는 방삼복의 심리(기쁜 줄도 모르겠었다, 반감이 솟았다 등)와 백
주사의 심리(심히 불쾌하였고, 참았다 등)가 드러나 있으므로 '서술자가 작중 상황과 사건
을 전지적 **시점**으로 전달하고 있다.'는 답지가 적절한 설명이었다.

3단계
대표 사례로
다지기

① 어떤 **시점**에서 보느냐에 따라 달라지는 문제   ② 소설의 **시점**＊

＊	**소설의 시점**	1인칭 시점 : 서술자가 작품 내부에 있음.		3인칭 시점 : 서술자가 작품 외부에 있음.	

	1인칭
	주인공
	시점
		• 주인공이 자신의 이야기를 함.
		• 인물의 내면세계를 드러내기에 알
		  맞음.
		• 독자에게 신뢰와 친근감을 줌.
		• 독자의 상상력을 제한함.
			작가
			관찰자
			시점
				• 제3자인 외부 관찰자의 위치에서 객관적
				  태도로 서술함.(외부적 사실만을 제시)
				• 독자의 추리력, 상상력, 판단력이 요구됨.
				• 심오한[2] 사상, 관념을 독자에게 전달할 수
				  없음.

	1인칭
	관찰자
	시점
		• 작품 속 '나', 주변 인물 '나'가 관
		  찰자 입장에서 주인공의 이야기를
		  서술함.
		• 자기 자신에 대해서는 내면 심리
		  를 드러낼 수 있지만, 주인공이나
		  다른 인물에 대해서는 관찰하거나
		  들은 이야기만 전달할 수 있음.
		• 독자의 상상력을 극대화[1]함.
			전지적
			작가
			시점
				• 주인공이 특정한 이름이거나 '그' 또는 '그
				  녀' 등의 호칭으로 등장함.(작가 관찰자 시
				  점과 동일)
				• 제3자인 서술자가 전지전능[3]한 위치에서
				  인물의 외면과 내면을 묘사, 분석, 해석함.
				• 서술자가 작품 속에 직접 개입, 논평하기
				  도 하는데(편집자적 논평), 이는 근대 이전
				  의 소설에서 주로 나타남.

話法 화법

말씀 화(대화, 회화) / **방법**

말하는 방법

> 한자의 의미
> 말씀 **화**, 법 **법**
>
> 사전적 의미 (1) 말하는 방법
> (2) 글이나 말에서, 남의 말을
> 인용해 다시 표현하는 방법

(박태원의 「소설가 구보 씨의 일일」에서는) 직접 **화법**과 간접 **화법**을 활용하여 등장인물 간의 심리적 거리를 조절하고 있다.

▶ 2008학년도 6월 고3 모의평가

❶ '직접 화법'이 쓰인 부분

- "구포 씨를 선전하지요."
- "구보 선생님의 작품은 따루 치고……."
- "나갑시다. 다른 데로 갑시다."

❷ '간접 화법'이 쓰인 부분

- 그는 맥주병을 들어 보고, 아이 쪽을 향하여 더 가져오라고 소리치고,
- 불쑥, 자기는 이제까지 고료라는 것을 받아 본 일이 없어, 그러한 것은 조금도 모른다 말하고,

① 직설적⁴ **화법**

② 국어 영역은 **화법**, 작문, 문법, 독서, 문학으로 구분된다.

직접 화법 vs. 간접 화법	직접 화법	간접 화법
	• 남이 한 말을 그대로 인용한 것 • 큰따옴표(" ") 사용 • 직접 인용 조사 '라고, 하고' 사용	• 남이 한 말을 자기의 말로 바꾸어 전하는 것 • 큰따옴표(" ") 사용 × • 간접 인용 조사 '고' 사용

→ '직접적 제시, 간접적 제시'는 '직접 화법, 간접 화법'과는 다름. ☞p.124
→ 김혜순의 시 「납작납작 – 박수근 화법을 위하여」에서의 '화법(畫法)'은 '그림을 그리는 방법'을 말함.

어휘력 일취월장 노트	친숙한 어휘로 익히기	대표 사례로 다지기
¹**극대화**(極大化)	지극히(매우) 크게(확대) 됨(최소화함).	이윤의 **극대화**, 효율성의 **극대화**
²**심오**(深奧)**한**	깊고(수심, 심화) 오묘한	심오한 진리, 심오한 뜻을 담다.
³**전지전능** (全知全能)	전체를 알고(인지) 전체를 할 수 있는 능력	전지전능하신 하느님
⁴**직설적**(直說的)	솔직하게(돌직구로) 설명하는 것	직설적 표현, 직설적 화법

劇的 극적

1단계
친숙한 어휘로
익히기

연극 / ~하는 것 적

연극의 특성을 띠는 것

한자의 의미
심할 **극**, ~의 **적**

사전적 의미
연극적인 특성을 띠는 것

2단계
기출문제로
확인하기

❶ (윤대성의 「출세기」는) 상황에 맞지 않는 대사와 작위적¹인 이름으로 **극적** 긴장감을 이완시키고 있다.

▶ 2013학년도 6월 고3 모의평가

> **비서관**　(전화 바꾼다) 김창호 씨, 나 신난다 비서관입니다. 회장님께선 김창호 씨가 어서 구출되어 나오길 바라고 계십니다. 용기를 잃지 마시고 끝까지 견디십시오. 꼭 구출될 겁니다.
> ‒ 윤대성, 「출세기」

→ 탄광에서 갱도²가 무너져 매몰³ 사고가 발생한, **극적** 긴장감을 불러일으키는 상황이다. 이와 같은 상황에서 '신난다'라는 작위적인 이름을 붙인 것은 **극적** 긴장감을 이완(☞p.67)시키는 것으로 볼 수 있다.

❷ 조선 후기 사대부 심노숭의 문집 「효전산고」를 보면, 종로의 담배 가게에서 「임경업전」을 낭독하는데, 김자점이 장군에게 죄를 씌워 죽이는 데 이르자 분노한 어떤 이가 "네가 자점이더냐?"라고 외치며 벌떡 일어나 낭독자를 해쳤다고 한다. 여기서 보듯 실감 나는 낭독은 청중에게 작중 인물이 직접 말하는 것 같은 **극적** 환상을 일으킨다. 인물의 심리가 즉각 전달되고 사건은 보다 생생해져서, 청중은 낭독자의 안내에 따라 작품을 수용하고 현실에 대한 문제 의식을 키우게 된다. 이 사건은 청에 대한 적대감, 임경업에 대한 흠모 의식에 바탕을 둔 「임경업전」에 청중이 얼마나 몰입했는지 보여 준다.

▶ 2015학년도 6월 고3 모의평가 국어 B형

3단계
대표사례로
다지기

① **극적** 긴장감을 높이다.
② 대화체와 독백체를 교차하여 **극적** 효과를 높이고 있다.

 극적 제시　소설에서 인물의 성격을 제시하는 방법 중 하나

 인물 제시 방법

직접적 제시 방법	간접적 제시 방법
• 인물의 성격을 서술자가 직접 설명해 주는 방식 • 말하기(telling) 방식 : 해설적 · 분석적 · 요약적 제시, 편집자적 · 논평적 제시라고도 함. • 전지적 작가 시점에서 주로 쓰임. • 독자의 상상력이 제한됨. 　예시　그는 비단결같이 고운 마음씨를 지녔다. → '마음씨가 곱다.'고 직접적으로 설명함.	• 인물의 성격을 대화와 행동을 통해 간접적으로 제시하는 방식 • 보여주기(showing) 방식 : 극적 제시, 장면적 제시라고도 함. • 관찰자 시점에서 주로 쓰임. • 독자의 상상력을 극대화시킴. 　예시　그는 시험 날인 오늘도 아픈 친구를 업고 등교했다. → 그의 행동을 통해 '마음씨가 곱다.'는 것을 드러냄.

기출 응례 (가)를 (나)와 같이 바꾸었을 때, 표현상의 효과로 가장 적절한 것은?

▶ 2005학년도 6월 고1 전국연합학력평가

> (가) 더군다나 곱단이 어머니는 피가 무서워 닭모가지 하나 못 비트는 착하디착한 위인이었다. 그 피 묻은 소문에 살이 떨려 우두망찰했을* 것이다. 곱단이는 만득이와의 언약*을 저버리고 딴 데로 시집을 가느니 차라리 죽고 싶었을 것이다. 그러나 그녀도 스스로 제 목숨을 끊을 만큼 모질지는 못했다. 죽은 것과 마찬가지로 넋을 놓아 버리는 게 고작이었을 것이다.
>
> – 박완서, 「그 여자네 집」
>
> *우두망찰하다 : 정신이 얼떨떨하다.   *언약 : 말로 약속함.

> (나) "아이고, 이 일을 어떡한다냐…… 동구 밖에서 끔찍한 일도 생겼다는데……."
> "그래도, 어머니. 저는 만득 씨를 더 기다려 보렵니다."
> "아니, 이것아. 그런 소문을 듣고도 끝까지 만득이를 기다린다고?"
> "그래도……."
> "그래. 나도 널 저 측량 기산지 뭔지 하는 사람한테 보내고 싶지는 않다만……."
> "……."

① 보여주기 방식을 통해 현장성과 구체성을 확보한다.
② 서술자가 사건에 적극적으로 개입하여 목소리를 낼 수 있다.
③ 상황을 요약적으로 제시하여 사건 전개의 긴박성을 부여한다.
④ 인물을 직접 제시함으로써 등장인물의 성격 파악이 쉬워진다.
⑤ 사건을 극적으로 제시하여 서술자와 독자와의 거리가 가까워진다.

→ (나)는 만득이를 생각하며 결혼을 하지 않으려는 곱단이와 곱단이를 정신대에 보내지 않기 위해 측량 기사에게 시집보내려는 어머니의 모습을 대화로 제시한 부분이다. 인물의 대화와 행동으로 제시되는 **극적 제시 방법**은 작가에 의해 직접 서술되는 직접적 제시 방법에 비해 사건이나 장면을 좀 더 생생하고 현장감 있게 전달할 수 있다. 따라서 정답은 ①이다.

⑤의 경우 (나)는 '사건을 극적으로 제시'한 것은 맞지만, 서술자와 독자와의 거리가 멀어지기 때문에 정답이 아니다. 서술자와 독자와의 거리는 서술자가 주인공인 자신의 심리까지 직접 설명해 주는 1인칭 주인공 시점에서 가장 가깝다.

✳ 소설의 시점에 따른 서술자, 독자, 인물 사이의 거리

거리	1인칭 주인공 시점 전지적 작가 시점	1인칭 관찰자 시점 3인칭 관찰자 시점
[A] 서술자 – 독자	가깝다	멀다
[B] 독자 – 등장인물	멀다	가깝다
[C] 서술자 – 등장인물	가깝다	멀다

[예외] 1인칭 주인공 시점에서 '서술자 = 등장인물'이면, 독자와 등장인물(서술자)의 거리는 가깝다.

어휘력 일취월장 노트	친숙한 어휘로 익히기	대표 사례로 다지기
¹**작위적**(作爲的)	**작**정하여 인**위적**으로 한 듯한 것	부자연스러운 작위적 구성
²**갱도**(坑道)	**갱**(굴) 안의 **도**로	광산에서, 갱 안에 뚫어 놓은 길
³**매몰**(埋沒)	**매**립(매장)하여 침**몰**시킴.	탄광에서 광부가 매몰되다.

逆轉 **역전**

역으로(반대로) / **전환**

역으로 전환함. 圇 역회전, 반전¹

한자의 의미
거스를 **역**, 구를 **전**

사전적 의미
형세가 뒤집힘.

❶ (채만식의 소설 「미스터 방」의 주인공 방삼복은) 도움이 필요한 미군과의 관계를 통해 자신의 삶을 **역전**시킬 수 있는 기회를 잡는다. ▶ 2005학년도 고2 경기도 학업성취도 평가

→ 방삼복은 남의 집 머슴살이였다가 신기료장수(신발을 깁는 일을 직업으로 하는 사람)로 연명²하던 인물이었다. 그런 방삼복이 상해에서 익힌 영어 덕에 도움(통역)을 필요로 하는 미군(S소위)을 만나 삶을 **역전**시킬 수 있는 권력을 잡게 된다.

❷ (전광용의 소설 「꺼삐딴 리」는) **역전**적 시간 구성을 통해 인물의 과거 행적을 드러내고 있다. ▶ 2014학년도 9월 고3 모의평가 국어 A형

→ '**역전**적 시간 구성'이란 '과거→현재→미래'의 시간 순서대로 사건이 전개되지 않는 것을 말한다. 「꺼삐딴 리」에서는 역전적 시간 구성(과거의 사건)을 통해 인물(이인국)의 과거 행적(제국 대학을 졸업했고, 일제에 아부함.)을 드러내고 있다.

① **역전**적 구성
② 시간의 **역전**이 없이 순차적³으로 전개되고 있다.

 순행적 구성 vs. 역순행적 구성

❶ 순행적 구성 : '과거→현재→미래'의 순으로, 시간의 흐름에 따라 시상(또는 사건)을 전개하는 구성 방식 圇 순차적, 연대기적 구성, 추보식⁴ 구성

까마득한 날에
하늘이 처음 열리고
어데 닭 우는 소리 들렸으랴

모든 산맥들이
바다를 연모해 휘달릴 때도
차마 이곳을 범하던 못하였으리라

끊임없는 광음*을
부지런한 계절이 피어선 지고
큰 강물이 비로소 길을 열었다

과거

지금 눈 나리고
매화 향기 홀로 아득하니
내 여기 가난한 노래의 씨를 뿌려라

현재

다시 천고(千古)의 뒤에
백마 타고 오는 초인이 있어
이 광야에서 목놓아 부르게 하리라

미래

– 이육사, 「광야」

*광음 : 세월.

❷ **역순행적 구성**: '과거-현재-미래'의 시간적 순서를 따르지 않고 **역전**적 시간 구성으로 시상 (또는 사건)을 전개하는 방식 囿 **역전**적 구성, 입체적 구성

> 죽는 날까지 하늘을 우러러
> 한 점 부끄럼이 없기를,   **과거**
> 잎새에 이는 바람에도
> 나는 괴로워했다.
>
> 별을 노래하는 마음으로   **미래**
> 모든 죽어 가는 것을 사랑해야지
> 그리고 나한테 주어진 길을
> 걸어가야겠다.
>
> 오늘 밤에도 별이 바람에 스치운다.   **현재**   – 윤동주, 「서시」

→ 시간의 변화가 시상 전개 과정에서 중요한 역할을 한다는 점에서는 둘 다 같다. 다만, **역순 행적 구성**은 시간의 흐름을 거슬러 올라간다는 것이 순행적 구성과 다르다고 할 수 있다.

→ '역순행적 구성'은 답지에 '현재와 과거를 교차 서술'한 것으로 표현되기도 한다.

112

立體的 **입체적**

입장 / 총체적

다양한 입장에서 총체적으로 이해하는 것
囿 평면적

한자의 의미
설 **립**, 몸 **체**, ~의 **적**

사전적 의미 사물을 여러 각도 에서 종합적으로 파악하는 것

❶ 사람의 눈이 원래 하나였다면 세계를 **입체적**으로 지각할 수 있었을까?
▶2014학년도 6월 고3 모의평가 국어 B형

❷ 과거와 현재를 대비하여 사건을 **입체적**으로 서술하고 있다.
▶2013학년도 수능

① **입체적** 구성*   ② **입체적** 인물*

입체적 구성과 입체적 인물

입체적 구성	입체적 인물
• 사건이 시간적 순서에 따르지 않고, 역 행하여 '현재-과거-미래, 또는 과거-미 래-현재' 등으로 전개되는 구성 囿 평면적 구성(시간의 흐름에 따라 사건 이 전개됨.) • 현대 소설, 특히 심리 소설에 많음.	• 성격이 변하는 인물 囿 평면적 인물(성격이 변하지 않는 인물) • 입체적 인물의 예 ① 이광수의 「무정」에서의 '박영채' : 전통적인 유교적 사고방식을 지닌 여성이었으나 병욱을 만난 이후 신여성으로 변모해 감. ② 김동인의 「감자」에서의 '복녀' : 도덕적이고 윤리적이었던 복녀가 결혼 후 타락해 감.

어휘력 일취월장 노트	친숙한 어휘로 익히기	대표 사례로 다지기
¹**반전(反轉)**	**반**대로 **전**환함. → 형세가 뒤바뀜.	극적인 반전, 상황이 반전되다.
²**연명(延命)**	**생명**을 **연**장함.	연명 치료 중단에 대한 찬반 논쟁
³**순차적(順次的)**	**순**서를 따라 **차**례대로 일어나는 것	사건이 순차적으로 전개되다.
⁴**추보식(追步式)**	발걸음(**보**병)을 옮긴 순서를 **추**적하는 방**식**	시간의 흐름에 따른 추보식 구성

113

獨白 **독백**

1단계
친숙한 어휘로
익히기

단독 / 고백

단독으로(혼자) 고백함. → 희곡의 3요소(대화, 독백, 방백) 중 하나 {유} 혼잣말, 모놀로그 {반} 대화

한자의 의미
홀로 **독**, 흰/아뢸 **백**

사전적 의미
혼자서 중얼거림.

2단계
기출문제로
확인하기

❶ 다음은 **독백**적 어조로 화자의 내면을 드러내고 있다.　▶2011학년도 6월 고3 모의평가

> 내 목소리만 내 귀에 들린다.
> 이 사람이 어디 가서 잠시 누웠나,
> 옆구리 담괴가 다시 도졌나, 아니 아니
> 이번에는 그게 아닌가 보다.
>
> — 김춘수, 「강우(降雨)」

→ '~누웠나, ~다시 도졌나, 아니 아니, ~그게 아닌가 보다.'는 혼자 하는 말이다. 부재하는(현재 함께 있지 않은) 아내로 인해 안타까워하는 화자의 마음을 혼잣말 투(**독백**적 어조)로 드러낸 것이다.

❷ 다음은 영탄과 **독백**의 어조를 통해 화자의 심정을 드러내고 있다.　▶2014학년도 수능 국어 A형

> 가야 할 때가 언제인가를
> 분명히 알고 가는 이의
> 뒷모습은 얼마나 아름다운가.
>
> 분분한 낙화……
> 결별이 이룩하는 축복에 싸여
> 지금은 가야 할 때,
>
> — 이형기, 「낙화(落花)」

→ 누군가(대상)에게 말하고 있는 것이 아니라 자신에게 담담하게 '지금은 가야 할 때'라고 말하는 것에서 **독백**적 어조를 확인할 수 있다. 영탄적 어조는 '얼마나 아름다운가'에서 발견할 수 있다.

3단계
대표사례로
다지기

① 내적 **독백***　② **독백**체*　③ **독백**적 어투
④ **독백**적 발화　⑤ 인물의 내면을 **독백**조로 드러내고 있다.

독백 vs. 방백	독백	방백
	다른 인물이 없이 혼자 하는 말	다른 인물이 옆에 있어도 그 사람은 듣지 못하고 관객만 들을 수 있는 것으로 약속되어 있는 말
	공통점 : 무대에서 배우가 혼자 하는 말	

독백체	대화체
혼자서 말하는 형식의 문체	상대방과 대화하는 형식의 문체

독백체 vs. 대화체

❶ 일반적으로는 청자가 없으면 독백체, 청자가 있으면 대화체로 본다.

❷ 청자가 있지만 '독백'으로 보는 경우도 있다.

- 말하는 사람이 있다면 듣는 사람도 있어야 하는데, 다음 시는 청자도 비교적 명확해. '당신은 행인'이라고 했으니까. 그러나 현재 화자 앞에 청자가 없으니까 이 시는 **독백**이라고 봐야 할 거야. ▶ 2003학년도 수능

> 나는 나룻배 / 당신은 행인
>
> 당신은 흙발로 나를 짓밟습니다 / 나는 당신을 안고 물을 건너갑니다
> 나는 당신을 안으면 깊으나 옅으나 급한 여울이나 건너갑니다
>
> 만일 당신이 아니 오시면 나는 바람을 쐬고 눈비를 맞으며 밤에서 낮까지 당신을 기다리고 있습니다
> 당신은 물만 건너면 나를 돌아보지도 않고 가십니다그려
> 그러나 당신이 언제든지 오실 줄만은 알아요
> 나는 당신을 기다리면서 날마다 날마다 낡아 갑니다
>
> 나는 나룻배 / 당신은 행인　　　　　　　　　　　　　　－ 한용운, 「나룻배와 행인」

→ 청자(당신 = 행인)가 명확하게 제시되어 있지만, 현재 화자 앞에 없으므로 '**독백**'으로 봄.

- '너'를 구체적인 청자로 한정하고 있지만, 전체적으로는 화자의 **독백**이라는 느낌을 준다.

> 가난하다고 해서 외로움을 모르겠는가,
> 너와 헤어져 돌아오는
> 눈 쌓인 골목길에 새파랗게 달빛이 쏟아지는데.　　　　－ 신경림, 「가난한 사랑 노래」

❸ 청자와 대화를 주고받을 경우 대화체로 본다.

❹ 청자가 있는데 청자와 대화를 주고받지 않을 경우, '말을 건네는 방식을 사용' 또는 '대화의 말투를 구사'한 것으로 표현한다.

- 다음은 <u>말을 건네는 방식을 사용</u>하여 대상에 대한 친밀감을 드러내고 있다.

▶ 2008학년도 4월 고3 전국연합학력평가

> 어리고 성긴 가지 너를 믿지 아녓더니
> 눈 기약 능히 지켜 두세 송이 피었구나
> 촉(燭) 잡고 가까이 사랑할 제 암향(暗香)*조차 부동(浮動)*터라　　　－ 안민영, 「매화사」
>
> *암향 : 그윽이 풍겨 오는 향기.　　*부동 : 떠서 움직임.

- 다음은 <u>일상적 대화의 말투를 구사</u>함으로써 시적 상황을 생생하게 묘사하고 있다.

▶ 1997학년도 수능

> 뭐락카노, 저 편 강기슭에서 / 니 뭐락카노, 바람에 불려서
>
> 이승 아니믄 저승으로 떠나는 뱃머리에서 / 나의 목소리도 바람에 날려서　　　－ 박목월, 「이별가」

論評 **논평**

논하다 / 평가하다

논하고 평가함.

한자의 의미
말할 **논**, 평할 **평**

사전적 의미
말이나 글, 사건 등에 대해 그 가치나 영향 등을 따져서 평가함.

❶ 다음은 편집자적 **논평***을 통해 현실의 비극성을 드러내고 있다.

▶ 2014학년도 6월 고3 모의평가 국어 B형

> 길동이 재배 하직하고 문을 나서니, 구름 낀 산이 첩첩하여 지향 없이 행하니 어찌 가련치 아니하리오.
>
> – 허균, 「홍길동전」

→ 길동이 아버지 홍 판서와 하직하고 문을 나서는 장면에서 서술자는 길동이 '가련하다'고 **논평**하고 있다. 이는 길동이 처한 현실의 비극성을 드러낸다고 볼 수 있다.

❷ 인물의 행위나 상황에 대한 서술자의 심정적 동조가 들어간 **논평** ▶ 2010학년도 9월 고3 모의평가

> • 세상 사람들이 누가 아니 칭찬하랴　　　　　　 – 작자 미상, 「춘향전」
> • 천지 미물인들 어찌 아니 감동하리　　　　　　 – 작자 미상, 「심청전」

→ 칭찬할 만하고, 감동할 만하다는 서술자의 심정적 동조가 들어간 편집자적 **논평**이다.

① 편집자적 **논평**　② 대변인의 **논평**

 편집자적 논평

• 서술자가 소설 속 인물과 사건에 대해 자신의 견해를 말하거나 평가하는 것
• 3인칭 시점의 소설에서 작품 밖에 있어야 할 서술자가 작품에 직접 개입하여 자신의 견해를 서술한다는 점에서 '서술자의 개입'이라고도 한다.

기출 용례

• 윤 직원 영감은 과연 승리를 했겠다요.　　　　　　　　　 – 채만식, 「태평천하」
• 아아! 유 소사는 지하에서 일어날 수 없고 두 부인도 만 리나 멀리 떠났으니, 누가 한림의 뜻을 돌릴 수 있겠는가?　　　　　　　　　　　　　　　　 – 김만중, 「사씨남정기」
• 삼대가 아무리 재주가 용한들 어찌 창을 한 손으로 쓰리오.　　　 – 작자 미상, 「조웅전」
• 강산이 무너지고 천지가 뒤눕는 듯, 초목 금순들 아니 떨랴.　　 – 작자 미상, 「춘향전」

 '논평'과 함께 알아 두어야 할 어휘

논평	논쟁	논점	쟁점
논하고 평가함.	논하고 다툼.	논하고자 하는 요점	<u>논쟁의 중점(중요한 점)</u>
예 사신(史臣)이 논평하는 형식	예 찬반 논쟁	예 논점에서 벗어난 비본질적인 문제	예 새로운 쟁점이 되고 있는 문제들

• 사물을 의인화하여 그 일생을 전(傳)의 형식으로 서술한 가전체 문학(국순전, 공방전 등)은 인물의 '가계'와 '행적'을 서술한 다음, 마지막에 **논평**으로 마무리하는 형식을 취한다.

卑俗語 **비속어**

1단계
친숙한 어휘로
익히기

비천 / 저속(통속적) / 언어

한자의 의미
낮을 **비**, 풍속 **속**, 말씀 **어**

비천하고 저속하고 통속적[1]인 언어.
비어와 속어

사전적 의미
격이 낮고 속된 말

2단계
기출문제로
확인하기

다음은 사투리와 **비속어**를 사용하여 사실적인 느낌을 살리고 있다.

▶ 2007학년도 10월 고3 전국연합학력평가

"나, 술 마셨다. 나 오늘 양생이*했다. 사아지* 두 벌, 근사하더라. 나 혼자 가지구 나 혼자 마셨
다. 왜, 못마땅허니? 못마땅할 것 없어, 잉, 이 새끼야."
광석이는 발끈 일어나며,
"취했음 자빠져 잘 거지. 누구까 지랄이야. 어디 가서 혼자만 처마시군."   – 이호철, 「탈향」

*양생이 : 남의 물건을 조금씩 훔쳐 내는 짓을 속되게 이르는 말.
*사아지 : 옷감의 한 종류.

→ 밑줄 친 '양생이, 이 새끼야, 자빠져(누워), 지랄'과 같은 말이 **비속어**에 해당한다.

3단계
대표사례로
다지기

① **비속어**와 은어[2]의 남용[3]
② **비속어** 사용은 판소리계 소설의 특징* 중 하나이다.

**판소리계
소설의 특징**

춘향전, 흥부전, 심청전, 토끼전(별주부전) 등

❶ 적층 문학적 성격 : 여러 사람의 이름을 거치면서 계속 변화가 쌓여 옴(많은 이본이 있음).

❷ 4(3) · 4조 중심의 운문체와 산문체의 결합 [예] 강산이 / 무너지고 / 천지가 / 뒤눕는 듯 /

❸ 문체의 이중성 : 양반층의 언어(한자어)와 서민층의 언어(비속어)가 섞여 있음.

❹ 의성어나 의태어가 많이 사용됨. → 현장감

❺ 상투적인 비유어가 많이 사용됨.

❻ 관객이 관심을 보이는 대목을 열거와 대구를 사용해 집중적으로 표현함.
     → 장면의 극대화(확장적 문체)

❼ 서술자가 직접 개입하여 상황이나 인물의 성격에 대해 직접 평가하는 표현이 나타남.
     → 편집자적 논평(☞p.130)

❽ 판소리 사설 문체 : 관객을 앞에 놓고 얘기하는 듯한 문체 [예] 저 사령 거동 보소.

어휘력 일취월장 노트	친숙한 어휘로 익히기	대표 사례로 다지기
[1]**통속적**(通俗的)	널리 **통**용되는 세**속적**인 것	**통속적**인 호기심
[2]**은어**(隱語)	**은**밀하게 쓰는 언**어**	특정 집단에서 자기들끼리만 알도록 쓰는 **은어**
[3]**남용**(濫用)	**남**발하여 사**용**함.	외국어 **남용**

116

幻夢 **환몽**

1단계 친숙한 어휘로 익히기

환상 / 꿈 몽

환상적인 꿈

한자의 의미
헛보일 **환**, 꿈 **몽**

사전적 의미
허황된 꿈

2단계 기출 문제로 확인하기

「옥루몽」의 **환몽(幻夢)** 구조*는 독특하다. 천상계에서 꿈을 통해 속세로 진입한 남녀 주인공들은 속세에서 다시 꿈을 꾸어 천상계[1]를 경험하는데, 이때 신이한 존재에 의해 자신의 정체를 깨달으며 꿈에서 깨어나게 된다. 꿈에서 깨어난 남녀 주인공들은 속세로 돌아와 천수[2]를 누린 뒤에야 천상계에 복귀한다.

▶ 2014학년도 수능 국어 B형

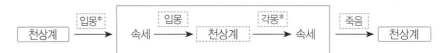

```
                입몽*          입몽*        각몽*          죽음
  천상계  ───→  속세  ───→  천상계  ───→  속세  ───→  천상계
```

*입몽 : 꿈속으로 들어감.   *각몽 : 꿈속에서 깨어남.

3단계 대표 사례로 다지기

① **환몽** 구조   ② **환몽** 소설

환몽 구조

• '현실(욕망) → 꿈(욕망의 실현) → 현실(욕망의 덧없음을 깨달음)'의 구조
• 꿈을 통해 인생무상을 깨닫는 내용인 김만중의 소설 「구운몽」과 작자 미상의 설화 「조신의 꿈」이 환몽 구조를 취한 대표적인 작품이라 할 수 있다.

'환몽 구조'와 함께 알아 두어야 할 '액자식 구성'

• 액자 안에 사진이 있는 것처럼, 외부 이야기(외화) 속에 또 다른 내부 이야기(내화)가 들어 있는 소설의 구성 방식(외화는 내화의 신빙성[3]을 높이기 위한 장치로 활용됨.)
• 외화(外話) 속의 내화(內話)가 꿈일 때 '환몽 구조'가 된다.
• 액자식 구성의 특징 : ① 신뢰감을 줌. ② 외화와 내화의 시점이 달라지는 경우가 많음.

117

傳奇的 **전기적**

1단계 친숙한 어휘로 익히기

전하다 / 기이하다 / ~하는 것 적

기이한 것을 전하는 것
→ '비현실적'으로 바꿔 읽으면 의미가 통함.

한자의 의미
전할 **전**, 기이할 **기**, ~의 **적**

사전적 의미
기이하여 세상에 전할 만한 것

2단계 기출 문제로 확인하기

고전 소설의 특징 중 하나가 **전기적(傳奇的)** 요소를 지니고 있다는 점인데, '**전기적(傳奇的)**'이라는 말은 현실성이 있는 이야기가 아닌 진기한 것 – 일상적·현실적인 것과 거리가 먼 신비로운 내용 – 을 허구적으로 짜 놓은 것을 말한다.

▶ 2009학년도 6월 고1 전국연합학력평가

(길동이) 말을 마치며 몸을 공중에 솟아 구름에 싸이며 가니

– 허균, 「홍길동전」

3단계 대표사례로 다지기

① **전기적** 내용　② **전기적(傳奇的)*** 요소를 활용하여 비현실적 장면을 부각하고 있다.

 전기적(傳奇的) **vs.** **전기적(傳記的)**	전기적(傳奇的)	전기적(傳記的)
	기이한(비현실적인) 이야기를 다룬 것 예 귀신과 결혼하거나 도술을 부리는 전기적 내용을 다룬 전기 소설(傳奇小說)	한 사람의 일생을 기록한 이야기를 다룬 것 예 역사적 위인들의 전기를 다룬 전기 소설(傳記小說)

118

呪術的 **주술적**

1단계 친숙한 어휘로 익히기

주문 / **점술** / **~하는 것** 적

비는 행위(주문)를 통해 소망을 이루고자 하거나 다가올 일을 점치는(점술) 것

한자의 의미
빌 **주**, 꾀 **술**, ~의 **적**

사전적 의미
불행이나 재해를 막으려고 초자연적인 존재의 힘을 빌리는 것

2단계 기출문제로 확인하기

다음의 밑줄 친 내용이 모두 나타나는 것은?　▶ 2006학년도 수능

　원시 시대의 인간은 주술적(呪術的) 언어를 통해 자연과 교감하였다. 박두진의 「청산도」에는 이러한 주술적 언어의 특성이 나타난다고 볼 수 있다. 그 근거로는 <u>자연을 의사소통의 대상으로 삼는 것, 시어를 반복·변용하는 것, 음성 상징어를 활용하는 것</u> 등을 들 수 있다.

→　'산아. 우뚝 솟은 푸른 산아. 철철철 흐르듯 짙푸른 산아.'가 답이었다. '산아'라고 불러 '산'을 의사소통의 대상으로 삼고 있으며, '산아'가 '푸른 산아', '짙푸른 산아'로 반복·변용되고 있고, '철철철'이라는 음성 상징어(의태어 ☞ p.108)를 활용하고 있기 때문이다.

3단계 대표사례로 다지기

① **주술적** 속성　② **주술적**인 힘을 빌려 소원하는 바를 성취하다.

'주술적 속성을 지닌 자연물'에 대한 Q&A　▶ '안인숙 국어클리닉&컨설팅' daum 카페에서

Q 2010학년도 수능 34번 문제 관련 질문

송수권의 「지리산 뻐꾹새」에서 '나는 길뜬(길이 덜 든) 설움에 맛이 들고'의 '설움'은 자연물의 주술적 속성을 통해 구체적으로 표출되는 것이 아니라고 했는데, 주술적 속성을 지닌 자연물은 어떤 것들이 있나요? 물 떠다 놓고 빌어야 주술적 속성 같은데……

A '물 떠다 놓고 비는 것'도 '주술적인 것'이 맞습니다. 그런데 진짜 물을 떠다 놓고 빌어야만 주술적인 것은 아니고요, '비는' 행위를 통해 소망하는 바를 이루고자 한다면 '주술적'이라고 할 수 있습니다. 바위(자연물) 앞이나 동네 어귀 소나무(자연물) 아래에서 소원을 빈다면 '자연물의 주술적 속성을 통해 화자의 감정을 표출하고 있다.'가 적절한 설명이 되는 것이죠.

어휘력 일취월장 노트	친숙한 어휘로 익히기	대표 사례로 다지기
¹천상계(天上界)	하늘(**천**지) 위(**상**하)의 **세계** 윤 상계(上界)	천상계의 신선
²천수(天壽)	하늘(**천**지)이 준 **수명**(목숨) 윤 천명(天命)	천수를 누리다.
³신빙성(信憑性)	**신**뢰를 증**빙**(증거)할 수 있는 **성**질	그의 말은 신빙성이 없다.

복습 문제 | 정답 p.136

1 빈칸에 들어갈 알맞은 말을 쓰시오.

❶ 국어 시험에서 [   ]을 질문하면 감각적 이미지부터 떠올리되, 감각적 이미지를 활용하면 대상에 대한 인상과 정서, 상황을 생생하게 드러내는 효과를 거둘 수 있다는 것도 알아 두자!

● 급소 힌트 마음속의 형상(=이미지)

❷

구분	①	②
문장의 표면만 볼 때	모순되지 않음.	모순됨.
전체 내용으로 볼 때	상황과 반대되는 진술	의미 있는 내용

● 급소 힌트 반대되는 뜻의 언어, 모순을 일으키는 말

❸ [   ] 및 표현을 묻는 문제는 '표현상의 특징'이 유사한 것부터 찾도록 한다.

● 급소 힌트 생각을 유발함.

2 ❶~❻에 쓰인 수사법을 찾아 연결하시오.

❶ 산산이 부서진 이름이여!   ·   · ㄱ. 영탄법

❷ 외로이 흘러간 한 송이 구름   ·   · ㄴ. 은유법

❸ 낙엽은 폴란드 망명 정부의 지폐 ·   · ㄷ. 미화법

❹ 빼앗긴 들에도 봄은 오는가   ·   · ㄹ. 대구법

❺ 싸륵싸륵 눈꽃은 쌓이고   ·   · ㅁ. 도치법

❻ 뫼흔 길고 길고 물은 멀고 멀고 ·   · ㅂ. 중의법

                                    · ㅅ. 과장법

                                    · ㅇ. 의인법

                                    · ㅈ. 의성법

                                    · ㅊ. 대유법

3 다음에서 설명하는 내용과 관계 깊은 것은?

> ❶ '공감각적 심상'은 둘 이상의 감각적 심상(시각, 청각, 촉각, 미각, 후각 등)이 함께 쓰인 표현으로, 하나의 감각이 다른 감각으로 전이되어 나타나는 경우를 말한다. 이중 시각적 이미지를 청각화하여 표현한 것을 '시각의 청각화'라고 한다.

① 꽃처럼 붉은 울음
② 자욱한 풀벌레 소리
③ 금빛 게으른 울음을 우는 곳
④ 분수처럼 흩어지는 푸른 종소리
⑤ 금으로 타는 태양의 즐거운 울림

> ❷ 순박한 소년과 소녀의 애정을 다룬 김유정의 소설 「동백꽃」에서 점순은 '나'에게 봄감자가 맛있다며 굵은 감자를 건넨다. 이에 ⊙'나'는 고개도 돌리려지 않고 일하던 손으로 그 감자를 도로 어깨 너머로 쑥 내밀어 버렸다. ⊙은 '나'가 순박하고 무뚝뚝한 성격을 지녔다는 것을 인물의 행동을 통해 간접적으로 제시한 것으로, 인물 성격 제시 방법 중 '간접적 제시 방법'에 해당한다.

① 요약적 제시   ② 해설적 제시   ③ 극적 제시
④ 분석적 제시   ⑤ 말하기 방식

4 다음의 설명 내용이 옳으면 ○표, 틀리면 ✕표를 하시오.

❶ 답을 요구하는 질문은 '설의적' 표현이 아니다.   (   )

❷ 소리를 흉내 낸 의성어와 모양을 흉내 낸 의태어를 '음성 상징어'라고 한다.   (   )

❸ '선경후정' 방식을 사용하면 의미가 강조되고, 안정감이 느껴지고, 운율감이 형성된다.   (   )

❹ '강나루 건너서 밀밭 길을'과 '이런들 어떠하며 저런들 어떠하리'는 모두 3음보율을 사용하여 리듬감을 살리고 있다.   (   )

❺ 1인칭 주인공 시점은 독자의 상상력을 극대화하는 장점이 있다.   (   )

복습 체크리스트

❶ 친숙한 어휘를 떠올려 메모한다.
❷ 대표 사례를 적으며 확실하게 그 의미를 익힌다.
❸ 어렴풋이 아는 것은 해당 페이지로 찾아가 다시 챙겨 본다.

구분	어휘	❶친숙한 어휘 떠올리기	❷대표 사례 적어 보기	❸찾아갈 페이지	구분	어휘	❶친숙한 어휘 떠올리기	❷대표 사례 적어 보기	❸찾아갈 페이지
1	비유(법)			98	26	aaba 구조			119
2	영탄(법)			100	27	수미상관			120
3	미화(법)			101	28	음보율			120
4	설의(법)			102	29	음수율			121
5	대구(법)			103	30	시점			122
6	역설(力說)			104	31	화법			123
7	역설(逆說)(법)			104	32	직접 화법/간접 화법			123
8	반어(법)			105	33	극적			124
9	중의적			106	34	인물 제시 방법			124
10	의성어/의태어			108	35	역전			126
11	음성 상징(어)			108	36	역순행적 구성			127
12	어구			109	37	입체적			127
13	시어/시구/시행			109	38	입체적 구성			127
14	발상			110	39	입체적 인물			127
15	형상화			111	40	추보식 구성			127
16	집약			112	41	독백/방백			128
17	시상 집약			112	42	독백체/방백체			129
18	시상 확산			112	43	논평			130
19	선경후정			113	44	편집자적 논평			130
20	기승전결			114	45	비속어			131
21	시상 전개 방식			114	46	판소리계 소설의 특징			131
22	근경/원경			115	47	환몽/환몽 구조			132
23	심상			116	48	액자식 구성			132
24	공감각적 심상			117	49	전기적(傳奇的)			132
25	운율			118	50	주술적			133

복습 문제 정답

1. ❶ 심상 / ❷ ① 반어 ② 역설 / ❸ 발상
2. ❶ ㄱ / ❷ ㅇ / ❸ ㄴ / ❹ ㅊ / ❺ ㅈ / ❻ ㄹ
3. ❶ ⑤ / ❷ ③
4. ❶ ○ / ❷ ○ / ❸ × / ❹ × / ❺ ×

제2부

국어 빈출

한자성어
편

고진(苦盡)하면 반드시 감래(甘來)합니다. 감래(甘來)하는 그날까지 '매3'이 여러분을 응원합니다!

고진감래 苦盡甘來

고생 / 소**진** / **감**미로움 / 도**래**

한자의 의미
쓸 **고**, 다할 **진**, 달 **감**, 올 **래**

사전적 의미
고생 끝에 낙이 옴.

고생이 소진하면(다하면) 감미로움이 도래함(옴).

고진(苦盡)하면 반드시 감래(甘來)합니다. 감래(甘來)하는 그날까지 '매3'이 여러분을 응원합니다!

4

주차

001

面從腹背 면종복배

1단계
친숙한 어휘로
익히기

면전 / 복종 / 복심 / 배반

면전¹에서는 복종하고 복심으로는 배반함.
(마음속 깊은 곳. = 내심)

한자의 의미
낮 **면**, 좇을 **종**, 배 **복**, 등 **배**

사전적 의미   겉으로는 복종하는
체하면서 내심으로는 배반함.

2단계
기출문제로
확인하기

다음에서 "화춘은 화진에게 **면종복배(面從腹背)**하고 있어."라고 한다면 적절한 반응일
까?
▶ 2003학년도 수능

[인물 사이의 관계]   화욱은 본부인 심씨에게서 장자 화춘을, 정씨에게서 차자² 화진을, 그리고 요씨에게서 딸
화빙선을 얻었다. 화욱과 그의 누이인 성 부인(춘의 고모)은 용렬한 춘보다 진과 빙선을 편애하였다. 화욱이 죽
자, 심씨와 화춘은 진과 빙선을 학대한다.

화춘이 이르기를, "소자 이미 진이 남매(진과 빙선)가 이 같은 마음(장자의 자리를 빼앗음)을
품었음을 알고 있었으나, 둘이 고모와 합심하였으니 형세로는 지금 당장 제거하지 못하옵고, 아
까 유생(빙선의 약혼자)이 이미 이 변을 알고는 얼굴빛이 좋지 않았나이다. 또 고모께서 머지않
아 돌아오시면 반드시 크게 꾸짖으실 것이니 이번은 의당 참고 때를 기다리소서." 〈중략〉

화춘이 부득이 화진 공자를 붙들어 와 가혹한 매를 가하니, 공자가 이미 그 모친과 형을 어찌
할 수 없음을 알고 한 마디 변명도 없이 20여 장(杖)에 혼절(昏絕)하는지라.   - 조성기, 「창선감의록」

→ 적절한 반응이 아니다. 화춘은 화진이 자신의 장자 지위를 빼앗으려 한다고 여기면서도 유생
이 상황을 알아챘고 고모가 곧 돌아오실 것이기 때문에 이번은 참고 때를 기다리자고 말하지
만, 결국 화진이 혼절할 정도로 가혹한 매를 가한다. 이것은 겉으로는 복종하는 체하면서 속
으로는 배반하는 **'면종복배'**와 거리가 멀다.

※ '면종복배'는 기출 문제에서 대부분 부적절한 답지로 제시되었지만, 답지에 자주 나오므로 그 뜻을 확
실하게 알고 넘어가야 한다.

3단계
대표사례로
다지기

① 「봉산 탈춤」에서, 말뚝이는 종의 신분으로 상전인 양반의 권위에 굴복하여 복종하는
듯한 모습을 취하지만, 실제로는 양반을 조롱·비판하고 있다. **면종복배**는 이러한 말
뚝이의 태도에 딱 어울리는 말이다.

② 「임경업전」에서, 호국을 치려고 했던 임경업은 승려 독보의 배반으로 오히려 호국의
군사에게 잡히고 만다. 이때 독보는 겉으로는 임경업에게 복종하는 체하면서 실제로
는 천금을 받고 임경업을 호국의 군사에게 넘기는, **면종복배**하는 모습을 보여 준다.

塞翁之馬 새옹지마

새옹(변방에 사는 늙은이) / ~의 지 / 말 마
(부자지간) (백마)

한자의 의미
변방 **새**, 늙은이 **옹**, ~의 **지**, 말 **마**

사전적 의미 인생에 있어서 길흉화복(길한 것, 흉한 것, 재앙, 복)은 항상 바뀌어 미리 헤아릴 수가 없음을 이르는 말

변방 늙은이의 말(아래 '고사' 참조)

[A]를 "인생사(人生事)는 (ⓐ)입니다. 너무 상심하지 마십시오. 장부로서 호연지기(浩然之氣)를 기르셔야 큰일을 도모할 수 있습니다."라고 재구성했을 때 ⓐ에 들어갈 말로 적절한 것은?
▶2010학년도 6월 고1 전국연합학력평가

> 옥단춘은 말을 받아,
>
> [A] "사람이 일생을 살아가려면 무슨 일을 안 당하리까. 그런 근심 걱정일랑 아예 말으세요. 과거를 못 보신 것은 역시 운수입니다. 다음에 또 보실 수가 있으니 그것도 낙망³하실 것 없나이다. 내 집에 서방님 드릴 옷이 없겠어요? 밥이 없겠어요? 그만 일에 장부가 근심하면 큰일을 어찌 하시리까."
>
> 하고 위로하니 연연한 정이 측량할 수 없었다.
> – 작자 미상, 「옥단춘전」

→ [A]는 "사람의 일은 알 수 없다. 지금 걱정되는 일이 있다고 해도 너무 상심하지 말라. 호연지기(크고 넓은 기운)를 길러야 나중에 큰일을 도모할 수 있다."는 말이다. 이와 같은 맥락으로 보아 ⓐ에 들어갈 한자 성어는 '사람의 일은 알 수 없다. 지금 좋지 않은 일이 있어도 나중에는 좋을 수 있다.'는 의미를 담고 있는 '**새옹지마**'이다.

'인간만사 **새옹지마**'로 많이 쓰인다.
관련 고사를 알아 두면 그 의미를 확실하게 익힐 수 있다.

새옹지마 고사

변방에 한 노인이 살고 있었는데, 어느 날 이 노인이 기르던 말이 멀리 달아나 버렸다. 마을 사람들이 이를 위로하자 노인은 "오히려 복이 될지 누가 알겠소."라고 말했다. 몇 달이 지난 어느 날 그 말이 한 필의 준마(駿馬)를 데리고 돌아왔다. 마을 사람들이 이를 축하하자, 노인은 "도리어 화가 되는지 누가 알겠소." 하며 불안해 했다. 그런데 어느 날 말 타기를 좋아하는 노인의 아들이 그 준마를 타다가 떨어져 다리가 부러졌다. 마을 사람들이 이를 걱정하며 위로하자, 노인은 "이것이 또 복이 될지 누가 알겠소." 하며 태연하게 받아들이는 것이었다. 그로부터 1년이 지난 어느 날 마을 젊은이들은 싸움터로 불려 나가 대부분 죽었다. 그러나 노인의 아들은 말에서 떨어진 후 절름발이였기 때문에 전쟁에 나가지 않아 죽음을 면하게 되었다.

어휘력 일취월장 노트	친숙한 어휘로 익히기	대표 사례로 다지기
¹**면전(面前)**	대**면**하고 있는 앞(**전**후)	면전에 대고 말하다.
²**차자(次子)**	**차남**(둘째 아들)인 **자**식 유 차남	그는 차자이지만 장자 노릇을 한다.
³**낙망(落望)**	추**락**한 희**망**(희망을 잃음).	기대에 못 미친 성적이었지만 낙망하지 않았다.

轉禍爲福 전화위복

역전 / 화난(재앙과 환난) / 되다 위 / 복(행복)

화(재앙)가 역전되어 복이 됨. → 노력과 의지로 불행을 행복으로 바꾸어 놓을 수 있음.

한자의 의미
구를 **전**, 재앙 **화**, 할 **위**, 복 **복**

사전적 의미 재앙과 화난이 바뀌어 오히려 복이 됨.

(가)와 관련성이 깊은 것은?
▶1999학년도 수능

[가]

(비자 바둑판 일등품을) 1년, 이태, 때로는 3년까지 그냥 내버려 둔다. 계절이 바뀌고 추위, 더위가 여러 차례 순환한다. 그동안에 상처 났던 바둑판은 제 힘으로 제 상처를 고쳐서 본디대로 유착(癒着)해 버리고, 균열진 자리에 머리카락 같은 희미한 흔적만이 남는다.
비자의 생명은 유연성이란 특질에 있다. 한 번 균열이 생겼다가 제 힘으로 도로 유착·결합했다는 것은 그 유연성이란 특질을 실제로 증명해 보인, 이를테면 졸업 증서이다. 하마터면 목침감이 될 뻔했던 것이, 그 치명적인 시련을 이겨 내면 되레 한 급(級)이 올라 특급품이 되어 버린다.

- 김소운, 「특급품」

→ (가)의 중심 내용은 상처가 난 비자 바둑판 일등품이 추위와 더위를 이겨 내고 본래보다도 더 값진 특급품이 된다는 것이다. 이것은 화가 바뀌어 오히려 복이 된다는 뜻의 **전화위복**과 관련이 있다.

※ 특급품이 일등품에서 만들어진다는 점에서 '제자나 후진이 스승이나 선배보다 더 뛰어나다'는 뜻의 '청출어람(靑出於藍)', 일등품이 추위와 더위를 이겨 내고 특급품이 된다는 점에서 '고생 끝에 낙이 온다'는 뜻의 '고진감래(苦盡甘來)'도 이 글과 관련이 있다.

① 현재의 어려움을 **전화위복**의 계기로 삼다.

② 고1 때 국어 영역 성적이 안 나왔던 게 오히려 **전화위복**이 되어 수능 시험에서 국어 만점을 받게 되었다. 국어 만점, 도달하기 어려운 목표가 아니다.

桑田碧海 상전벽해

상전(뽕밭) / 벽해(푸른 바다 - 벽공·해양)

상전(뽕밭)이 벽해(푸른 바다)가 됨.
→ 세상이 크게 바뀜.

한자의 의미
뽕나무 **상**, 밭 **전**, 푸를 **벽**, 바다 **해**

사전적 의미 뽕나무밭이 푸른 바다가 된다는 뜻으로, 세상일의 변천이 심함을 이르는 말

ⓒ과 관련하여 한자 성어를 떠올려 본 것으로 적절한 것은? ▶2003학년도 6월 고2 전국연합학력평가

"ⓒ우리 백 년 후 높은 대 무너지고, 굽은 못이 이미 메워지고, 가무하던 땅이 이미 변하여 거친 뫼와 쇠한 풀이 되었는데, 초부와 목동이 오르내리며 탄식하여 가로되, '이것이 양 승상의 제 낭자로 더불어 놀던 곳이라. 승상의 부귀 풍류와 제 낭자의 옥용 화태 이제 어디 갔나뇨' 하리니 어이 인생이 덧없지 아니리오?"
- 김만중, 「구운몽」

→ 세속의 온갖 부귀영화를 누리던 양소유가 어느 날 갑자기 인생의 허무함을 느끼는 장면이다. 이 허무함은 백 년 후에는 자신의 자취가 남아 있지 않을 정도로 변할 것이라고 예상하는 데서 유발된다. "ⓒ은 '**상전벽해(桑田碧海)**'라는 단어와 관련이 있다."가 정답지였다.

① 황석영의 소설「삼포 가는 길」에서 정씨는 10년 만에 고향인 삼포로 가려고 한다. 그러나 기차역에서 만난 노인은 삼포가 완전히 변해 바다 위로 신작로가 나고 관광호텔을 짓느라 트럭이 수십 대씩 돌을 실어 나르고 있다고 말한다. '**상전벽해**'라는 말이 어울릴 만큼 예전의 고향 모습을 찾을 수 없게 변해 버린 것이다.

② 어릴 때 고향을 떠나온 사람들이 나이 들어 고향에 가면 '**상전벽해**'를 경험하곤 한다. 과거에는 논과 밭뿐이었던 지역에 커다란 상점과 빌딩이 들어서 있기 때문이다.

005

前人未踏 **전인미답**

이전 / 사람 인(인간) / 못하다 미(미완성) / 답사

한자의 의미
앞 **전**, 사람 **인**, 아닐 **미**, 밟을 **답**

이전 사람들은 답사해 보지 못했음.
윤 전대미문, 전무후무

사전적 의미 이제까지 그 누구도 가 보지 못하고, 손을 대어 본 일이 없음.

㉠에 가장 가까운 것은? ▶2004학년도 6월 고3 모의평가

㉠아직까지는 아무도 규명해 내지 못한 생명의 역동적 과정을 인공생명론에서 설명하게 될 경우 생물학의 한계를 보완해 줄 것으로 기대되고 있다.

→ ㉠은 생명의 역동적 과정에 대해 아직까지는 그 누구도 발을 들여놓은 사람이 없다는 것으로 '**전인미답**'과 통한다.

① 피겨 스케이팅의 김연아 선수는 2010밴쿠버 올림픽에서 228.56점이라는 **전인미답**의 기록으로 우승한 바 있다.

② 내가 태어난 이래 단 하루도 똑같은 날이 없었고, 앞으로도 그럴 것이다. 이런 의미에서 우리는 모두 **전인미답**의 인생을 산다고 볼 수 있다.

006 悲憤慷慨 비분강개

1단계 친숙한 어휘로 익히기

비통 / 분하다 / 강개하다

비통하고 분하여 강개함.
(불의를 보고 의기¹가 북받쳐 슬퍼하고 원통해 함).

한자의 의미
슬플 **비**, 분할 **분**, 슬플 **강**, 슬퍼할 **개**

사전적 의미 슬프고 분한 느낌이 마음속에 가득 차 있음.

2단계 기출문제로 확인하기

㉠에 나타난 민 영감의 심정을 표현한 것은?

▶ 2005학년도 9월 고3 모의평가

> 민 영감은 어릴 때부터 매우 영리하고 총명하며, 말을 잘하였다. ㉠특히 옛사람의 기이한 절개나 거룩한 발자취를 흠모하여 이따금 의기가 북받쳐서 흥분하기도 하였다. 그들의 전기를 읽을 때마다 한숨 쉬며 눈물 흘리지 않은 적이 없었다.
>
> – 박지원, 「민옹전」

→ ㉠에서 '민 영감'이 옛사람의 전기를 읽을 때마다 한숨 쉬며 눈물 흘린 이유는 '의기'가 북받쳐 오르는 것을 느꼈기 때문이다. 따라서 답은 '**비분강개**'였다.

3단계 대표사례로 다지기

'비분강개'는 슬프고 분함을 뜻하는 '비분'과, 의롭지 못한 것을 보고 의기가 북받쳐 원통하고 슬픔을 뜻하는 '강개'가 합쳐진 말이다. 1910년 일본에 국권을 빼앗기자 황현은 **비분강개**를 이기지 못해 「절명시」(목숨을 끊으며 지은 시라는 뜻)를 남기고 자살하였다.

007 刻骨痛恨 각골통한

1단계 친숙한 어휘로 익히기

조각 / 뼈 골(골격) / 고통 / 원한

뼈에 조각할 만큼 고통스러운 원한
→ 한탄함.

한자의 의미
새길 **각**, 뼈 **골**, 아플 **통**, 한 **한**

사전적 의미 뼈에 사무치도록 마음속 깊이 맺힌 원한

2단계 기출문제로 확인하기

문맥상 ⓐ를 가장 잘 나타낸 것은?

▶ 2015학년도 6월 고3 모의평가 국어 A형

> [앞의 내용] '나'는 건우 할아버지에게서 섬의 내력에 대해 듣게 된다. 섬은 일제 시대에는 일본 회사의 소유였고, 광복 이후에는 국회의원, 유력자 등으로 소유자가 계속 바뀐다.
> "이 꼴이 되고 보니 선조 때부터 둑을 맨들고 물과 싸워 가며 살아온 우리들은 대관절 우찌 되는기요?"
> 그(건우 할아버지)의 꺽꺽한 목소리에는, 건우가 지각을 하고 꾸중을 듣던 날 "나릿배 통학생임더." 하던 때의, 그 무엇인가를 저주하듯 한 감정이 꿈틀거리고 있는 것 같았다. ⓐ얼마나 그들의 땅에 대한 원한이 컸던가를 가히 짐작할 수가 있었다.
>
> – 김정한, 「모래톱 이야기」

→ ⓐ에서는 외부 세력에 의해 삶의 터전을 빼앗겨 온 섬사람들의 한스러움을 말하고 있다. 대단히 큰 원한을 뜻하는 '**각골통한**(刻骨痛恨)'이 정답이었다.

① 「홍길동전」의 길동은 총명하고 재주가 뛰어났지만 천비[2]의 몸에서 태어난 신분 때문에 아버지를 아버지라 부르지도 못했고, 하인들에게조차 천대[3]를 받았다. 길동은 이와 같은 자신의 처지를 한스럽게 여겼는데, 이것이 바로 '각골통한'이다.

② 지금 열심히 공부하지 않으면 나중에 '각골통한' 할 수 있으니 열심히 공부합시다!

008 刻骨難忘 각골난망

조각 / 뼈 골(골격) / **어렵다 난**(곤란) / **잊다 망**(망각)

한자의 의미
새길 **각**, 뼈 **골**, 어려울 **난**, 잊을 **망**

뼈에 조각할 정도로 잊기 어려움. → 은혜를 잊지 않음.

유 백골난망, 결초보은

사전적 의미
은혜가 뼈에 새길 만큼 커서 잊히지 아니함.

㉠에 들어갈 한자 성어로 적절한 것은?　　　　　▶ 2012학년도 3월 고2 전국연합학력평가

[앞의 내용] 중국으로 가던 이화는 예전에 죽이지 못한 암여우가 자신을 죽일 것을 예감하고 슬퍼한다. 이때 이여백의 혼이 나타나 살아날 방도를 알려 준다.

　이화가 매우 기뻐하며 소리 죽여 말하기를,

　"바라지도 않았는데 나라 바깥에까지 이르러 은근히 살 길을 두 번씩이나 가르쳐 주니 은혜가 진실로 ___㉠___ (이)라."

하고, 다른 세상에서 은혜 갚기를 기약하고 서로 이별하였다.

　　　　　　　　　　　　　　　　　　　　　　　　　　　　　　－ 작자 미상, 「이화전」

→ 죽을 만한 상황에서 살아날 방도를 알려 준 사람에게 고마움을 표현하는 말이므로, ㉠에는 죽어서도 은혜를 잊지 않겠다는 뜻의 '**각골난망(刻骨難忘)**'이 들어가는 것이 적절하다.

그동안 보살펴 주신 선생님의 은혜는 실로 **각골난망**입니다.

※ '각골'(뼈에 새김)로 시작되는 '각골난망'과 '각골통한'. 전자는 그만큼 고마움을, 후자는 그만큼 고통스러움을 강조한다는 것도 알아 두자!

어휘력 일취월장 노트	친숙한 어휘로 익히기	대표 사례로 다지기
[1]의기(義氣)	정**의**감에서 나오는 **기**운	독립투사들의 의기
[2]천비(賤婢)	**천**한 노**비**	길동은 천비의 몸에서 난 서자였다.
[3]천대(賤待)	**천**한 **대**우를 받음.	개, 돼지만도 못한 천대를 받았다.

孤立無援 고립무원

1단계
친숙한 어휘로
익히기

고아 / 고립 / 없다 무(전무¹하다) / 지원받다

고아처럼 고립되어 지원을 받을 데가 없음.
→ '고립'으로 바꿔 읽으면 의미가 통함.

한자의 의미
외로울 **고**, 설 **립**, 없을 **무**, 도울 **원**

사전적 의미
고립되어 도움을 받을 데가 없음.

2단계
기출문제로
확인하기

ⓐ에 나타난 숙향의 처지를 나타내는 말은?

▶ 2007학년도 9월 고3 모의평가

[앞의 내용] 피란길에서 부모를 잃은 숙향은 우연히 장 승상을 만나 수양딸이 되지만, 도둑 누명을 쓰고 쫓겨나게 된다.

(숙향이) 한 곳에 다다라 문득 보니 큰 강이 있으니 이는 표진강이었다. ⓐ어찌할 바를 몰라 강변을 헤매다가 날은 저물고 행인은 드문지라 사면을 돌아봐도 의지할 곳이 없는지라, 하늘을 우러러 통곡하다가 〈하략〉

– 작자 미상, 「숙향전」

→ 장 승상 댁에서 쫓겨난 숙향은 어찌할 바를 모르고 강변을 헤맨다. 어려서 부모를 잃은 외톨이라서 갈 곳도 없고 의지할 데도 없는, **고립무원**의 처지이기 때문이다.

3단계
대표사례로
다지기

염상섭의 소설 「삼대」에서, 조상훈은 부친이 있는 안방으로 들어갈 수도 없고 아들 또래들이 있는 아랫방에도 갈 수 없는 처지에 놓이게 된다. 상훈의 이러한 상황에 잘 어울리는 말이 **고립무원**이다.

四顧無親 사고무친

1단계
친숙한 어휘로
익히기

사방 / 돌아보다 고(삼고*) / 없다 무(전무하다) / 친척
*삼고 : 세 번 돌아봄.

사방을 돌아봐도 친척이 없음. 圄 고립무원

한자의 의미
넉 **사**, 돌아볼 **고**, 없을 **무**, 친할 **친**

사전적 의미
의지할 만한 사람이 아무도 없음.

2단계
기출문제로
확인하기

㉠과 같은 상황을 나타낼 수 있는 말로 가장 적절한 것은?

▶ 2013학년도 3월 고3 전국연합학력평가 국어 A형

[앞의 내용] 정유재란이 일어나자 최척의 가족은 뿔뿔이 흩어지게 된다. 아내 옥영은 왜병에게 잡혀 일본으로 가고, 최척은 홀로 중국으로 간다.

여유문은 이런 최척을 의롭게 여기고 다시 결혼 이야기를 꺼내지 않았다. 그러나 그해 겨울, 여유문이 병들어 죽었다. 또다시 ㉠의탁²할 곳이 막막하게 된 최척은 강호(江湖)를 떠돌며 두루 명승지를 유람하였다.

– 조위한, 「최척전」

→ 가족과 헤어져 이국 땅 중국으로 간 최척은 의지하며 지내던 여유문이 죽자 의탁할 곳이 없어진다. **사고무친**의 신세가 된 것이다.

① **사고무친**의 외로운 신세

② 김진형이 지은 유배 가사 「북천가」에 '**사고무친** 고독단신 죽는 줄 그 뉘 알리.'란 구절이 있다. 타 지역으로 유배를 가면 의지할 곳이 없는 **사고무친**의 처지에 있게 된다.

011

進退兩難 진퇴양난

1단계
친숙한 어휘로 익히기

전진 / 후퇴 / 양쪽 / 난관

전진과 후퇴, 양쪽 모두 난관에 부딪침.
→ '딜레마'와 의미가 통함.

한자의 의미
나아갈 **진**
물러날 **퇴**
둘 **양**
어려울 **난**

사전적 의미
나아갈 수도 물러설 수도 없는 궁지[3]에 빠짐.

2단계
기출문제로 확인하기

ⓐ에 나타난 '공'의 상황과 가장 잘 어울리는 말은?   ▶2009학년도 수능

[앞의 내용] 공은 아들을 박 처사의 딸과 혼인시키기로 하고, 정해진 날에 금강산으로 박 처사를 찾아간다. 그러나 며칠을 헤매도 만나지 못해 당황한다.

　공이 웃으며 말했다.
　"이미 지나간 일이라. ⓐ그저 돌아가도 남에게 웃음을 면하지 못할 것이요, 돌아가지 않은즉 허황함이 막심한지라. …"
　　　　　　　　　　　　　　　　　　　　　　　　　　　　　　　　　　　－ 작자 미상, 「박씨전」

→ 공은 아들의 혼인을 치르지 못하고 그냥 돌아가게 되면 남에게 웃음거리가 될 것이고, 돌아가지 않고 계속 금강산을 헤맨다고 해도 박 처사를 찾을 가능성이 없어, 이러지도 저러지도 못하는 **진퇴양난**의 상황에 빠져 있다.

3단계
대표사례로 다지기

이럴 수도 없고 저럴 수도 없는 **진퇴양난**의 길에 빠졌다.

'진퇴양난'의 유의어
－곤란한 경지에 처함.

• **진퇴유곡(進退維谷)** : 전진해도 후**퇴**해도 오직(維 : 오직 유) 계곡뿐임.
　→ 이러지도 저러지도 못하고 꼼짝할 수 없는 궁지에 몰림.
• **사면초가(四面楚歌)** : 전후좌우의 **사면**(모든 방면)에서 들리는 **초**나라의 노래(**가요**)
　→ 아무에게도 도움을 받지 못하는, 외롭고 곤란한 지경에 빠진 형편
• **고립무원(孤立無援)** : **고**아처럼 고립되어 지원을 받을 데가 없음(전**무**함).
• **사고무친(四顧無親)** : **사**방을 돌아봐도(삼고) **친**척이 없음(전**무**함).

어휘력 일취월장 노트	친숙한 어휘로 익히기	대표 사례로 다지기
[1]**전무(全無)**	**전**혀 없음.	이 섬에는 의료 시설이 <u>전무</u>하다.
[2]**의탁(依託)**	**의**지하여 맡김(**탁**아, **탁**아소).	몸을 <u>의탁</u>할 곳이 없다.
[3]**궁지(窮地)**	**궁**한(궁핍한, 곤궁한) 처**지**	<u>궁지</u>에 몰린 쥐

輾轉反側 전전반측

돌아눕다 전 / 전전하다* / 반대로 / 좌측

돌아누워 전전하다가 반대로 좌측으로 움직임.
→ 잠을 이루지 못함. *전전하다 : 이리저리 옮겨 다니다.

한자의 의미
돌아누울 **전**, 구를 **전**, 돌이킬 **반**, 곁 **측**

사전적 의미 누워서 몸을 이리저리 뒤척이며 잠을 이루지 못함.

다음 글에서, 성진은 팔 선녀가 눈앞에 아른거려 밤이 깊도록 (　　　　)한다. 빈칸에 들어갈 한자 성어는?

▶2003학년도 12월 고1 전국연합학력평가

> 　성진이 돌아와 밤에 혼자 빈방에 누우니 팔 선녀의 말소리가 귀에 쟁쟁하고 얼굴빛은 눈에 아른거려 앞에 앉아 있는 듯, 옆에서 당기는 듯 마음이 황홀하여 진정치 못하다가 〈중략〉 이럭저럭 잠을 이루지 못하여 밤이 이미 깊었다. 눈을 감으면 팔 선녀가 앞에 앉았고 눈을 떠 보면 문득 간 데가 없었다.
>
> － 김만중, 「구운몽」

→ 성진은 낮에 만났던 팔 선녀가 눈앞에 아른거려 잠을 이루지 못하고 있다. 누워서 몸을 이리저리 뒤척이며 잠을 이루지 못한다는 뜻의 **전전반측**이 이와 같은 성진의 상황을 나타내기에 알맞다.

① 걱정도 되고 생각도 많아서 밤새도록 잠을 못 이루고 **전전반측**하였다.

② 고전 소설 「최랑전」에서 태수는 갑자기 파직을 당해 최랑과 헤어지게 된다. 이때 밤새도록 **전전반측**하는 태수의 모습에서 최랑과의 이별을 안타까워하는 마음을 엿볼 수 있다.

'전전반측'의 유의어
－잠을 이루지 못함.

- 전전불매(輾轉不寐) : 돌아누워 **전전**하면서(이리저리 뒤척이면서) 잠을 자지(**매**) 못함(불가).
- 오매불망(寤寐不忘) : 잠에서 깨거나(**오**) 잠잘(**매**) 때에도 잊지(**망**각) 못함(불가).
  → 자나 깨나 잊지 못함.

寤寐不忘 오매불망

잠 깨다 오 / 잠자다 매 / 불가능 / 잊다 망(망각)

잠에서 깨거나 잠잘 때에도 잊는 것이 불가능함.
→ 임을 잊지 못함. 逾 전전반측, 전전불매

한자의 의미
잠 깰 **오**, 잘 **매**, 아닐 **불**, 잊을 **망**

사전적 의미
자나 깨나 잊지 못함.

ⓐ의 상황을 나타내는 말로 가장 적절한 것은? ▶2013학년도 9월 고3 모의평가

[앞의 내용] 춘향은 변 사또의 수청 요구를 거부하다 감옥에 갇힌다. 이때 이몽룡이 나타나 감옥에서 춘향을 만난다.

(춘향이 이몽룡에게 하는 말이,) "서방님 이별 후에 ⓐ자나 누우나 임 그리워 일구월심(日久月深)* 한(恨)일러니, 이내 신세 이리 되어 매에 감겨 죽게 되니, 날 살리러 와 계시오?"

— 작자 미상, 「열녀춘향수절가」

*일구월심 : '날이 오래고 달이 깊어 간다'는 뜻으로, 세월이 흐를수록 더함을 이름.

→ 춘향이 이몽룡과 이별한 후에 자나 누우나 언제나 **오매불망** 이몽룡 생각만 하며 그리워했다고 말하는 대목이다.

① **오매불망** 그리운 임은 언제 내게 오실까.

② 「사미인곡」, 「속미인곡」, 「상사별곡」, 「동동」 등 남녀 간의 사랑을 노래한 작품들에는 **오매불망** 임을 그리워하는 화자의 모습이 나타난다.

014

鶴首苦待 학수고대

학 / 머리·목 수 / 고대하다

학의 목처럼 목을 길게 빼고 고대함.
→ 간절히 기다림.

한자의 의미
학 **학**, 머리 **수**, 쓸 **고**, 기다릴 **대**

사전적 의미 학의 목처럼 목을 길게 빼고 간절히 기다림.

㉠에 담긴 '감사'의 심리를 나타낸 말로 적절한 것은? ▶2012학년도 11월 고2 전국연합학력평가 국어 A형

[앞의 내용] 길동이 잡히지 않자 임금은 길동의 부친 홍 아무개와 이복형인 홍인형을 의금부에 가둔다. 그러자 인형은 길동을 잡겠다고 말한다.

임금이 다 듣고 감동하여 즉시 홍 아무개를 사면하고, 인형에게 경상 감사를 제수하면서 말했다.
"경이 만일 길동을 잡지 못하면 감사로서의 자질이 없다고 볼 것이니라. 일 년 기한을 주니 그 안에 잡아들이도록 하라."
인형이 수없이 절하며 감사하고 임금께 하직했다. 그리고 바로 그날로 경상 감사로 부임해서는 각 고을에 방을 붙였다. 〈중략〉
㉠감사는 이 방을 각 고을에 붙인 뒤 길동이 나타나기만을 기다리고 있었다. — 허균, 「홍길동전」

→ 길동이 나타나기만을 기다리는 감사의 심리를 나타내는 말로 적절한 것은 몹시 애타게 기다린다는 뜻의 '**학수고대**'이다.

『매3어휘』와 『매3비』, 『매3문』, 『매3문법』으로 공부하는 여러분 모두 희망하는 대학에 합격했다는 소식을 **학수고대**합니다.

015 百年河淸 **백년하청**

1단계
친숙한 어휘로
익히기

백년(100년) / **황하**(강) / **청정**

백 년을 기다려도 황하(강)의 물은 청정해지지 않음(황하는 늘 흐려 맑을 때가 없음).

한자의 의미
일백 **백**, 해 **년**, 물 **하**, 맑을 **청**

사전적 의미 아무리 오랜 시일이 지나도 어떤 일이 이루어지기 어려움을 이르는 말

2단계
기출문제로
확인하기

(김탁환 원작의 시나리오 「천둥소리」에서) 허균은, 광해군이 제안한 방법으로 새로운 세상이 온다는 것은 **백년하청**이라고 여겼다.
▶2004학년도 3월 고3 전국연합학력평가

3단계
대표사례로
다지기

실현 가능성이 없을 때(불가능할 때), 기다려 봤자 소용없는 상황일 때 **백년하청**이라는 말을 쓴다.

016 天壤之差 **천양지차**

1단계
친숙한 어휘로
익히기

하늘 천 / **땅 양**(토양) / **~의 지**(부자지간) / **차이**

하늘과 땅의 차이 → 아주 큰 차이

한자의 의미
하늘 **천**, 흙덩이 **양**, ~의 **지**, 다를 **차**

사전적 의미
하늘과 땅 사이와 같이 엄청난 차이

2단계
기출문제로
확인하기

다음 대화에 나타난 작중 상황에 대한 평가로 적절한 것은? ▶2004학년도 3월 고3 전국연합학력평가

> 허 균 : 전하께옵선 서얼과 천민과 과부와 승려를, 조정의 대신들과 같이 동등하게 대할 수가 있겠사옵니까? 백성은 죽어 가는데, 저 공리공론[1]만 일삼는 성리학자들을 하루아침에 내칠 수가 있겠사옵니까? 전하께선 그럴 수가 없사옵니다. 대동법 하나를 경기 일원에 시행하는 데 반 백년이 걸렸고, 서얼의 등용 문제 하나도 선왕의 뜻이라며 물리쳤던 전하가 아니십니까? 전하께 중요한 것은 왕실의 안위[2]지만, 백성에게 중요한 것은 천지개벽입니다. 신은 그것을 하고자 했사옵니다.
> 광해군 : (멍하니 보다가) 그래서 과인을 쳐야 했단 말이더냐?
> 허 균 : 그러하옵니다. 전하…….
> – 김탁환 원작 · 손영목 각색, 「천둥소리」

→ 광해군은 왕실의 안위를 중시하는 반면, 백성은 현재의 정치 권력을 뒤엎고 백성을 중심으로 하는 새로운 세상을 만들고자 한다. "허균은, 광해군이 중요하게 생각하는 것과 백성이 중요하게 생각하는 것 사이에 **천양지차**가 있다고 여기는군."이 적절한 평가로 답지에 제시되었다.

'천양지차'는 친구들과 말할 때 자주 쓰는 '천지 차이(하늘과 땅만큼의 차이)'와 같은 말이다. 지금 공부를 열심히 하고 안 하고가 수능 성적에 미치는 영향은 **천양지차**라고 할 수 있다.

017

換骨奪胎 **환골탈태**

1단계
친숙한 어휘로
익히기

바꾸다 환 / 뼈 골 / 뺏다 탈 / 태반
(변환하다)　(골자)　　(탈환)　(태아)

뼈를 바꾸고 태반을 탈바꿈함.
→ 완전히 바꿈.

한자의 의미
바꿀 **환**, 뼈 **골**, 빼앗을 **탈**, 아이 밸 **태**

사전적 의미 　(1) 고인의 시문[3]의 형식을 바꾸어서 그 짜임새와 수법이 먼저 것보다 잘되게 함. (2) 사람이 보다 나은 방향으로 변하여 전혀 딴사람처럼 됨.

2단계
기출문제로
확인하기

다음에 드러난 상황을 한자 성어를 이용하여 표현할 때, 가장 적절한 것은?

▶ 2011학년도 6월 고3 모의평가

> 원수가 잠소(潛笑)* 왈,
> "형(태수)이 과연 눈이 무디다 하리로다. 옛날 금주에서 소 먹이던 목동이었다가 양 승상의 둘째 사위가 된 이경작을 모르오?"
> 태수가 생각 밖이라. 깨닫지 못하여 가로되,
> "그 사람(원수 이경작)은 소관*의 동서러니, 금주를 떠난 지 벌써 십일 년이옵니다."
> "십일 년 못 보던 경작이 곧 나이니 형은 모름지기 의아치 마오."
> 설 태수가 어지러운 듯, 취한 듯하여 오래 말을 못 하더니 이에 자세히 보니 완연한* 경작이라. 놀라고 반가움을 이기지 못하여 〈하략〉
>
> – 작자 미상, 「낙성비룡」

*잠소 : 가만히 웃음.　　　*소관 : 관리가 자기를 낮추어 이르는 말.　　　*완연한 : 완전한, 뚜렷한.

→ 설 태수는 경작의 말을 듣고도 몰라보다가 다시 '자세히' 보고서야 경작임을 알아본다. 경작이 이전과는 달리 알아보기 어려울 정도로 전혀 딴사람이 되었기 때문이었다. 즉, 경작은 설 태수가 몰라볼 정도로 **환골탈태**해 있었던 것이다.

▶ 정답 : 설 태수가 경모를 보고 놀란 것은 경모가 **환골탈태**(換骨奪胎)했기 때문이야.

3단계
대표사례로
다지기

논술 잘 쓰는 법을 묻는 학생들에게 한마디로 답해 주기는 어렵지만 핵심은 '자신이 고민해서 쓴 글을 고쳐 쓸 것, 고쳐 쓸 때 다른 학생들이 쓴 글을 참고할 것, 전문가에게 첨삭[4] 받을 것'이다. 이렇게 해서 다시 쓴 글을 이전의 글과 비교해 보면 **환골탈태**한 모습을 만나게 될 것이다.

어휘력 일취월장 노트	친숙한 어휘로 익히기	대표 사례로 다지기
[1]**공리공론**(空理空論)	헛된(**공**약) 이론과 헛된(**공**약) **논**의	공리공론을 일삼다.
[2]**안위**(安危)	편**안**함과 **위**태함.	국가의 안위를 걱정하다.
[3]**시문**(詩文)	**시**가와 산**문**	옛 선비들은 시문을 짓는 일에 능통했다.
[4]**첨삭**(添削)	**첨**가하고 **삭**제함.	논술 첨삭을 받다.

千載一遇 천재일우

1단계 친숙한 어휘로 익히기

천 년 / 해 재 / 일 회 / 만나다 우(조우*)
(=년)   *조우 : 우연히 서로 만남.

천 년 동안 겨우 일 회(1회)만 만남.
→ 만나기 어려운 좋은 기회

한자의 의미
일천 **천**
실을 **재**
한 **일**
만날 **우**

사전적 의미
천 년 동안 단 한 번 만
난다는 뜻으로, 좀처
럼 만나기 어려운 좋은
기회를 이르는 말

2단계 기출문제로 확인하기

ⓒ과 잘 어울리는 것은?   ▶2000학년도 수능

　세종이 박연 등에게 조회에 사용할 아악을 정리하라고 명한 다음의 언급은 그러한 사정을 명
확히 보여 준다.
　내가 조회(朝會)에 사용할 아악을 창제하고자 하는데, 〈중략〉 ⓒ위와 아래에서 모두 하고자
하여도 시운(時運)이 불리한 때도 있는데, 지금은 나의 뜻이 먼저 정해지고 또 국가에도 별다른
일이 없는 좋은 기회이니 최선을 다해 이 일을 이루도록 하라.

→ ⓒ은 아무런 장애가 없는 좋은 기회라는 뜻이다. 따라서 '좀처럼 얻기 어려운 좋은 기회'를 이
　르는 '**천재일우**'와 잘 어울린다.

3단계 대표사례로 다지기

좀처럼 만나기 어려운 **천재일우**의 기회를 잘 살려야 한다.

**천재일우
고사**

중국 동진 시대의 학자인 원굉은 삼국 시대의 건국 명신 20명을 찬양한 글『삼국명신서찬
(三國名臣序贊)』을 남겼는데, 그중 위나라의 순문약을 찬양한 글에서 '**천재일우** 현지지
가회(千載一遇賢智之嘉會, 현명한 군주와 지모가 뛰어난 신하가 만나는 기회는 천 년에 한
번쯤이다.)'라고 하였다. 그러면서 "기회를 만나면 그 누가 기뻐하지 않으며, 이를 놓치면
그 누가 한탄하지 않겠는가."라고 했다.

千慮一失 천려일실

1단계 친숙한 어휘로 익히기

일천 번 / 생각하다 려 / 일 회 / 실수
　　　　　(사려)　　(일회성)

일천 번 생각에 일 회 실수함.

한자의 의미
일천 **천**, 생각할 **려**, 한 **일**, 잃을 **실**

사전적 의미 천 번 생각에 한 번 실
수라는 뜻으로, 슬기로운 사람이라
도 여러 가지 생각 가운데에는 잘
못되는 것이 있을 수 있음.

㉠에 담긴 '용왕'의 생각은 '**천려일실(千慮一失)**이라는데, 토끼의 마음이 상하지 않도록 해야겠어.'이다.

▶ 2010학년도 6월 고3 모의평가

> (토끼가) "제가 세상에 빨리 나가 간을 속히 가지고 오겠나이다."
> 용왕이 이 말을 들더니,
> "여봐라 별주부야. ㉠토공을 모시고 세상을 나가 간을 주거들랑 속히 가지고 오도록 하여라."
>
> – 작자 미상, 「수궁가」

→ 용왕은 ㉠에서 '토공'과 '모시고'라는 높임말을 사용하여 토끼를 높이고 있다. 간을 육지에 두고 왔다는 토끼의 말을 믿고, 토끼의 기분이 상하지 않게 함으로써 자신의 병을 고칠 간을 가져다줄 것으로 기대하는 것이다.

① 이번 일은 매우 중요한 만큼, **천려일실**의 잘못이라도 범하지 않기 위해 끝까지 최선을 다해야 한다.

② 오영진의 희곡 「맹 진사 댁 경사」에서, 진사 벼슬을 사서 양반 행세를 하는 맹 진사는 온갖 수단을 다 부려 딸 갑분이를 김 판서의 아들 미언에게 시집보내기로 한다. 그러나 김 판서 댁에 가서도 정작 신랑감을 보지 않고 돌아오는 **천려일실**을 하는 바람에, 신랑이 절름발이라는 헛소문에 속아 하녀 입분이를 미언과 결혼시키게 된다.

020

五里霧中 **오리무중**

오리(5리) / 안개 무(운무 : 구름과 안개) / 중앙

오 리(5리)에 걸쳐 낀 안개의 중앙에 있음.
→ 앞날을 전혀 알 수 없음.

한자의 의미
다섯 **오**, 마을 **리**, 안개 **무**, 가운데 **중**

사전적 의미   오 리나 되는 짙은 안개 속에 있다는 뜻으로, 무슨 일에 대하여 방향이나 갈피를 잡을 수 없음을 이르는 말

㉠의 상황에 대해 '딸의 행방이 **오리무중(五里霧中)**이다.'라고 표현한다면 적절할까?

▶ 2007학년도 11월 고1 전국연합학력평가

> 하루는 길동이 화살촉에 바를 약을 얻으러 망당산으로 향하더니 낙천 땅에 이르러는, 그곳에 부자 백용이란 사람이 있으니 일찍 한 딸을 두었으되, 재질이 비상하매 부모가 애중히 여기더니 하루는 광풍이 크게 일어나 딸이 간 데 없는지라. 백용 부부가 슬퍼하며 천금(千金)을 들여 사방으로 찾되 ㉠종적이 없는지라.
>
> – 허균, 「홍길동전」

→ 적절하다. ㉠은 백용 부부의 딸이 어디에 있는지 흔적이 없어 찾을 길이 없다는 뜻이므로, 딸의 행방이 '**오리무중**'이라고 말할 수 있다.

범인의 행방이 **오리무중**이라, 사건을 해결하기가 어렵다.

百尺竿頭 **백척간두**

1단계
친숙한 어휘로
익히기

백척(백 자) / 간두(긴 막대기의 끝)

한자의 의미	사전적 의미
일백 **백**	백 자나
자 **척**	되는 높은 장대 위에
낚싯대 **간**	올라섰다는 뜻으로,
머리 **두**	몹시 어렵고 위태로운
	지경을 이르는 말

백 척(= 3,030cm)이나 되는 간두(긴 막대기의 끝)

→ 위태로운 상황

2단계
기출문제로
확인하기

다음 글에서 백 소부가 처한 상황을 나타내는 한자 성어는?　▶2012학년도 9월 고3 모의평가

> [앞의 내용] 세력가인 배연령은 아들 득량이 백 소저와 혼인하기를 원하자 백 소부에게 그 뜻을 전하지만 거절당하고 크게 분노한다.
>
> 　(배연령이) 드디어 공부 좌시랑 황보박을 부추겨서, 평장사 백문현(=백 소부)이 비밀히 변방의 오랑캐와 결탁하여 사직을 위태롭게 꾀한다고 무고(誣告)*하게 하니, 천자가 크게 노하여 백 소부를 형리에게 부쳐 장차 죽이고자 하더라.　　　　　　　　　　　　　　　　　　－ 서유영, 「육미당기」
>
> 　*무고 : 거짓으로 꾸미어 고발하는 것.

→ 천자는 백 소부가 오랑캐와 결탁하여 나라를 위태롭게 한다는 거짓 고발을 믿고 크게 노하여 백 소부를 죽이려고 한다. 백 소부는 목숨이 위태로운 **백척간두**의 상황에 처한 것이다.

3단계
대표사례로
다지기

일본의 조선 침략으로 **백척간두**의 위기에 처했을 때 나라를 구한 이가 이순신 장군이다.

**'백척간두'의
유의어
– 매우 위태로운
처지**

- 풍전등화(風前燈火) : 바람(태풍) 앞(이전)에 있는 등잔의 불(화산, 화재)
- 초미지급(焦眉之急) : 눈썹(미간)이 탈(초조) 만큼 위급함.
- 누란지세(累卵之勢) : 여러 개를 쌓아 놓은(누적) 계란의 형세 [유] 누란지위(위기)
- 명재경각(命在頃刻) : 생명이 경각¹(아주 짧은 시간)에 있음(존재).
- 여리박빙(如履薄氷) : 얇은(천박) 얼음(빙수)을 밟는(이력) 것 같음(여전함).
- 일촉즉발(一觸卽發) : 일 회만 접촉해도 즉시 폭발할 것 같음.

命在頃刻 **명재경각**

1단계
친숙한 어휘로
익히기

생명 / 있다 재(존재) / 경각

한자의 의미	사전적 의미
목숨 **명**	목숨이 경각에 달렸다는
있을 **재**	뜻으로, 숨이 곧 끊어질 지
이랑 **경**	경에 이름. 거의 죽게 됨.
새길 **각**	

생명이 경각에 있음.

→ 매우 위태로운 상황임. [유] 백척간두

'특(사람 이름)'이 ㉠의 상황을 "(   )이었으나 겨우 도망했습니다."와 같이 표현했을 때, (   )에 들어갈 말은?　　▶2011학년도 수능

> "제(김 진사의 노비인 '특')가 혼자 산 속에서 지키고 있는데 많은 도적들이 갑자기 들이닥쳤습니다. ㉠박살날 것 같아 죽을 힘을 다해 달아나 겨우 목숨을 보존하게 되었습니다. 이 보물이 아니었다면 제가 어찌 이런 위험에 처했겠습니까?"
> 　　　　　　　　　　　　　　　　　　　　　　　　　　　　－ 작자 미상, 「운영전」

→ ㉠은 매우 위험하여 목숨이 위태로운 상황에서 겨우 목숨을 보존하였다고 말하는 부분이다. 이와 같이 아주 위태로운 상황을 나타내는 한자 성어는 '**명재경각**'이다.

「춘향전」의 절정은 어사출두 장면이다. 이 도령과의 사랑을 지키기 위해 변 사또의 수청 요구를 거부하고 죽기 직전의 상황, 즉 **명재경각**의 상황에서 이몽룡이 춘향을 구해 주었기 때문이다.

---

023 一擧兩得 일거양득

일거에 / 양쪽 / 획득

일거에(대번에, 단숨에) 양쪽을 다 획득함.
🔠 일석이조

한자의 의미
한 **일**, 들 **거**, 둘 **양**, 얻을 **득**

사전적 의미
한 가지 일을 하여 두 가지 이익을 얻음.

㉠과 가장 관계 깊은 말은?　　▶2007학년도 3월 고1 전국연합학력평가

> (천연 원료를 사용한 세제는) 세정력²이 떨어지고 보존 기간이 짧기 때문에 이러한 세제에 표백제나 광택제, 부식 방지제 등의 첨가물을 넣고 있다. 문제는 그 첨가물들이 환경 오염을 유발한다는 것이다. 따라서 세정력이 강하면서도 환경 오염을 유발하지 않는 ㉠무공해 세제의 개발이 절실히 요구된다.

→ ㉠의 무공해 세제는 세정력도 높이고 환경 오염도 유발하지 않는다는 점에서, 이것을 개발하면 한 가지 일을 하여 두 가지 이익을 얻는 '**일거양득**'의 효과를 거둘 수 있다.

① **일거양득**의 기회

② 『매3어휘』로 공부하면 어휘력도 기르고 국어 성적도 올리니 **일거양득**, 일석이조, 꿩 먹고 알 먹기라 할 수 있겠죠?!

어휘력 일취월장 노트	친숙한 어휘로 익히기	대표 사례로 다지기
¹**경각**(頃刻)	잠깐(식**경**)의 시**각**(시간)	생명이 경각에 달리다.
²**세정력**(洗淨力)	세탁을 정결하게(깨끗하게) 하는 능**력**	이 비누는 세정력이 뛰어나다.

生死岐路 생사기로

생사(삶과 죽음)의 기로(갈림길)

생사의 기로 → 삶과 죽음의 갈림길

한자의 의미
살 **생**, 죽을 **사**, 갈림길 **기**, 길 **로**

사전적 의미
사느냐 죽느냐 하는 갈림길

ⓐ를 가장 잘 나타낸 것은?
▶2014학년도 9월 고3 모의평가 국어 A형

> (이인국의) 이십 대 홍안을 자랑하던 젊음은 어디로 사라진 것인지 머리카락도 반백이 넘었고 이마의 주름은 깊어만 간다. 일제 시대, 소련군 점령하의 감옥 생활, 6·25 사변, 38선, 미군 부대, 그동안 몇 차례의 ⓐ아슬아슬한 죽음의 고비를 넘긴 것인가.
> — 전광용, 「꺼삐딴 리」

→ ⓐ는 이인국이 시대 변화를 겪으면서 만난 죽음의 고비를 말한다. 「꺼삐딴 리」는 주인공 이인국이 **생사기로**의 상황에서도 변신을 거듭하며 출세를 지향하는 모습을 통해 '기회주의적인 인물에 대한 풍자와 비판'에 초점을 맞춘 소설이다.

① **생사기로**에 서다.   ② **생사기로**의 아찔한 순간

起死回生 기사회생

재기 / 사망 / 회복 / 생명

사망할 뻔했는데 재기하여 생명을 회복함.
⑨ 구사일생

한자의 의미
일어날 **기**, 죽을 **사**, 돌아올 **회**, 날 **생**

사전적 의미
거의 죽을 뻔하다가 도로 살아남.

㉠에 대한 설명으로 적절한 것은?
▶2010학년도 9월 고3 모의평가

> 강남홍은 다시 돌아보지 않고 칼을 거뒀다. 원래 강남홍의 검법은 깊고 얕음이 있어서 다만 투구만 깨뜨릴 뿐 사람을 다치게 하지는 않았다. 그러나 뇌천풍은 이미 ㉠정신을 차리지 못하여 자기 머리가 없음을 의심하니 다시는 싸울 생각을 하지 못하고 급히 말을 돌려 자신의 진영으로 달아났다.
> — 남영로, 「옥루몽」

→ ㉠은 뇌천풍이 강남홍과의 대결에서 패하고 겨우 목숨만 부지해 도망가는 상황이다. 이와 관계 깊은 한자 성어는 '**기사회생**'이라 할 수 있다.
▶정답: 뇌천풍은 **기사회생(起死回生)**하여 본진으로 돌아갔다.

축구 예선전에서 우리 팀은 내내 뒤지다가 종료 직전에 골을 넣어 **기사회생**했다.

苟斂誅求 **가렴주구**

1단계
친숙한 어휘로
익히기

가혹 / **추렴**(돈을 거두어들임.) / **주구하다***
*주구하다 : 관청에서 백성의 재물을 강제로 빼앗다.

(세금을) 가혹하게 추렴하고, 재물을 강제로 빼앗음.
윤 **수탈, 가정맹어호**[1]

한자의 의미
가혹할 **가**, 거둘 **렴**, 벨 **주**, 구할 **구**

사전적 의미
세금을 가혹하게 거두어들이고, 무리하게 재물을 빼앗음.

2단계
기출문제로
확인하기

㉣과 관련된 한자 성어로 적절한 것은?　　　▶2006학년도 6월 고2 전국연합학력평가

　　관청에서는 여분의 저축이 없어 일만 있으면 한 해에도 두 번씩이나 조세를 부과하는데, 지방의 수령들은 그것을 빙자하여 키질*하듯 ㉣가혹하게 거두어들이는 것 또한 끝이 없다. 그런 까닭에 백성들의 시름과 원망은 고려 말보다 더 심한 상태이다.
　　　　　　　　　　　　　　　　　　　　　　　　　　　　　　　　　　– 허균, 「호민론(豪民論)」

*키질 : 키(곡식의 쭉정이를 골라내는 도구)로 곡식을 까부르는 일.

→ 지방의 수령들이 백성들의 형편을 무시하고 조세를 가혹하게 거두어들이는 것은 '**가렴주구**'라는 말로 나타낼 수 있다.

3단계
대표사례로
다지기

① 「춘향전」에는 어사가 된 이몽룡이 변 사또의 생일잔치에 나타나 한시를 지어 **가렴주구**를 일삼는 변 사또를 비판하는 대목이 나온다.
② 동학 농민 운동은 고부 군수 조병갑의 지나친 **가렴주구**로 인해 농민층의 분노가 폭발하여 일어난 것이다.

정약용의 한시에서 엿볼 수 있는 '가렴주구' 비판

❶ 정약용, 「고시」 8

제비 한 마리 처음 날아와
지지배배 그 소리 그치지 않네.
말하는 뜻 분명히 알 수 없지만
집 없는 서러움을 호소하는 듯
"느릅나무 홰나무 묵어 구멍 많은데
어찌하여 그 곳에 깃들지 않니?"
제비 다시 지저귀며 / 사람에게 말하듯
"느릅나무 구멍은 황새가 쪼고
홰나무 구멍은 뱀이 와서 뒤진다오."

→ 집 없는 서러움을 호소하는 제비(백성)를 통해 백성들이 괴로운 이유는 관료(황새, 뱀)의 횡포 때문이라며 탐관오리의 **가렴주구**를 비판하고 있다.

❷ 정약용, 「탐진촌요」

새로 짜낸 무명이 눈결같이 고왔는데
이방 줄 돈이라고 황두가 뺏어 가네.
누전 세금 독촉이 성화같이 급하구나.
삼월 중순 세곡선[2]이 서울로 떠난다고.

→ 탐관오리(황두)의 횡포(새로 짜낸 무명을 뺏어 감)와 세금 독촉으로 인해 어렵게 살아가는 탐진 마을의 백성들을 통해 **가렴주구**를 비판하고 있다.

어휘력 일취월장 노트	친숙한 어휘로 익히기	대표 사례로 다지기
[1]**가정맹어호** (苛政猛於虎)	**가**혹한 **정**치는 **호**랑이보다(於:보다 **어**) 사나움(**맹**수).	공자는 호랑이에게 물리는 것보다 세금이 더 무서워 산속을 떠나지 못하는 백성 이야기를 듣고 '가정맹어호'라고 하였다.
[2]**세곡선**(稅穀船)	**세**금으로 바치는 **곡**식을 실어나르는 **선**박	예전에 세곡선이 드나들던 곳

立身揚名 **입신양명**

입신출세(성공하여 세상에 이름을 떨침) / **고양** / **명성**

입신출세하여 명성을 고양함(높임).
→ 출세함.

한자의 의미
설 **입**, 몸 **신**, 날릴 **양**, 이름 **명**

사전적 의미
출세하여 이름을 세상에 떨침.

고전 소설 「구운몽」에서, '성진은 양 처사의 외아들 양소유로 태어나서 출장입상(出將入相)하기까지 여러 가지 난관을 극복한 끝에 승상이 된다'. 이를 바꾸어 말하면 '(　　　　)하려는 양소유의 의지가 방해를 받았다.'라고 할 수 있다. ▶2008학년도 6월 고2 전국연합학력평가

→ 문맥상 (　　　　)에는 '출장입상'과 유사한 뜻을 지닌 말이 들어가야 한다. '출장입상'은 나가서는 장수가 되고 들어와서는 재상이 된다는 뜻으로, '출세하다(**입신양명**하다)'와 의미가 통한다.

유교 사상이 지배했던 조선의 선비들은 과거에 급제하여 **입신양명**하는 것이 큰 과제였다. 따라서 고전 소설에는 **입신양명**하려는 의지를 보여 주는 인물(양소유, 홍길동, 이몽룡 등)이 많이 등장한다.

錦衣還鄉 **금의환향**

비단 금(금수강산) / **의복** / **귀환** / **고향**

비단으로 된 의복을 입고 고향에 귀환함.
→ 성공하여 고향에 돌아옴.

한자의 의미
비단 **금**
옷 **의**
돌아올 **환**
시골 **향**

사전적 의미
비단옷을 입고 고향에 돌아온다는 뜻으로, 크게 성공하여 고향에 돌아옴을 비유적으로 이르는 말

[B]에 담긴 인물의 심리를 설명한 것으로 가장 적절한 것은?
▶2013학년도 3월 고2 전국연합학력평가 국어 A형

행장¹이 차려지자 낭자(숙영낭자)는 다시 강경²한 다짐을 선군에게 하면서,

[B] 　「"낭군께서 이번 과거에 급제하시지 못하고 낙방거사(落榜居士)*가 되어 돌아오신다면 저는 결코 살지 아니할 것이옵니다. 하오니, 다른 잡념 일체를 버리시고 오직 시험에 대한 일념으로 상경(上京)하셔서 꼭 급제하여 돌아오시기 바라옵니다."

- 작자 미상, 「숙영낭자전」

*낙방거사(落榜居士) : 과거 시험에 떨어진 선비.

→ [B]에서 낭자(숙영낭자)는 남편 선군에게 반드시 과거에 급제하여 돌아오라고 당부하고 있다. 선군이 **금의환향(錦衣還鄉)**하기를 바라는 간절한 마음을 드러낸 것이다.

① 과거 시험에서 장원급제한 선비들은 어사화(임금이 내린 종이꽃)를 꽂고 **금의환향**했다.

② 영웅 소설 「유충렬전」의 주인공 유충렬은 간신 정한담의 박해[3]로 죽을 위기에 처한다. 그러나 도술을 배워 마침내 천자를 구출하고 반란군을 물리친 후 **금의환향**하여 가족과 재회한다.

※ '금의야행(錦衣夜行)[4]'과 헷갈리지 않도록 하자!

029 好衣好食 호의호식

좋다 호(양호) / **의복** / **좋다 호(양호)** / **식사**

좋은 의복과 좋은 식사

⑨ 호강

한자의 의미
좋을 **호**, 옷 **의**, 좋을 **호**, 밥 **식**

사전적 의미
좋은 옷을 입고 좋은 음식을 먹음.

ⓐ의 상황에 어울리는 말은?

▶ 2008학년도 11월 고2 전국연합학력평가

[앞의 내용] 왕과 보만후 사이에서 난 왕자는 태어나자마자 정덕후 등의 간계로 버려진 후, 소에게 삼켜져 금송아지로 다시 태어난다. 왕은 금송아지가 자신의 자식인 줄 모른 채 신기하게 여겨 아끼고 사랑한다. 한편 보만후는 하루에 밀 한 섬씩을 가는 형벌을 받는다.

(보만후가 금송아지에게 말하기를) "…너는 정전(正殿)에서 왕을 모시고 ⓐ한가히 놀며 좋은 음식을 먹되, 나는 이 초옥에 홀로 있어 〈중략〉 배는 고파 피골이 상접하여 반 귀신이 되었으니, …"

– 작자 미상, 「금송아지전」

→ 보만후는 사람인 자신과 달리 금송아지는 한가하게 놀면서 좋은 음식을 먹는다고 말하고 있다. 웬만한 사람보다도 좋은 음식을 먹는 금송아지의 상황에 어울리는 한자 성어는 '**호의호식**'이다.

① 그는 평생 가난을 모르고 **호의호식**하며 지냈다.

② 놀부는 악하지만 **호의호식**한 반면, 흥부는 어질지만 먹을 것이 없어 굶주렸다.

어휘력 일취월장 노트	친숙한 어휘로 익히기	대표 사례로 다지기
[1]**행장**(行裝)	**여행**할 때의 **차림**(치**장**, **장**식)	**행장**을 풀다.
[2]**강경**(强硬)	**강**하게 **경**직됨. → 굽히지 않음. 반 유화, 연약	**강경** 대응, **강경** 발언
[3]**박해**(迫害)	구**박**하고 **해**를 입힘.	종교적 **박해**
[4]**금의야행**(錦衣夜行)	비단으로 된 의복(**금의**)을 입고 **야**밤에 **행**동함. → 아무 보람이 없는 일을 함.	**금의**환향을 못한다고 해서 **금의야행**해서는 안 된다.

030   伯仲之勢 **백중지세**

1단계
친숙한 어휘로 익히기

백형 / 중형 / ~의 지(부자지간) / 형세

백형(큰형)과 중형(둘째 형)의 형세[1]
→ 비슷비슷한 형세

한자의 의미
맏(첫째) **백**, 버금(둘째) **중**, ~의 **지**, 형세 **세**
사전적 의미
서로 우열을 가리기 힘든 형세

2단계
기출문제로 확인하기

ⓛ의 의미로 적절한 것은?   ▶2006학년도 6월 고1 전국연합학력평가

> 계화 용홀대를 보니, 머리에 용봉쌍학(龍鳳雙鶴) 투구를 쓰고, 몸에 황금 갑옷을 입고, 허리에 진홍색 보호대를 두르고, 손에 금강도를 들었거늘, ⓛ서로 싸워 사십여 합에 승부를 모르더니, 계화의 칼이 번듯하며, 용홀대의 머리 검광을 좇아 말 아래에 내려지니, 계화 그 머리를 칼끝에 꿰어 들고 좌우충돌하야 사방으로 달리니, 모든 장졸[2]이 혼비백산*하야 일시에 항복하니,
>   – 작자 미상, 「박씨전」
>
> *혼비백산 : 매우 놀라서 정신이 없음.(☞p.182)

→ 계화(박씨 부인의 여종)와 용홀대(오랑캐의 장수)의 대결 장면으로, 서로 승부를 가리기 힘든 상황이다. 계화와 용홀대의 칼싸움 실력이 '**백중지세**'인 것이다.

3단계
대표 사례로 다지기

① 일본 축구 선수 팀의 실력이 향상되면서 한국과 **백중지세**를 보이고 있다.
② 선거 때마다 승부를 예측할 수 없는 **백중지세**인 지역이 있고, 그 지역에 대한 사람들의 관심은 아주 높을 수밖에 없다.

'백중지세'의 유의어
– 우열을 가리기 어려움.

- **막상막하(莫上莫下)** : 위(이상)도 없고(막역함), 아래(이하)도 없음(막역함).
- **대동소이(大同小異)** : 크게(대소)는 동일하고 작게(대소)는 차이가 남.
- **호각지세(互角之勢)** : 서로(상호) 크기와 길이가 같은 뿔(각도)의 형세
- **난형난제(難兄難弟)** : 누구를 형이라 하기도 어렵고(난해) 누구를 아우(형제)라 하기도 어려움(난해).
- **오십보백보(五十步百步)** : 오십 보(걸음)를 도망한 자나 백 보를 도망한 자나 도망갔다는 점에서는 차이가 없음.

어휘력 일취월장 노트	친숙한 어휘로 익히기	대표 사례로 다지기
[1]**형세(形勢)**	(일이 되어 가는) **형**편과 **기세** 〔유〕정세	형세가 불리하다.
[2]**장졸(將卒)**	**장**수(장군)와 병**졸**	장졸들은 하나가 되어 싸웠다.

囊中之錐 낭중지추

주머니 낭 / **중간** / **~의 지** / **송곳 추**
(염낭)　　　　　(부자지간)

한자의 의미
주머니 **낭**, 가운데 **중**, ~의 **지**, 송곳 **추**

사전적 의미　재능이 뛰어난 사람은 숨어 있어도 저절로 사람들에게 알려짐을 이르는 말

주머니 중간의 송곳(은 삐져나오게 되어 있음).
→ 뛰어난 사람은 눈에 띄게 되어 있음. 윤 출중

ⓐ와 관련이 깊은 것은?

▶ 2007학년도 7월 고3 전국연합학력평가

> 정 소저*가 춘운에게 말하였다.
> "ⓐ보검*은 땅에 묻혔어도 그 빛이 별을 쏘고, 큰 조개는 바다 밑에 잠겨 있어도 빛이 신기루를 만드나니, 이 소저가 같은 땅에 있으면서도 우리가 일찍이 듣지 못하였으니 괴이하다."
>
> – 김만중, 「구운몽」
>
> *소저 : '아가씨'를 한문 투로 이르는 말.　　*보검 : 보배로운 칼.

→ 정 소저는 이 소저를 '땅에 묻힌 보검, 바다 밑에 잠긴 큰 조개'에 빗대어, 이 소저의 재능이 숨길 수 없을 정도로 출중하다고 말하고 있다. 이것은 아무리 감추려고 해도 감출 수 없다는 **'낭중지추'**와 관련이 깊다.

수년간 꾸준하게 노력한 전문가는 **'낭중지추'**처럼 그 모습이 드러나게 마련이다.

낭중지추 고사

『사기(史記)』의 '평원군전'에서 유래한 말이다.

진나라의 공격을 받은 조나라는 구원군을 요청하러 가기 위해 수행원을 뽑는데, 19명을 뽑은 후 나머지 한 명을 뽑지 못해 고심한다. 이때 '모수'라는 사람이 자신을 데려가 달라고 한다. 평원군이 어이없어 하며, 재능이 뛰어난 사람은 마치 주머니 속의 송곳 끝이 밖으로 나오듯이 남의 눈에 드러나는 법인데 '모수'는 자신의 집에 온 지 3년이나 되었지만 단 한 번도 이름이 드러난 일이 없다고 한다.

이에 모수는 자신을 단 한 번도 주머니 속에 넣어 주지 않았기 때문이고, 이번에 주머니 속에 넣어 준다면 끝뿐만 아니라 자루까지 드러내 보이겠다고 한다. 이 말에 만족한 평원군은 모수를 수행원으로 뽑았고, 초나라에 도착한 평원군은 모수의 활약 덕분에 국빈으로 환대받고 구원군도 얻을 수 있었다고 한다.

'낭중지추'의 유의어
– 재능이 뛰어난 사람

• **백미(白眉)** : 백색(흰 색)의 눈썹(미간). 중국 촉나라의 마씨 형제가 모두 뛰어났는데, 그 중에서도 흰 눈썹을 지닌 '마량'이 가장 뛰어났다는 것에서 유래

• **군계일학(群鷄一鶴)** : 무리 지어(군중) 있는 닭(계란) 가운데 있는 한(일) 마리의 학

異口同聲 이구동성

1단계
친숙한 어휘로
익히기

다르다 이 / 입 구 / 같다 동 / 소리 성
(이질적) (구술) (동일하다) (함성)

입은 다르지만 소리는 같음. → 한결같은 목소리

한자의 의미
다를 **이**, 입 **구**, 한가지 **동**, 소리 **성**

사전적 의미   여러 사람의 말이 한결같음을 이르는 말

2단계
기출문제로
확인하기

ⓛ과 바꾸어 쓰기에 적절한 것은?   ▶2007학년도 6월 고3 모의평가

> [앞의 내용] 토번국이 당나라를 침공하자, 원수(양소유)는 전장에 나가게 된다.
>
> 원수 장졸을 모으고 문 왈,
> "너희들 밤에 무슨 꿈이 있더냐."
> ⓛ모두 답 왈,
> "꿈에 원수를 모시고 귀신 병졸과 더불어 싸워 이기고 장수를 생포[1]하였나이다. 이 필연 오랑캐를 멸할 징조[2]로소이다."
> 원수 크게 기뻐 자신의 꿈을 이르고 장졸을 거느려 백룡담으로 가 보니 〈하략〉
> — 김만중, 「구운몽」

→ 원수(장군)의 물음에 모든 장졸들이 '이기는 꿈을 꾸었으니, 오랑캐를 멸할 징조다.'라고 똑같이(한결같이) 말한다. 이렇게 여러 사람이 말하되 그 내용이 똑같은(한결같은) 경우를 '**이구동성**'이라고 한다.

▶ 정답 : 이구동성(異口同聲)으로

3단계
대표사례로
다지기

① 우리 반 전체가 **이구동성**으로 "사랑해요." 하고 말했다.

② 모든 사람이 그를 **이구동성**으로 칭찬한다.

③ '**이구동성** 게임'에서 단어의 앞부분이 제시되면 짝이 된 두 사람이 동시에 같은 단어(소리)를 말해야 이긴다.

어휘력 일취월장 노트	친숙한 어휘로 익히기	대표 사례로 다지기
[1]**생포**(生捕)	**생**명이 붙어 있는 상태로 체**포**함.	적을 생포하다.
[2]**징조**(徵兆)	**징**후와 **조**짐	좋은 징조를 보이다.

有口無言 유구무언

1단계
친숙한 어휘로
익히기

있다 유 / 입 구 / 없다 무 / 말씀 언
(유무) (구술) (전무하다) (발언)

입은 있으나 말이 없음. → 변명할 말이 없음.

한자의 의미
있을 **유**, 입 **구**, 없을 **무**, 말씀 **언**

사전적 의미   입은 있어도 말은 없다는 뜻으로, 변명할 말이 없거나 변명을 못함을 이르는 말

ⓔ의 상황에 어울리는 말이 '유구무언(有口無言)'이라고 한다면, 적절한 판단일까?

▶2008학년도 11월 고2 전국연합학력평가

어의(임금을 치료하던 의원) 금송아지를 집으로 데리고 나와 일러 말하기를,

"네가 비록 짐승이나 심상치* 아니한지라. ⓔ말은 못하여도 사람의 말을 들을지라. 이 길로 곧 서쪽 땅으로 달아나 몸을 피하라. 나는 개를 잡아 간을 드리리라."

금송아지 무수히 사례하고 즉시 서쪽 땅으로 가니라.

– 작자 미상, 「금송아지전」

*심상치 : 예사롭지.

→ 금송아지는 사람이 아니라 짐승이기 때문에 입이 있어도 인간의 말을 하지는 못한다. 이때 송아지가 '입은 있으나[유구(有口)] 말을 못한다[무언(無言)].'가 **유구무언**과 통하는 듯도 보이지만, '유구무언'이 나타내는 뜻은 '변명할 말이 없거나 변명을 못함.'으로, ⓔ의 상황과는 어울리지 않는다.

모두 내 잘못이니 **유구무언**일세.

034

緘口無言 **함구무언**

함구(입을 다물다) / **없다 무**(전무하다) / **언급**

함구하고 언급하지 않음.
→ 아무 말도 안 함.

한자의 의미
봉할 **함**, 입 **구**, 없을 **무**, 말씀 **언**

사전적 의미
입을 다물고 아무 말도 하지 않음.

ⓐ를 나타낸 말로 가장 적절한 것은?

▶2014학년도 9월 고3 모의평가 국어 B형

[앞의 내용] 임금이 국순('술'을 의인화)을 좋아하여 회의 때는 물론 밤에도 국순과 함께했다.

이후로 임금은 곤드레만드레 취하여 정사¹를 폐하게 되었다. 그러나 순은 ⓐ입을 굳게 다문 채 그 앞에서 간언²할 줄 몰랐다. 그리하여 예법을 지키는 선비들은 그를 마치 원수처럼 미워하게 되었다.

– 임춘, 「국순전」

→ 임금이 정사를 폐하게 될 정도면 신하는 죽음을 무릅쓰고라도 간언해야 한다. 그럼에도 불구하고 국순은 **함구무언**하여 선비들에게 미움을 받았던 것이다.

그 문제에 대해서는 마치 벙어리가 된 것처럼 **함구무언**으로 일관하고 있어 답답했다.

어휘력 일취월장 노트	친숙한 어휘로 익히기	대표 사례로 다지기
¹**정사**(政事)	**정**치나 행정에 관한 **사**무	임금이 정사를 돌보지 않다.
²**간언**(諫言)	(웃어른이나 임금에게) **간**하여 잘못을 고치도록 하는 말(**언**어)	충신은 임금께 간언을 한다.

衆口難防 **중구난방**

대중 / 입 구(구술) / 어렵다 난(난해) / 방어

대중의 입은 방어하기가 어려움.
→ 마구 떠듦.

한자의 의미
무리 **중**, 입 **구**, 어려울 **난**, 막을 **방**

사전적 의미 막기 어려울 정도로
여럿이 마구 지껄임을 이르는 말

ⓐ의 상황을 나타내는 말은? ▶2014학년도 수능 국어 A형

나(영수)는 동사무소로 갔다. 행복동 주민들이 잔뜩 몰려들어 자기의 의견들을 큰 소리로 말하고 있었다. ⓐ들을 사람은 두셋밖에 안 되는데 수십 명이 거의 동시에 떠들어대고 있었다. 쓸데없는 짓이었다. 떠든다고 해결될 문제는 아니었다.
— 조세희, 「난장이가 쏘아 올린 작은 공」

→ ⓐ는 행복동 주민들이 문제를 해결하기 위해 동사무소로 몰려와 수십 명이 동시에 떠들어대고 있는 상황이다. 여러 사람들이 한꺼번에 마구 떠드는 것을 '**중구난방**'이라고 한다.

① **중구난방**으로 떠들어 대다.

② **중구난방**으로 떠들면 무슨 말을 하는지 알아듣기 어려우니 한 사람씩 말해야 한다.

青天霹靂 **청천벽력**

푸르다 청(청산) / 하늘 천 / 벽력(=벼락)

푸르게 갠 하늘의 벼락
유 마른하늘에 날벼락

한자의 의미
푸를 **청**, 하늘 **천**, 벼락 **벽**, 벼락 **력**

사전적 의미 맑게 갠 하늘에서 치는 날
벼락이라는 뜻으로, 뜻밖에 일어난 큰 변
고나 사건을 비유적으로 이르는 말

[A]에서 이 도령의 말을 들은 춘향의 심정을 나타내는 말은? ▶2010학년도 7월 고3 전국연합학력평가

[A]
"그게 이를 말이냐. 사정이 그러하여 네 말을 사또께는 못 여쭙고 대부인 앞에 여쭈었더니 꾸중이 대단하시며 양반의 자식이 부형 따라 지방에 내려왔다가 기생첩 둘러 데려간다는 말이 앞길에도 괴이하고 조정에 들어가 벼슬도 못 한다 하니 이별이 될 수밖에 없구나."
춘향이 이 말을 듣더니 그 즉시 왈칵 성이 나서 얼굴빛이 변하면서, 머리를 흔들고 눈알을 휘돌리며 붉으락푸르락, 〈생략〉
— 작자 미상, 「춘향전」

→ 이 도령의 아버지가 서울로 가게 되자, 춘향은 자신도 이 도령을 따라 서울로 가게 될 것이라고 기대한다. 따라서 자신을 데려갈 수 없다는 이 도령의 말을 들은 춘향의 심정은 **청천벽력**이요, 마른하늘에 날벼락을 맞은 것과 같을 것이다.

① **청천벽력** 같은 소리 ② **청천벽력**과도 같은 소식에 유가족들은 정신을 잃었다.

風樹之嘆 풍수지탄

1단계
친숙한 어휘로 익히기

바람 풍(동풍) / **나무 수**(수목) / **~의 지** / **탄식**
(부자지간)

바람과 나무의 탄식
→ 부모가 이미 돌아가셔서 효도할 수 없을 때의 탄식

한자의 의미
바람 **풍**, 나무 **수**, ~의 **지**, 탄식할 **탄**

사전적 의미
효도를 다하지 못한 채 어버이를 여읜 자식의 슬픔을 이르는 말

2단계
기출문제로 확인하기

고시조에는 유교적 충효 사상을 읊은 작품이 많다. 정철은 부모에 대한 효(孝)를 강조하고 **'풍수지탄'**을 경계하는 다음의 시조를 남겼다. ▶ 2007학년도 9월 고1 전국연합학력평가

> 어버이 살아신 제 섬기기를 다하여라.
> 지나간 뒤면 애닯다 어찌하리
> 평생에 다시 못할 일이 이뿐인가 하노라.
> — 정철, 「훈민가」 제4수

→ 「훈민가」는 백성들에게 가르침을 주는 노래로, 여기서는 부모님이 돌아가신 후에 후회하지 말고 살아 계실 때 효도를 다하라고 권하고 있다.

3단계
대표 사례로 다지기

'풍수지탄'이란 말은 '나무가 고요하고자 하나 바람이 그치지 않고, 자식이 봉양하고자 해도 어버이는 기다려 주지 않아서[수욕정이풍부지 자욕양이친부대(樹欲靜而風不止 子欲養而親不待) 탄식한다.]'라는 옛말에서 나왔다. 부모님이 돌아가신 다음에 탄식하지 말고 살아 계실 때 효도를 하라는 말이다.

'탄식'의 뜻을 지닌 한자 성어

- **맥수지탄(麥秀之嘆)** : 보리(**맥**주)만 빼어나게(우**수**, **수**재) 자란 것을 **탄**식함. 기자(箕子)가 은나라가 망한 뒤에도 보리만은 잘 자라는 것을 보고 한탄하였다는 데서 유래하여, <u>고국의 멸망을 탄식함</u>을 이른다.

- **만시지탄(晚時之嘆)** : **시**기가 늦은(**만**추) 것을 **탄**식함. 기회를 놓쳤거나 <u>때가 늦었음을 탄식</u>한다는 뜻이다. '사후약방문(死後藥方文)¹' 역시 때가 늦었음을 나타내는 말이다.

- **망양지탄(亡羊之嘆)** : **양**을 잃고(도**망**) **탄**식함. 갈림길이 많아 잃어버린 양을 찾을 길이 없음을 탄식한다는 뜻으로, 학문의 길도 여러 갈래로 나뉘어져 있어 <u>길(진리)을 찾기 어려움</u>을 이른다.

- **망양지탄(望洋之嘆)** : 큰 바다(대**양**, 해**양**)를 바라보며(조**망**) **탄**식함. 어떤 일에 자기 자신<u>의 힘이 미치지 못하는 것을 탄식</u>한다는 뜻이다.

어휘력 일취월장 노트	친숙한 어휘로 익히기	대표 사례로 다지기
¹사후약방문(死後藥方文)	**사**망한 **후**에 **약** 처**방** 문구를 구함.	사후약방문이라고, 소 잃고 외양간 고치는 격이지.

虛張聲勢 허장성세

1단계 친숙한 어휘로 익히기

허풍 / 과장 / 고성 / 허세

허풍을 치며 과장하고 고성을 지르며 허세를 부림.
→ '허세'로 바꿔 읽으면 의미가 통함.

한자의 의미
빌 **허**, 베풀 **장**, 소리 **성**, 형세 **세**

사전적 의미 실속은 없으면서 큰소리치거나 허세를 부림.

2단계 기출문제로 확인하기

[C]의 상황에 어울리는 말은?

▶2008학년도 4월 고3 전국연합학력평가

[앞의 내용] 배비장은 한밤중에 기생 애랑을 만나기 위해 방자와 함께 개구멍으로 들어가다가 부른 배가 걸리고 만다. 이때 안에 들어간 방자가 배비장의 발을 힘껏 잡아당긴다.

[C]
　배비장 두 눈을 희게 뜨고 이를 갈며,
　"좀 놓아다고!"
하면서, 죽어도 문자(文字)는 쓰는 것이었다.
　"포복불입(飽腹不入)하니 출분이기사(出糞而幾死)로다.*"

– 작자 미상, 「배비장전」

* 포복불입하니 출분이기사로다. : 배가 불러 들어갈 수 없으니 똥이 나와 죽겠구나.

→ 배비장은 개구멍에 배가 걸려 고통을 느끼는 긴박한 상황에서도 "구멍이 작아 들어갈 수 없으니 다리를 잡아당기지 마라."라고 하지 않고 유식한 한문 투의 표현을 써서 말한다. 이로 보아, 배비장은 **허장성세**하는 인물이다.

3단계 대표사례로 다지기

① 허풍을 떠는 걸 보고, 그는 **허장성세**가 심한 사람이라는 것을 알았다.

② 고전 소설 「토끼전」에는 토끼가 처음 만난 자라에게 **허장성세**를 부리는 대목이 나온다.

'허장성세'의 예

「허생전」에서 허생은 부자인 변씨에게 돈을 빌리러 가는데, 변씨는 허생을 알지도 못하면서 만 냥을 준다. 사람들이 변씨에게 그 이유를 묻자, 다음과 같이 말한다.

"이건 너희들이 알 바 아니다. 대체로 남에게 무엇을 빌리러 오는 사람은 으레 자기 뜻을 대단히 선전하고, 신용을 자랑하면서도 비굴한 빛이 얼굴에 나타나고, 말을 중언부언[1]하게 마련이다. 그런데 저 객은 행색은 허술하지만, 말이 간단하고, 눈을 오만[2]하게 뜨며, 얼굴에 부끄러운 기색이 없는 것으로 보아, 재물이 없어도 스스로 만족할 수 있는 사람이다. … "

→ 변씨가 자신이 알지도 못하는 사람에게 만 냥을 준 것은 그(허생)에게 **'허장성세'**가 없었기 때문이라는 것이다.

어휘력 일취월장 노트	친숙한 어휘로 익히기	대표 사례로 다지기
[1]**중언부언(重言復言)**	중복해서 말(**언**어)하고 다시(**부**활) 언급함.	**중언부언**하며 횡설수설했다.
[2]**오만(傲慢)**	**오**기를 부리고 거**만**함.	**오만**과 편견

氣高萬丈 **기고만장**

1단계
친숙한 어휘로
익히기

기운 / 고조 / 만 장 ('장'은 길이의 단위)
_____

기운이 고조되어 만 장이나 됨.
→ 기세가 대단함.

한자의 의미
기운 **기**, 높을 **고**, 일만 **만**, 어른 **장**

사전적 의미 일이 뜻대로 잘될 때, 우쭐하여 뽐내는 기세가 대단함.

2단계
기출문제로
확인하기

다음 대목에 대해 "토끼는 바위 위에 앉아 **기고만장**(氣高萬丈)하고 있다."라고 할 수 있다.
▶ 2011학년도 9월 고2 전국연합학력평가

> 바다 빛이 안 보이도록 한참을 휠쩍 가서 바위 위에 높이 앉아 주부를 호령한다.
> "이놈 자라야! 네 죄목을 의논하면 죽어도 아깝지 않도록 괘씸하다. 용왕이 의사 있어 나같이 총명하고, 나의 구변 너 용왕같이 미련터면, 아까운 이 내 목숨 수중원혼 되겠구나. 『동래박의』라는 책을 보니 '짐승이 미련하기가 물고기나 짐승이나 같다'더니 어족* 미련하기 모족*보다 더 하도다. 오장에 붙은 간을 어찌 출입하겠느냐? …"
> – 작자 미상, 「토별가」(신재효 정리)
>
> *어족 : 물고기류.   *모족 : 털을 가진 네발짐승을 통틀어 이르는 말.

→ 수궁에서 육지로 돌아온 토끼는 자신을 꾀었던 자라를 꾸짖기도 하고 용왕이 미련하다고도 하는 등 **기고만장**하고 있다.

3단계
대표사례로
다지기

① 그는 얼마 전에 만났을 때 **기고만장**했던 모습과는 달리 풀이 죽어 있었다.

② 박완서의 소설 「그 많던 싱아는 누가 다 먹었을까」의 다음 대목에서도 '**기고만장**'의 쓰임을 확인할 수 있다. '엄마는 물론 오빠, 올케, 숙부, 숙모가 다 졸업식에 참석해 축하를 해 주었고 나는 속으로 **기고만장**했다. 서울대 문리대 국문과에 거뜬히 합격한 뒤였다.'

針小棒大 **침소봉대**

1단계
친숙한 어휘로
익히기

침(주삿바늘) / 작다 소(왜소) / 곤봉 / 확대
_____

침처럼 작은 것을 곤봉만하다고 확대해 말함.
→ 과장함.

한자의 의미
바늘 **침**, 작을 **소**, 막대 **봉**, 클 **대**

사전적 의미 바늘만한 것을 몽둥이 만하다고 말함. 곧, 작은 일을 크게 과장하여 말함.

2단계
기출문제로
확인하기

@와 같은 표현을 가리키는 말은?
▶ 1997학년도 수능

> (김)인복이 말을 꺼내었다.
> "우리 집 논이 동성(東城) 흥인문(興仁門) 밖에 있는데 한 말을 뿌리면 곡식 석 섬을 먹는다오. @우리 집에 크기가 실로 낙산(落山) 봉우리만한 소가 두 필이라구."
> – 유몽인, 「김인복 설화」

→ 김인복은 자기 집 소가 산봉우리만큼 크다고 과장하여 말하고 있다. 허풍도 이런 허풍이 없다. 작은 것을 크다고 '**침소봉대**'하고 있는 것이다.

3단계
대표사례로
다지기

별일도 아닌 것을 **침소봉대**해서 말하는 사람들이 있다. 실제보다 크게 부풀려 과장하는 것, 이것이 **침소봉대**이다.

眼下無人 **안하무인**

1단계
친숙한 어휘로 익히기

눈 안 / 아래 하 / 없다 무 / 인간
(안경)　　(이하)　　(전무하다)

눈 아래에 보이는 인간이 없음.
→ 남을 업신여김. ㈜ 방약무인

한자의 의미
눈 **안**, 아래 **하**, 없을 **무**, 사람 **인**

사전적 의미 방자하고 교만하여 다른 사람을 업신여김을 이르는 말

2단계
기출문제로 확인하기

[A]에 나타난 옹 좌수의 태도를 설명하는 말은?

▶ 2011학년도 3월 고1 전국연합학력평가

> [앞의 내용] 옹 좌수가 중에게 심하게 굴자, 학 대사가 옹 좌수를 찾아간다.
>
> ┌ 옹 좌수 발칵 화를 내어 성난 눈알 부라리며 소리 질러 꾸짖기를,
> "괘씸하다 이 중놈아! 시주하면 어쩐단냐?"
> 　　　　〈중략〉
> 옹 좌수가 쏘아붙이되,
> [A] "허허, 네놈 말이 가소롭다! 하늘이 만백성을 마련할 제, 부귀빈천, 자손유무, 복불복을 분별하여 내셨거늘, 네 말대로 한다면 가난할 이 뉘 있으며 자식 없을 이 뉘 있으리? 속세에서 일러 오는 인정 마른 중이렷다! 네놈 마음 고약하여 부모 은혜 배반하고, 머리 깎고 중이 되어 부처님의 제자인 양, 아미타불 거짓 공부하는 듯이 어른 보면 동냥 달라, 아이 보면 가자 하니, 불충불효 심하며, 불측한* 네 행실을 내 이미 알았으니 동냥 주어 무엇 하리?"
> 　　　　　　　　　　　　　　　　　　　　　　　　　　　– 작자 미상, 「옹고집전」
>
> *불측한 : 생각이나 행동이 괘씸하고 엉큼한.

→ 옹 좌수는 학 대사가 부처님의 제자인 양 거짓 행세하며 동냥을 얻는다고 비난하며 업신여긴다. 이런 옹 좌수의 태도를 설명하는 말은 '**안하무인**'이다.

3단계
대표사례로 다지기

① 그는 돈을 좀 벌더니 **안하무인**으로 행동한다.

② 문순태의 소설 「타오르는 강」을 보면, '박 초시가 사또의 힘만을 믿고 **안하무인**으로 소작료를 받아 내는 데에 제정신이 아니었다.'는 표현이 나온다.

傍若無人 **방약무인**

1단계
친숙한 어휘로 익히기

근방 / 같다 약(만약) / **없다 무**(전무하다) / **인간**

근방에 다른 인간(사람)이 없는 것과 같음. 그렇게 행동함. ㈜ 안하무인

한자의 의미
곁 **방**, 같을 **약**, 없을 **무**, 사람 **인**

사전적 의미
곁에 사람이 없는 것처럼 함부로 말하고 행동하는 태도가 있음.

ⓐ의 상황에서 독자가 "쯧쯧, 이제 숙향은 (   )의 상황에 처해 있다고 할 수 있겠군."라는 반응을 보였다고 할 때, (   )에 들어갈 말로 적절하지 <u>않은</u> 것은 [①백척간두, ②풍전등화, ③방약무인, ④명재경각, ⑤누란지세]이다.

▶ 2010학년도 11월 고2 전국연합학력평가

[앞의 내용] 낙양 태수 김전은 이 위공의 말을 따라 숙향을 죽이려고 한다.

숙향이 약하디약한 몸에 큰 칼을 쓰고 누수만면*하여 옥에 들며 말하기를,
"이곳이 어디입니까?" / 하니,
ⓐ옥졸이 대답하여 말하기를,
"낙양 옥중이다. 내일은 죽을 것이니 불쌍하구나."

– 작자 미상, 「숙향전」

* 누수만면(漏水滿面) : 눈물이 온 얼굴에 가득함.

→ '숙향'은 목숨이 매우 위태로운 상황에 처해 있는데, '백척간두, 풍전등화, 명재경각, 누란지세'가 이러한 상황을 나타내는 데 적절하다. 숙향이 주위에 있는 사람들을 의식하지 않고 제멋대로 행동하는 상황이 아니므로, **방약무인**은 들어갈 수 없다.

박태원의 소설 「소설가 구보 씨의 일일」에서 구보는 다방에서 **방약무인(傍若無人)**한 소리로 '"구포(구보) 씨 아니오?" 하며 자기를 아는 체하는 보험 회사 외판원을 만나 창피스러움과 당혹스러움을 느낀다. 그 외판원은, 조용히 음악을 감상하고 있던 다방 안 사람들이 모두 깜짝 놀랄 정도의 큰 소리로 구보에게 말을 걸어 왔던 것이다.

043

馬耳東風 **마이동풍**

말 마(백마) / **귀 이**(이목, 이비인후과) / **동풍**

말의 귀에 부는 동풍 → 귀담아듣지 않음.
㈌ 우이독경, 쇠귀에 경 읽기

한자의 의미
말 **마**, 귀 **이**, 동녘 **동**, 바람 **풍**

사전적 의미
동풍이 말의 귀를 스쳐 간다는 뜻으로, 남의 말을 귀담아듣지 아니하고 지나쳐 흘려버림을 이르는 말

ⓐ에 나타난 '유림'의 태도와 어울리는 말은?

▶ 2012학년도 9월 고1 전국연합학력평가

ⓐ영철은 몇 번이고 유림에게 간청하였으나 유림은 끝내 영철의 청을 흘려듣고 들어주지 아니하였다. 유림이 이렇게 영철의 간청을 들어주지 않은 것은, 금주에 있을 때 영철이 청나라 황제에게 하사 받은 청노새를 자신에게 팔지 않은 것에 앙심을 품은 까닭이었다.

– 홍세태, 「김영철전」

→ 유림은 영철에게 앙심을 품고 있어 그의 청을 흘려듣고 들어주지 않는다. 몇 번에 걸친 영철의 간청이 유림에게는 **마이동풍**일 뿐인 것이다.

① **마이동풍**으로 흘려듣다.　② 그에게는 내 충고가 **마이동풍**이었다.

044

知己之友 지기지우

1단계
친숙한 어휘로
익히기

알다 지(지식) / **자기** / **~하는 지** / **벗 우**
(선견지명) (붕우, 우정)

자기를 알아주는 벗(친구)

한자의 의미
알 **지**, 몸 **기**, ~의 **지**, 벗 **우**

사전적 의미
자기를 가장 잘 알아주는 친한 친구. 서로 뜻이 통하는 친한 벗

2단계
기출문제로
확인하기

다음 글에서 '유재건'과 '나'의 관계를 뜻하는 말로 가장 적절한 것은?   ▶2006학년도 수능

> 친구인 겸산(兼山) 유재건(劉在建) 이 나 와 뜻이 통하여 여러 사람의 문집 속에서 더듬고 찾아서 이미 전(傳)에 오른 사람 약간 명을 얻었다. 그리고 전이 없는 사람은 겸산이 직접 전을 지었다.
> 　　　　　　　　　　　　　　　　　　　　　　　　　　　　　　　　　　　　– 조희룡, 「이항견문록 서(里鄕見聞錄序)」

→ '유재건'은 '나'와 뜻이 통하는 사람이라고 했다. 두 사람 다 기록하여 전할 만한 사람들이 있다고 생각하여, 그들의 전기를 찾거나 직접 지은 것이다. 두 사람은 서로 뜻이 통하는 **'지기지우'**인 것이다.

3단계
대표사례로
다지기

'지기지우'의 대표적인 인물로는 백아와 종자기를 들 수 있다. 종자기는 백아가 연주하는 거문고 소리만 듣고도 그의 속마음을 알아차릴 정도였다. 종자기가 먼저 죽자 백아는 자신의 거문고 소리를 알아들을 사람이 없다며 거문고 줄을 끊고 다시는 연주하지 않았다고 한다[백아절현(伯牙絶絃)]. 마음이 서로 통하는 친한 벗을 일컫는 '지음(知音)'도 백아와 종자기의 고사에서 나왔다.

'지기지우'의 유의어
– 매우 친한 벗 또는 사귐.

- **막역지우(莫逆之友)** : 막역한(거스름이 없는) 벗(교우, 우정)
  → 허물이 없이 아주 친한 친구
- **죽마고우(竹馬故友)** : 죽마(대나무로 만든 말)를 타고 놀던 벗(교우, 우정)
  → 어릴 때부터 같이 놀며 자란 벗
- **문경지교(刎頸之交)** : 문경, 즉 목을 벨 수 있는 사귐(교제).
  → 목을 베어 줄 수 있을 정도로 소중한 벗
- **수어지교(水魚之交)** : 물(강수)과 물고기(어류)의 사귐(교제).
  → 아주 친밀하여 떨어질 수 없는 사이
- **관포지교(管鮑之交)** : 관중과 포숙의 사귐(교제).
- **금란지교(金蘭之交)** : 황금과 같이 단단하고 난초처럼 아름다운 사귐(교제).

犬猿之間 견원지간

개 견(맹견) / **원숭이** / **~의 사이 지간**(부자지간)

개와 원숭이의 사이
→ 사이가 매우 나쁜 관계 ⑨앙숙

한자의 의미
개 **견**, 원숭이 **원**, ~의 **지**, 사이 **간**

사전적 의미 사이가 매우 나쁜 두 관계를 비유적으로 이르는 말

'지경'이 ㉠의 상황을 "나는 박씨와 (   )이므로 서로 마주 대할 일이 없습니다."와 같이 표현했을 때, (   )에 들어갈 말은?
▶ 2011학년도 3월 고3 전국연합학력평가

[앞의 내용] 재상 윤현의 아들 지경과 참판 최홍일의 딸 연화가 혼례를 올리는 날, 임금은 지경에게 귀인 박씨의 딸 옹주와의 혼례를 하교¹한다. 이를 거부한 지경에게 임금은 위력으로 혼례를 강행하지만 지경은 옹주를 부인으로 인정하지 않고 연화와의 만남을 지속한다. 그러자 부모는 둘을 갈라놓기 위해 최씨가 죽었다고 거짓말을 하고, 지경은 최씨의 죽음을 서러워하며 옹주를 심하게 박대²한다.

   ㉠박씨는 지경이 미워 바로 보지 아니하니, 지경 또한 바로 보는 적이 없더라.
   이러구러 최씨 삼년상이 지나니, 지경이 설움을 이기지 못하여 최부에 가 침소 밖에 이르러 배회하며 혼잣말로 이르되,
   '종적³은 의구⁴하되 사람이 없으니 이 설움을 어찌 견디리요.'
   두루 생각하니 심회⁵ 비감⁶함을 정치* 못하여 눈물이 한삼*을 적시는지라. 옹주는 갈수록 싫고 최씨는 오랠수록 잊을 길 없으니, 이십 세 남자가 일생 홀아비로 어이 견디리오.
                                     – 작자 미상, 「윤지경전」

  *정치 : 진정하지.   * 한삼 : 소매 끝에 덧대는 흰 헝겊.

→ ㉠에서 지경과 박씨는 서로를 미워하는 모습을 보여 주고 있다. 지경은 박씨가 자신을 옹주의 남편으로 선택했기 때문에 최씨가 죽었다고 생각하고 있으며, 박씨는 지경이 옹주를 박대하는 것이 못마땅하기 때문이다. 따라서 지경과 박씨는 **견원지간**이라고 할 수 있다.

로미오와 줄리엣의 사랑이 맺어지지 못한 이유는 두 사람의 집안이 **견원지간**이었기 때문이다.

어휘력 일취월장 노트	친숙한 어휘로 익히기	대표 사례로 다지기
¹**하교**(下敎)	임금이 신하에게 **교**지를 내림.	임금께서 하교하셨다.
²**박대**(薄待)	**박**하게 **대**접함. ⑨푸대접, 천대	손님을 박대해서는 안 된다.
³**종적**(蹤跡)	발자취(추**종**)나 흔**적**	종적도 없이 사라지다.
⁴**의구**(依舊)	옛날(**구**형, **구**식)과 같음(**의**연함). → 변함이 없음.	산천은 의구하되 인걸은 간 데 없다. (자연은 옛날과 다름없는데 인재는 온데 간데없다.) – 길재(시조)
⁵**심회**(心懷)	**심**중(마음속)에 품고 있는 생각(**회**포)	눈물이 심회를 돋다.
⁶**비감**(悲感)	슬픈(**비**애) 감정	비감한 표정

Tip **견원지간** | 견딜 수 없는 **원**수지간   **171**

衆寡不敵 중과부적

1단계
친숙한 어휘로 익히기

군중(무리) / 적다 과(과소) / 아니다 부 / 대적하다

군중에게 적은 인원은 대적하지 못함.

한자의 의미
무리 **중**, 적을 **과**, 아닐 **부**, 겨룰 **적**

사전적 의미 적은 수효로 많은 수효를 대적하지 못함.

2단계
기출문제로 확인하기

㉠의 '임경업'이 처한 상황을 나타내는 말은? ▶ 2010학년도 4월 고3 전국연합학력평가

이날 밤 삼경* 즈음에 함성이 대진하거늘* 경업이 놀라서 잠을 깨어 보니 무수한 호선(胡船)*이 사면으로 에워싸고 〈중략〉 호군이 철통같이 포위하고, 잡으라 하는 소리 진동하거늘 경업이 대로하여* 용력*을 다하여 대적하고자* 하나, ㉠망망대해에 다만 단검*으로 무수한 호병*을 어찌 대적하리요.

– 작자 미상, 「임경업전」

*삼경 : 밤 11시~새벽 1시 사이.　*대진하거늘 : 크게 일어나거늘.　*호선(胡船) : 오랑캐의 배.
*대로하여 : 크게 성내어.　　　*용력 : 씩씩한 힘.　　　　*대적하고자 : 적과 맞서 싸우고자.
*단검 : 짧은 칼.　　　　　　　*호병 : 오랑캐의 병사.

→ ㉠은 임경업이 오랑캐들에게 포위되어 어찌할 수 없는 상황을 나타낸다. 혼자서는 무수히 많은 오랑캐 병사들을 대적할 수 없는, **중과부적**의 상황인 것이다.

3단계
대표사례로 다지기

임진왜란 때 원균은 **중과부적**으로 왜적과 싸우지 못하고 퇴각하면서 이순신에게 군사를 지원해 달라고 요청하였다.

束手無策 속수무책

1단계
친숙한 어휘로 익히기

속박 / 수족 / 없다 무(전무하다) / 방책

수족을 속박¹한 것처럼 방책²이 없음.

한자의 의미
묶을 **속**, 손 **수**, 없을 **무**, 꾀 **책**

사전적 의미 손을 묶은 것처럼 어찌할 도리가 없어 꼼짝 못함.

2단계
기출문제로 확인하기

ⓐ에 나타난 '소사마'의 처지에 적용할 한자 성어로 적절한 것은? ▶ 2007학년도 10월 고3 전국연합학력평가

강남홍은 훌쩍 몸을 솟구쳐 허공으로 날아오르며 번쩍 칼을 떨어뜨려 도끼를 휘두르는 뇌천풍*의 투구를 쪼개어 버렸다.
양 원수는 참을 수 없었다. 친히 대결해 보고자 들먹들먹하는데 소사마*가 앞을 가로막고 대신 나섰다. 그러나 ⓐ방천극*을 잘 쓰는 명장 소사마도 강남홍의 놀라운 재주와 칼은 막아낼 도리가 없었다.

– 남영로, 「옥루몽」

*뇌천풍, 소사마 : 양 원수의 부하.　　*방천극 : 옛날 무기.

→ 강남홍의 칼 솜씨가 어찌나 뛰어난지 뛰어난 장수인 소사마도 강남홍의 칼을 막아낼 도리가 없이 **속수무책**으로 당했음을 알 수 있다.

① 도둑이 훔친 물건을 들고 달아나는 모양을 **속수무책**으로 바라보고만 있었다.

② 태풍이 온다는 소식을 듣고 며칠 동안 철저히 대비를 했지만, 초속 30m가 넘는 강풍에는 모두 **속수무책**이었다.

048

甘言利說 **감언이설**

감미롭다 / 언어 / 이롭다 / 설명

감미로운 언어(말)와 이로운 설명
유 아부, 아첨 반 고언(苦言, 쓴소리)

한자의 의미
달 **감**, 말씀 **언**, 이로울 **이**, 말씀 **설**

사전적 의미 달콤한 말과 이로운 이야기라는 뜻으로, 귀가 솔깃하도록 남의 비위를 맞추거나 이로운 조건을 내세워 꾀는 말

[B]에 주목할 때, ㉡에 들어갈 말로 가장 적절한 것은? ▶ 2009학년도 3월 고2 전국연합학력평가

[앞의 내용] 토끼가 수궁에서 살아 나온 것을 기뻐하는데 갑자기 독수리가 나타나 토끼를 물고 공중으로 올라간다.

　(토끼가) 다급하여 어찌할 바를 모르는 중 문득 한 꾀를 얻고 이르되,

[B] ┌ "여보 수리 아주머니! 내 말을 잠깐 들어 보오. 아주머니 올 줄 알고 몇몇 달 경영하여 모은
　　└ 양식 쓸 데 없어 한이러니, 오늘로서 만남이 늦었으니 어서 바삐 가사이다."

　수리(=독수리) 하는 말이,

　"무슨 음식 있노라 ＿＿＿ ㉡ ＿＿＿ (으)로 날 속이려 하느냐? 내가 수궁 용왕 아니어든 내 어찌 너한테 속을쏜가?"

　　　　　　　　　　　　　　　　　　　　　　　　　　　　　　- 작자 미상, 「토끼전」

→ 토끼가 자신이 모은 양식을 언급하며 독수리를 꾀려 하지만, 독수리는 그 어떤 말로 자신을 속이려 해도 소용없다고 한다. 이렇게 볼 때 ㉡에는 '**감언이설**'이 들어가는 것이 적절하다.

① 사기꾼들은 **감언이설**로 사람을 꾄다.

② 김유정의 소설 「금 따는 콩밭」에서 '수재'는 금을 찾으면 금방 큰돈을 벌 수 있다는 **감언이설**로 영식을 꾀어 그의 콩밭을 파헤친다. 그러나 금은 나오지 않는다.

어휘력 일취월장 노트	친숙한 어휘로 익히기	대표 사례로 다지기
¹**속박**(束縛)	**구속**하고 결**박**함. 반 자유	**속박**을 당하다.
²**방책**(方策)	**방**법과 대**책**(꾀)	최상의 **방책**을 강구하다.

牽强附會 견강부회

1단계
친숙한 어휘로 익히기

견인(끌어당김) / **강제** / **부합** / **기회**

(이치에 맞지 않는 말을) 견인하여(끌어당겨) 강제로 부합

시켜 기회로 삼음.

→ 억지 논리, 억지 주장 [유] 아전인수

한자의 의미
이끌 **견**, 강할 **강**, 붙을 **부**, 모일 **회**

사전적 의미
이치에 맞지 않는 말을 억지로 끌어
붙여 자기에게 유리하게 함.

2단계
기출문제로 확인하기

다음에서 심씨가 화진에게 한 말은 '**견강부회**'이다.　　　　▶ 2003학년도 수능

> [인물 사이의 관계] 화욱은 본부인 심씨에게서 장자 화춘을, 정씨에게서 차자 화진을, 그리고 요씨에게서 딸 화빙
> 선을 얻었는데, 요씨와 화욱과 정씨가 차례로 죽는다. 성 부인은 화욱의 누이이다.
>
> 　하루는 요 부인의 유모 취선이 빙선 소저를 대하여 흐느끼며 이르기를,
> 　"어르신과 정 부인의 은덕으로 소저와 둘째 공자(公子)에 대해 염려하지 않았더니, 두 분이 돌아
> 가시매 문득 독수(毒手)*에 들었으니 〈중략〉"
> 　소저 또 대답하지 않더라.
> 　이를 난향이 창밖에서 엿듣고 심씨에게 고한대, 〈중략〉 심씨 또 화진 공자를 오라 하여 마당에
> 꿇리고 큰 소리로 죄를 묻기를,
> 　"네 이놈 진아, 네가 성 부인의 위세를 빙자하고 선친(先親)을 우롱하여 적장자(嫡長子)* 자리를
> 빼앗고자 하나 하늘이 돕지 않아 대사(大事)가 틀어졌더니, 도리어 요망한 누이와 흉악한 종과
> 함께 불측(不測)한* 일을 꾀하였도다." / 하니,　　　　　　　　　　　－ 조성기, 「창선감의록」
>
> *독수 : 악독한 수단.　　*적장자 : 본처가 낳은 맏아들.　　*불측한 : 괘씸하고 엉큼한.

→ 유모 취선이 빙선에게 신세를 한탄했을 뿐 빙선은 그에 대꾸하지 않았고, 화진은 그 자리에 있지
　도 않았다. 그런데도 심씨는 화진이 빙선, 취선과 일을 꾸며 장자의 자리를 빼앗고자 했다고 억
　지를 부리고 있다. 가당치도 않은 말을 억지로 끌어다가 주장하는 것이므로, '**견강부회**'라고 할
　수 있다.

3단계
대표사례로 다지기

타당하지 않은 근거를 들어 자신이 옳다고 주장하는 경우를 '**견강부회**'라고 한다.

我田引水 아전인수

1단계
친숙한 어휘로 익히기

나 아(자아) / **전답**(논밭) / **유인하다** / **물 수**(강수)

내 전답에 물을 유인하기

→ 자기만 이롭게 되도록 함.

[유] 견강부회, 제 논에 물 대기

한자의 의미
나 **아**, 밭 **전**, 끌 **인**, 물 **수**

사전적 의미　자기 논에 물 대기라
는 뜻으로, 자기에게 이롭게 되도
록 생각하거나 행동함을 이르는 말

ⓛ이 ㉠을 비판할 때, 가장 적절한 것은?

▶ 2005학년도 6월 고1 전국연합학력평가

텔레비전의 프로그램 제작자가 시청자의 수준을 어떻게 평가하는가? 여기에는 극단적 평가가 공존하는 것을 발견할 수 있다. 한 극단에서는 시청자가 매우 현명하고 합리적인 존재라고 생각한다. 시청자들은 독자적인 판단 능력을 지니고 있어 자신의 이익에 가장 부합하도록 행동한다는 것이다. 오락 프로그램 제작자들이 흔히 이런 주장을 펼치고는 한다. ㉠그들은 높은 시청률을 제시하며 자신들이 시청자들의 욕구에 부응하는 프로그램을 만들고 있다는 믿음을 갖고 싶어 한다. 반면 ⓛ다른 극단에서는 시청자가 방송사의 덫에 걸린 존재이며 합리적인 판단력을 제대로 갖추지 못한 존재라고 생각한다. 아무런 사회적 의미도 지니지 않고 있는 가벼운 오락 프로그램의 강세, 상대적으로 수준 높은 프로그램의 낮은 시청률이 그들이 제시한 근거들이다.

→ ㉠의 오락 프로그램 제작자들은 자신들이 제작한 프로그램의 시청률이 높은 이유가 시청자의 수준이 높기 때문이라고 주장하고 있다. 그러나 ⓛ의 입장에서 보면 ㉠은 시청률을 자기에게 유리하게만 이용하는, **아전인수**하는 태도이다. 특정 프로그램의 높은 시청률과 시청자의 수준은 무관하기 때문이다.

▶ 정답 : 아전인수(我田引水) 격으로 시청률을 자신들에게 유리하게만 해석하고 있어.

같은 말을 듣고도 사람마다 제각기 자기에게 유리하게, **아전인수** 식으로 해석하는 일이 많다.

051

易地思之 **역지사지**

바꾸다 역(교역) / **처지** / **사고하다** / **그것 지**(요지부동)

처지를 바꾸어서 그것을 사고해 봄.
→ 입장 바꿔 생각함. 〔반〕 아전인수

한자의 의미
바꿀 **역**, 땅 **지**, 생각 **사**, 갈/그것 **지**

사전적 의미
처지를 바꾸어서 생각하여 봄.

"ⓔ는 뒷문장의 내용을 고려할 때, (   )로 고쳐야 해."라고 했을 때 (   )에 들어갈 말은?

▶ 2004학년도 9월 고2 전국연합학력평가

ⓔ'언어도단(言語道斷)'이라는 말이 있듯이, 대화할 때는 먼저 상대방의 처지를 생각하여 다정하고 친근한 말을 사용해야 합니다. 이렇게 서로를 배려하면서 대화를 나눌 수 있게 된다면, 쓸데없는 오해나 마음의 상처는 사라지고 아름다운 세상이 될 것입니다.

→ 대화할 때 상대방의 처지를 생각하여 다정하고 친근한 말을 사용해야 하는 것과 어울리는 한자 성어는 '**역지사지**'이다. '언어도단'은 말할 길이 끊겼다는 뜻으로, 어이가 없어서 말하려 해도 말할 수 없음(= 말이 안 됨.)을 이르는 말이다.

♪ ♪ ♬ 내게 그런 핑계를 대지 마. 입장 바꿔 생각을 해 봐(= **역지사지**를 해 봐). 니가 지금 나라면 넌 웃을 수 있니? ♪ ♪ ♬

- 김건모의 노래, '핑계'에서

052　苦盡甘來 고진감래

1단계
친숙한 어휘로 익히기

고생 / 다하다 진(소진되다) **/ 감미로움 / 도래**

고생이 다하면 감미로운 것이 도래함(옴).
→ 고생 끝에 낙이 옴.

한자의 의미
쓸 **고**, 다할 **진**, 달 **감**, 올 **래**

사전적 의미
쓴 것이 다하면 단 것이 온다는 뜻으로, 고생 끝에 즐거움이 옴.

2단계
기출문제로 확인하기

㉠의 상황을 표현한 말로 가장 적절한 것은?　▶ 2011학년도 9월 고3 모의평가

[앞의 내용] 김원은 옥황상제께 죄를 얻어 이 세상에 흉물¹로 태어났다가, 어느 날 잘난 소년의 모습으로 탈바꿈한다.

　승상 부부(김원의 부모)가 그제야 원을 안고 등을 어루만지며 가로되,
　㉠ "네가 어이하여 십 년 고생을 이다지도 하였느냐?"
하고 못내 기뻐하였다.

－ 작자 미상, 「김원전」

→ ㉠은 김원이 흉물로 십 년을 고생하며 지내다가 마침내 허물을 벗고 잘생긴 소년으로 탈바꿈한 것을 기뻐하는 말이다. 김원이 오랫동안 고생한 끝에 좋은 일이 일어남을 기뻐하는 것이므로 **고진감래**의 상황이라 할 수 있다.

3단계
대표사례로 다지기

고진감래라고 하잖아요. 지금은 힘들어도 대학에 합격하면 무척 기쁠 거예요.

※ '고진감래'와 상황이 반대되는 '흥진비래(興盡悲來, 흥이 다하면 슬픔이 옴.)'도 함께 알아 두자.

053　過猶不及 과유불급

1단계
친숙한 어휘로 익히기

초과 / 같다 유 / 아니다 불 / 미치다 급(보급, 파급)

초과하는 것과 미치지 않는 것(모자라는 것)은 같음.

한자의 의미
지날 **과**, 오히려 **유**, 아닐 **불**, 미칠 **급**

사전적 의미　정도를 지나침은 미치지 못함과 같다는 뜻으로, 중용(中庸)의 중요성을 이르는 말

2단계
기출문제로 확인하기

㉠과 ㉡을 인과적으로 이해한 반응은 "(　　　　　)이라는 말이 이런 상황에도 적용될 수 있을 것 같아."이다. (　　　　　) 안에 들어갈 말은?　▶ 2007학년도 9월 고1 전국연합학력평가

　경제 규모가 커짐에 따라 분업화²와 전문화가 ㉠지나치게 진행되었고, 인간들이 대체 가능한 부품처럼 취급되면서 인간 소외 현상이 심각해지는 ㉡폐해³가 발생했다.

→ 지나친 분업화와 전문화로 인해 '인간 소외'라는 폐해가 발생했다. '지나친' 것은 '모자라는' 것과 같거나 오히려 더 못하다는 것을 알려 주는 사례이므로, **과유불급**이 이와 같은 상황을 나타내기에 적절하다고 할 수 있다.

김준태의 시「참깨를 털며」를 보면, 힘껏 참깨를 내려치는 성급한 '나'에게 할머니는 "아
가, 모가지까지 털어져선 안 되느니라." 하신다. 너무 세게 내려치면, 참깨가 들어 있는
낱알(모가지)째 떨어져 다시 참깨만을 털어 내는 과정을 거쳐야 한다는 **과유불급**의 지혜
를 강조하시는 것이다.

054

厚顔無恥 후안무치

두껍다 후 / 얼굴 안 / 없다 무 / 수치
(후하다)　　(안면)　　(전무하다)

얼굴이 두꺼워 수치스러움이 없음. 유 철면피

한자의 의미
두꺼울 **후**, 낯 **안**, 없을 **무**, 부끄러울 **치**

사전적 의미
뻔뻔스러워 부끄러움이 없음.

다음 글에서 '흥보 아내는 구걸에 익숙해져 점차 **후안무치**해졌다.'는 것을 확인할 수 있다.

▶ 2004학년도 9월 고3 모의평가

　불쌍한 흥보 댁이 부자의 며느리로 먼 길 걸어 보았겠나. 어린 자식 업고 안고 울며불며 따라
갈 제 아무리 시장하나 밥 줄 사람 뉘 있으며, 밤이 점점 깊어 간들 잠잘 집이 어디 있나. 저물도록
뻣뻣이 굶고 풀밭에서 자고 나니 죽을 밖에 수가 없어 염치가 차차 없어 가네. 이곳저곳 빌어먹어
한두 달이 지나가니 발바닥이 단단하여 부르틀 법 아예 없고, 낯가죽이 두꺼워서 부끄러움 하나
없네.

－ 신재효, 「박타령」

→ 놀보 집에서 쫓겨나 구걸에 나선 흥보 아내가 '염치가 차차 없어'지고 '낯가죽이 두꺼워서 부끄
러움 하나 없이' 되었다. 구걸하는 것을 부끄러워할 줄 모르는 **후안무치**한 상태가 된 것이다.

'후안무치'는 관용적 표현인 '얼굴이 두껍다'와 통하는 말이다. 고전 소설「김원전」에서,
가게 주인은 김원에게서 뺏은 연적(벼루에 먹을 갈 때 쓰는 물을 담아 두는 그릇)을 마치
자기 것인 양 사관에게 설명하는 **후안무치**한 행동을 한다.

어휘력 일취월장 노트	친숙한 어휘로 익히기	대표 사례로 다지기
¹흉물(凶物)	**흉**하게 생긴 **물**건(사람이나 동물)	뱀 같은 흉물
²분업화(分業化)	**부분**으로 나누어서 **업무**를 하게 됨(강화, 심화).	대부분의 일이 분업화된 현대 사회
³폐해(弊害)	**폐**단으로 인해 생긴 **해**로운 일	흡연으로 인한 폐해

055　因果應報 인과응보

1단계 친숙한 어휘로 익히기

원인 / 결과 / 응당 / 보답

원인과 결과는 응당 보답함. 윤 종두득두, 콩 심은 데 콩 나고 팥 심은 데 팥 난다.

한자의 의미
까닭 **인**, 열매 **과**, 응할 **응**, 갚을 **보**

사전적 의미
좋은 일에는 좋은 결과가, 나쁜 일에는 나쁜 결과가 따름을 이르는 말

2단계 기출문제로 확인하기

ⓐ와 ⓑ의 관계를 설명할 수 있는 한자 성어로 가장 적절한 것은? ▶ 2007학년도 3월 고3 전국연합학력평가

> [앞의 내용] 배고픈 흥부가 먹을 것을 얻으려 놀부를 찾아온다.
>
> (놀부가) ⓐ주먹을 불끈 쥐어 뒤꼭지를 꽉 잡으며, 몽둥이를 지끈 꺾어 손잰 스님의 매질하듯 원화상의 법고 치듯 아주 쾅쾅 두드리니, 흥부 울며 하는 말이 〈중략〉
>
> (놀부가) 또 한 통을 타고 보니 천여 명 초라니(하인)가 ⓑ일시에 내달으며 달려들어 놀부를 덜미잡이하여 가로 떨어치니, 놀부가 거꾸로 떨어지며,
> 　　　　　　　　　　　　　　　　　　　　　　　　　　　　　　－ 작자 미상, 「흥부전」

→ ⓐ는 놀부가 동생인 흥부를 박대하며 악행을 일삼고 있는 부분이고, ⓑ는 박 속에서 나온 '초라니'에게 놀부가 공격을 당하는 부분이다. 놀부는 ⓐ와 같은 잘못된 행동으로 인해 ⓑ와 같은 **인과응보**의 벌을 받고 있다.

3단계 대표사례로 다지기

「개미와 베짱이」 이야기에서, 더운 여름철에 부지런히 일한 개미는 겨울에 따뜻하고 풍족한 삶을 누리지만, 여름 내내 노래만 부르고 일을 하지 않은 베짱이는 춥고 배고픔에 시달린다. 개미와 베짱이는 각각 '뿌린 대로 거두는' 것이다. 이것이 바로 **인과응보**이다.

056　事必歸正 사필귀정

1단계 친숙한 어휘로 익히기

사건 / 필히 / 귀결(결과에 이름.) / 정의

사건은 필히 정의 편으로 귀결됨.

한자의 의미
일 **사**, 반드시 **필**, 돌아갈 **귀**, 바를 **정**

사전적 의미
모든 일은 반드시 바른 길로 돌아감.

2단계 기출문제로 확인하기

조성기의 「창선감의록」에서 화진은 "저는 형수님의 무고¹함을 믿습니다. (　ⓐ　)(이)라고 했으니, 참고 견디시면 머지않아 모든 것이 밝혀질 것입니다."라고 말한다. ⓐ에 들어갈 말은?
▶ 2009학년도 4월 고3 전국연합학력평가

→ 화진은 형수님에게 잘못이 없으니 참고 견디시라고 말하고 있다. 그리하면 반드시 잘못이 없다는 것이 밝혀질 것이라고도 했다. 잘못된 것은 반드시 밝혀진다는 것과 관계 깊은 한자 성어는 '**사필귀정**'이다.

3단계
대표사례로
다지기

수능에 두 번 출제된 고전 소설 「사씨남정기」에서, 유연수의 첩 교씨는 교활한 꾀로 본처 사씨를 모함²하여 쫓아낸다. 하지만 결국 교씨(장희빈)의 악행이 드러나 처형당하고 현모양처인 사씨(인현왕후)가 다시 본처로 들어온다. 이런 내용은 **사필귀정**의 진리를 보여 주는 것이다.

057

天佑神助 천우신조

1단계
친숙한 어휘로
익히기

하늘 천(천제) / **도울 우**(보우*) / **신령님** / **도울 조**(보조)
*보우 : ♬ 하느님이 보우하사~('애국가'에서)

하늘이 돕고 신령님이 도움.

한자의 의미
하늘 **천**, 도울 **우**, 귀신 **신**, 도울 **조**

사전적 의미
하늘이 돕고 신령이 도움.

2단계
기출문제로
확인하기

㉠의 상황에서 왕비가 "(　　　　)로 성의의 소식을 들었으면 좋겠구나."와 같이 말했다고 할 때, (　　　　)에 들어갈 말은?　　▶ 2013학년도 4월 고3 전국연합학력평가 국어 B형

[앞의 내용] 안평국의 왕자 적성의는 어머니의 병을 고칠 약을 구하러 갔다가 행방불명된다. 왕비는 오래도록 아들의 생사를 몰라 슬피 우는데, 이때 성의가 기르던 기러기가 나타난다.

(왕비가) "네 임자가 살았거든 이 편지를 전할소냐?"
기러기 세 번 머리를 조아리거늘, 왕비 즉시 서찰을 기러기 다리에 매고 경계하여 가로되,
"네 두 날개로 만 리를 가는 재주라 부디 이 글을 잘 전하라."
이르니, ㉠기러기 세 번 소리하고 두 날개를 치며 청천*에 올라 운간(雲間)*으로 서북을 향하여 가는지라.
　　　　　　　　　　　　　　　　　　　　　　　　　　　－ 작자 미상, 「적성의전」

*청천 : 맑게 갠 하늘.　　*운간(雲間) : 구름 사이.

→ 왕비가 기러기를 날리는 이유는 기러기가 성의의 편지를 받아올 것으로 기대하기 때문이다. 오래도록 소식 없는 성의가 살아 있을 가능성은 거의 없지만, **천우신조**로 살아 있어서 소식을 전해 주기를 바라는 것이다.

3단계
대표사례로
다지기

조선 건국의 정당성을 노래한 「용비어천가」의 제 67장을 보면, 이성계가 위화도에 군사를 주둔시켰을 때 장맛비가 내렸으나 물이 붇지 않다가 군사를 물린 뒤에야 온 섬이 물에 잠겼다고 한다. 이성계가 조선을 건국할 수 있었던 것은 이와 같은 **천우신조**가 있었기 때문이라는 것이다.

어휘력 일취월장 노트	친숙한 어휘로 익히기	대표 사례로 다지기
¹무고(無辜)	잘못이 없음(전무).	무고한 백성을 괴롭히다.
²모함(謀陷)	(중상)모략하여 함정에 빠뜨림.	모함을 당해 귀양을 가다.

058

表裏不同 표리부동

겉 표(표정) / **속 리**(심리) / **아니다 부** / **동일**

겉과 속(심리)이 동일하지 않음. 〔반〕 표리일체

한자의 의미
겉 **표**, 속 **리**, 아닐 **부**, 한가지 **동**

사전적 의미　겉과 속이 같지 않음 이란 뜻으로, 마음이 음흉하고 불량하여 겉과 속이 다름.

독자의 입장에서 밑줄 친 부분을 비판하는 말로 가장 적절한 것은?　▶2008학년도 수능

> [앞의 내용] 유연수는 아내 사씨가 늦도록 자식을 낳지 못하자, 교씨를 첩으로 들인다. 교씨가 교활한 꾀로 사씨를 모함하자, 유연수는 사씨를 내쫓고 교씨를 부인으로 삼고자 한다.
>
> 　교씨는 눈물을 거두며 (유연수에게) 대답했다.
> 　"그같이 조치하시다니……. 이제 첩의 원한이 거의 풀렸습니다. 하지만 부인의 자리를 첩이 어찌 감당하겠습니까?"
> 　　　　　　　　　　　　　　　　　　　　　　- 김만중, 「사씨남정기」

→ 교씨(첩) 자신이 사씨를 모함하고서도 유연수 앞에서는 눈물을 흘리며 부인(본처)의 자리를 감당할 자신이 없다고 거짓말을 한다. 이렇게 겉과 속이 다른 이중적인 모습을 나타내는 말이 '**표리부동**'이다.

① 반어법(irony)은 표면에 내세운 말과 이면의 뜻이 반대되므로 **표리부동**한 표현이라 할 수 있다.

② 박지원의 소설 「호질」에 나오는 북곽 선생과 동리자는 모두 **표리부동**한 인물이다.

> - **북곽 선생** : 높은 학식과 고매한 인품을 지닌 선비로 추앙받지만 실상은 부도덕하고 위선적[1]임.
> - **동리자** : 열녀로 알려진 과부지만 실상은 성이 다른 다섯 아들을 둠.

③ 다음의 고시조는 **표리부동**한 인간을 경계하고 있다. 여기서 '까마귀'는 조선 개국 공신[2]을, '백로'는 고려 유신[3]을 의미한다.

> 까마귀 검다 하고 백로야 웃지 마라.
> 겉이 검은들 속조차 검을소냐.
> 아마도 겉 희고 속 검은 이는 너뿐인가 하노라.
> 　　　　　　　　　　　　　　　　　　　- 이직(시조)

어휘력 일취월장 노트	친숙한 어휘로 익히기	대표 사례로 다지기
[1]위선적(僞善的)	허**위**로 **선**량한(착한) 척하는	박지원의 「양반전」은 위선적인 양반의 모습을 풍자했다.
[2]공신(功臣)	**공**을 세운 **신**하	건국의 일등 공신
[3]유신(遺臣)	(왕조가 망한 뒤에) 남아 있는(유적) **신**하	고려 유신인 길재가 부른 시조 '오백 년 도읍지를 필마로 도라드니~'

他山之石 **타산지석**

1단계
친숙한 어휘로
익히기

타인 / 산 / ~의 지(부자지간) **/ 돌 석**(암석)

타인(다른 사람) 산의 돌
→ 거울삼음, 본받음 [유] 반면교사

한자의 의미
다를 **타**, 뫼 **산**, ~의 **지**, 돌 **석**

사전적 의미 다른 산의 돌이라도 자신의 산의 옥돌을 가는 데에 쓸 수 있다는 뜻으로, 남의 하찮은 말이나 행동도 자신을 수양하는 데에 도움이 될 수 있음을 비유적으로 이르는 말

2단계
기출문제로
확인하기

㉠과 어울리는 한자 성어는? ▶2007학년도 11월 고2 전국연합학력평가

㉠파킨슨 법칙*은 지금부터 50여 년 전에 영국에서 만들어진 것이지만, 아직도 우리에게 시사¹하는 점이 많다. 비단 공무원 조직뿐 아니라 기업을 비롯한 사회 어느 조직에서도 이 법칙은 적용될 수 있다. 작은 기업이 계속 성장해서 큰 기업이 되고, 세월이 흐르면 이른바 '대기업 병(病)'에 걸리게 된다.

 * 파킨슨 법칙 : 공무원의 수는 업무의 양에 상관없이 증가하며, 출세를 위해서는 부하의 수가 많아야 되기 때문에 일자리 수를 자꾸 늘린다는 것.

→ ㉠은 과거 영국에서 만들어진 파킨슨 법칙을 지금의 우리나라에도 적용할 수 있다는 것이다. 파킨슨 법칙을 '**타산지석**'으로 삼아 현재 우리 사회의 잘못된 관행²을 돌아볼 수 있다는 것이다.

3단계
대표사례로
다지기

조선 후기 가사 중 「우부가」와 「용부가」가 있다. 「우부가」는 부모 덕에 잘살면서 온갖 나쁜 짓을 하다가 결국에는 패가망신하는 어리석은 남자를 비판한 것이고, 「용부가」는 시집가서도 친정에 편지하여 시집 식구의 흉을 보는 용렬한 아녀자를 비판한 것이다. 두 작품 모두 '우부'와 '용부'를 **타산지석**으로 삼으라는 의도에서 만들어진 것이다.

'타산지석'을 강조한 고전 시가
– 「용비어천가」 125장

원문

천세(千世) 우희 미리 정(定)ᄒᆞ샨 한수(漢水) 북(北)에, 누인개국(累仁開國)ᄒᆞ샤 복년(卜年)이 ᄀᆞᆺ업스시니,

성신(聖神)이 니ᅀᆞ샤도 경천근민(敬天勤民)ᄒᆞ샤ᅀᅡ, 더욱 구드시리이다.

님금하, 아ᄅᆞ쇼셔. 낙수(洛水)예 산행(山行) 가이셔 하나빌 미드니잇가.

현대어 풀이

천세 전부터 미리 정하신 한강 북쪽(한양)에, 어진 덕을 쌓아 나라를 여시어, 나라의 운명이 끝이 없으시니.

성스러운 임금이 이어서도 하늘을 공경하고 백성을 부지런히 돌보셔야 더욱 굳으실 것입니다.

임금이시여, 아소서. 낙수에 사냥 가 있으며 할아버지를 믿었습니까?

→ 할아버지(우왕)만 믿고 오랫동안 사냥을 나갔다가 폐위된 하나라 태강왕의 고사를 **타산지석**으로 삼아 백성들을 잘 다스릴 것을 후대 왕들에게 강조하고 있다.

어휘력 일취월장 노트	친숙한 어휘로 익히기	대표 사례로 다지기
¹**시사**(示唆)	미리 암**시**하여 알려 줌. [유] 귀띔, 암시	이번 성적표가 내게 준 **시사**점
²**관행**(慣行)	오랜 습**관**(관습)에 따라 **행**동함.	오랜 **관행**을 깬 사건

茫然自失 **망연자실**

1단계
친숙한 어휘로
익히기

망막하다 / 막연하다 / 자기 자신 / 상실

망막하고 막연하여 자신을 상실함.
→ 넋을 잃음.

한자의 의미
아득할 **망**, 그러할 **연**, 스스로 **자**, 잃을 **실**

사전적 의미
멍하니 정신을 잃음.

2단계
기출문제로
확인하기

ⓐ의 상황을 "임금은 사라지는 전우치를 바라보면서 (㉮)하고 있다."와 같이 표현했을 때, ㉮에 들어갈 말로 가장 적절한 것은? ▶ 2012학년도 9월 고2 전국연합학력평가 국어 A형

> [앞의 내용] 임금이 전우치를 죽이려 하자 우치는 그림을 그리게 해 달라고 간청¹하고, 임금이 이를 승낙한다. 우치는 산수화에 나귀를 그린 다음, 그 나귀 등에 올라 자취를 감춘다.
>
> 상이 대경²하여,
> ⓐ"내 이놈의 꾀에 또 속았으니 이를 어찌 하리오."
> — 작자 미상, 「전우치전」

→ ⓐ에서 상(임금)은 전우치가 그림 속으로 달아나기 위해 꾀를 부렸다는 것을 뒤늦게 알아차리지만 어찌 해야 할지 몰라 넋을 잃고 **망연자실(茫然自失)**해 한다.

3단계
대표사례로
다지기

김유정의 소설 「만무방(염치가 없이 막된 사람이라는 뜻)」에서, 벼 도둑으로 몰리게 된 응칠은 진짜 범인을 잡기 위해 잠복³한다. 그러나 벼 도둑이 바로 자신의 동생인 응오인 것을 알고 **망연자실**한다.

魂飛魄散 **혼비백산**

1단계
친숙한 어휘로
익히기

영혼 / 날다 비(비상, 비행) / 혼백 / 산산조각

영혼이 날아가고 혼백이 산산조각이 남.
→ 매우 놀라서 정신이 없음.

한자의 의미
넋 **혼**, 날 **비**, 넋 **백**, 흩어질 **산**

사전적 의미 혼백이 어지러이 흩어진다는 뜻으로, 몹시 놀라 넋을 잃음을 이르는 말

2단계
기출문제로
확인하기

ⓐ를 가장 잘 나타낸 것은? ▶ 2014학년도 6월 고3 모의평가 국어 B형

> [앞의 내용] 조웅은 군대의 원수(사령관)가 되어 황위를 찬탈한 이두병 세력과 전쟁을 벌인다. 이때, 조웅은 신이한 능력을 지닌 이두병의 장수 삼대와 싸워 이긴다.
>
> 삼대의 죽음을 보고 ⓐ적진이 대경 황망⁴하여 일시에 도망하거늘 원수(조웅)와 강장(조웅의 부하. 강씨 성을 지닌 장수)이 본진에 돌아와 승전고를 울리니 여러 장수와 군졸이 치하⁵하며 모두 즐기더라.
> — 작자 미상, 「조웅전」

→ ⓐ는 신이한 능력을 지닌 '삼대'가 '조웅'의 칼에 죽자, 이두병 세력에 있던 사람들이 크게 놀라 '**혼비백산**'하고 있는 장면이다.

작자 미상의 고전 소설 「박씨전」에는, 용골대와 맞서 싸우던 박씨가 부채를 흔들자 불길이 청나라 군사들을 덮쳐 청나라 장수와 병사들이 **혼비백산**하여 도망치는 장면이 나온다.

062

哀乞伏乞 **애걸복걸**

애걸하다(애절하다, 구걸) / **복걸하다**(굴복, 구걸)

한자의 의미
슬플 **애**, 빌 **걸**, 엎드릴 **복**, 빌 **걸**

애걸하고(애처롭게 구걸하고) 복걸함(엎드려 빎).

→ '애걸(하다)'로 바꿔 읽으면 의미가 통함.

사전적 의미 소원 따위를 들어 달라고 애처롭게 사정하며 간절히 빎.

ⓐ를 설명하는 말로 가장 적절한 것은? ▶ 2014학년도 3월 고2 전국연합학력평가 국어 A형

> 내가 이리로 옮겨 온 지 사흘째 되는 날 저녁, 아내와 나는 의논한 결과, 어쩌면 주인댁에서 타협을 받아줄는지도 모른다는 생각에서, 아내가 한 달 방세를 가지고 가서 다시 ⓐ사정을 해보기로 했다.
>
> [뒤의 내용] '나'가 피난지에서 방을 구하지 못해 간청하며 버티자 집주인은 전기까지 끊으며 압박을 한다.
>
> − 황순원, 「곡예사」

→ 갈 곳이 없는 '나'가 집주인에게 더 살게 해 달라고 사정하는 것은 '**애걸복걸**'하는 것이다.

「흥부전」을 보면 흥부가 탄 박에서는 돈과 쌀과 금 등이 나오지만, 놀부가 탄 박에서는 장비 등이 나와 놀부를 때린다. 그러자 놀부는 울면서 제발 살려 달라고 **애걸복걸**하게 된다.

어휘력 일취월장 노트	친숙한 어휘로 익히기	대표 사례로 다지기
[1]**간청**(懇請)	**간절**히 **청**함.	선배님께 취직을 간청하다.
[2]**대경**(大驚)	크게(확대) 놀람(경이).	적장이 대경하여 말하다.
[3]**잠복**(潛伏)	드러나지 않게(잠재) 엎드려 있음(굴복). → 숨음	경찰들의 잠복 근무
[4]**황망**(慌忙)	당황하여 마음이 바쁨(망중한).	황망하게 떠나다.
[5]**치하**(致賀)	(윗사람이 아랫사람에게) 축하를 보냄(표시함).	공로를 치하하다.

戰戰兢兢 전전긍긍

전율 / 전율 / 긍긍하다 (두려워하다)

전율을 느끼고 긍긍함(두려워함).

※ '전전'은 겁을 먹고 벌벌 떠는 것, '긍긍'은 조심해 몸을 움츠리는 것임.

한자의 의미
싸움 **전**, 싸움 **전**, 떨릴 **긍**, 떨릴 **긍**

사전적 의미
몹시 두려워서 벌벌 떨며 조심함.

㉠에 들어갈 말은? ▶ 2007학년도 6월 고2 전국연합학력평가

> [앞의 내용] '나'의 아버지는 혹부리 영감 몰래 소주 두 병을 자루에 넣었다가 들키자, 철없는 어린아이인 '나'가 그랬다고 함으로써 큰 위기를 넘긴다.
>
> 일단 직접적 책임을 모면¹한 아버지는 헤설픈 표정으로 날 쳐다볼 뿐이었다. 그러나 한편으로는 그 혹부리영감이 당신과는 이제 거래 끝이야 하고 선언할까 봐 [㉠] 하는 얼굴이었다.
> — 김소진, 「자전거 도둑」

→ 아버지는 혹부리 영감이 더 이상 거래를 하지 않겠다고 말할까 봐 두려워하며 안절부절못하고 있다. 이러한 문맥으로 볼 때 ㉠에 들어갈 말은 '**전전긍긍**'이다.

염상섭의 소설 「삼대」에서, 조상훈은 홍경애를 두고 여러 명과 싸움에 휘말려 파출소로 잡혀 간다. 그리고 이러한 소문이 교회까지 알려질까 봐 **전전긍긍**하는 모습이 나온다.

坐不安席 좌불안석

앉다 좌 (좌석) / 아니다 불 / 편안하다 / 좌석

앉았으나 좌석이 편안하지 않음.
→ 불안하여 안절부절못함. 鬩 가시방석, 바늘방석

한자의 의미
앉을 **좌**, 아닐 **불**, 편안할 **안**, 자리 **석**

사전적 의미 마음이 불안하거나 걱정스러워서 한군데에 가만히 앉아 있지 못하고 안절부절못하는 모양을 이르는 말

ⓐ에 나타난 인물의 심리를 설명하는 말로 가장 적절한 것은? ▶ 2014학년도 수능 예비 시행 국어 B형

> ⓐ이렇게 북적북적하는 속에 영채는 행여나 누가 자기의 얼굴을 볼까 하여 가만히 고개를 숙이고 앉았다.
> — 이광수, 「무정」

→ 영채는 혹시라도 자신을 알아보는 사람이 있을까 봐 고개를 숙이고 앉아 있다. 자신을 알아보는 사람이 있을까 봐 불안해하고 있는 상황과 관계 깊은 말은 '**좌불안석**'이다.

① 바늘방석에 앉은 것처럼 불편하고 불안한 상태를 **좌불안석**이라고 한다.

② 어머니는 전쟁터에 나간 아들에 대한 걱정으로 **좌불안석**하는 모습이 역력하다.

065 勞心焦思 노심초사

노고(고생) / 마음 심(실정) / 초조 / 생각 사(사고)

마음을 고생스럽게 하고 생각을 초조하게 함.
→ 매우 걱정함.

> 한자의 의미
> 일할 **노**, 마음 **심**, 탈 **초**, 생각 **사**
>
> 사전적 의미 마음을 수고롭게 하고 생각을 너무 깊게 함.

문맥으로 보아 ㉠에 대한 독자의 반응으로 가장 적절한 것은?　▶ 2009학년도 6월 고3 모의평가

> "공자(조웅) 세상에 나가도 부인은 이곳에 계시오면 무슨 근심이 있으리까?"
> (대사가) 이렇게 설득하니 부인(조웅의 어머니인 왕 부인)이 한동안 생각하다가 말했다.
> ㉠"만일 존사(대사)의 말씀과 같지 못하면 어찌하리오?"
> "공자의 평생 영욕(榮辱)²을 다 알았사오니 조금도 염려 마옵소서."
> 부인이 마지못해 허락하니
> 　　　　　　　　　　　　　　　　　　　　　　　　　　　　- 작자 미상, 「조웅전」

→ ㉠은 조웅의 모친이 아들의 앞날을 걱정 말라는 월경 대사에게 "만일 대사께서 말씀하신 것과 같지 않다면(세상에 나간 조웅에게 근심이 되는 일이 생긴다면) 어떻게 합니까?"라고 묻는 말이다. 조웅에 대해 걱정하는 어머니의 마음을 엿볼 수 있는 대목이다. 따라서 ㉠에 대한 독자의 반응으로 적절한 것은 "왕 부인은 '**노심초사**'하고 있군."이었다.

'노심초사'는 역대 수능 시험에서 가장 많이 출제된 한자 성어이다. 고전 소설에는 걱정을 많이 하는 인물들이 자주 등장하기 때문이다. 「심청전」에서도 심 봉사가 딸 심청을 기다리며 **노심초사**하는 대목이 나온다.

어휘력 일취월장 노트	친숙한 어휘로 익히기	대표 사례로 다지기
¹**모면**(謀免)	꾀(**모**의, **모**략)를 써서 **면**제됨(벗어남).	책임을 **모면**하다. 위기를 **모면**하다.
²**영욕**(榮辱)	**영**광스러움과 **욕**됨.	**영욕**의 세월

左顧右眄 좌고우면

좌측 / 회고 / 우측 / 곁눈질하다 면

(머리를) 좌측, 우측으로 돌리면서 회고해 보기도 하고 곁눈질해 보기도 함. 㾺 망설임

한자의 의미
왼 **좌**, 돌아볼 **고**, 오른쪽 **우**, 곁눈질할 **면**

사전적 의미
이쪽저쪽을 돌아본다는 뜻으로, 앞뒤를 재고 망설임을 이르는 말

[A]의 인물에 대한 독자의 반응으로 가장 적절한 것은?　▶ 2013학년도 9월 고2 전국연합학력평가 국어 B형

[앞의 내용] 3·1운동이 일어나기 전해 겨울, 동경 유학중인 '나'는 아내가 위독하다는 전보를 받고 귀국하려 하면서도 기차 시간까지 여유가 있다는 이유로 늑장을 부린다.

[A]
　면도를 하고 세수를 하고 치장을 차린 뒤에 어디로 가리라는 결심도 채 하지 못하고 이 발소에서 뛰어나왔다.
　'바로 하숙으로 돌아갈까? 정자에게로 가 보나?'
　　　　　　　　　　　　　　　　　　　　　　- 염상섭, 「만세전」

→ [A]에서 '나'는 하숙으로 갈지, 정자에게 갈지 결정하지 못하고 갈등하는 모습을 보이고 있다. '일을 쉽게 결정하지 못하고 **좌고우면(左顧右眄)**하고 있군.'이 답이었다.

더 이상 **좌고우면**하지 말고 결단을 내려 한 길을 선택하고 신념으로써 그것을 밀고 나가는 추진력이 필요하다.

含憤蓄怨 함분축원

포함 / 분노 / 축적 / 원한

분노를 포함하고 원한을 축적함.
→ 분하고 원통해 함.

한자의 의미
머금을 **함**, 분할 **분**, 모을 **축**, 원망할 **원**

사전적 의미
분한 마음을 품고 원한을 쌓음.

㉠의 상황을 두고 "평생 양반에게 괄시받고 살았던 부자의 (　　　　)이 느껴지는군."과 같이 이야기할 때 빈칸에 들어갈 말은?　▶ 2014학년도 3월 고3 전국연합학력평가 국어 B형

마침 그 마을에 있는 부자 한 사람이 집안끼리 상의하기를
"양반은 비록 가난하지만 늘 존경을 받는데, ㉠우리는 비록 부자라 하지만 늘 천대만 받고 말 한번 타지도 못할 뿐더러 양반만 보면 굽실거리고 뜰 아래서 엎드려 절하고 코가 땅에 닿게 무릎으로 기어 다니니 이런 모욕이 어디 있단 말이요. 마침 양반이 가난해서 관곡을 갚을 도리가 없으므로 형편이 난처하게 되어 양반이란 신분마저 간직할 수 없게 된 모양이니 이것을 우리가 사서 가지도록 합시다."
　　　　　　　　　　　　　　　　　　　　　　- 박지원, 「양반전」

→ 부자는 양반 신분이 아니라는 이유로 양반들에게 늘 천대와 모욕을 받아왔다. 이와 같은 상황에서 "이런 모욕이 어디 있단 말이요." 하고 말한 것이다. 이 대목에서 독자들은 부자의 분하고 원통한 마음, 즉 **함분축원**을 느낄 수 있다.

① 지배 계층이 가혹하게 백성들을 착취하게 되면 백성들의 **함분축원**이 클 수밖에 없다.

② 「기미 독립 선언서」에서 일제가 우리 이천만 동포의 '**함분축원**'을 힘으로 구속하는 것은 평화를 보장하지 못하는 일이라고 하였다.

＊ 오해 말아야 할 것!　'함분축원'에 '축원'이란 말이 들어 있다고 해서 '소망'의 의미라고 오해하지 않도록 한다.

068

切齒腐心 절치부심

절단 / 치아 / 부식(썩어 문드러짐) / 심장

치아가 절단되고, 심장이 부식될 정도임.
→ 몹시 분통을 터뜨림.

한자의 의미
끊을 **절**, 이 **치**, 썩을 **부**, 마음 **심**

사전적 의미
몹시 분하여 이를 갈며 속을 썩임.

고전 소설 「장경전」에서, 장경은 자신을 귀양 보냈던 임금이 폐위[1]되자, 반란군을 물리치고 임금을 복위[2]시키기 위해 군사를 모은다. 그리고 이 사실을 보고하기 위해 임금이 유배된 곳을 찾아가니, 가시로 성을 쌓고 있었다. 장경을 만난 폐제(폐위된 황제)는 그를 붙들고 통곡한다. 이런 내용을 다음과 같이 한자 성어를 이용하여 표현한 것이 적절한지를 판단하는 문제가 출제되었다.

▶ 2010학년도 3월 고3 전국연합학력평가

> "폐제가 장경을 붙들고 통곡한 것은 폐제의 절치부심(切齒腐心)했던 마음이 나타난 것으로 볼 수 있어."

→ 황제는 충신을 몰라보고 귀양을 보냄으로써 마침내 폐제가 되었다. 그래서 폐제의 통곡에는 자신의 잘못된 판단에 대한 반성과, 자신을 폐위시킨 신하에 대한 분노가 담겨 있다. 따라서 '**절치부심**'이란 한자 성어를 사용하여 표현한 위의 진술은 적절하다.

---

① 그는 이유 없이 매를 맞은 것이 분해 **절치부심**하였다.

② 청나라에 8년 간 볼모로 잡혀 있었던 봉림대군(효종)은 왕위에 오른 후 그 치욕을 씻기 위해 **절치부심**하며 북벌을 추진했다.

어휘력 일취월장 노트	친숙한 어휘로 익히기	대표 사례로 다지기
[1]**폐위(廢位)**	왕 또는 왕비의 지**위**를 **폐**함. 반 복위	숙종은 폐위된 인현 왕후를 복위시켰다.
[2]**복위(復位)**	폐**위**되었던 왕이나 왕비가 다시 그 지위를 회**복**함.	

自暴自棄 자포자기

1단계
친숙한 어휘로 익히기

자기 / **포기** / **자기** / **포기**

자기가 자기를 포기함.

→ '포기'로 바꿔 읽으면 의미가 통함.

한자의 의미
스스로 **자**, 사나울 **포**, 스스로 **자**, 버릴 **기**

사전적 의미 절망에 빠져 자신을 스스로 포기하고 돌아보지 아니함.

2단계
기출문제로 확인하기

ⓐ에 나타난 실옹(진짜 옹고집)의 심리를 표현한 말은?

▶2013학년도 10월 고3 전국연합학력평가 국어 B형

(사또가 진짜 옹고집에게) 대곤* 삼십 도를 매우 쳐서 엄문죄목*하되,
"인제도 옹가라 하겠느냐?"
실옹이 생각하되 만일 옹가라 하다가는 곤장 밑에 죽을 듯하니,
"ⓐ예, 옹가 아니오. 처분대로 하옵소서."
— 작자 미상, 「옹고집전」

*대곤 : 곤장(죄인의 볼기를 치던 몽둥이).   *엄문죄목 : 죄의 명목을 엄하게 심문함.

→ 실옹은 진짜 옹고집이 누구인지를 가리는 재판에서 져 매를 맞는다. 그래도 자신이 진짜 옹고집이라고 하면 매를 맞다가 죽을 지경이라 어쩔 수 없이 자신은 (진짜) 옹가가 아니라고 말한다. 진실을 밝혀 봤자 소용없는 상황이라 **자포자기**한 것이다.

3단계
대표사례로 다지기

아무리 힘든 순간이 와도, 노력한 만큼 성적이 오르지 않아도 절대 **자포자기**해서는 안 됩니다. 포기만 하지 않으면 실패란 없습니다.

一罰百戒 일벌백계

1단계
친숙한 어휘로 익히기

하나 일(1인) / **벌하다** / **일백**(100) / **경계**

한 사람을 벌하여 일백 사람을 경계함.

한자의 의미
한 **일**, 벌할 **벌**, 일백 **백**, 경계할 **계**

사전적 의미 본보기로 한 사람에게 엄한 처벌을 함으로써 여러 사람의 경각심¹을 불러일으킴.

2단계
기출문제로 확인하기

문맥으로 보아 ㉠과 가장 잘 어울리는 한자 성어는?

▶ 2008학년도 6월 고3 모의평가

[앞의 내용] 임진왜란 때 김덕령은 가등청정의 부대에 아무도 모르게 나타나 빨리 철수하지 않으면 내일 다시 와서 모두 죽이겠다고 경고하고 사라진다.

(덕령이) 마침 간데없거늘, 가등청정이 대로²하여 ㉠수문장을 베어 장대에 달고 왈,
"문을 어찌 지켜 요망한 놈이 임의로 출입하는가."
하고, 군중에 전령하여
— 작자 미상, 「임진록」

→ 왜장(왜국인 일본의 장수)인 가등청정은 문을 제대로 지키지 않아 김덕령이 들어왔다고 보고 수문장(성문을 지키던 장수)을 벰으로써 군사들의 경각심을 불러일으키고 있다. 가등청정은 **'일벌백계'**로 부하를 다스린 것이다.

3단계
대표사례로 다지기

① **일벌백계**로 벌하다.

② **일벌백계**로 다스림으로써 주위 사람들 모두에게 경각심을 불러일으켰다.

071 自業自得 **자업자득**

1단계
친숙한 어휘로 익히기

자기 / 업보 / 자기 / 획득

자기의 업보*를 자기가 획득함. 윤 자승자박

*업보 : 나쁜 일을 한 결과

한자의 의미
스스로 **자**, 일 **업**, 스스로 **자**, 얻을 **득**

사전적 의미
자기가 저지른 일의 결과를 자기가 받음.

2단계
기출문제로 확인하기

독자가 유씨에 대해 "유씨가 벌을 받는 것을 보니 (   )(이)라고 말할 수 있겠군."과 같이 표현했을 때, (   )에 들어갈 말은?

▶ 2011학년도 4월 고3 전국연합학력평가

[앞의 내용] 장풍운의 셋째 부인 '유씨'는 장풍운의 사랑을 받고 있는 '이 부인'을 질투하여, 장풍운이 집을 비운 사이에 '이 부인'을 모해[3]하여 죽을 위험에 빠뜨린다. 이를 알게 된 장풍운은 급히 집으로 돌아온다.

    좌승상(장풍운)이 본가(本家)로 돌아와 …〈중략〉… 한 대도 때리기 전에 이미 난향 등이 잘못을 낱낱이 순순히 자백했다. 좌승상이 글을 올려 옥사*를 뒤집고, 유씨를 그 수레에서 사형에 처하고, 난향 등을 능지처참*한 후, '이 부인'을 구호했다.

– 작자 미상, 「장풍운전」

*옥사(獄事) : 범죄를 다스리는 사건.
*능지처참 : 큰 죄를 저지른 사람을 죽이는 극형.

→ 유씨는 '이 부인'을 모해하여 죽을 위험에 빠뜨린 죄로 사형을 당하는 벌을 받는다. 자기가 저지른 일의 결과를 자기가 받는 것이므로 **자업자득**이라 할 수 있다.

3단계
대표사례로 다지기

애초에 잘못은 자기한테 있었으니 누구를 원망할 수 있겠어. 모든 것이 **자업자득**이지.

어휘력 일취월장 노트	친숙한 어휘로 익히기	대표 사례로 다지기
[1]**경각심**(警覺心)	**경**계하고 **각**오하는 마음(**심**리)	경각심을 불러일으키다.
[2]**대로**(大怒)	크게(**대**형, 확**대**) 분**노**함.	할아버지께서 대로하셨다.
[3]**모해**(謀害)	꾀(**모**의, **모**략)를 써서 **해**침.	충신을 모해하는 간신

072

男負女戴 **남부여대**

남자 / 지다 부(부하하다) / 여자 / 이다 대(대관식)*

*대관식 : 임금이 왕관을 받아 머리에 씀.

남자는 (등에 짐을) 지고, 여자는 (머리에 짐을) 임.

→ 이리저리 떠돌아다님.

한자의 의미
사내 **남**, 질 **부**, 여자 **여**, 일 **대**

사전적 의미 남자는 지고 여자는 인다는 뜻으로, 가난한 사람들이 살 곳을 찾아 이리저리 떠돌아다님을 비유적으로 이르는 말

ⓒ의 의미를 '(   )의 상황이 될 수도 있다는 말이군.'이라고 이해할 때, 빈칸에 들어갈 말은?

▶2005학년도 7월 고3 전국연합학력평가

> 신유목 시대에는 국가주의가 퇴조하고 세계시민주의가 확대될 것으로 예상된다. 또한 세계화와 민족주의 사이의 갈등과 불확실성이 더욱 심해질 전망이다. 지구촌은 남북 격차*에 디지털 격차까지 겹쳐 빈익빈 부익부 구조가 더욱 심해지고 고착될 수도 있다. 남쪽 세계에 속한 인구는 디지털 노마드*로 변신을 꾀하기는커녕, ⓒ생존이 가능한 공간을 찾아 흙먼지 길을 전전해야 하는 가난한 유랑민으로 남게 될지도 모른다.
>
> *남북 격차 : 북반구에 있는 나라와 남반구에 있는 나라 사이의 불균형한 경제 관계.
> *노마드(nomad) : 유목민.

→ ⓒ은 디지털 노마드로의 변신을 제대로 하지 못했을 경우, 가난한 유랑민이 되어 이곳저곳을 전전하는 상황이 발생할 수도 있다는 말이다. 따라서 빈칸에 들어갈 말로 적절한 것은 '**남부여대**'이다.

① 일제 강점기 때 가혹한 식민지 수탈에 시달리던 우리 민족은 **남부여대**하고 간도나 만주로 떠났다.

② 6·25 전쟁이 일어나자 **남부여대**한 채 정든 고향을 떠난 피난민 행렬이 끝도 없이 이어졌다고 한다.

073

同床異夢 **동상이몽**

동일 / 평상 / 상이하다(서로 다름) / 꿈 몽(몽중)

동일한 평상에서 자면서 상이한 꿈을 꿈.

→ 같이 있으면서도 딴생각을 함.

한자의 의미
한가지 **동**, 평상 **상**, 다를 **이**, 꿈 **몽**

사전적 의미 같은 자리에 자면서 다른 꿈을 꾼다는 뜻으로, 겉으로는 같이 행동하면서도 속으로는 각각 딴생각을 함.

[B]의 상황에 가장 잘 어울리는 한자 성어는?

▶2009학년도 9월 고3 모의평가

[앞의 내용] 가난한 흥보가 죄인 대신 매를 맞고 돈을 받아 오겠다고 하자 자식들이 반겨 하며 말한다.

[B]
> 또 한 놈이 나앉더니,
> "아부지, 나는 송아지 한 마리 사다 주오."
> 흥보 좋아라고,
> "기특한 내 아들이야. 장래 살림은 잘하겠구나. 송아지는 무엇 할래?"
> "한 마리만 사다 주면 모닥불에 구워 먹게요."
> "어 그놈, 허망한 놈이로고. 저리 가거라."
>
> – 작자 미상, 「박흥보전」

→ 흥보는 아들이 소를 키워 살림에 보태려는 것으로 생각했지만, 아들은 구워 먹겠다고 말한다. '송아지'에 대한 생각이 서로 다른 **동상이몽**의 상황이다.

저들이 지금은 함께 고생하고 있지만 각자 꿍꿍이속들이 있어 서로 **동상이몽**을 하고 있다.

074

公平無私 공평무사

공평하다 / 없다 무(전무하다) / 사사로움

공평하여 사사로움이 없음.
→ '공평'으로 바꿔 읽으면 의미가 통함.

한자의 의미
공평할 **공**, 평평할 **평**, 없을 **무**, 사사 **사**

사전적 의미
공평하여 사사로움이 없음.

작자 미상의 고전 소설 「황새 결송」은 뇌물 받은 황새가 따오기의 소리를 최고라고 판결내리는 것에 빗대어 부패한 지배층을 비판·풍자하고 있다. 뇌물로 인해 잘못된 판결을 내리는 이 글을 통해 이끌어 낼 수 있는 적절한 교훈으로 "공적인 일에 사사로운 관계를 개입시키면 안 되겠구나. **공평무사**라고 모든 일을 합리적으로 처리해야 하겠어."를 제시하였고, 〈보기〉에서는 우화 소설*과 송사 소설*에 대해 설명하였다.

▶2007학년도 4월 고3 전국연합학력평가

* **우화 소설** : 상징성이 풍부한 우화 형식을 이용해 타락한 사회상을 비판하는 한편, 당대 사람들의 삶에 문제를 제기함으로써 새로운 가치와 윤리 의식을 드러낸다. 이 형식은 인간 유형의 전형을 통해 인생과 사회의 단면을 압축적으로 제시한다는 특징을 지닌다. ☞ p.42

* **송사 소설** : 송사 사건의 발생·경과·해결 과정 및 판결과 그 결과 등을 중심으로 이야기가 전개되면서 개인과 개인, 개인과 집단, 집단과 집단 사이의 다양한 갈등이 당대의 시대 사회적 변모 양상과 어떤 관련을 맺고 있는지를 보여 준다.

옳고 그름을 가릴 때에는 어느 한쪽으로 치우치지 않고 **공평무사**한 판결을 내려야 한다.

賊反荷杖 **적반하장**

1단계 친숙한 어휘로 익히기

도적 / 반대로 / 들다 하(수<u>하</u>물) **/ 곤장**

도적이 반대로 곤장(몽둥이)을 듦.
→ 도둑이 오히려 큰소리를 침.

한자의 의미
도둑 **적**, 돌이킬 **반**, 멜 **하**, 지팡이 **장**

사전적 의미
도둑이 도리어 매를 든다는 뜻으로, 잘못한 사람이 아무 잘못도 없는 사람을 나무람을 이르는 말

2단계 기출문제로 확인하기

다음 상황에서 ㉠이 할 수 있는 말로 적절한 것은 "적반하장(賊反荷杖)도 유분수지."이다.

▶ 2004학년도 4월 고3 전국연합학력평가

(진짜 옹고집에게) 대곤삼십도(大棍三十度)*를 매우 치고, 죄목*을 엄히 문초*하되,
"네 이놈! 차후에도 옹가라 하겠느냐?"
실옹가(진짜 옹고집)는 곰곰이 생각건대, 만일 다시 옹가라 우길진대 필시 곤장 밑에 죽겠기에,
"예, 옹가가 아니오니, 처분대로 하옵소서."
아전이 호령하기를,
"장채 안동(眼同)*하여 저놈을 월경(越境)*시키라."
하니, 군노사령 벌 떼같이 일시에 달려들어 옹가 놈의 상투를 움켜잡고 휘휘 둘러 내쫓으니,
㉠실옹가는 할 수 없이 걸인 신세가 되고 말았다.

― 작자 미상, 「옹고집전」

*대곤삼십도 : 커다란 곤장으로 30대를 때림.
*죄목 : 지은 범죄의 명목.　　　*문초 : 죄를 따져 물음.
*안동 : 직접 데리고 감.　　　*월경 : (마을의) 경계를 넘게 함.

→ 진짜 옹고집이 누구인지를 가리는 재판에서 진짜(실옹가)가 가짜(허옹가)에게 패하여 마을에서 쫓겨나는 상황이다. 가짜가 진짜 옹고집 행세를 했고 이것이 통한 경우이므로, 진짜 옹고집의 입장에서 보면 **'적반하장'**의 상황이라 할 수 있다.

3단계 대표 사례로 다지기

자기가 잘못해서 일을 망쳐 놓고 내 탓을 하다니, **적반하장**도 이만저만이 아니군.

雪上加霜 **설상가상**

1단계 친숙한 어휘로 익히기

폭설 / 위 상(상단) **/ 추가 / 서리 상**(풍상)

폭설이 내린 위에 서리까지 추가됨.
㊒ 엎친 데 덮침. ㊫ 금상첨화[1]

한자의 의미
눈 **설**, 윗 **상**, 더할 **가**, 서리 **상**

사전적 의미　눈 위에 서리가 덮인다는 뜻으로, 난처한 일이나 불행한 일이 잇따라 일어남을 이르는 말

다음은 김시습의 소설 「이생규장전」의 전체 사건 줄거리를 요약하여 한자 성어와 연결한 것이다. ⓐ에 들어갈 한자 성어는?

▶ 2001학년도 수능

▶ 두 차례에 걸친 이생과 최씨의 이별과 해후

▶ 이생과 최씨에게 닥치는 불행의 연속

→ (ⓐ)

• 집이 병화*에 불탐.

• 부모와 최씨가 죽음.

▶ 꿈 같은 과거(최씨와의 생활)

→ 일장춘몽(一場春夢)²

▶ 최씨 혼령의 등장

▶ 행복한 생활

• 집 밖에도 나가지 않음.

• 시를 주고받으며 사랑을 나눔.

▶ 행복한 생활의 파국

→ 흥진비래(興盡悲來)³

• 이생과 최씨의 인연이 다함.

▶ 최씨 사라짐.

→ 회자정리(會者定離)⁴

• 최씨의 유골을 거두어 장사 지냄.

▶ 이생의 죽음

▶ 이생과 최씨의 사랑을 사람들이 기림.

*병화 : 전쟁으로 인해 생긴 화재.

→ 이생은 부모의 반대로 인해 최씨와 헤어졌다가 간신히 혼인하게 되지만, 홍건적의 난이 일어나 집이 불타고(→ 설상) 부모와 최씨가 죽는다(→ 가상). **설상가상**으로 불행한 일이 연달아 일어난 것이다.

시간도 없는데 **설상가상**으로 길까지 막혔다.

 '설상가상'의 상황을 보여 주는 사설시조

원문

나모도 바히돌도 업슨 뫼헤 매게 쪼친 가토리 안과,
대천(大川) 바다 한가온대 일천 석(一千石) 시른 배에 노도 일코 닷도 일코 농총도 근코 돛대도 것고 치도 빠지고 바람 부러 물결치고 안개 뒤섯계 자자진 날에 갈 길은 천리 만리(千里萬里) 나믄듸 사면(四面)이 거머어득 져뭇 천지 적막(天地寂寞) 가치노을 썻는대 수적(水賊) 만난 도사공(都沙工)의 안과,
엊그제 님 여흰 내 안이야 엇다가 가을하리오.

현대어 풀이

나무도 바윗돌도 없는 산에서 매한테 쫓기는 까투리(암꿩)의 마음과,
대천 바다 한가운데 일천 석이나 되는 물건을 실은 배에 노도 잃어버리고, 닻도 잃어버리고, 용총(돛대에 달린 줄)도 끊어지고, 돛대도 꺾어지고, 키(배의 방향을 조종하는 키)도 빠지고 바람까지 불고, 물결도 치고 안개가 뒤섞여 자욱한 날에 갈 길은 천 리 만 리나 남아 있는데, 사방은 검고 어두워 저물어 있고 천지는 적막하고 성난 파도가 일고 있는데, 해적까지 만난 뱃사공의 마음과,
엊그제 임과 이별한 나의 마음 어디에 비교하리오?

→ 까투리와 뱃사공은 모두 **설상가상**의 상황에 처해 있다. 그러나 화자는 매한테 쫓기는 까투리의 마음보다, 위험한 상황에 처한 뱃사공의 마음보다 임과 이별한 자신의 마음이 훨씬 더 심각하다는 것을 말하고 있다.

어휘력 일취월장 노트	친숙한 어휘로 익히기	대표 사례로 다지기
¹금상첨화(錦上添花)	비단(**금**수강산) 위(**상**층, **상**단)에 꽃(**화**초)을 **첨**가함. → 좋은 일 위에 또 좋은 일이 더해짐.	공부도 하고 효도도 하니 금상첨화다.
²일장춘몽(一場春夢)	한바탕(**일장** 연설) 봄(**춘**하추동) 꿈(**몽**중) 유 인생무상, 덧없음	길재의 시조에서 '어즈버 태평연월이 꿈이런가 하노라'가 일장춘몽의 의미를 잘 드러내 준다.
³흥진비래(興盡悲來)	흥겨움이 다하면(소**진**) 슬픔(**비**애)이 옴(**도래**함).	흥진비래라더니 세상일은 돌고 도는군.
⁴회자정리(會者定離)	만난(**회**합) 사람(실력**자**)은 이별(=별**리**)이 **정**해져 있음.	회자정리라더니 또 이별하게 되어 슬프다.

同病相憐 동병상련

1단계
친속한 어휘로
익히기

동일 / 질병 / 상대방 / 연민

동일한 질병을 앓고 있는 상대방에게 연민을 가짐.

한자의 의미
같을 **동**, 병 **병**, 서로 **상**, 불쌍히 여길 **련**

사전적 의미 어려운 처지에 있는 사람끼리 서로 불쌍히 여김.

2단계
기출문제로
확인하기

황석영의 소설「삼포 가는 길」에는 '영달, 정씨, 백화'가 등장한다. 이들은 모두 고향을 상실하고 떠돌아다니는 처지에 있어, 점차 상대방의 내면의 아픔을 진정으로 이해하게 된다. 그러면 이 소설을 영상물로 제작하고자 할 때, '영달, 정씨, 백화'의 역할을 맡은 배우들에게 주문할 내용을 한자 성어를 이용하여 표현하면? ▶2003학년도 10월 고1 전국연합학력평가

→ '영달', '정씨', '백화'는 처지가 같아서 상대방의 내면을 진정으로 이해하게 되는데, 이를 나타내기 위해서는 서로 간의 처지를 이해하는 **동병상련**(同病相憐)의 심리가 잘 드러나도록 해야 하는 것이 적절하다.

3단계
대표사례로
다지기

① **동병상련**의 아픔

② '귀또리 져 귀또리'로 시작하는 사설시조의 종장 '두어라, 제 비록 미물이나 무인동방(無人洞房)에 내 뜻 알 리는 너(귀또리)뿐인가 ᄒ노라(→ 임을 그리워하며 겨우 든 잠을 깨우는 귀뚜라미지만 울게 내버려 두어라. 귀뚜라미가 비록 작고 보잘것없는 동물이긴 하지만 그래도 독수공방하며 임을 그리워하는 내 뜻을 알아주는 것은 귀뚜라미밖에 없도다.)'에서 화자는 귀뚜라미가 자신과 **동병상련**의 처지라고 여기고 있다.

溫故知新 온고지신

1단계
친속한 어휘로
익히기

온고(옛것을 익힘) **/ 지각 / 신경향**

온고하고(옛것을 익히고) 신경향을 지각함.

한자의 의미
따뜻할 **온**, 연고 **고**, 알 **지**, 새 **신**

사전적 의미 옛것을 익히고 그것을 미루어서 새것을 앎.

2단계
기출문제로
확인하기

ⓒ과 가장 관련이 깊은 것은? ▶2005학년도 수능

우리가 ⓒ기술 혁신의 역사를 돌아보고 그 의미를 되짚는 이유는, 그러한 위험 요인들을 예측하고 적절히 통제할 수 있는 능력을 갖춘 자만이 앞으로 다가올 기술 혁신을 주도할 수 있으리라는 믿음 때문이다.

→ ⓒ에서 과거의 역사를 돌아보고 그 의미를 되짚는 이유는 앞으로 다가올 기술 혁신을 주도하기 위해서라고 하였다. 과거를 돌아봄으로써 그것으로 미루어 새로운 것을 예측하고 통제하려는 것이므로 정답은 **온고지신**(溫故知新)이었다.

민족의 전통은 **온고지신**의 정신에 바탕을 두고 창조적으로 계승되어야 한다.

079 先見之明 **선견지명**

1단계
친숙한 어휘로
익히기

우선 / 발견 / ~하는 지(지기지우) / 현명

(남보다) 우선하여 발견하는 현명함.

한자의 의미
먼저 **선**, 볼 **견**, ~의 **지**, 밝을 **명**

사전적 의미
미리 앞을 내다보고 아는 지혜

2단계
기출문제로
확인하기

다음 글의 '부인(박씨)'을 평가할 수 있는 한자 성어는?　　▶2012학년도 3월 고1 전국연합학력평가

> 　　용골대와 율대가 호왕의 명을 받고 군사를 거느려, 동으로 황해수를 건너 바로 장안을 향하였
> 더라.
> 　　각설*. 이때 박씨 피화당에서 천기[1]를 보고 승상을 청하여 가로되,
> 　　"북방 호적이 금방 들어오는가 싶으니, 급히 탑전*에 아뢰어 임경업을 내직으로 불러 군사를
> 조발*하여 막으소서."
> 　　승상 가로되,
> 　　"북방 호적이 들어오면 북으로 올 것이니, 임경업은 북방을 지키는 의주 부윤이라. 어찌하여
> 오는 길을 버리고 내직으로 부르리까?"
> 　　부인(박씨) 가로되,
> 　　"호적이 북방으로 오지 아니하고 동으로 황해수를 건너 들어올 것이니, 바삐 임경업을 부르옵
> 소서."
> 　　　　　　　　　　　　　　　　　　　　　　　　　　　　　　　　　　– 작자 미상, 「박씨전」
>
> *각설 : 이때. 고전 소설에서 새로운 이야기가 시작될 때 글머리에 쓰는 연결어의 일종
> *탑전 : 임금의 자리 앞.
> *조발 : 군사로 쓸 사람을 강제로 모음.

→ 박씨는 호적(오랑캐)이 북방이 아닌 황해(황해수)를 통해 침입할 것을 예견[2]하고 있으며, 실제
로 호적은 황해를 건너오고 있다. 이런 박씨는 '**선견지명**'이 탁월한 인물이라고 평가할 수 있다.

3단계
대표 사례로
다지기

율곡 이이는 외적의 침입에 대비해 10만 양병설[3]을 주장하는 **선견지명**이 있었다.

어휘력 임취월장 노트	친숙한 어휘로 익히기	대표 사례로 다지기
[1]천기(天氣)	하늘(**천**명, **천**지)의 **기**상(**기**운)	천기를 살피다.
[2]예견(豫見)	미리(**예**상) 발**견**하여 앎.	앞날을 예견하다.
[3]양병설(養兵說)	병사를 길러 내자는(**양**육) 견해(학**설**)	이이의 십만 양병설

誰怨誰咎 수원수구

1단계
친숙한 어휘로
익히기

누구 수 / 원망 / 누구 수 / 허물 구(원구*)

*원구 : 원망하고 꾸짖음.

누구를 원망하고 누구의 허물이라 하겠는가?
→ 본인 탓임.

한자의 의미
누구 **수**, 원망할 **원**, 누구 **수**, 허물 **구**

사전적 의미
누구를 원망하고 누구를 탓하겠냐는 뜻으로, '남을 원망하거나 탓할 것이 없음을 이르는 말

2단계
기출문제로
확인하기

ⓐ를 바꾸어 표현하면, "이 지경을 당한 것은 과인의 부족함 때문이니 (   )하리오."
이다. 빈칸에 들어갈 한자 성어는?

▶ 2003학년도 3월 고3 전국연합학력평가

> 호장(胡將)*이 조선 국왕의 항서[1]를 받고 세자 대군을 볼모로 잡아 들어갈새, 세자 대군이 내전*에 들어가 하직한대, 중전(中殿)이 세자 대군의 손을 잡으시고 눈물을 흘려 서로 잡아 떠나지 못하는지라. 상이 세자 대군을 나오라 하사 눈물을 흘려 왈,
> "ⓐ과인의 박덕[2]함을 하늘이 밉게 여기사 이 지경을 당하게 되니, 누를 원망하며 누를 한하리오. 너희는 만리타국에 몸을 보호하여 잘 가 있어라."
> 하시며 손을 차마 놓지 못하시거늘,
>
> – 작자 미상, 「임경업전」
>
> *호장(胡將) : 오랑캐의 장수.   *내전 : 왕비가 거처하는 중궁전.

→ 상(임금)은 호국에 항복하게 된 원인을 자신의 '박덕함'에서 찾으면서 누구를 원망하고 누구를 탓하겠느냐고 말한다. 이것은 남을 원망하거나 탓할 것 없이 자신의 잘못이라는 뜻으로, **'수원수구'**로 나타낼 수 있다.

3단계
대표사례로
다지기

정철의 가사 「속미인곡」에 '내 몸의 지은 죄 뫼같이 쌓였으니 / 하늘이라 원망하며 사람이라 허물하랴.'가 나온다. 임과 이별하게 된 원인은 다른 데 있는 것이 아니라 자신의 탓이라는 것으로, 밑줄 친 부분이 **'수원수구'**와 통한다.

어휘력 일취월장 노트	친숙한 어휘로 익히기	대표 사례로 다지기
[1]항서(降書)	항복한다는 문서	적장에게 항서를 쓰다.
[2]박덕(薄德)	적은(희박, 박봉) 덕 [반] 후덕	재승박덕하다(재주는 있으나 덕이 적다).

半信半疑 반신반의

1단계
친숙한 어휘로
익히기

절반 / 신뢰 / 절반 / 의심

절반은 신뢰하고 절반은 의심함.

한자의 의미
반 **반**, 믿을 **신**, 반 **반**, 의심할 **의**

사전적 의미 얼마쯤 믿으면서도 한편으로는 의심함.

다음 글에 나타난 토끼의 태도에 대한 설명으로 적절한 것은? ▶ 2002학년도 수능

> (자라가 말하기를)
> "용왕의 분부 모시어 임금 보좌할 인재를 구하기로, 〈중략〉 선생을 모셔 가자 뒤를 따라 왔사
> 오니, 바라건대 선생은 나를 따라 가사이다."
> 토끼가 제 인물에 하 감사한 말이어든, 제 소견에도 의심하여,
> "어떻기에 내 형용이 곰보다도 나을 테요? 범보다 나을 테요?"   - 신재효, 「토별가」

→ 토끼는 자신을 인재로 높이 평가하는 자라의 말에 감사함을 느끼지만 '의심하여' 한 번 더 물
어본다. 자라의 말을 모두 믿지 못하고 **반신반의**하고 있기 때문이다.
▶정답 : 자라가 칭찬하는 말을 반신반의(半信半疑)하고 있다.

박지원의 소설 「허생전」에서 도적들은 돈을 주겠다는 허생의 말에 **반신반의**하지만, 결국
허생은 다음 날 많은 돈을 가지고 나타나 도적들에게 나누어 준다.

082

搖之不動 **요지부동**

흔들다 요 / 그것 지 / 아니다 불 / 움직이다 동
(요동치다) (역지사지)   (동요하다, 동작)

한자의 의미
흔들 **요**, 그것 **지**, 아닐 **부**, 움직일 **동**

사전적 의미
흔들어도 꿈적도 하지 않음.

그것을 흔들지만 움직이지(흔들리지) 않음.
→ 꿈적도 안 함.

㉠에 나타난 부인의 태도로 적절한 것은? ▶2006학년도 9월 고3 모의평가

> [앞의 내용] 사 소저(사씨)의 인물됨을 높이 평가한 유연수의 아버지는 중매쟁이를 보내 사 소저의 어머니에게
> 혼인할 뜻을 전하지만, 사 소저의 어머니는 혼인할 수 없다고 한다.
>
> 주파(중매쟁이)는 그 말을 듣고 몹시 이상하게 여겼다. 이에 재삼 흔쾌한 승낙을 얻고자
> 노력했다. 그렇지만 ㉠부인(사 소저의 어머니)의 말씀에는 변함이 없었다.   - 김만중, 「사씨남정기」

→ 유연수의 집안은 아버지가 재상이고 부유한 반면, 사 소저 집안은 아버지가 돌아가시고 가난
한 형편이다. 따라서 중매쟁이는 사 소저의 어머니가 유연수와 사 소저의 혼인을 흔쾌히 승낙
할 것으로 여긴다. 그러나 사 소저의 어머니는 중매쟁이의 거듭된 설득에도 불구하고 혼인을
승낙하지 않는다. 이와 같은 부인(사 소저의 어머니)의 변함없는 태도를 나타내는 한자 성어는
'**요지부동**'이다.

황소는 제 주인이 아니면 아무리 고삐를 잡아끌어도 꿈적하지 않는다. '황소고집'이라고,
황소처럼 고집이 센 사람 역시 아무리 설득해도 **요지부동**인 경우가 많다.

夫唱婦隨 부창부수

1단계
친숙한 어휘로 익히기

남편 부(부군) / **선창** / **부인** / **따르다 수**(수행)

남편이 선창하면 부인이 따라서 부름.
→ 부부가 뜻이 잘 맞음.

한자의 의미
지아비 **부**, 부를 **창**, 며느리 **부**, 따를 **수**

사전적 의미
남편이 주장하고 아내가 이에 잘 따름. 부부 사이의 화합하는 도리
圇 여필종부(女必從夫)[1]

2단계
기출문제로 확인하기

[A]의 상황에 가장 잘 어울리는 한자 성어는?　　▶ 2011학년도 10월 고3 전국연합학력평가

시중은 고개를 끄덕이더니 안으로 들어가서 아내와 의논하였다.

[A]
　"하생의 용모와 재주가 참으로 범상[2]치 않으니 사위로 삼는다 해도 문제될 건 전혀 없겠소만 집안이 서로 걸맞지 않는구려. 〈중략〉 그래서 나는 그냥 재물이나 후하게 주어 사례하는 것으로 끝냈으면 싶소."
　부인이 말했다.
　"이 일은 당신이 결정할 문젠데, 아녀자가 어찌 나서겠어요?"

　　　　　　　　　　　　　　　　　　　　　　　　　　　　- 신광한, 「하생기우전」

→ [A]에서는 남편이 먼저 자신의 생각을 말하자, 아내가 남편의 말을 그대로 따르고 있다. 남편이 이끄는 대로 아내도 따름으로써 부부가 서로 화합하는 **부창부수**의 모습을 보여 준 것이다.

3단계
대표사례로 다지기

부창부수라더니, 그 부부는 천생연분이요 찰떡궁합이다.

杜門不出 두문불출

1단계
친숙한 어휘로 익히기

막다 두(연락 두절) / **대문** / **아니다 불** / **외출**

대문을 막고(닫고) 외출하지 않음.

한자의 의미
막을 **두**, 문 **문**, 아닐 **불**, 나갈 **출**

사전적 의미 문을 닫고 나가지 않는다는 뜻으로, 집에만 있고 바깥 출입을 하지 않음.

2단계
기출문제로 확인하기

ⓐ의 상황을 가장 잘 나타낸 것은?　　　　　　　　　　　　▶ 2010학년도 수능

여인이 묻기를, / "누구냐? 시녀가 왔느냐?"
시녀가 말하기를,
"예, 접니다. ⓐ요즘 아가씨께서는 중문 밖을 나가지 않으셨고 뜰 안에서도 좀처럼 걷지 않으셨습니다. 그런데 엊저녁에는 우연히 나가시더니 어찌 이 먼 곳까지 오셨습니까?"
라고 하였다.

　　　　　　　　　　　　　　　　　　　　　　　　　　　　- 김시습, 「만복사저포기」

→ '아가씨'는 문 밖을 나가지 않았다고 했다. 밖에 나가지 않고 집에만 있는 상황에 어울리는 한자 성어는 '**두문불출**'이다.

3단계 대표 사례로 다지기

박지원의 소설 「허생전」에는 주인공 허생이 **두문불출**하고 책만 읽는 상황이 나온다. 그러다가 허생은, 생활고³를 견디다 못한 아내가 질책하자 책을 덮고 문 밖을 나서 부자 변 씨를 찾아간다.

085

臨機應變 임기응변

1단계 친숙한 어휘로 익히기

임하다(맞닥뜨리다) / **기회** / **대응** / **변경**

기회(또는 고비)에 임했을 때 바로 대응하고 변경함.
㈜ 임시방편, 임시변통, 미봉책⁴, 고식지계⁵, 하석상대⁶, 언 발에 오줌 누기, 아랫돌 빼서 윗돌 괴기

한자의 의미
임할 **임**, 틀 **기**, 응할 **응**, 변할 **변**

사전적 의미
그때그때 처한 사태에 맞추어 즉각 그 자리에서 결정하거나 처리함.

2단계 기출문제로 확인하기

다음에 나타난 북곽 선생의 행위를 표현하는 말은?　　　　　▶ 2012학년도 수능

> 　박지원의 소설 「호질」*에서, 과부 동리자의 아들들은 어느 날 밤, 어머니 동리자의 방에 북곽 선생이 있는 것을 보게 된다. 어진 북곽 선생일 리가 없다고 생각한 아들들은 북곽 선생이 아니라 여우가 변신한 것이라고 여겨 그를 잡으려고 어머니의 방에 뛰어든다.
> 　이에 북곽 선생은 깜짝 놀라 도망가는데, 사람들이 자기를 알아보지 못하게 귀신 흉내를 내다가 똥구덩이에 빠지게 되고, 거기서 겨우 기어 올라왔으나 범이 가로막고 있자, 머리를 숙이고 범을 예찬한다. 한참 후 머리를 들어 보니 범은 온데간데없고 지나가던 농부가 의아해하자, 하늘이 높아 머리를 굽혔다고 둘러댄다.　　　　　*호질(虎叱) : 호랑이의 질책.

→ 북곽 선생은 사람들이 자기를 알아보지 못하게 귀신 흉내를 내고, 범이 자신을 해칠까 봐 머리를 숙이고 범을 예찬한다. 또, 이 모습을 본 농부에게 자신이 머리를 숙인 이유는 하늘을 존경하기 때문이라고 둘러댄다. 이와 같은 북곽 선생의 모습은 **임기응변**에 능하다고 할 수 있다.

3단계 대표 사례로 다지기

① 그는 상황에 맞추어 **임기응변**하는 능력이 뛰어나다.

② 수궁으로 들어간 토끼는 간을 육지에 두고 왔다는 **임기응변**의 꾀를 냄으로써 살아서 육지로 돌아온다.

어휘력 일취월장 노트	**친숙한 어휘로 익히기**	**대표 사례로 다지기**
¹**여필종부**(女必從夫)	**여**자는 필히(반드시) 남편(**부**군, **부**부)을 추종해야 한다.	시집가는 딸에게 아버지는 '아내는 반드시 남편의 말을 들어야 한다'는 여필종부의 관념을 강조하셨다.
²**범상**(凡常)**하다**	평**범**하고 일**상**적이다.	범상한 인물
³**생활고**(生活苦)	(경제적인 곤란으로 겪는) **생활**상의 **고**통	실직 후 생활고를 겪다.
⁴**미봉책**(彌縫策)	**미봉**하는(임시로 봉합하는) 계**책**	미봉책에 그친 제안
⁵**고식지계**(姑息之計)	잠시(**고**) 휴식하는(~하는 **지**) 계**책**	눈앞의 일에만 급급해 고식지계를 내다.
⁶**하석상대**(下石上臺)	**하**부의 돌(**석**탑)을 빼서 **상**부의 대(경포**대**)에 쌓음.	하석상대는 근본적인 해결책이 될 수 없다.

복습 문제 | 정답 p.202

1 빈칸에 들어갈 한자 성어를 쓰시오.

❶ 더운 여름철에 부지런히 일한 개미는 겨울에 따뜻하고 풍족한 삶을 누리지만, 여름 내내 노래만 부르고 일을 하지 않은 베짱이는 춥고 배고픔에 시달린다. 개미와 베짱이가 각각 '뿌린 대로 거두는' 것, 이것이 [   ]이다.

[   ] : 콩 심은 데 콩 나고 팥 심은 데 팥 난다.
● 급소 힌트 원인과 결과는 응당 보답함.

❷ 셰익스피어의 희곡에서 로미오와 줄리엣의 사랑이 맺어지지 못한 이유는 두 사람의 집안이 [   ]이었기 때문이다.

[   ] : 앙숙
● 급소 힌트 개와 원숭이의 사이

❸ 김유정의 소설 「금 따는 콩밭」에서 '수재'는 금을 찾으면 큰돈을 벌 수 있다는 [   ]로 영식을 꾀어 그의 콩밭을 파헤친다. 그러나 금은 나오지 않는다.

[   ] : 꾀는 말
● 급소 힌트 감미로운 말과 이로운 이야기

2 밑줄 친 부분과 바꿔 쓸 수 있는 말을 쓰시오.

❶ 원수(장군)의 물음에 모든 장졸들이 '이기는 꿈을 꾸었으니, 오랑캐를 멸할 징조다.' 라고 똑같이(한결같이) 말한다.

● 급소 힌트 장졸들마다 서로 다른 입을 가졌지만, 그 입에서 나오는 소리는 하나임.

❷ 고전 소설 「옥루몽」에서, 뇌천풍은 강남홍과의 대결에서 패해 거의 죽을 뻔하다가 간신히 살아나 본진으로 도망갔다.

● 급소 힌트 ㈔ 구사일생(九死一生)으로

3 　　　　 안에 들어갈 말로 적절하지 <u>않은</u> 것을 모두 고르시오.

❶　염상섭의 소설 「삼대」에서, 조상훈은 부친이 있는 안방으로 들어갈 수도 없고 아들 또래들이 있는 아랫방에도 갈 수 없는 　　　　　 의 처지에 놓이게 된다

　　① 사고무친(四顧無親)　　② 사면초가(四面楚歌)　　③ 새옹지마(塞翁之馬)
　　④ 일거양득(一擧兩得)　　⑤ 진퇴양난(進退兩難)

❷　종자기는 백아가 연주하는 거문고 소리만 듣고도 그의 속마음을 알아차릴 정도였다. 백아와 종자기처럼 마음이 서로 통하는 친한 벗 또는 사귐을 　　　　　 라고 한다.

　　① 관포지교(管鮑之交)　　② 막역지우(莫逆之友)　　③ 수어지교(水魚之交)
　　④ 죽마고우(竹馬故友)　　⑤ 천재일우(千載一遇)

❸　「사미인곡」, 「속미인곡」, 「상사별곡」, 「동동」 등 남녀 간의 사랑을 노래한 작품들에는 　　　　　 (하며) 임을 그리워하는 화자의 모습이 나타난다.

　　① 각골난망(刻骨難忘)　　② 오매불망(寤寐不忘)　　③ 전전긍긍(戰戰兢兢)
　　④ 전전반측(輾轉反側)　　⑤ 전전불매(輾轉不寐)

❹　춘향은 이 도령과의 사랑을 지키기 위해 변 사또의 수청 요구를 거부하고 죽기 직전의 상황, 즉 　　　　　 의 상황에 이른다. 이때 이몽룡이 어사가 되어 나타나 춘향을 구해 준다.

　　① 누란지위(累卵之危)　　② 명재경각(命在頃刻)　　③ 백척간두(百尺竿頭)
　　④ 역지사지(易地思之)　　⑤ 풍전등화(風前燈火)

4　밑줄 친 한자 성어의 쓰임이 맞으면 ○표, 틀리면 ×표를 하시오.

❶　"<u>고진감래</u>라더니, 좋은 일이 있으면 슬픈 일도 있게 마련이야."　　　　　　(　)

❷　"저는 형수님의 무고함(잘못 없음)을 믿습니다. <u>사필귀정</u>이라고 했으니, 참고 견디시면 머지않아 모든 것이 밝혀질 것입니다."　　　　　　　　　　　　　　　(　)

❸　"인생사(人生事)는 <u>백년하청</u>입니다. 너무 상심하지 마십시오. 장부로서 호연지기(浩然之氣)를 기르셔야 큰일을 도모할 수 있습니다."　　　　　　　　　　　(　)

❹　황석영의 소설 「삼포 가는 길」에 등장하는 '영달, 정씨, 백화'는 모두 고향을 상실하고 떠돌아다니는 처지로, 서로에게 <u>동병상련</u>의 아픔을 느낀다.　　　　　　(　)

복습 체크리스트

❶ 친숙한 어휘를 떠올려 메모한다.
❷ 대표 사례를 적으며 확실하게 그 의미를 익힌다.
❸ 어렴풋이 아는 것은 해당 페이지로 찾아가 다시 챙겨 본다.

구분	어휘	❶친숙한 어휘 떠올리기	❷대표 사례 적어 보기	❸찾아갈 페이지	구분	어휘	❶친숙한 어휘 떠올리기	❷대표 사례 적어 보기	❸찾아갈 페이지
1	면종복배			**140**	44	지기지우			**170**
2	새옹지마			**141**	45	견원지간			**171**
3	전화위복			**142**	46	중과부적			**172**
4	상전벽해			**142**	47	속수무책			**172**
5	전인미답			**143**	48	감언이설			**173**
6	비분강개			**144**	49	견강부회			**174**
7	각골통한			**144**	50	아전인수			**174**
8	각골난망			**145**	51	역지사지			**175**
9	고립무원			**146**	52	고진감래			**176**
10	사고무친			**146**	53	과유불급			**176**
11	진퇴양난			**147**	54	후안무치			**177**
12	전전반측			**148**	55	인과응보			**178**
13	오매불망			**148**	56	사필귀정			**178**
14	학수고대			**149**	57	천우신조			**179**
15	백년하청			**150**	58	표리부동			**180**
16	천양지차			**150**	59	타산지석			**181**
17	환골탈태			**151**	60	망연자실			**182**
18	천재일우			**152**	61	혼비백산			**182**
19	천려일실			**152**	62	애걸복걸			**183**
20	오리무중			**153**	63	전전긍긍			**184**
21	백척간두			**154**	64	좌불안석			**184**
22	명재경각			**154**	65	노심초사			**185**
23	일거양득			**155**	66	좌고우면			**186**
24	생사기로			**156**	67	함분축원			**186**
25	기사회생			**156**	68	절치부심			**187**
26	가렴주구			**157**	69	자포자기			**188**
27	입신양명			**158**	70	일벌백계			**188**
28	금의환향			**158**	71	자업자득			**189**
29	호의호식			**159**	72	남부여대			**190**
30	백중지세			**160**	73	동상이몽			**190**
31	낭중지추			**161**	74	공평무사			**191**
32	이구동성			**162**	75	적반하장			**192**
33	유구무언			**162**	76	설상가상			**192**
34	함구무언			**163**	77	동병상련			**194**
35	중구난방			**164**	78	온고지신			**194**
36	청천벽력			**164**	79	선견지명			**195**
37	풍수지탄			**165**	80	수원수구			**196**
38	허장성세			**166**	81	반신반의			**196**
39	기고만장			**167**	82	요지부동			**197**
40	침소봉대			**167**	83	부창부수			**198**
41	안하무인			**168**	84	두문불출			**198**
42	방약무인			**168**	85	임기응변			**199**
43	마이동풍			**169**					

복습 문제 정답
1. ❶ 인과응보 / ❷ 견원지간 / ❸ 감언이설
2. ❶ 이구동성(으로) / ❷ 기사회생(하여)
3. ❶ ③, ④ / ❷ ⑤ / ❸ ①, ③ / ❹ ④
4. ❶ ×(흥진비래) / ❷ ○ / ❸ ×(새옹지마) / ❹ ○

한자 성어	친숙한 어휘로 익히기	관련 속담과 속담 기출 출처
감탄고토 甘呑苦吐	**감**미로우면 삼키고(呑 : 삼키다 **탄**) **고**통스러우면 **토**함. → 자신의 비위에 맞으면 좋아하고 그렇지 않으면 싫어함.	달면 삼키고 쓰면 뱉는다. - 2009학년도 9월 고2 전국연합학력평가
견문발검 見蚊拔劍	모기(**문**)를 발**견**하고 칼(**검**)을 뽑음(선**발**). → 사소한 일에 크게 성내어 덤빔.	모기 보고 칼 빼기 - 2012학년도 6월 고2 전국연합학력평가 국어 B형
고식지계 姑息之計	잠시(**고**) 휴**식**하는(之 : ~하는 **지**) **계**책 → 당장 그 상황만을 피해 보려는 일시적인 계책 ⑪ 동족방뇨(凍足放尿), 임기응변(臨機應變), 하석상대(下石上臺)	눈 가리고 아웅 / 눈 감고 아웅 한다. - 2003학년도 9월 고3 모의평가 언 발에 오줌 누기 - 2013학년도 6월 고2 전국연합학력평가 국어 B형 아랫돌 빼서 윗돌 괴기
고장난명 孤掌難鳴	외로운(**고**아) 손바닥(**장**갑), 즉 손바닥 하나로는 울기(공**명**, 자**명**종) 어려움(**난**해, **난**이도). → 혼자의 힘만으로는 어떤 일을 이루기 어려움.	외손뼉이 못 울고, 한 다리로 가지 못한다. - 1997학년도 수능
고진감래 苦盡甘來	**고**생이 다하면(소**진**) **감**미로운 것이 옴(도**래**). → 고생 끝에 즐거움이 옴.	고생 끝에 낙이 온다(있다).
교각살우 矯角殺牛	쇠뿔(우**각**)을 **교**정하다가 소(**우**유, 한**우**)를 도**살**(**살**해)함. → 잘못된 점을 고치려다가 정도가 지나쳐 오히려 일을 그르침. ⑪ 소탐대실(小貪大失)	쇠뿔 잡다가 소 죽인다.
구상유취 口尚乳臭	입(**구**술)에서 아직(**상**존) 우**유** 냄새(악**취**)가 남. → 말이나 행동이 유치함.	입에서 젖내가 난다.
근묵자흑 近墨者黑	먹(수**묵**화) **근**처에 있는 사람(者 : 놈 **자**)은 (먹의) **흑**색이 묻음. → 나쁜 사람과 가까이 지내면 나쁜 버릇에 물들기 쉬움.	먹을 가까이하면 검어진다. - 2014학년도 수능 예비 시행 국어 A형
금의야행 錦衣夜行	**금의**(비단옷)를 입고 **야**밤에 **행**동함. → 아무 보람이 없는 일을 함.	비단옷 입고 밤길 가기
당랑거철 螳螂拒轍	사마귀(**당랑**)가 (앞발을 들고) 수레바퀴(전**철**)를 막아 섬(항**거**). → 제 역량을 생각하지 않고, 강한 상대나 되지 않을 일에 무모하게 덤빔.	하룻강아지 범 무서운 줄 모른다. - 2007학년도 6월 고3 모의평가
동가홍상 同價紅裳	**동**일한 **가**격이면 다**홍**색의 치마(의**상**, 홍**상**)를 가짐. → 같은 값이면 좋은 물건을 가짐.	같은 값이면 다홍치마 - 2005학년도 4월 고3 전국연합학력평가
동병상련 同病相憐	**동**일한 질**병**을 앓고 있는 **상**대에게 **연**민을 가짐. → 어려운 처지에 있는 사람끼리 서로 가엾게 여김.	과부 설움은 홀아비가 안다. 과부 설움은 (동무) 과부가 안다. - 2002학년도 10월 고3 전국연합학력평가
득롱망촉 得隴望蜀	농(**롱**)나라를 획**득**하고서 **촉**(蜀)나라까지 갖기를 희**망**함. → 인간의 욕심은 끝이 없음.	말 타면 경마 잡히고 싶다. - 2011학년도 9월 고3 모의평가
등고자비 登高自卑	**고**지를 **등**산하려면 낮은(**비**하) 곳부터(自 : 부터 **자**) 오름. → 일을 순서대로 하여야 함.	천 리 길도 한 걸음부터 - 2012학년도 수능
등하불명 燈下不明	**등**잔 아래(이**하**, **하**락)가 분**명**하게 보이지 않음(不 : 아니다 **불**). → 가까이에 있는 것을 잘 찾지 못함.	등잔 밑이 어둡다. - 1994학년도 수능 2차

한자 성어	친숙한 어휘로 익히기	관련 속담과 속담 기출 출처
마이동풍 馬耳東風	말(백**마**)의 귀(**이**목)에 부는 **동풍** → 남의 말을 귀담아듣지 아니하고 지나쳐 흘려버림. ⑤ 우이독경(牛耳讀經)　　　　　　　　　☞ p.169	쇠귀에 경 읽기 　– 2007학년도 3월 고3 전국연합학력평가
망양보뢰 亡羊補牢	**양**이 도**망**간 후에 우리(牢 : 우리 **뢰**)를 **보**수함. → 이미 실패한 뒤에 뉘우쳐도 소용이 없음.	소 잃고 외양간 고친다. 　– 2014학년도 6월 고3 모의평가 국어 A형
목불식정 目不識丁	눈(이**목**구비)이 있어도 'ㅜ'(고무래* **정**) 자를 **식**별하지 못함(**불**가). * 고무래 : ㅜ자 모양으로 생긴 기구. → 아주 무식함. ⑤ 일자무식, 무식	낫 놓고 기역 자도 모른다. 　– 2007학년도 6월 고3 모의평가
백년하청 百年河淸	**백 년**을 기다려도 황**하**(강)의 물은 **청**정해지지 않음. → 오랜 시일이 지나도 어떤 일이 이루어지기 어려움. 　⑤ 연목구어(緣木求魚)	개 꼬리 삼 년 묵어도[묻어도 / 두어도] 황모 되지 않는다.
부화뇌동 附和雷同	[뇌성(천둥소리)에] 붙어서(**부**착) **화**합함으로써 **뇌**성(천둥소리)과 **동**일하게 함. → 뭔지도 모르고 큰소리가 나면 거기에 호응함. 즉, 줏대 없이 남의 　의견에 따라 움직임.	친구 따라 강남 간다. 숭어가 뛰니까 망둥이도 뛴다. 망둥이가 뛰면 꼴뚜기도 뛴다. 　– 2007학년도 10월 고3 전국연합학력평가
사상누각 沙上樓閣	모래(**사**막, 황**사**) 위에(**상**층) 세운 **누각**(높이 지은 집) → 기초가 튼튼하지 못하여 오래 견디지 못할 일이나 물건	모래 위에 쌓은 성[누각/집]
삼순구식 三旬九食	**삼순**(삼십 일) 동안 **9**(아홉) 번 **식**사를 함. → 몹시 가난함.	책력 보아 가며 밥 먹는다. 서 발 막대 거칠 것 없다. 　– 2003학년도 12월 고1 전국연합학력평가
상전벽해 桑田碧海	뽕밭(**상전**)이 푸른 바다(**벽해**)가 됨. → 세상일의 변천이 심함.	십 년이면 강산[산천]도 변한다.
새옹지마 塞翁之馬	**새옹**(변방에 사는 늙은이)의(之 : ~의 **지**) 말(백**마**) → 인생의 길흉화복은 변화가 많아서 예측하기가 어려움. 　⑤ 전화위복(轉禍爲福)	양지가 음지 되고 음지가 양지 된다.
설상가상 雪上加霜	폭**설**이 내린 위(**상**층)에 서리(풍**상**)까지 추**가**됨. → 난처한 일이나 불행한 일이 잇달아 일어남.	※엎친 데 덮친다. (관용어)
수수방관 袖手傍觀	손(**수**족)을 소매(袖 : 소매 **수**)에 넣고 옆(**방**조)에서 **관**찰함. → 간섭하지 않고 그대로 버려둠. ⑤ 방관	강 건너 불구경. 강 건너 불 보듯 　– 2009학년도 9월 고2 전국연합학력평가
순망치한 脣亡齒寒	입술[**순**음(입술소리)]이 없으면(**멸망**) **치**아(이)가 **한**기를 느낌. → 가까운 사이의 한쪽이 망하면 다른 한쪽도 그 영향을 받아 온전하 　기 어려움.	입술이 없으면 이가 시리다.
식자우환 識字憂患	글**자**를 **식**별하는 것이 근심(**우**려)이고 병(질**환**)임. → 학식이 있는 것이 도리어 근심이 됨.	모르면 약이요 아는 게 병
십벌지목 十伐之木	10(**십**, 열) 번 베는(伐 : 베다 **벌**, 之 : ~하는 **지**) 나무(벌**목**, 수**목**) → 열 번 찍어 안 넘어가는 나무가 없음.	열 번 찍어 아니 넘어가는 나무 없다.
아전인수 我田引水	내(자**아**) 논(**전**답)에 물(강**수**)을 유**인**하기 → 자기에게만 이롭게 되도록 함.	제 논에 물 대기 　– 2013학년도 3월 고3 전국연합학력평가 국어 B형

한자 성어	친숙한 어휘로 익히기	관련 속담과 속담 기출 출처
오비삼척 吾鼻三尺	내(**오**등은~) 코(**비**음, **비**염)의 길이가 **삼 척**(3자, 약 90cm)임. → 내 사정이 급함.	내 코가 석 자 – 2006학년도 3월 고1 전국연합학력평가
오비이락 烏飛梨落	까마귀(**오**작교)가 날자(**비**행) 배(**이**화:배꽃)가 떨어짐(**낙**화). → 아무 관계도 없이 한 일이 공교롭게도 때가 같아 의심을 받게 됨.	까마귀 날자 배 떨어진다. – 2007학년도 수능
우이독경 牛耳讀經	소(**우**유)의 귀(**이**목)에 **경**서 낭**독**하기 → 아무리 가르쳐 주어도 모름. 유 마이동풍(馬耳東風)　☞p.169	쇠귀에 경 읽기 – 2007학년도 3월 고3 전국연합학력평가
유유상종 類類相從	**유**사한 종**류**끼리 **상**호 추**종**함(따르고 좇음). → 같은 무리끼리 서로 사귐.	가재는 게 편. 초록은 동색 – 2014학년도 수능 예비 시행 국어 A형
인과응보 因果應報	원**인**과 결**과**는 **응**당 **보**답함. → 죄가 있으면 벌을 받게 되고, 착한 일을 하면 그에 대한 보답을 받게 됨. 　유 종두득두(種豆得豆)　☞p.178	콩 심은 데 콩 나고 팥 심은 데 팥 난다. – 2003학년도 6월 고2 전국연합학력평가
일거양득 一擧兩得	한번(**일거**)에 **양**쪽을 다 획**득**함. → 한 가지 일로 두 가지 이익을 얻음. 유 일석이조(一石二鳥)	꿩 먹고 알 먹는다[먹기]. – 2014학년도 6월 고3 모의평가 국어 A형
자업자득 自業自得	**자**기의 **업**보를 **자**기가 획**득**함. → 자기가 저지른 일의 결과를 자기가 받음. 유 자승자박(自繩自縛)	제 꾀에 (제가) 넘어간다. – 2003학년도 수능
적반하장 賊反荷杖	도**적**이 **반**대로 몽둥이(곤**장**)를 듦(수**하**물). → 잘못한 사람이 아무 잘못이 없는 사람에게 도리어 나무람.	도둑이 매를 든다. 방귀 뀐 놈이 성낸다. – 2004학년도 6월 고3 모의평가
종두득두 種豆得豆	콩(**두**부)을 심으면(파**종**) 콩(**두**부)을 획**득**함. → 원인에 따라 결과가 생김. 　유 사필귀정(事必歸正), 인과응보(因果應報)　☞p.178	콩 심은 데 콩 나고 팥 심은 데 팥 난다. – 2003학년도 6월 고2 전국연합학력평가
좌정관천 坐井觀天	우물(井 : 우물 **정**) 속에 앉아서(**좌**석) 하늘(天 : 하늘 **천**)을 **관**찰함. → 사람의 견문(見聞)이 매우 좁음. 유 정저지와(井底之蛙)	바늘구멍으로 하늘 보기 우물 안 개구리 – 2005학년도 6월 고1 전국연합학력평가
주마가편 走馬加鞭	달리는(질**주**) 말(백**마**)에 채찍질(지도 **편**달)을 추**가**함. → 잘하는 사람을 더욱 장려함.	달리는 말에 채찍질
주마간산 走馬看山	말(백**마**)을 타고 달리며(질**주**) 산을 봄(**간**과). → 자세히 살피지 않고 대충 봄.	수박 겉 핥기 / 처삼촌 뫼에 벌초하듯 장님 코끼리 만지는 격 / 개 머루 먹듯 –2005학년도 11월 고2 전국연합학력평가
청천벽력 靑天霹靂	**청**색 하늘(天 : 하늘 **천**)의 벼락(**벽력**) → 뜻밖에 일어난 큰 변고나 사건	마른하늘에 날벼락
침소봉대 針小棒大	바늘(針 : 바늘 **침**)처럼 왜**소**한 것을 곤**봉**만하다고 확**대**해서 말함. → 작은 일을 크게 떠벌려 말함. 유 과장	잉엇국 먹고 용트림한다. 미꾸라짓국 먹고 용트림한다.
호가호위 狐假虎威	여우(구미**호**)가 **가**짜로 호랑이(**호**질, **호**피)의 **위**세를 부림. → 남의 권세를 빌려 위세를 부림.	사또 덕분에 나팔 분다.
화중지병 畫中之餠	그림(정물**화**) **중**간에 있는(之 : ~의 **지**) 떡(전**병**, 월**병**) → 아무리 마음에 들어도 이용하거나 차지할 수 없음.	※그림의 떡(관용어)

부록

국어 빈출

고전어휘편

매일 3단계로 공부하는 수능·내신 빈출 국어 어휘

고전 어휘 쉽게 읽는 법

1 끊어 읽을 것!

구 분		쓰기 및 읽기 방식	예시 1	예시 2
고전 어휘 표기		이어적기(연철)	고지	노미
현대 국어	표기	끊어적기(분철)	꽃이 ← 꽃(곶)＋이	놈＋이
	읽기	소리 나는 대로	꼬치	노미

→ 중세 국어의 표기 원칙은 연철(連綴, 이어적기)이고, 현대 국어의 표기 방식은 분철(分綴, 끊어적기)이다. 따라서 형태소를 밝혀 끊어 읽으면 현대 국어의 의미로 이해할 수 있다.

2 '·(아래아)'는 주로 1음절에서는 'ㅏ'로, 2음절에서는 'ㅡ'로 바꿔 읽을 것!

·(아래아)의 위치	읽는 방법	용 례		
1음절에 있을 경우	'ㅏ'로 읽는다.	• 몰〉말	• 묽다〉맑다	• 흐믈며〉하물며
2음절에 있을 경우	'ㅡ'로 읽는다.	• 구울〉가을	• 무움〉마음	• 부라는〉바라는

3 'ㅿ(반치음)'은 'ㅇ'으로 바꿔 읽을 것!

• 구술〉가을	• 처엄〉처엄〉처음

4 'ㅸ(순경음 비읍)'은 '오/우'로 바꿔 읽을 것!

• 고바 → 고와	• 더버 → 더워

5 '구개음화'와 '두음 법칙'을 적용해 읽을 것!

구개음화 적용	• 디다〉지다	• 딕히다〉직히다〉지키다
두음 법칙 적용	• 니르다〉이르다	• 닞다〉잊다

→ 닛디〉잊지(1음절에는 두음 법칙, 2음절에는 구개음화가 적용됨.)

6 '어두자음군*'은 마지막 자음을 된소리로 읽을 것!

* 어두자음군 : 단어 첫머리에 2개 이상의 자음이 연속되는 것(ㅳ, ㅄ, ㅵ, ㅺ, ㅼ 등)

• 뻬여〉떼여	• 까닭〉까닭	• 때〉때

고전 시가 빈출 어휘

ㄱ

001 | ## 가배 : 추석, 한가위

작품 예시

八月(팔월)ㅅ 보로모 / 아으 嘉排(가배) 나리마른,
니믈 뫼셔 녀곤 오늘낤 嘉排(가배)샷다. - 작자 미상, 「동동」 (고려 가요)

현대어 풀이

8월 보름(15일)은 **한가위** 날이지마는,
임을 모시고 지내야만 오늘이 (의미 있는) **한가위**입니다.

---

002 | ## 가실 : 없어질, 변할 ※ 가시다>가싀다>가시다

작품 예시

님 向(향)한 一片丹心(일편단심)이야 **가실** 줄이 이시랴.
　　　　　　　　　　　　　　　 - 정몽주, 「단심가」 (시조)

현대어 풀이

임(임금) 향한 일편단심이 **없어질(변할)** 줄 있으랴?(없다.)

---

003 | ## 가시 : 아내

작품 예시

네 **가시** 아즐가 네 **가시** 럼난디 몰라셔 - 작자 미상, 「서경별곡」 (고려 가요)

현대어 풀이

네 **아내** 아즐가(조흥구) 네 **아내** 바람 난 줄 몰라서

---

004 | ## 건듯 : 문득, 잠깐

작품 예시

❶ 春山(춘산)에 눈 녹인 바롬 **건듯** 불고 간 듸 업다.
　　　　　　　　　　　　　　　 - 우탁, 「탄로가」 (시조)

❷ 동풍(東風)이 **건듯** 부니 물결이 고이 인다.
　　　　　　　　　　　　 - 윤선도, 「어부사시사」 (연시조)

❸ 동풍이 **건듯** 불어 적설(積雪)을 다 녹이니
사면(四面) 청산이 옛 모습 나노매라. - 김광욱, 「율리유곡」 (연시조)

현대어 풀이

❶ 봄 산의 눈을 녹인 바람이 **잠깐** 불고 간 데 없다.

❷ 동풍(봄바람)이 **잠깐** 부니 물결이 곱게 일어난다.

❸ 동풍이 **잠깐** 불어 쌓인 눈을 다 녹이니
사방의 푸른 산이 옛 모습을 드러내는구나.

---

005 | ## 경물 : 경치

작품 예시

❶ 간밤의 눈 갠 後(후)의 景(경)物(물)이 달란고야.
　　　　　　　　　　　　 - 윤선도, 「어부사시사」 (연시조)

❷ 삼춘 화류(三春花柳) 호시절(好時節)에 **경물(景物)**이 시름업다.
　　　　　　　　　　　　　 - 허난설헌, 「규원가」 (가사)

현대어 풀이

❶ 간밤에 눈이 갠 후에 **경치**가 달라졌구나.

❷ 삼춘화류(꽃이 피고 버드나무가 푸른 봄의 3개월) 좋은 시절에 **경치**를 보아도 아무 생각이 없다.

006 | 계워, 겨워 : 이기지 못해

작품 예시

❶ 석양(夕陽)에 지나는 객(客)이 눈물**계워** ᄒ노라
- 원천석(시조)

❷ 수풀에 우는 새는 春氣(춘기)를 못내 **계워**
소리마다 嬌態(교태)로다.
- 정극인, 「상춘곡」 (가사)

현대어 풀이

❶ 해질 무렵에(고려 왕조의 국운이 기울 무렵에) 지나는
나그네가 눈물을 **이기지 못하는구나**(감출 수가 없구나).

❷ 수풀에서 우는 새는 봄기운을 끝내 **이기지 못하여**
소리마다 교태로구나.

---

007 | 고래 : 고래와 같은 파도

작품 예시

❶ ᄀ득 노ᄒᆫ **고래** 뉘라서 놀내관ᄃᆡ,
블거니 ᄲᅮᆷ거니 어즈러이 구ᄂᆞᆫ디고.
- 정철, 「관동별곡」 (가사)

❷ 굵은 우레 준 별악은 등 아래셔 딘동ᄒ고,
성낸 **고래** 동ᄒᆫ 농은 믈 속의셔 희롱ᄒᄂᆡ.
- 김인겸, 「일동장유가」 (가사)

현대어 풀이

❶ 가뜩이나 성난 **고래와 같은 파도는** 누가 놀라게 하기에,
물을 불거니 뿜거니 하면서 어지럽게 구는 것인가?

❷ 굵은 우레 작은 벼락은 등 아래서 진동하고,
성난 **고래와 같은 파도**, 움직이는 용 같은 풍랑은 물
속에서 마구 뛰노네.

→ 고전 시가에서 '고래'는 커다란 파도가 출렁이는 모습을 빗댄 비유어로 쓰인다.

---

008 | 고이하다 : 이상하다

작품 예시

오ᄅᆞ디 못ᄒ거니 ᄂᆞ려가미 **고이ᄒᆞᆯ가**,
- 정철, 「관동별곡」 (가사)

현대어 풀이

오르지 못하거니 내려감이 **이상하랴?**(이상하지 않다).

→ 정철의 가사 「사미인곡」의 '臙脂(연지)粉(분)지 잇ᄂᆞ마는 눌 위ᄒᆞ야 **고이** ᄒᆞᆯ고.(연지분 있지만 누구를 위하여 곱게 단장할까?)'
에서는 '고이 ᄒᆞᆯ고'가 '고이(곱게) 단장할까?'의 의미를 나타낸다.

---

009 | 고쳐, 고텨 : 다시

작품 예시

❶ 이 몸이 주거 주거 一百番(일백 번) **고쳐** 주거
- 정몽주(시조)

❷ 억만(億萬) 창ᄉᆡᆼ(蒼生)을 다 취(醉)케 ᄆᆡᆼᄀᆞᆫ 후(後)의,
그제야 **고텨** 맛나 ᄯᅩ ᄒᆞᆫ 잔 ᄒᆞ쟛고야.
- 정철, 「관동별곡」 (가사)

현대어 풀이

❶ 이 몸이 죽고 죽어 일백 번(이나) **다시** 죽어

❷ 온 창생(백성)을 다 취하게 만든 후에,
그때에야 **다시** 만나 또 한 잔 하자꾸나.

010 | 고초(곳초) : 꼿꼿이

작품 예시

❶ 댜룬 히 수이 디여 긴 밤을 **고초** 안자   - 정철, 「사미인곡」 (가사)

❷ 啓계明명星성 돗도록 **곳초** 안자 ㅂ라보니,
白ㅂㅣㄱ蓮년花화 흔 가지를 뉘라셔 보내신고.
   - 정철, 「관동별곡」 (가사)

현대어 풀이

❶ (겨울의) 짧은 해가 쉽게(빨리) 지고 긴 밤을 **꼿꼿이** 앉아

❷ 계명성(샛별)이 돋아올 때까지 **꼿꼿이** 앉아 바라보니, 백련화(흰 연꽃 → '달'을 말함.) 한 가지를 누가 보내셨는가?

011 | -곰 : 강조의 뜻을 나타내는 접미사

작품 예시

❶ 들하 노피**곰** 도드샤
어긔야 머리**곰** 비취오시라.   - 행상인의 아내, 「정읍사」 (고대 가요)

❷ 괴시란ㄷㅣ 아즐가 괴시란ㄷㅣ **우러곰** 좃니노이다.
   - 작자 미상, 「서경별곡」 (고려 가요)

현대어 풀이

❶ 달이시여, **높이높이** 돋으시어
어긔야(조흥구) **멀리멀리** 비추어 주십시오.

❷ 사랑해 주신다면 아즐가(조흥구) 사랑해 주신다면 **울면서** (임을) 쫓아가겠습니다.

012 | 곳(곳) : 꽃

작품 예시

❶ 대동강(大同江) 아즐가 대동강(大同江) 건넌편 **고즐여**
빅 타 들면 아즐가 빅 타 들면 것고리이다 나ㄴ
   - 작자 미상, 「서경별곡」 (고려 가요)

❷ 흐믈며 못다 픤 **곳**이야 닐러 므슴 ㅎ리오.   - 유응부 (시조)

❸ **고즌** 므스 일로 퓌며셔 쉬이 디고   - 윤선도 「오우가」 (연시조)

현대어 풀이

❶ (나의 임은) 대동강 아즐가(조흥구) 대동강 건너편 **꽃**을 배를 타고 (건너편에) 들어가면 배를 타고 (건너편에) 들어가면 꺾을 것입니다.

❷ 하물며 못다 핀 **꽃**이야 말해 무엇하겠는가.

❸ **꽃은** 무슨 일로 피자마자 쉽게 지고

013 | 괴다 : 사랑하다 ⑪ 믜다(미워하다)

작품 예시

❶ 어마님ㄱㅌㅣ **괴시리** 업세라.   - 작자 미상, 「사모곡」 (고려 가요)

❷ 내 얼굴 이 거동이 임 **괴얌즉** 한가마는 - 정철, 「속미인곡」 (가사)

❸ 내 얼골 내 보거니 어느 님이 날 **필소냐**.
   - 허난설헌, 「규원가」 (가사)

현대어 풀이

❶ 어머님같이 **사랑하실 사람**(이) 없다.

❷ 내 모습과 나의 태도가 임께 **사랑받을** 만한가마는

❸ 내 얼굴을 내가 보거니 어느 임이 나를 **사랑할까?**(사랑할 수 없다.)

● 함께 알아 두어야 하는 어휘

ᄃᆞᆺ샬 : 사랑하실 *ᄃᆞᆺ : 사랑

작품 예시	현대어 풀이
君(군)은 어비여 臣(신)은 **ᄃᆞᆺ샬** 어싀여, 民(민)은 얼혼 아히고 ᄒᆞ샬딘 民(민)이 **ᄃᆞᆯ** 알고다. <div align="right">– 충담사, 「안민가」 (향가)</div>	임금은 아버지며, 신하는 **사랑하실** 어머니며, 백성은 어린 아이라고 한다면 백성이 **사랑을(사랑받음을)** 알 것입니다.

---

014 **굴헝** : 구렁, 골목

작품 예시	현대어 풀이
❶ 낭(郎)이여 그릴 ᄆᆞᅀᆞ미 녀올 길 　 다봊 **굴허헤** 잘 밤 이시리. <div align="right">– 득오, 「모죽지랑가」 (향가)</div> ❷ **굴허에** ᄆᆞ를 디내샤 도즈기 다 도라가니 ᄡᅡ(반) 길 노ᄑᆡᆫ 　 들 넌기 디나리잇가. <div align="right">– 정인지 외, 「용비어천가」 (악장)</div>	❶ 낭(죽지랑)이여, 그리워하는 마음의 가는 길 　 다북쑥 (우거진) **구렁에서** 잘 수 있는 밤이 있겠는가? ❷ (금나라 태조가) **구렁에(좁은 골목에)** 말을 지나게 하 　 시어 도둑이 다 돌아가니, 반 길 높이인들 누가 지나 　 갈 수 있었겠습니까?

---

015 **굿(ᄀᆞᆮ)** : 끝

작품 예시	현대어 풀이
❶ 朔風(삭풍)은 나모 **굿희** 불고 明月(명월)은 눈 속에 ᄎᆞᆫ듸 <div align="right">– 김종서 (시조)</div> ❷ 보리밥 픗ᄂᆞ 믈을 알마초 머근 後(후)에, 　 바횟**굿** ᄆᆞᆯᄀᆞ의 슬ᄏᆞ지 노니노라. <div align="right">– 윤선도, 「만흥」 (연시조)</div>	❶ 삭풍(북풍)은 나무 **끝**에 불고 명월(밝은 달)은 눈 속에 　 찬데(차갑게 비치는데) ❷ 보리밥, 풋나물을 알맞게 먹은 후에 　 바위 **끝** 물가에서 실컷 노니노라.

● 함께 알아 두어야 하는 어휘

ᄀᆞᆺ(ᄀᆞ), ᄀᆞ : 끝, 가장자리

작품 예시	현대어 풀이
❶ **ᄀᆞᆺ** 업슨 디ᄂᆞᆫ 나못니폰 蕭蕭(소소)히 ᄂᆞ리고 　 다옰 업슨 긴 ᄀᆞᄅᆞᄆᆞᆫ 니엄니엄 오놋다. <div align="right">– 두보, 「등고」 (언해)</div> ❷ 만세천추(萬世千秋)에 **ᄀᆞ** 업슨 큰 폐(弊) 되야, 보천지 　 하(普天之下)에 만민원(萬民怨)을 길우ᄂᆞ다. <div align="right">– 박인로, 「선상탄」 (가사)</div>	❶ **끝**(이) 없이 지는 나뭇잎은 쓸쓸히 떨어지고 　 다함이 없는 긴 강은 잇달아 흐르는구나. ❷ 장구한 세월에 **끝**없는 큰 폐단이 되어, 보천지하(온 　 천하)에 만민원(만백성의 원한)을 기르게 하는구나.

016 -ㄴ다 : -느냐, -는가 (의문형 종결 어미)

작품 예시

❶ 청초(靑草) 우거진 골에 자**눈다** 누어**눈다**
홍안(紅顏)을 어듸 두고 백골(白骨)만 무첫**눈다** - 임제(시조)

❷ 추성(秋城) 진호루 밧긔 울어 예는 저 시내야.
무음 호리라 주야(晝夜)에 흐르**는다**. - 윤선도, 「견회요」 (연시조)

현대어 풀이

❶ 푸른 풀이 우거진 골짜기에 자**느냐** 누었**느냐?**
홍안(곱고 아름다운 얼굴)을 어디에 두고 백골만 묻혔**느냐?**

❷ 추성(경원) 진호루 밖에서 울며 흐르는 저 시냇물아.
무엇을 하려고 밤낮으로 흐르**느냐?**

017 나조희 : 저녁에(○), 낮에(×)

작품 예시

❶ 아츰에 採山(채산)ᄒ고, **나조희** 釣水(조수)ᄒ새. - 정극인, 「상춘곡」 (가사)

❷ 아츰이 낫브거니 **나조희**라 슬흘소냐. - 송순, 「면앙정가」 (가사)

현대어 풀이

❶ 아침에 산나물을 캐고, **저녁에** 낚시질을 하세.

❷ 아침으로 부족하니 **저녁**이라고 싫겠느냐?(싫지 않다.)

018 뇌 : 안개, 나의(내)

작품 예시

❶ **안개**
• 池塘(지당)에 비 쑤리고 楊柳(양류)에 **뇌** 씨인 졔 - 작자 미상(시조)
• 어촌(漁村) 두어 집이 **닛** 속의 나락들락 - 윤선도, 「어부사시사」 (연시조)

❷ **나의(내)**
• **뇌** 모음 둘 ᄃᆡ 업셔 냇ㄱ의 안자시니 - 왕방연(시조)

현대어 풀이

❶ **안개**
• 연못에 비 뿌리고(내리고) 버들가지에 (물)**안개**가 끼어 있는데
• 어촌의 두어 집이 **안개** 속에 들락날락하는구나.

❷ **나의**
• **내** 마음 둘 데 없어 냇가에 앉았으니

→ '뇌'가 '나의'의 의미로 쓰이지 않은 경우에만 '안개'의 의미를 나타낸다고 기억해 두자.

019 너기다, 녀기다 : 여기다, 생각하다

작품 예시

❶ 솔이 솔이라 하니 무슨 솔만 **너기는다**. - 송이(시조)

❷ 내 얼굴 이 거동이 님 괴얌즉 ᄒ가마는
엇딘디 날 보시고 네로다 **녀기실시** - 정철, 「속미인곡」 (가사)

현대어 풀이

❶ '솔이, 솔이'라고 하니 무슨 소나무로만 **여기느냐(생각하느냐)?**

❷ 내 모습과 이 태도가 임이 사랑할 만한가마는,
어쩐지 나를 보시고 너로구나 **여기시므로**

020 녀다, 녜다 : 가다, 지나가다(흐르다)

작품 예시

❶ 古人(고인)도 날 몯 보고 나도 古人(고인) 몯 뵈.
古人(고인)을 못 뵈도 **녀던** 길 알픠 잇닉.
녀던 길 알픠 잇거든 아니 **녀고** 엇덜고.

— 이황, 「도산십이곡」 (연시조)

❷ 창밧기 어른어른커늘 님만 여겨 펄떡 뛰어 뚝 나서 보
니 / 님은 아니 오고 으스름 달빛에 **녈** 구름 날 속였구
나.

— 작자 미상(사설시조)

❸ 져 물도 뇌 안 굿ᄒ여 우러 밤길 **녜놋다**.

— 왕방연(시조)

현대어 풀이

❶ 고인(옛 성현)도 날 못 보고 나도 고인을 못 뵈었네.
고인을 못 뵈어도 (그분들이) **가던** 길은 앞에 있네.
(고인들이) **가던** 길이 앞에 있는데 아니 **가고** 어찌할
것인가.

❷ 창밖이 어른어른하거늘 임으로만 여겨 벌떡 뛰어 성
큼 나가 보니 / 임은 아니 오고 으스름 달빛에 **지나가
는** 구름이 날 속였구나.

❸ 저 물도 내 안(마음) 같아서 울어 밤길 **가는구나**(흘러
가는구나).

---

021 녀름 : 여름〔夏〕

작품 예시

江湖(강호)에 **녀름**이 드니 草堂(초당)에 일이 업다.

— 맹사성, 「강호사시가」 (연시조)

현대어 풀이

자연에 **여름**이 오니 초당에(초당에 있는 이 몸이) 할 일이
없다(한가롭다).

● **구분해서 알아 두어야 하는 어휘**

여름 : 열매〔實〕, **녀름지어** : 농사지어

작품 예시

❶ **여름**
불휘 기픈 남ᄀᆞᆫ ᄇᆞᄅᆞ매 아니 뮐ᄊᆡ 곳 됴코 **여름** 하ᄂᆞ니

— 정인지 외, 「용비어천가」 (악장)

❷ **녀름지어**
여름지어 지친 얼골 쇼복(蘇復)이 되얏ᄂᆞ냐.

— 정학유, 「농가월령가」 (가사)

현대어 풀이

❶ **여름 : 열매**
뿌리가 깊은 나무는 바람에 아니 움직이므로 꽃이 좋
고 **열매**가 많으니.

❷ **녀름지어 : 농사짓기에**
농사짓기에 지친 얼굴이 소복(원기 회복)이 되었느냐?

---

022 녜 : 예(옛날) ※ 녜 > 예 : 두음법칙

작품 예시

❶ 頭流山(두류산) 兩端水(양단수)를 **녜** 듯고 이제 보니

— 조식(시조)

❷ 山(산)은 **녯** 山(산)이로되 물은 **녯** 물이 안이로다.

— 황진이(시조)

현대어 풀이

❶ 두류산(지리산) 양단수를 **옛날에** 듣고 이제 보니

❷ 산은 **옛날의** 그 산이지만 물은 **옛날의** 그 물이 아니로다.

니러 : 일어나

작품 예시

❶ 우러라 우러라 새여, 자고 **니러** 우러라 새여.
  널라와 시름 한 나도 자고 **니러** 우니노라.
  　　　　　　　　　　　　　　　- 작자 미상, 「청산별곡」 (고려 가요)

❷ 결의 **니러** 안자 窓(창)창을 열고 부라보니 어엿븐 그림재
  날 조출 쑨이로다.
  　　　　　　　　　　　　　　　- 정철, 「속미인곡」 (가사)

현대어 풀이

❶ 우는구나 우는구나 새여, 자고 **일어나** 우는구나 새여.
  너보다 걱정 많은 나도 자고 **일어나** 울고 있도다.

❷ 꿈결에 **일어나** 앉아 창을 열고 바라보니 불쌍한 그림
  자가 나를 따를 뿐이로다.

● **구분해서 알아 두어야 하는 어휘**

닐러 : 일러, 말해 ※ 니르다 > 이르다

작품 예시

❶ 松(송)숑根(근)근을 볘여 누어 풋줌을 얼픗 드니, 쑴애 흔 사름
  이 날드려 **닐온** 말이, 그듸를 내 모르랴 上(상)上界(계)계예 眞
  (진)진仙(션)션이라.
  　　　　　　　　　　　　　　　- 정철, 「관동별곡」 (가사)

❷ 흐믈며 못다 핀 곳이야 **닐러** 므슴 후리오.　　- 유응부 (시조)

❸ 노래 삼긴 사름 시름도 하도할샤.
  닐러 다 못 **닐러** 불러나 푸돗든가.　　　　- 신흠 (시조)

현대어 풀이

❶ 송근(소나무 뿌리)을 베고 누워 풋잠이 얼핏 들었는
  데, 꿈에 한 사람이 나에게 **이르는** 말이, "그대를 내
  가 모르겠는가? (그대는) 상계(선계, 하늘나라)의 신
  선이라."

❷ 하물며 못다 핀 꽃이야 **일러(말해)** 무엇하겠는가?

❸ 노래를 만든 사람, 근심이 많기도 많았구나.
  일러도(말해도) 다 못 **일러(말해)** (노래를) 불러서나
  (근심을) 풀었던 것인가?

ㄷ

드려 : ~에게

작품 예시

❶ 公(공)公子(자)ᄌᆞ 曾(증)曾子(자)ᄌᆞ**드려** 닐러 ᄀᆞᆯ ᄋᆞ샤ᄃᆡ　　- 「소학언해」 (언해)

❷ 小童(소동) 아히**드려** 酒家(주가)에 술을 믈어, 얼운은 막
  대 집고, 아히ᄂᆞᆫ 술을 메고　　　　　　- 정극인, 「상춘곡」 (가사)

❸ 가끔 영재를 불러 사공(沙工)**다려** 물으라 하니,
  　　　　　　　　　　　　　　- 의유당 김씨, 「동명일기」 (고전 수필)

현대어 풀이

❶ 공자가 증자**에게** 일러 말씀하시기를

❷ 심부름하는 아이**에게** 술집에 술이 있는지 물어, 어른
  은 막대(지팡이) 짚고, 아이는 술을 메고

❸ 가끔 영재(시중을 드는 사람)를 불러 사공**에게** 물으
  라 하니,

---

025 다히 : 쪽(방향)

작품 예시

❶ 无等山(무등산) 한 활기 뫼희 동**다히**로 버더 이셔 멀리
쪄쳐 와 霽月峯(제월봉)의 되여거늘 — 송순, 「면앙정가」 (가사)

❷ 님**다히** 消쇼息식을 아므려나 아쟈 ᄒ니 오늘도 거의로다.
— 정철, 「속미인곡」 (가사)

현대어 풀이

❶ 무등산 한 줄기 산이 동**쪽**으로 뻗어 있어 멀리 떨어져
나와 제월봉이 되었거늘

❷ 임 계신 **쪽**의 소식을 어떻게든 알고자 하니 오늘도 거
의로구나(거의 지나갔구나).

---

026 댜론, 댜른, 쟈른, 저른 : 짧은

작품 예시

❶ **댜론** 히 수이 디여 긴 밤을 고초 안자 — 정철, 「사미인곡」 (가사)

❷ 올해 **댜른** 다리 학긔 다리 되도록애 — 김구(시조)

❸ 어인 귀쏘리 지ᄂ 둘 새ᄂ 밤의 긴 소리 **쟈른** 소리 節節
(절절)이 슬픈 소리 — 작자 미상(사설시조)

❹ 夕陽(석양)이 재 넘어갈 제 어깨를 추이르며 긴 소래
저른 소래 하며 어이 갈고 하더라. — 작자 미상(사설시조)

현대어 풀이

❶ **짧은** 해가 쉽게(빨리) 떨어져 긴 밤을 꼿꼿이 앉아

❷ 오리의 **짧은** 다리 학의 다리 되도록(될 때까지)

❸ 어찌 된 귀뚜라미가 지는 달, 새는 밤에 긴 소리 **짧은**
소리, 마디마디 슬픈 소리

❹ 석양이 재(고개) 넘어갈 때 어깨를 추스르며 긴 소리
짧은 소리 하며 어찌 갈꼬 하더라.

---

027 도곤 : ~보다(비교 부사격 조사)

작품 예시

❶ 누고셔 삼공(三公)**도곤** 낫다ᄒ더니 만승(萬乘)이 이만
ᄒ랴. — 윤선도, 「만흥」 (연시조)

❷ 秋風(추풍)에 물든 丹楓(단풍) 봄곳**도곤** 더 죠홰라.
— 김천택(시조)

❸ 李니謫젹仙션 이제 이셔 고쳐 의논ᄒ게 되면, 盧녀山산
이 여긔**도곤** 낫단 말 못 ᄒ려니. — 정철, 「관동별곡」 (가사)

현대어 풀이

❶ 누가 (자연이) 삼공(삼정승)**보다** 낫다더니 만승(천자,
황제)이 이만하겠는가?

❷ 추풍(가을바람)에 물든 단풍이 봄꽃**보다** 더 좋구나(아
름답구나).

❸ 이적선(당나라의 시인 이백)이 이제 있어서 다시 의논
하게 되면, 여산폭포가 여기(십이폭포)**보다** 낫다는 말
은 못 할 것이다.

도로혀 : 돌이켜, 도리어

작품 예시

❶ **도로혀** 풀쳐 혜니 이리ᄒ여 어이ᄒ리. - 허난설헌, 「규원가」 (가사)

❷ 한숨 끝에 눈물 나고 눈물 끝에 어이없어
도로혀 웃음 나니 미친 사람 되겠구나 - 안조환, 「만언사」 (가사)

현대어 풀이

❶ **돌이켜** 풀어 헤아리니(생각하니) 이리하여(이렇게 살아서) 어찌하리.

❷ 한숨 끝에 눈물 나고 눈물 끝에 어이없어
도리어 웃음 나니 미친 사람 되겠구나.

디다 : 지다, 떨어지다 ※디다>지다 (구개음화)

작품 예시

❶ 江강天텬의 혼쟈 셔서 **디ᄂ** 히를 구버보니
님다히 消쇼息식이 더욱 아득ᄒ뎌이고. - 정철, 「속미인곡」 (가사)

❷ 구스리 바회예 **디신돌**
긴힛ᄃᆞᆫ 그츠리잇가. - 작자 미상, 「정석가」 (고려 가요)

현대어 풀이

❶ 강가에 혼자 서서 **지는** 해를 굽어보니
임 계신 쪽(곳)의 소식이 더욱 아득하구나.

❷ 구슬이 바위에 **떨어진들**
끈이야 끊어지겠습니까?

디위 : 지위, 경지, 자리

작품 예시

❶ 어와 뎌 **디위**를 어이ᄒ면 알 거이고.
오ᄅ디 못ᄒ거니 ᄂᆞ려가미 고이ᄒᆞᆯ가. - 정철, 「관동별곡」 (가사)

❷ 녜는 양주(楊州) 꼬올히여
디위예 신도형승(新都形勝)이샷다. - 정도전, 「신도가」 (악장)

현대어 풀이

❶ 아, 저 **경지**(공자와 같은 높고 넓은 경지)를 어찌하면
알 것인가?
오르지 못하거니 내려감이 이상할까?(이상하지 않다.)

❷ 옛날에는 양주 고을이었도다.
(이) **자리**에 신도(새 도읍)가 형승(아름다운 경치)을
갖추었구나.

● **함께 알아 두어야 하는 어휘**

지위로 : 탓으로

작품 예시

아마도 이 님의 **지위로** 살동말동 ᄒ여라.
- 허난설헌, 「규원가」 (가사)

현대어 풀이

아마도 이 임의 **탓으로** 살 듯 말 듯하구나.

031 ┃ **-ㄹ셰라** : ~할까 두렵다

작품 예시	현대어 풀이
❶ 어긔야 즌 딕롤 **드딕욜셰라**. 〈중략〉 어긔야 내 가논 딕 / **졈그롤셰라**. 　　　　　　　- 행상인의 아내, 「정읍사」 (고대 가요)	❶ 어기야(조흥구) 진(질척한, 위험한) 곳을 **디딜까 두렵습니다.** 어기야 내 가는 곳 / (날이) **저물까 두렵습니다.**
❷ 잡스와 두어리마ᄂᆞᆫ 선ᄒᆞ면 아니 **올셰라**.　　- 작자 미상, 「가시리」 (고려 가요)	❷ (떠나가는 임을) 잡아 두고 싶지만 서운하면 (다시는) 아니 **올까 두렵습니다.**
❸ 위 내 가논 딕 놈 **갈셰라**.　- 한림 제유, 「한림별곡」 (경기체가)	❸ 아, 내가 가는 곳에 남이 **갈까 두렵다.**

032 ┃ **라와** : ~보다 (비교 부사격 조사)

작품 예시	현대어 풀이
널**라와** 시름 한 나도 자고 니러 우니노라 　　　　　　　- 작자 미상, 「청산별곡」 (고려 가요)	너**보다** 걱정 많은 나도 자고 일어나 울고 있도다.

● 비교 부사격 조사들

작품 예시	현대어 풀이
❶ **도곤** 묽고 통낭ᄒᆞ기는 호박**도곤** 더 곱더라 　　　　　- 의유당 김씨, 「동명일기」 (고전 수필)	❶ 도곤 : ~보다 (떠오르는 해가) 맑고 통랑하기는(속까지 비치어 환하기는) 호박(보석)**보다** 더 곱더라.
❷ **므론** 여희**므론** 아즐가 여희**므론** 질삼뵈 ᄇᆞ리시고 　　　　　- 작자 미상, 「서경별곡」 (고려 가요)	❷ 므론 : ~보다는 (임과) 이별하기**보다는** 아즐가(조흥구) (임과) 이별하기**보다는** 길쌈(하던) 베를 버리고서라도
❸ **에** 나랏말ᄊᆞ미 中듕國귁**에** 달아 文문字ᄍᆞ와로 서르 ᄉᆞᄆᆞᆺ디 아니ᄒᆞᆯᄊᆡ　　- 세종, 「훈민정음언해」 (언해)	❸ 에 : ~과 (우리)나라의 말이 중국**과** 달라 한자와 서로 통하지 아니하니
❹ **에서** 岳陽樓(악양루) 上(상)의 李太白(이태백)이 사라오다 浩蕩情懷(호탕 정회)야 이**에서** 더홀소냐. 　　　　　　　- 송순, 「면앙정가」 (가사)	❹ 에서 : ~보다 악양루 위의 이태백이 살아온다고 한들 호탕 정회(넓고 끝없는 정과 회포)야 이**보다** 더하겠느냐.
❺ **텨로** 소 혀**텨로** 드리워 믈 속의 풍덩 ᄲᅡ디난 듯시브더라 　　　　　- 의유당 김씨, 「동명일기」 (고전 수필)	❺ 텨로 : ~처럼 소 혀**처럼** 드리워 물 속에 풍덩 빠지는 듯싶더라.

033 | 머흘다 : 험하고 사납다

작품 예시

❶ 白雪(백설)이 즈자진 골에 구루미 **머흐레라.** — 이색(시조)

❷ 믉ᄀᆞ의 외로운 솔 혼자 어이 싁싁ᄒᆞᆫ고.
　　빗 ᄆᆡ여라 빗 ᄆᆡ여라
　　머흔 구룸 흔(恨)티 마라 셰샹(世上)을 ᄀᆞ리온다
　　　　　　　　　　— 윤선도, 「어부사시사」 (연시조)

❸ 님의게 보내오려 님 겨신 ᄃᆡ ᄇᆞ라보니,
　　山(산)인가 구룸인가 **머흐도 머흘시고.** — 정철, 「사미인곡」 (가사)

현대어 풀이

❶ 흰 눈이 잦아진 골짜기에 구름이 **험하구나.**

❷ 물가의 외로운 소나무 홀로 어이 씩씩하게 서 있는가?
　　배 매어라 배 매어라(후렴구)
　　험한 구름을 원망하지 마라, 인간 세상(속세)을 가려
　　준다.

❸ (옷을) 임(임금)에게 보내려고 임 계신 곳을 바라보니,
　　산인가 구름인가 **험하기도 험하구나.**

➜ '머흘다'는 주로 '구름이 머흘다'의 형태로 쓰여 '구름(간신, 또는 부정적인 상황을 비유적으로 나타냄.)이 험하고 사납다.'는 의미
　　를 나타낸다.

034 | 뫼 : 산, 밥

작품 예시

❶ 산
• 잔 들고 혼자 안자 먼 **뫼**흘 ᄇᆞ라보니
　그리던 님이 오다 반가옴이 이러ᄒᆞ랴.
　　　　　　　　— 윤선도, 「만흥」 (연시조)

❷ 밥
• 죽조반 조석 **뫼** 녜와 같이 셰시는가.
　　　　　　　　— 정철, 「속미인곡」 (가사)

현대어 풀이

❶ 산
• 잔 들고 혼자 앉아 먼 **산**을 바라보니
　그리워하던 임이 온다고 한들 반가움이 이러하겠느
　냐?(이만하지 못하다.)

❷ 밥
• 자릿조반(아침을 먹기 전에 먹는 죽)과 아침, 저녁 **진
　지(밥)**는 옛날과 같이 잘 잡수시는가?

● 구분해서 알아 두어야 하는 어휘

ᄆᆡ : 들(野). 들판

작품 예시

武陵(무릉)이 갓갑도다. 져 **ᄆᆡ**이 권 거인고.
　　　　　　　　　　— 정극인, 「상춘곡」 (가사)

현대어 풀이

무릉(무릉도원)이 가깝도다. 저 **들**이 그것(무릉도원)인가?

무상(無狀)호 : 변변치 못한, 보잘것없는

작품 예시

❶ **無狀(무상)호** 이 몸애 무슨 志趣(지취) 이스리마는

— 박인로, 「누항사」 (가사)

❷ 구인산(九仞山) 긴 솔 베혀 제세주(濟世舟)를 무어 닉야
길 닐흔 행인(行人)을 다 건느려 호엿더니
사공도 **무상(無狀)호야** 모강두(暮江頭)에 브렷느다.

— 박인로, 「자경(自警)」 (연시조)

현대어 풀이

❶ **변변치 못한(보잘것없는)** 이 몸이 무슨 지취(뜻과 취향)이 있으랴마는

❷ 구인산의 큰 소나무 베어 제세주(세상을 구제할 배)를 만들어 내어
길 잃은 행인을 다 건네 주려 하였더니
사공도 **변변치 못하여** 모강두(저무는 강가)에 버렸구나.

→ '무상(無狀)'은 보잘것없다는 뜻이고, '무상(無常)'은 덧없다는 뜻이다.

무심(無心)호 : 아무 걱정이 없는, 아무 욕심이 없는

작품 예시

❶ **무심(無心)호** 백구(白鷗)야 오라 호며 말라 호랴
다토리 업슬숀 다문 인가 너기로라.

— 박인로, 「누항사」 (가사)

❷ 낙시 드리치니 고기 아니 무노미라.
無心(무심)호 둘빗만 싯고 뷘 빅 저어 오노미라.

— 월산 대군 (시조)

❸ 江湖(강호)애 月白(월백)호거든 더욱 **無心(무심)하얘라.**

— 이현보, 「어부단가」 (연시조)

현대어 풀이

❶ **아무 욕심이 없는** 백구(갈매기)야 (나더러) 오라고 하며 (오지) 말라고 하겠느냐?
다툴 이가 없는 것은 다만 이것(자연)뿐인가 여기노라.

❷ 낚싯대를 드리우니 고기가 (낚싯밥을) 물지 않는구나.
아무 욕심이 없는 달빛만 싣고 빈 배를 저어 오는구나.

❸ 강호(자연)에 달이 밝게 비추니 더욱 (세속적인) **욕심이 없구나.**

믜다 : 미워하다, 뮈온(믭다) : 미운

작품 예시

❶ **믜리도** 괴리도 업시 마자셔 우니노라.

— 작자 미상, 「청산별곡」 (고려 가요)

❷ 개를 여라믄이나 기르되 요 개곳치 얄믜오랴.
뮈온님 오며는 꼬리를 홰홰 치며 치쒸락 나릿뒤락 반겨서 내닷고, 고온님 오며는 뒷발을 바동바동 므르락 나오락 캉캉 즛는 요 도리암키

— 작자 미상 (사설시조)

현대어 풀이

❶ **미워할 이(사람)도** 사랑할 이(사람)도 없이 맞아서 울고 있노라.

❷ 개를 열 마리 넘게 기르지만 요 개같이 얄밉겠느냐?
미운 임(내가 미워하는 임)이 오면 꼬리를 홰홰 치면서 뛰어올랐다 내리뛰었다 하면서 반겨서 내닫고, 고운 임(사랑하는 임)이 오면 뒷발을 바둥거리며 뒤로 물러났다 앞으로 나아갔다가 캉캉 짖는 요 암캐야.

● **함께 알아 두어야 하는 어휘**

슬믜니(슳으니+믜니) : 싫고 미우니

작품 예시

王왕程뎡이 有유限혼 호고 風풍景경이 **못 슬믜니**, 幽유懷회
도 하도 할샤 客긱愁수도 둘 듸 업다.

— 정철, 「관동별곡」 (가사)

현대어 풀이

관리로서의 임무는 유한하고, 풍경은 **싫고 밉지 않으니**, 깊이 품은 생각이 많기도 많고 객수(나그네 시름)도 달랠 길 없구나.

038 | 부룐 : 버린

작품 예시

六月(유월)ㅅ 보로매
아으 별헤 **부룐** 빗 다호라. - 작자 미상, 「동동」(고려 가요)

현대어 풀이

유월 보름(유두일)에
아아, 벼랑에 **버린** 빗 같구나.

039 | 바히, 바이 : 전혀

작품 예시

❶ 내 본시 남만 못하야 해 온 일이 **바히** 없네. - 작자 미상(시조)

❷ 평생 소원 다 풀리고 온갖 시름 **바이** 없네.
- 작자 미상, 「노처녀가」 (가사)

현대어 풀이

❶ 내가 본래 남만 못하여 (제대로) 해 온 일이 **전혀** 없네.

❷ 평생에 소원했던 바가 다 풀리고 온갖 시름도 **전혀** 없네.

→ 사설시조 '나모도 바히돌도 업슨 뫼헤 매게 또친 가토릐 안과'(작자 미상)에서의 '바히돌'은 '바윗돌(바위)'이므로 혼동하지 않도록 하자!

040 | 뷔야 : 재촉하여

작품 예시

❶ 籃輿(남여)를 **뷔야** 트고 솔 아릐 구븐 길로 오며 가며 ㅎ는 적의

❷ 온가지 소리로 醉興(취흥)을 **뷔야거니** 근심이라 이시며 시름이라 브터시랴. - 송순, 「면앙정가」 (가사)

현대어 풀이

❶ 남여(뚜껑 없는 가마)를 **재촉하여** 타고 소나무 아래 굽은 길로 오며 가는 하는 때에

❷ 온갖 소리로 취흥을 **재촉하니** 근심이라고 있으며 시름이라고 붙어 있겠는가?(없다.)

041 | 빅구, 백구 : 갈매기

작품 예시

❶ 바다홀 겻틱 두고 海히棠당花화로 드러가니, **白빅鷗구**야 ᄂ디 마라 네 버딘 줄 엇디 아ᄂ. - 정철, 「관동별곡」 (가사)

❷ 無무心심흔 **白빅鷗구**는 내 좃ᄂ가 제 좃ᄂ가
- 윤선도, 「어부사시사」 (연시조)

❸ 어와 저 **백구(白鷗)**야 무슨 수고 하느냐
갈 숲으로 서성이며 고기 엿보기 하는구나
- 김광욱, 「율리유곡」 (연시조)

현대어 풀이

❶ 바다를 곁에 두고(즉, 해변에서) 해당화가 핀 곳으로 들어가니, **갈매기**야 날지 마라, (내가) 네 벗인 줄 어찌 아느냐?

❷ 아무 욕심이 없는 **갈매기**는 내가 (저를) 좇는 것인가, 제(갈매기)가 (나를) 좇는 것인가?

❸ 어와 저 **갈매기**야 무슨 수고 하느냐?
갈대숲으로 서성이며 고기 (잡으려고) 엿보기를 하는구나.

042 벼기더시니 : 우기던(고집하던) 이가

작품 예시

벼기더시니 뉘러시니잇가.
過(과)도 허믈도 千萬(천만) 업소이다. — 정서, 「정과정」 (고려 가요)

현대어 풀이

(나에게 허물이 있다고) **우기던 이가** 누구였습니까?
(나는) 잘못도 허물도 전혀 없습니다.

043 벽계(수) : 푸른 시냇물

작품 예시

❶ 數間茅屋(수간모옥)을 **碧溪水(벽계수)** 앏픠 두고, 松竹
(송죽) 鬱鬱裏(울울리)예 風月主人(풍월주인) 되여셔라.
— 정극인, 「상춘곡」 (가사)

❷ 籃남輿여 緩완步보ᄒᆞ야 山산映영樓누의 올나ᄒᆞ니,
玲녕瓏롱 **碧벽溪계**와 數수聲셩 啼뎨鳥됴ᄂᆞᆫ 離니別별을
怨원ᄒᆞᄂᆞᆫ 듯
— 정철, 「관동별곡」 (가사)

❸ 靑山裏(청산리) **碧溪水(벽계수)** ㅣ야 수이 감을 자랑 마라.
— 황진이(시조)

현대어 풀이

❶ 수간모옥(몇 칸 안 되는 작은 초가)을 **푸른 시냇물** 앞
에 (지어) 두고, 송죽(소나무와 대나무)이 우거진 속에
풍월주인(바람과 달 따위의 아름다운 자연을 즐기는
사람)이 되었구나.

❷ 남여(뚜껑이 없는 가마)를 타고 천천히 걸어서 산영루
에 오르니,
영롱한(반짝이는) **푸른 시냇물**과 수성 제조(여러 소리
로 우짖는 새)는 (나와의) 이별을 원망하는 듯하고

❸ 청산 속 **푸른 시냇물**(또는 **벽계수라는 인물**)아, 쉽게
감을(빨리 간다고) 자랑하지 마라.

044 별헤 : 벼랑에 ※ '볕(ㅎ 종성 체언)'은 '벼랑'의 옛말

작품 예시

❶ 六月(유월)ㅅ 보로매
아으 **별헤** ᄇᆞ룐 빗 다호라. — 작자 미상, 「동동」 (고려 가요)

❷ 삭삭기 셰몰애 **별헤**
구은 밤 닷 되를 심고이다. — 작자 미상, 「정석가」 (고려 가요)

현대어 풀이

❶ 유월 보름(유두일)에
아아, **벼랑에** 버린 빗 같구나.

❷ 사각사각 가는 모래 **벼랑에**
구운 밤 닷 되를 심습니다.

045 분별 : 염려, 근심, 걱정

작품 예시

❶ 이 中(중)에 病(병) 업슨 이 몸이 **分別(분별)** 업시 늘으리
라. — 성혼(시조)

❷ 그 밧긔 여남은 일이야 **분별(分別)**할 줄 이시랴.
— 윤선도, 「견회요」 (연시조)

현대어 풀이

❶ 이 중에 병 없는 이 몸이 (아무런) **염려(근심)** 없이 늙
으리라.

❷ 그 밖의 다른 일이야 **염려(근심, 걱정)**할 필요가 있겠
는가?

046 | 사창 : 비단 창문(비단으로 바른 창, 여인이 거처하는 방의 창문)

작품 예시

어인 귀또리 지는 둘 새는 밤의 긴 소리 쟈른 소리 節節(절 절)이 슬픈 소리 제 혼자 우러 네어 **紗窓(사창)** 여왼 줌을 슬쓰리도 씨오는고야

— 작자 미상(사설시조)

현대어 풀이

어찌 된 귀뚜라미가 지는 달, 새는 밤에 긴 소리 짧은 소리, 마디마디 슬픈 소리 저 혼자 계속 울어, **비단 창문** 안의 얕은 잠을 살뜰히도(잘도) 깨우는구나.

→ '옥창, 규방'도 '사창'과 함께 '여인이 거처하는 곳'을 일컫는 말임.

047 | 삼경 : 밤 11시~새벽 1시, 깊은 밤

작품 예시

❶ 내 언제 信(신)이 업서 님을 언제 소겻관딕
  月沈(월침) **三更(삼경)**에 온 뜻이 전혀 업닉   — 황진이(시조)

❷ **삼경**에 못 든 잠을 사경 말에 비로소 들어
  상사(相思)하던 우리 님을 꿈 가운데 해후하니
                          — 작자 미상, 「춘면곡」 (가사)

현대어 풀이

❶ 내 언제 믿음이 없어 임을 언제 속였기에
  달빛이 침침한(흐릿한) **삼경(깊은 밤)**에도 임이 오시는 소리가 전혀 없네.

❷ **삼경(밤 11시~새벽 1시)**에 못 든 잠을 사경(새벽 1시~3시) 말에 비로소 들어
  그리워하던 우리 임을 꿈에서 만나니

● **'시간'을 가리키는 어휘**

  ❶ 초경 : 저녁 7시~9시   ❷ 이경 : 밤 9시~11시   ❸ 삼경(=자시) : 밤 11시~새벽 1시
  ❹ 사경 : 새벽 1시~3시   ❺ 오경 : 새벽 3시~5시

048 | 삼기다 : 생기다(태어나다, 만들다)

작품 예시

❶ 이 몸 **삼기실** 제 님을 조차 **삼기시니**, 흥싱 緣연分분이 며 하늘 모를 일이런가.
                          — 정철, 「사미인곡」 (가사)

❷ 화형제(和兄弟) 신붕우(信朋友) 외다 흐리 뉘 이시리.
  그 밧긔 남은 일이야 **삼긴** 딕로 살렷노라.
                          — 박인로, 「누항사」 (가사)

❸ 어버이 그릴 줄은 처엄부터 알아마는
  님군 향한 뜻도 하날이 **삼겨시니**
  진실로 님군을 잊으면 그 불효(不孝)인가 여기노라.
                          — 윤선도, 「견회요」 (연시조)

현대어 풀이

❶ 이 몸이 **생길(태어날)** 때 임을 좇아서 **생기니(태어나니)**, 한평생 인연임을 하늘이 모를 일이던가?

❷ 형제간에 화목하고 벗끼리 신의 있게 사귀는 일을 그르다(고) 할 사람이 누가 있겠는가?
  그 밖의 나머지 일이야 **생긴(타고난)** 대로 살아가겠노라.

❸ 어버이 그리워할 줄은 처음부터 알았지만
  임금을 향한 뜻도 하늘이 **생기게 하였으니**
  진실로 임금(=충성)을 잊으면 그것이 불효인가 여기노라.

세우 : 가는 비 → 가랑비

작품 예시

❶ 프르락 블그락 여트락 지트락 斜陽(사양)과 섯거디어 **細雨(세우)**조츠 쐬리는다.
　　　　　　　　　　　　　　　　　　　　- 송순, 「면앙정가」 (가사)

❷ 엊그제 겨을 지나 새봄이 도라오니, 桃花杏花(도화 행화)는 夕陽裏(석양리)예 픠여 잇고, 綠楊芳草(녹양방초)는 細雨中(세우 중)에 프르도다.
　　　　　　　　　　　　　　　　　　　　- 정극인, 「상춘곡」 (가사)

현대어 풀이

❶ 푸르락붉으락 옅으락짙으락 석양과 섞어져서 **가랑비**조차 뿌리는구나.

❷ 엊그제 겨울 지나 새봄이 돌아오니, 도화(복숭아꽃)와 행화(살구꽃)는 석양 속에 피어 있고, 녹양(푸른 버들)과 방초(향기로운 풀)는 **가랑비 속**에 푸르도다.

● '세우' 외에 '봄'의 계절감을 나타내는 어휘

작품 예시

❶ **동풍**
　• **東동風풍**이 건듯 부러 積적雪셜을 헤텨 내니
　　　　　　　　　　　　　　- 정철, 「사미인곡」 (가사)

❷ **도화**
　• **桃花杏花(도화 행화)**는 夕陽裏(석양리)예 픠여 잇고
　　　　　　　　　　　　　　- 정극인, 「상춘곡」 (가사)

❸ **이화**
　• **梨花(이화)**에 月白(월백)ㅎ고 銀漢(은한)이 삼경인 제
　　　　　　　　　　　　　　- 이조년, 「다정가」 (시조)

❹ **산람**
　• 흰구름 브흰 煙霞(연하) 프로니는 **山嵐(산람)**이라.
　　　　　　　　　　　　　　- 송순, 「면앙정가」 (가사)

현대어 풀이

❶ 동풍(=춘풍=화풍=샛바람) : 봄바람
　• **동풍(봄바람)**이 문득 불어 쌓인 눈을 헤쳐 내니

❷ 도화 : 복숭아꽃, 행화 : 살구꽃
　• **도화(복숭아꽃)**와 **행화(살구꽃)**는 석양 속에 피어 있고

❸ 이화 : 배꽃
　• **배꽃**에 달빛이 비추고 은하수는 삼경(밤 11시~새벽 1시)을 알리는 때에

❹ 산람 : 산 아지랑이
　• 흰구름, 뿌연 연하(안개와 노을), 푸른 것은 **산 아지랑이**로구나.

-손딕 / -의손딕 : ~에게

작품 예시

❶ 묏버들 갈히 것거 보내노라 님**의손딕**
　　　　　　　　　　　　　　- 홍랑 (시조)

❷ 이리로셔 져리로 갈 제 내 消息(소식) 들어다가 님의게 傳(전)ㅎ고 져리로셔 이리로 올 제 님의 消息(소식) 드러 내**손딕** 브듸 들러 傳(전)ㅎ여 주렴.
　　　　　　　　　　　　- 작자 미상 (사설시조)

현대어 풀이

❶ 묏버들 (중에서 좋은 것을) 가려 꺾어 보내노라, 임**에게**

❷ 여기에서 저리로 갈 때 내 소식 들어다가 임에게 전하고 저기에서 여기로 올 때 임의 소식 들어 나**에게** 부디 들러 전하여 주렴.

051 쇼 : 소(牛)

작품 예시

❶ 자브온 손 암**쇼** 노히시고   - 견우노옹, 「헌화가」 (향가)

❷ 므쇠로 한**쇼**를 디여다가   - 작자 미상, 「정석가」 (고려 가요)

❸ 연년(年年)에 이러ᄒ기 구차(苟且)흔 줄 알건만는,
    쇼 업슨 궁가(窮家)애 혜염 만하 왓삽노라.

         - 박인로, 「누항사」 (가사)

현대어 풀이

❶ 잡고 있는 손 암**소**를 놓게 하시고

❷ 무쇠로 큰 **소**(황소)를 지어다가(만들어다가)

❸ 해마다 이렇게 하기 구차한 줄 알지마는,
    소 없는 궁가(가난한 집)에서 걱정이 많아 왔습니다.

● **구분해서 알아 두어야 하는 어휘**

소(沼) : 연못

작품 예시

울었던가 말았던가 베갯머리 **소(沼)** 이뤘네.
그것도 **소**이라고 거위 한 쌍 오리 한 쌍
쌍쌍이 때 들어오네.   - 작자 미상, 「시집살이 노래」 (민요)

현대어 풀이

울었던가 말았던가 베갯머리에 (눈물이) **연못**을 이루었네.
그것도 **연못**이라고 거위 한 쌍 오리 한 쌍이
쌍쌍이 때를 맞추어 들어오네.

052 수이 : 쉽게(쉬이), 빨리

작품 예시

❶ 댜룬 희 **수이** 디여 긴 밤을 고초 안자   - 정철, 「사미인곡」 (가사)

❷ 靑山裏(청산리) 碧溪水(벽계수) ㅣ야 **수이** 감을 자랑 마
라.   - 황진이(시조)

현대어 풀이

❶ 짧은 해가 **쉽게(빨리)** 떨어지고 긴 밤을 꼿꼿이 앉아

❷ 청산 속 벽계수(푸른 시냇물, 또는 벽계수라는 인물)
야, **쉽게(빨리)** 감을 자랑하지 마라.

053 슬ㅋ장(슬ㅋ지) : 실컷, 마음껏

작품 예시

❶ 十십里리 氷빙紈환을 다리고 고텨 다려, 長댱松숑 울흔
소개 **슬ㅋ장** 펴뎌시니   - 정철, 「관동별곡」 (가사)

❷ ᄆᆞᅀᆞᆷ의 머근 말ᄉᆞᆷ **슬ㅋ장** 숣쟈 ᄒ니 눈믈이 바라 나니
말인들 어이ᄒ며   - 정철, 「속미인곡」 (가사)

❸ 슈국(水國)의 ᄀᆞ올히 드니 고기마다 술져 잇다
만경딩파(萬頃澄波)에 **슬ㅋ지** 용여(容興)ᄒᆞ쟈

         - 윤선도, 「어부사시사」 (연시조)

현대어 풀이

❶ 십리 빙환(십 리나 되는 얼음같이 흰 비단)을 다리고
다시 다려, (그와 같은 호수가) 큰 소나무 우거진 숲
속에 **실컷(마음껏)** 펼쳐져 있으니

❷ 마음에 먹은 말씀 **실컷** 아뢰고자 하니, 눈물이 연달
아 나니 말인들 어찌하며

❸ 어촌에 가을이 되니 고기마다 살쪄 있다.
만경징파(넓게 펼쳐진 맑은 물결)에서 **실컷** 용여하
자(느긋한 마음으로 여유 있게 놀자).

슳다(1) : 싫다

작품 예시

❶ 내해 죠타 하고 남 **슬흔** 일 하지 말며 — 변계량(시조)

❷ 아츔이 낫브거니 나조히라 **슬홀소냐**. — 송순, 「면앙정가」 (가사)

❸ 늬 貧賤(빈천) **슬히** 너겨 손을 헤다 물너가며

— 박인로, 「누항사」 (가사)

현대어 풀이

❶ 내게 좋다고 해서 남이 **싫어하는** 일 하지 말며

❷ 아침으로 부족하니 저녁이라고 **싫겠느냐?** (싫지 않다)

❸ 내가 가난함을 **싫게** 여겨 손을 내젓는다고 (가난함이) 물러가며

● **구분해서 알아 두어야 하는 어휘**

슳다(2) : 슬퍼하다

작품 예시

❶ **슬홀스라온뎌**

고우닐 스싀옴 녈셔. — 작자 미상, 「동동」 (고려 가요)

❷ 여희여슈믈 **슬호니** 새 므오믈 놀래노라.

— 두보, 「춘망」 (언해)

❸ 잔(盞) 자바 권(勸)홀 이 업스니 그를 **슬허 ᄒ노라**.

— 임제(시조)

현대어 풀이

❶ **슬프구나**

고운 이(사랑하는 임)와 (갈라져) 제각기 지내는구나.

❷ (가족과) 이별함을 **슬퍼하니** 새 소리도 (내) 마음을 놀라게 한다.

❸ (황진이가 세상을 떠나) 잔을 잡아 권할 이 없으니 그것을 **슬퍼하노라**.

싀어디여 : 죽어서, 죽은 후에

작품 예시

❶ 출하리 **싀어디여** 범나븨 되오리라. — 정철, 「사미인곡」 (가사)

❷ 출하리 **싀어디여** 落낙月월이나 되야이셔 님 겨신 窓창 안히 번드시 비최리라. — 정철, 「속미인곡」 (가사)

현대어 풀이

❶ 차라리 **죽어서** 범나비가 되리라.

❷ 차라리 **죽어서** 낙월(지는 달)이나 되어 임 계신 창 안에 환하게 비치리라.

시비 : 사립문

작품 예시

❶ **柴扉(시비)**예 거러 보고, 亭子(정자)애 안자 보니

— 정극인, 「상춘곡」 (가사)

❷ 봄으란 언제 줍고 고기란 언제 낙고 **柴扉(시비)**란 뉘 다 드며 딘 곳츠란 뉘 쓸려뇨. — 송순, 「면앙정가」 (가사)

❸ 山村(산촌)에 눈이 오니 돌길이 무쳐셰라.

柴扉(시비)를 여지 마라, 날 츠즈리 뉘 이시리. — 신흠(시조)

현대어 풀이

❶ **사립문** 주변을 걸어 보고, 정자에 앉아 보니

❷ 밤은 언제 줍고 고기는 언제 낚으며, **사립문**은 누가 닫으며 진(떨어진) 꽃은 누가 쓸겠는가?

❸ 산촌에 눈이 오니 돌길이 묻혔구나.

사립문을 열지 마라, (길이 막혔으니) (묻혀 사는) 나를 찾을 사람이 누가 있겠느냐?

실솔 : 귀뚜라미

작품 예시

❶ 님 글인 상사몽(相思夢)이 **실솔**의 넉시 되야
　추야장(秋夜長) 깁푼 밤에 님의 방에 드럿다가
　날 닛고 깁히 든 잠을 깨와 볼까 하노라. ㅡ 박효관(시조)

❷ 가을 들 방(房)에 들고 **실솔(蟋蟀)**이 상(床)에 울 제,
　긴 한숨 디는 눈물 속절업시 헴만 만타.
　　　　　　　　　　　　　ㅡ 허난설헌, 「규원가」(가사)

현대어 풀이

❶ 님을 그리워하며 꾼 꿈이 **귀뚜라미**의 넋이 되어
　긴 가을밤 깊은 밤에 임의 방에 들어가서
　나를 잊고 깊이 잠든 임을 깨워 볼까 하노라.

❷ 가을 달이 방에 비치고 **귀뚜라미**가 침상에서 울 때,
　긴 한숨 떨어지는 눈물 속절없이 생각만 많다.

● '실솔'외에 '가을'의 계절감을 나타내는 어휘

작품 예시

❶ 서리

• **즌 서리** 빠진 후의 산 빗치 錦繡(금슈)로다.
　　　　　　　　　　　　ㅡ 송순, 「면앙정가」(가사)

• 흐ㄹ밤 **서리**김의 기러기 우러 녤 제
　　　　　　　　　　　　ㅡ 정철, 「사미인곡」(가사)

• **서리** 까마귀 우지짖고 지나가는 초라한 지붕
　　　　　　　　　　　　ㅡ 정지용, 「향수」(현대시)

❷ 기러기

• 흐ㄹ밤 서리김의 **기러기** 우러 녤 제 　ㅡ 정철, 「사미인곡」(가사)
• **그려기** 떳는 밧긔 못 보던 뫼 뵈ᄂ고야.
　　　　　　　　　　　　ㅡ 윤선도, 「어부사시사」(연시조)

❸ 황운(黃雲)

• 黃雲(황운)은 쏘 엇디 萬頃(만경)에 퍼겨 디오.
　　　　　　　　　　　　ㅡ 송순, 「면앙정가」(가사)

• 서풍(西風)에 익ᄂ 빗츤 **황운(黃雲)**이 이러ᄂ다.
　　　　　　　　　　　　ㅡ 정학유, 「농가월령가」(가사)

[예외] 전쟁의 기운 ← 황운
ㅂ람 조친 **황운(黃雲)**은 원근(遠近)에 사혀 잇고,
아득ᄒ 창파(滄波)ᄂ 긴 하늘과 ᄒ 빗칠쇠.
　　　　　　　　　　　　ㅡ 박인로, 「선상탄」(가사)

현대어 풀이

❶ 서리

• **된서리** 빠진 후에 산 빛이 금수(수놓은 비단)와 같도다.

• 하룻밤 **서리** 내릴 무렵에 기러기 울며 날아갈 때

• **서리** 까마귀 울며 지저귀고 지나가는 초라한 지붕

❷ 기러기

• 하룻밤 서리 내릴 무렵에 **기러기** 울며 날아갈 때
• **기러기** 떠 있는 밖에 못 보던 산이 보이는구나.

❸ 황운 : 누렇게 익은 곡식
• **누렇게 익은 곡식**은 또 어찌 넓은 들에 펼쳐져 있는고?

• 서풍에 익는 빛은 **누런 구름(누렇게 익은 곡식)**이 이
　는 듯하다.

[예외] 전쟁의 기운(○), 누렇게 익은 곡식(×)
바람을 쫓는 **황운(가시지 않은 전쟁의 기운)**은 원근(먼
곳과 가까운 곳)에 쌓여 있고,
아득한 푸른 물결은 긴 하늘과 같은 빛이로구나.

058 아ᅀᅡ놀 : 앗음을, 빼앗음을

작품 예시	현대어 풀이
둘은 내해엇고 둘흔 뉘해언고. 본딕 내해다마른 **아ᅀᅡ놀** 엇디ᄒᆞ릿고. — 처용, 「처용가」 (향가)	둘은 내 것이었고 둘은 누구 것인고. 본디 내 것이다마는 **빼앗음을(빼앗긴 것을)** 어찌하리오.

● 구분해서 알아 두어야 하는 어휘

아ᅀᅳ : 아우

작품 예시	현대어 풀이
어와 뎌 **아ᅀᅳ**야 어마님 너 ᄉᆞ랑이아. — 주세붕, 「오륜가」 (연시조)	아아, 저 **아우**야 너는 어머님의 사랑이로다.

059 안(온) : 마음

작품 예시	현대어 풀이
❶ 나모도 바히돌도 업슨 뫼헤 매게 쪼친 가토리 **안**과 대천 바다 한가온대 〈중략〉 도사공의 **안**과 엇그제 님 여흰 내 **안**히야 엇다가 ᄀᆞ을ᄒᆞ리오. — 작자 미상(사설시조)	❶ 나무도 바윗돌도 없는 산에 매에게 쫓긴 까투리의 **마음**과 넓은 바다 한가운데 〈중략〉 도사공의 **마음**과 엇그제 임과 이별한 내 **마음**이야 어디다 비교하리오.
❷ 져 물도 닉 **온(안)** ᄀᆞᆺᄒᆞ여 우러 밤길 녜놋다. — 왕방연(시조)	❷ 저 물도 내 **마음** 같아서 울어 밤길 가는구나.

060 암향 : 그윽이 풍기는 매화 향기

작품 예시	현대어 풀이
❶ ᄀᆞᆺ득 冷닝淡담ᄒᆞᆫ딕 **暗암香향**은 므ᄉ 일고. — 정철, 「사미인곡」 (가사)	❶ 가뜩이나 냉담한데(차고 담담한데) **그윽이 풍기는 매화 향기**는 무슨 일인가?
❷ 쵹(燭) 줍고 가까이 ᄉᆞ랑헐 제 **암향(暗香)**조ᄎᆞ 부동(浮動)터라. — 안민영, 「매화사」 (연시조)	❷ 촛불 잡고 (매화를) 가까이 사랑할 때 **그윽한 매화 향기**마저 떠도는구나.

● '매화'를 가리키는 어휘
  ❶ 암향(暗香) : 그윽이 풍기는 향기. '매화 향기'를 이름.
  ❷ 아치고절(雅致孤節) : 우아한 풍치와 고상한 절개
  ❸ 빙자옥질(氷姿玉質) : 얼음(빙수)같이 투명한 자태와 옥(구슬) 같이 뛰어난 자질(바탕, 성품)

061 어리다 : 어리석다 ※ 어리석다 → 나이가적다 (의미 이동)

작품 예시

❶ **어린** 百빅姓셩이 니르고져 홇 배 이셔도 - 「훈민정음언해」 (언해)

❷ 무음이 **어린** 後(후) l 니 ᄒᄂᆞᆫ 일이 다 **어리다.** - 서경덕 (시조)

❸ 내 일 망녕된 줄 내라 하여 모랄 손가.
이 마음 **어리기도** 님 위한 탓이로세. - 윤선도, 「견회요」 (연시조)

현대어 풀이

❶ **어리석은** 백성이 이르고자 (말하고자) 하는 바가 있어도

❷ 마음이 **어리석은** 후이니 하는 일이 다 **어리석다.**

❸ 내 일이 잘못된 줄을 나라고 하여 모르겠는가?
이 마음 **어리석은** 것도 임 (임금)을 위한 탓이로구나.

→ '**어리고** 성귄* 매화(梅畵) 너를 밋지 아녓더니 (안민영의 연시조 「매화사」)'에서는 '어리고'가 '연약하고'의 의미로 쓰였다.
*성귄 (성기다) : 성긴. 드문드문한 [반] 조밀한, 빽빽한

062 어엿브다 : 불쌍하다 (가엾다) ※ 불쌍하다 → 예쁘다 (의미 이동)

작품 예시

❶ 내 이룰 爲윙ᄒᆞ야 **어엿비** 너겨 - 「훈민정음언해」 (언해)

❷ **어엿븐** 그림재 날 조출 뿐이로다. - 정철, 「속미인곡」 (가사)

현대어 풀이

❶ 내가 이것을 **불쌍하게 (가엾게)** 여겨

❷ **불쌍한 (가엾은)** 그림자 나를 따를 뿐이로다.

063 얼우다 : 얼리다, 얼게 하다

작품 예시

❶ ᄀᆞ로매 빅 업거늘 **얼우시고** ᄯ또 노기시니
- 정인지 외, 「용비어천가」 (악장)

❷ 아무리 **얼우려** 흔들 봄 뜻이야 앗을소냐.
- 안민영, 「매화사」 (연시조)

현대어 풀이

❶ 강에 배가 없거늘 (강을) **얼게 하시고** 또 녹게 하시니

❷ 아무리 (추운 날씨가 매화 가지를) **얼리려고 (얼게 하려고)** 한들 봄 뜻 (겨울의 추위 속에서 봄을 기다리는 마음)이야 빼앗을 수 있겠느냐?

064 여히다 : 여의다, 이별하다

작품 예시

❶ **여히**므론 아즐가 **여히**므론 질삼뵈 ᄇᆞ리시고
괴시란ᄃᆡ 아즐가 괴시란ᄃᆡ 우러곰 좃니노이다.
- 작자 미상, 「서경별곡」 (고려 가요)

❷ 그 바미 우미 도다 삭나거시아
有德 (유덕)ᄒᆞ신 님믈 **여히ᄋᆞ와지이다**
- 작자 미상, 「정석가」 (고려 가요)

현대어 풀이

❶ (임과) **이별하기**보다는 아즐가 (조흥구) (임과) **이별하기**보다는 길쌈 (하던) 베를 버리고서라도
사랑해 주신다면 아즐가 (조흥구) 사랑해 주신다면
울면서 (임을) 쫓아가겠습니다.

❷ 그 밤이 움이 돋아 싹이 나야만
유덕하신 임을 **이별하고 싶습니다** (절대 이별하고 싶지 않습니다).

065 | **연하(煙霞)** : 안개와 노을 → '자연'을 말함.

작품 예시

❶ **연하(煙霞)**로 집을 삼고 풍월(風月)로 벗을 사마
태평성대(太平聖代)에 병(病)으로 늘거 가네
이즁에 ᄇᆞ라는 일은 허믈이나 업고쟈

- 이황, 「도산십이곡」 (연시조)

❷ 흰구름 브흰 **煙霞(연하)** 프로니는 山嵐(산람)이라.

- 송순, 「면앙정가」 (가사)

❸ **煙霞**日輝(**연하**일휘)는 錦繡(금수)를 재폇는 듯

- 정극인, 「상춘곡」 (가사)

현대어 풀이

❶ **안개와 노을(자연)**로 집을 삼고 풍월(바람과 달)로 벗(친구)을 삼아
태평성대에 병(자연을 사랑하는 마음을 말함.)으로 늙어 가는구나.
이 중에 바라는 일은 허물이나 없고자 한다.

❷ 흰구름, 뿌연 **안개와 노을**, 푸른 것은 산 아지랑이로구나.

❸ **안개와 노을(연하)**, 빛나는 햇살(일휘)은 금수(수놓은 비단)를 펼쳐 놓은 듯하구나.

● **'자연을 사랑하는 마음'을 나타내는 어휘**
　❶ 연하고질(煙霞痼疾) : 안개와 노을(＝자연)을 사랑하는 마음이 강해 병(고질병)이 될 정도임.
　❷ 천석고황(泉石膏肓) : 샘과 돌(＝자연)을 사랑하는 마음이 강해 병(고황, 낫기 어려운 불치병)이 될 정도임.
　➔ '연하고질, 천석고황'은 '강호(江湖)에 병이 깁퍼'로 시작하는 정철의 가사 「관동별곡」에서의 '병'과 의미가 통한다.

066 | **외다** : 그르다, 옳지 않다

작품 예시

❶ 슬프나 즐거오나 옳다 하나 **외다** 하나
내 몸의 해올 일만 닦고 닦을 뿐이언정

- 윤선도, 「견회요」 (연시조)

❷ 화형제(和兄弟) 신붕우(信朋友) **외다** ᄒᆞ리 뉘 이시리.

- 박인로, 「누항사」 (가사)

❸ 어제 옳던 말이 오늘에야 **왼** 줄 알고
뉘우친 마음이야 없다야 하랴마는

- 안조환, 「만언사」 (가사)

현대어 풀이

❶ 슬프나 즐거우나 옳다고 하거나 **그르다**(고) 하거나
내 몸의 할 일만 닦고 닦을 뿐이로다.

❷ 형제간에 화목하고 벗끼리 신의 있게 사귀는 일을 **그르다**(고) 할 사람이 누가 있겠는가?

❸ 어제는 옳던 말이 오늘에야 **그른** 줄 알고
뉘우친 마음이 없다고 할까마는(뉘우쳤다는 뜻임.)

067 | **외오** : 외따로, 외로이, 외롭게

작품 예시

❶ 平평生ᄉᆡᆼ애 願원ᄒᆞ요ᄃᆡ ᄒᆞᆫᄃᆡ 녜쟈 ᄒᆞ얏더니,
늙거야 므스 일로 **외오** 두고 글이는고. - 정철, 「사미인곡」 (가사)

❷ 즈믄 ᄒᆡ를 **외오곰*** 녀신ᄃᆞᆯ
신(信)잇ᄃᆞᆫ 그츠리잇가.

- 작자 미상, 「정석가」 (고려 가요)

*외오곰 = 외오+곰(강조의 뜻을 나타내는 접미사)

현대어 풀이

❶ 평생에 원하되 (임과) 한데(함께) 지내고자 하였더니
늙어서 무슨 일로 **외따로** 두고 그리워하는가.

❷ 천 년을 **외로이** 지낸들(떨어져 살아간들)
믿음이야 끊어지겠습니까?

068 **우ㅎ** : 위 ※'우ㅎ'는 ㅎ 종성 체언임.

작품 예시

❶ 너른바회 **우희** 松竹(송죽)을 헤혀고 亭子(정자)룰 안쳐시니
— 송순, 「면앙정가」 (가사)

❷ 두터비 ᄑ리를 물고 두험 **우희** 치ᄃ라 안자
— 작자 미상 (사설시조)

❸ ᄎᄎ 나오더니 그 **우흐로** 적은 회오리밤 ᄀ흔 것이 븕기 호박 구슬 ᄀ고
— 의유당 김씨, 「동명일기」 (고전 수필)

현대어 풀이

❶ 너럭바위(반석) **위에** 송죽(소나무와 대나무)을 헤치고 정자(면앙정)를 앉혔으니

❷ 두꺼비가 파리를 물고 두엄(퇴비) **위에** 올라가 앉아

❸ 차차 나오더니, 그 **위로** 작은 회오리밤* 같은 것이 붉기가 호박 구슬 같고 (일출을 묘사한 장면)
* 회오리밤 : 밤송이 속에 외톨로 들어앉아 있는, 동그랗게 생긴 밤.

069 **이온** : 시든 ※이울다〉이울다(꽃이나잎이 시들다)

작품 예시

陰음崖애예 **이온** 플을 다 살와 내여ᄉ라.
— 정철, 「관동별곡」 (가사)

현대어 풀이

음애(그늘진 낭떠러지)에 **시든** 풀을 다 살려 내려무나.

070 **인간(人間), 인세(人世)** : 인간 세상, 속세

작품 예시

❶ **인간(人間)**을 도라보니 머도록 더옥 됴타
— 윤선도, 「어부사시사」 (연시조)

❷ 仙션界계ㄴ가 佛블界계ㄴ가 **人인間간**이 아니로다.
— 윤선도, 「어부사시사」 (연시조)

❸ **人間(인간)**을 쩌나와도 내 몸이 겨를 업다.
— 송순, 「면앙정가」 (가사)

❹ **人世(인세)**를 다 니젯거니 날 가는 줄룰 안가.
— 이현보, 「어부단가」 (연시조)

현대어 풀이

❶ **인간 세상(속세)**을 돌아보니 멀수록 더욱 좋다.

❷ 선계(신선의 세계)인가 불계(불교의 세계)인가 **인간 세계(속세)**가 아니로구나.

❸ **인간 세상(속세)**을 떠나왔지만 내 몸은 (자연을 즐기느라 바빠서 한가할) 틈이 없다.

❹ **인간 세상(속세)**을 모두 잊었거든 날(세월) 가는 줄을 알겠는가?(모른다.)

→ '인간 세상(속세)'의 의미를 지닌 '홍진(紅塵)'도 함께 알아 두자! ☞p.237

● '인간 세상(속세)'과 대조를 이루는 어휘
❶ 자연　❷ 믈외(☞p.231)　❸ 선계　❹ 불계

ㅈ

071 절로 : 저절로

작품 예시

❶ 江湖(강호)에 봄이 드니 미친 興(흥)이 **절로** 난다.

                                 - 맹사성, 「강호사시가」 (연시조)

❷ 청산(靑山)도 **절로 절로** 녹수(綠水)도 **절로 절로**

                                      - 송시열 (시조)

현대어 풀이

❶ 강호(자연)에 봄이 찾아오니 미친(참을 수 없는) 흥이 **저절로** 일어난다.

❷ 청산(푸른 산)도 **저절로** (된 것이며) 녹수(푸른 물)도 **저절로** (된 것이다)

072 져근덧 : 잠시 동안, 잠깐

작품 예시

❶ 春山(춘산)에 눈 녹인 바름 건듯 불고 간 듸 업다.

   져근덧 비러다가 마리 우희 불니고져.

                                    - 우탁 (시조)

❷ **져근덧** 녁力진盡ᄒ야 픗줌을 잠간 드니 - 정철, 「속미인곡」 (가사)

현대어 풀이

❶ 봄 산의 눈을 녹인 바람이 잠깐 불고 간 데 없다. **잠시 동안** (그 바람을) 빌려다가 머리 위에 불게 하고 싶구나(바람이 눈을 녹였듯이 흰 머리도 없애 주기를 바람).

❷ **잠시 동안**에 힘이 다하여 풋잠을 잠깐 드니

073 져재, 져지 : 저자에, 시장에

작품 예시

❶ **져재** 녀러신고요

   어긔야 즌 듸를 드듸욜셰라.   - 행상인의 아내, 「정읍사」 (고대 가요)

❷ 종루(鐘樓) **져지** 달리 파라 빅 사고 감 사고 유자(柚子) 사고 석류(石榴) 삿다.   - 김수장 (사설시조)

현대어 풀이

❶ **시장에** 가 계신가요? 어기야(조흥구) 진 데(위험한 곳)를 디딜까 두렵습니다.

❷ 종루 **시장에** 다리* 팔아 배 사고 감 사고 유자 사고 석류 샀다.

  *다리 : 예전에, 여자들이 머리숱이 많아 보이라고 덧넣었던 딴머리.

074 좋다(조타) : 깨끗하다(淨)

작품 예시

❶ 明沙(명사) **조흔** 믈에 잔 시어 부어 들고

                                  - 정극인, 「상춘곡」 (가사)

❷ 物外(믈외)예 **조흔** 일이 어부(漁父) 생애(生涯) 아니러냐.

                             - 윤선도, 「어부사시사」 (연시조)

❸ 淸江(청강)에 **좋이** 시슨 몸을 더러일까 ᄒ노라.

                                  - 정몽주의 어머니(시조)

현대어 풀이

❶ 맑은 모래(가 보이는) **깨끗한** 물에 잔을 씻어 (술을) 부어 들고

❷ 속세에서 벗어난 곳(자연)에 **깨끗한** 일이 어부의 생활이 아니겠는가?

❸ 맑은 강에서 **깨끗이** 씻은 (너의) 몸을 더럽힐까 (걱정)하노라.

● 구분해서 알아 두어야 하는 어휘

됴다(됴타) : 좋다(好)

작품 예시	현대어 풀이
❶ 인간(人間)을 도라보니 머도록 더옥 **됴타** — 윤선도, 「어부사시사」 (연시조)	❶ 인간 세상(속세)을 돌아보니 멀수록 더욱 **좋다**.
❷ 일이 **됴흔** 세계(世界) 눕대되 다 뵈고져. — 정철, 「관동별곡」 (가사)	❷ 이렇게 **좋은** 세계를 다른 사람 모두에게 보이고 싶구나.

---

075 | ## 즈믄 : 천(千)→오랜 시간

작품 예시	현대어 풀이
❶ **즈믄** 힐 長存(장존)ᄒ샬 藥(약)이라 받즙노이다. — 작자 미상, 「동동」 (고려 가요)	❶ **천** 년을 장존하실(오래 사실) 약이라(서) 바치옵니다.
❷ **즈믄** 히를 외오곰 녀신들 신(信)잇든 그츠리잇가. 작자 미상, 「정석가」 (고려 가요)	❷ **천** 년을 외로이 지낸들(임과 떨어져 살아간들) 믿음이야 끊어지겠습니까?

● '즈믄'과 같이 한자어의 유입에 따라 사라진 고유어들

작품 예시	현대어 풀이
❶ **온** • **온** 놈이 **온** 말을 ᄒ여도 님이 짐작ᄒ소셔. — 작자 미상, (사설시조)	❶ **온** : 백(百) → 모든(온갖), 많은 • **백(모든)** 사람이 **백 가지(온갖)** 말(헐뜯는 말)을 하더라도 임이 짐작하소서.
❷ **뫼**. ❸ **ᄀ룸** • 나라히 破亡(파망)ᄒ니 **뫼**과 **ᄀ룸**쑨 잇고 — 두보, 「춘망」 (언해)	❷ **뫼** : 산(山), ❸ **ᄀ룸** : 강(江) • 나라가 (반란군에게) 망하니 **산**과 **강**만 (남아) 있고

---

076 | ## 즛(즞) : 얼굴, 모습

작품 예시	현대어 풀이
❶ 二月(이월) 보로매, 아으 노피 현 燈(등)ㅅ블 다호라. 萬人(만인) 비취실 **즈싀**샷다. — 작자 미상, 「동동」 (고려 가요)	❶ 2월 보름에 아아, 높이 켜 놓은 등불 같구나. 만인을 비추실 **모습(얼굴)**이시도다.
❷ 아롬 나토샤온 **즈싀** 살쭘 디니져. — 득오, 「모죽지랑가」 (향가)	❷ 아름다움을 나타내신 **얼굴**이 주름살을 지니려 하는구나.

077 | -ㅋ니와 : 물론이거니와

<table>
<tr><td>작품 예시</td><td>현대어 풀이</td></tr>
<tr><td>

❶ 금자히 견화이셔 님의 옷 지어 내니, 手슈品품은 **ㅋ니와** 制졔度도도 ᄀᆞ줄시고.   – 정철, 「사미인곡」 (가사)

❷ 乾건坤곤이 閉폐塞식ᄒᆞ야 白ᄇᆡᆨ雪셜이 ᄒᆞᆫ 빗친 제, 사ᄅᆞᆷ은 **ㅋ니와** 늘새도 긋쳐 잇다.   – 정철, 「사미인곡」 (가사)

❸ 잡거니 밀거니 놉픈 뫼히 올라가니 구룸*은 **ㅋ니와** 안개는 므ᄉ 일고.   – 정철, 「속미인곡」 (가사)

</td><td>

❶ 금자(금으로 만든 자)에 겨누어서 (재어서) 임의 옷 지어 내니, 솜씨는 **물론이거니와** 격식도 갖추었구나.

❷ 하늘과 땅(온 세상)이 닫히고 막혀 (얼어붙어) 흰 눈이 한 빛이니(덮여 있으니), 사람은 **물론이거니와** 날짐승도 (자취가) 끊어져 있다.

❸ (나무를) 잡거니 밀거니 높은 산에 올라가니 구름은 **물론이거니와** 안개는 무슨 일인가?

</td></tr>
</table>

● '구름'이 함축하는 의미

<table>
<tr><td>작품 예시</td><td>현대어 풀이</td></tr>
<tr><td>

❶ 간신

• **구룸**이 無心(무심)튼 말이 아마도 虛浪(허랑)하다.
中天(중천)에 ᄯ셔 이셔 任意(임의)로 ᄃᆞ니면셔
구틱야 光明(광명)한 날빗ᄎᆞᆯ ᄯ라가며 덥ᄂᆞ니.   – 이존오(시조)

• 바다히 ᄯ셔날 제ᄂᆞ 萬만國국이 일위더니,
天텬中듕의 티ᄯᆞ니 毫호髮발을 혜리로다.
아마도 널**구룸** 근쳐의 머믈셰라.   – 정철, 「관동별곡」 (가사)

• 님의게 보내오려 님 겨신 듸 ᄇᆞ라보니,
山(산)인가 **구룸**인가 머흐도 머흘시고.   – 정철, 「사미인곡」 (가사)

• 白雪(백설)이 ᄌᆞ자진 골에 **구루미** 머흐레라.
반가온 梅花(매화)는 어ᄂᆞ 곳에 픠엿는고.
夕陽(석양)에 홀로 셔 이셔 갈 곳 몰라 ᄒᆞ노라.   – 이색(시조)

❷ 원통함을 달래 줄 대상

• 철령 높은 봉을 쉬어 넘는 저 **구름**아,
고신원루(孤臣寃淚)를 비 삼아 띄어다가,
임 계신 구중심처(九重深處)에 뿌려 본들 어떠리.   – 이항복(시조)

</td><td>

❶ 간신

• **구름**이 욕심이 없단 말이 아마도 허무맹랑하도다.
중천에 떠 있어 마음대로 다니면서
구태여 밝은 햇빛을 따라가며 덮는구나.

• (해가) 바다에서 솟아오를 때에는 온 세상이 흔들리는 듯하더니,
하늘에 치솟아 뜨니 가는 털까지 헤아릴 만하도다.
아마도 지나가는 **구름**이 (해 근처에) 머물까 두렵구나.

• (옷을) 임(임금)에게 보내려고 임 계신 곳을 바라보니,
산인가 **구름**인가 험하기도 험하구나.

• 흰눈이 잦아진 골짜기에 **구름이** 험하구나.
(나를) 반겨 줄 매화는 어느 곳에 피어 있는가?
석양에 홀로 서서 갈 곳 몰라 하노라.

❷ 원통함을 달래 줄 대상

• 철령 높은 봉우리를 쉬어 넘는 저 **구름**아,
고신원루(외로운 신하의 원통한 눈물)를 비로 만들어 띄워다가,
임 계신 구중심처(궁궐)에 뿌려 본들 어떠리.

</td></tr>
</table>

078 하 : ~아, ~야(호격 조사)

작품 예시

❶ 아소 님**하**, 도람 드르샤 괴오쇼셔.   — 정서, 「정과정」(고려 가요)

❷ 님금**하**, 아르쇼셔. 洛水(낙수)예 山行(산행) 가 이셔 하나 빌 미드니잇가.   — 정인지 외, 「용비어천가」(악장)

현대어 풀이

❶ 아아 임**아**(임**이여**), (마음을) 돌이켜 (내 사연을) 들으시고 (나를) 사랑해 주소서.

❷ 임금**이시여** 아소서. (하나라 태강왕처럼) 낙수에 사냥 가서 할아버지(우왕)의 공덕만을 믿었던 것입니까?

079 하다 : 많다(多)

작품 예시

❶ 널라와 시름 **한** 나도 자고 니러 우니로라   — 작자 미상, 「청산별곡」(고려 가요)

❷ 무춤내 제 쁘들 시러 펴디 몯홇 노미 **하니라**.   — 「훈민정음언해」(언해)

❸ 昭쇼陽양江강 느린 믈이 어드러로 든단 말고. 孤고臣신 去거國국에 白빅髮발도 **하도 할샤**.   — 정철, 「관동별곡」(가사)

현대어 풀이

❶ 너보다 시름(걱정) **많은** 나도 자고 일어나 울고 있도다.

❷ 마침내 제 뜻을 펴지 못하는 사람이 **많으니라**.

❸ 소양강에서 흘러내리는 물이 어디로 흘러든다는 말인가? 고신(외로운 신하)이 거국[나라(임금)를 떠남]에 흰머리(근심, 걱정)가 **많기도 많구나**.

● 구분해서 알아 두어야 하는 어휘

흐다 : 행하다(爲, 行)

작품 예시

눔이 **흐다** 흐고 의(義) 아니면 좃지 말니   — 변계량 (시조)

현대어 풀이

남(다른 사람)이 **한다**고 해서 옳은 일이 아니면 따라 하지 말라.

080 흐마 : 벌써, 이미

작품 예시

❶ 니미 나를 **흐마** 니즈시니잇가
아소 님하 도람 드르샤 괴오쇼셔   — 정서, 「정과정」(고려 가요)

❷ 엊그제 저멋더니 **흐마** 어이 다 늘거니.   — 허난설헌, 「규원가」(가사)

현대어 풀이

❶ 임이 나를 **벌써** 잊으셨습니까?
아, 임이시여. 돌려 들으시어 (나를) 사랑해 주소서.

❷ 엊그제 젊었더니 **벌써** 어찌 다 늙었는가?

훈디 : 한데(한곳)에서, 함께

작품 예시

❶ 넉시라도 님은 **훈디** 녀져라 아으 — 정서, 「정과정」 (고려 가요)

❷ 平평生싱애 願원ㅎ요디 **훈디** 녜쟈 ㅎ얏더니
— 정철, 「사미인곡」 (가사)

현대어 풀이

❶ 넋이라도 임과 **함께** 지내고 싶구나 아으(조흥구)

❷ 평생에 원하건대 (임과) **함께** 지내고자 하였더니

헌ᄉᄒ다 : 야단스럽다

작품 예시

❶ 어와, 造조化화翁옹이 **헌ᄉ토 헌ᄉᄒ셔**.
— 정철, 「관동별곡」 (가사)

❷ 칼로 물아 낸가, 붓으로 그려 낸가,
造化神功(조화 신공)이 物物(물물)마다 **헌ᄉ롭다**.
— 정극인, 「상춘곡」 (가사)

❸ 草木(초목) 다 진 후의 江山(강산)이 미몰커늘
造物(조물)이 **헌ᄉᄒ야** 氷雪(빙설)로 ᄭ루며 내니
— 송순, 「면앙정가」 (가사)

현대어 풀이

❶ 아아, 조물주의 솜씨가 **야단스럽기도 야단스럽구나**.

❷ 칼로 재단해 내었는가, 붓으로 그려 내었는가?
조물주의 신비로운 솜씨가 사물마다 **야단스럽구나**.

❸ 초목 다 진 후에 강산이 (눈에) 묻혔거늘
조물주가 **야단스러워** 빙설(얼음과 눈)로 꾸며 내니

혀다 : (불을) 켜다, (악기를) 켜다(연주하다)

작품 예시

❶ (불을) 켜다
• 二月(이월)ㅅ 보로매, 아으 노피 **현** 燈(등)ㅅ블 다호라.
— 작자 미상, 「동동」 (고려 가요)

• 房(방) 안에 **혓ᄂ** 燭(촉)불 눌과 離別(이별)ㅎ엿관디
— 이개 (시조)

❷ (악기를) 켜다(연주하다)
• 사ᄉ미 짒대예 올아셔 ᄒᆡ금(奚琴)을 **혀거를** 드로라.
— 작자 미상, 「청산별곡」 (고려 가요)

• 술이 닉엇거니 벗지라 업슬소냐. 블너며 ᄐ이며 **혀이며**
이아며 온갓지 소리로 醉興(취흥)을 비야거니 근심이라
이시며 시름이라 브터시랴.
— 송순, 「면앙정가」 (가사)

현대어 풀이

❶ (불을) 켜다
• 2월 보름에 아아, 높이 **켠(켜 놓은)** 등불 같구나.

• 방 안에 **켜 있는** 촛불, 누구와 이별하였기에

❷ (악기를) 켜다(연주하다)
• 사슴이 장대(긴 막대기)에 올라가서 해금(악기)을 **켜는 것**을 듣노라.

• 술이 익었거니 벗이라고 없겠는가? (노래를) 부르게 하며, (악기를) 타게 하며 **켜게(연주하게) 하며** 흔들며 온갖 소리로 취흥을 재촉하니 근심이라고 있으며 시름이라고 붙어 있겠는가?(없다.)

헤다 : 헤아리다(생각하다), (수효를) 세다

<table>
<tr><th>작품 예시</th><th>현대어 풀이</th></tr>
<tr>
<td>

❶ 헤아리다(생각하다)

• 누어 싱각ᄒ고 니러 안자 **헤여ᄒ니**
　 내 몸의 지은 죄 뫼ᄀᆞ티 빠혀시니
　　　　　　　　　　　　 – 정철, 「속미인곡」 (가사)

• 도로혀 풀쳐 **혜니** 이리ᄒᆞ여 어이ᄒᆞ리.
　　　　　　　　　　　　 – 허난설헌, 「규원가」 (가사)

❷ (수효를) 세다

• 믈결도 자도 잘샤 모래를 **헤리로다**.
　　　　　　　　　　　　 – 정철, 「관동별곡」 (가사)

</td>
<td>

❶ 헤아리다(생각하다)

• 누워 생각하고 일어나 앉아 **헤아리니(생각하니)**
　 내 몸의 지은 죄가 산같이 쌓였으니

• 돌이켜 풀어 **헤아리니(생각하니)** 이리하여(이렇게 살아서) 어찌하리.

❷ (수효를) 세다

• 물결이 잔잔하기도 잔잔하여 (물속의) 모래를 **셀 수 있겠구나.**

</td>
</tr>
</table>

● 함께 알아 두어야 하는 어휘

헴가림, 헤음(혜음) : 생각, 헤아림

<table>
<tr><th>작품 예시</th><th>현대어 풀이</th></tr>
<tr>
<td>

❶ 日日暮모脩슈竹듁의 **헴가림**도 하도 할샤.
　　　　　　　　　　　　 – 정철, 「사미인곡」 (가사)

❷ 簞瓢陋巷(단표누항)에 흣튼 **혜음** 아니 ᄒᆞ닉.
　　　　　　　　　　　　 – 정극인, 「상춘곡」 (가사)

</td>
<td>

❶ 해는 저물었는데 긴 대나무에 기대어 서서 (이런저런) **생각**이 많기도 많구나.

❷ 단표누항*(청빈한 선비의 생활)에 헛된 **생각*** 아니 하네.

　*헛된 생각 : 세속의 부귀와 공명을 얻고자 하는 생각을 말함.

</td>
</tr>
</table>

● '단표누항'과 유사한 의미를 지닌 어휘

❶ 단표누항(簞瓢陋巷) : 한 그릇 밥과 한 표주박의 마실 것

❷ 안빈낙도(安貧樂道) : 가난함을 편안하게 여기고도 즐김.

❸ 안분지족(安分知足) : 분수에 편안히 여기고 만족함을 앎.

❹ 박주산채(薄酒山菜) : 맛이 좋지 않은 술과 산나물

→ 이들은 모두 세속적인 명리(名利, 명예와 이익)를 멀리하고 소박한 삶에 만족하는 태도를 보여 주는 한자 성어들이다.

홍안 : 붉은 얼굴→젊고 아름다운 얼굴

<table>
<tr><th>작품 예시</th><th>현대어 풀이</th></tr>
<tr>
<td>

❶ 청초(靑草) 우거진 골에 자는다 누엇는다
　 홍안(紅顏)을 어듸 두고 백골(白骨)만 무쳣는다 – 임제(시조)

❷ 세상의 서룬 사람 수업다 ᄒᆞ려니와,
　 薄命(박명)ᄒᆞᆫ **紅顏(홍안)**이야 날 가투니 ᄯᅩ 이실가.
　　　　　　　　　　　　 – 허난설헌, 「규원가」 (가사)

</td>
<td>

❶ 푸른 풀이 우거진 골짜기에 자느냐 누웠느냐?
　 젊고 아름다운 얼굴을 어디에 두고 백골만 묻혔느냐?

❷ 세상에 서러운 사람이 수없이 많다지만
　 박명한(복이 없고 팔자가 사나운) **젊고 아름다운 얼굴**(을 가진 사람)이야 나 같은 이가 또 있을까?

</td>
</tr>
</table>

● '젊고 아름다운 얼굴'을 뜻하는 어휘

천연 여질(= 설빈 화안) 반 면목 가증

작품 예시

삼오(三五) 이팔(二八) 겨오 지나 **천연 여질(天然麗質)** 절로 이니 〈중략〉 **설빈 화안(雪□花顔)** 어딕 두고 면목가증(面目可憎) 되거고나.

— 허난설헌, 「규원가」 (가사)

현대어 풀이

열다섯, 열여섯 살을 겨우 지나면서 **타고난 아름다운 모습**이 저절로 나타나니 〈중략〉 **고운 머리와 아름다운 얼굴**은 어디 두고 보기도 싫은 모습이 되었구나.

---

086 | **홍진** : 붉은 먼지 → 인간 세상, 속세

작품 예시

❶ 구버눈 千尋綠水(천심 녹수) 도라보니 萬疊靑山(만첩 청산)
십장(十丈) **홍진(紅塵)**이 언매나 ᄀ롓눈고.

— 이현보, 「어부단가」 (연시조)

❷ **홍진(紅塵)**에 뭇친 분네 이내 生涯(생애) 엇더ᄒ고.

— 정극인, 「상춘곡」 (가사)

❸ 오두미(五斗米)를 위하여 **홍진(紅塵)**의 나지 마라.

— 이정, 「풍계육가」 (연시조)

현대어 풀이

❶ 굽어보면 천심 녹수(천 길이나 되는 푸른 물), 돌아보니 만첩 청산(만 겹이나 쌓인 푸른 산)
열 길이나 되는 **속세**가 얼마나 가려졌는가?

❷ **속세**에 묻혀 사는 분들이여, 이 나의 생활이 어떠한가?

❸ 오두미(닷 말의 쌀, 얼마 되지 않는 녹봉)를 위하여 **속세**에 나가지(벼슬하지) 마라.

---

087 | **희황** : 복희 황제의 시대, 태평성대

작품 예시

羲皇(희황)을 모롤러니 이 적이야 그로고야
神仙(신선)이 엇더턴지 이 몸이야 그로고야.

— 송순, 「면앙정가」 (가사)

현대어 풀이

희황(복희 황제, 그때의 태평성대)을 몰랐더니 이때야말로 그것(태평성대)이로구나.
신선이 어떤지 (몰랐더니) 이 몸이 그것(신선)이로구나.

● '태평성대'를 뜻하는 어휘

• **강구연월**(康衢煙月) : 크다 **강**, 거리 **구**, **연기**, 달 **월**
－번화한 큰 길거리에서 연기에 달빛이 은은하게 비치는 모습
→ 태평한 세상의 평화로운 풍경

• **고복격양**(鼓腹擊壤) : 치다 **고**(장고), 배 **복**(복부), 치다 **격**(공격), 흙 **양**(토양) － 배를 치고(두드리고) 흙을 침.
→ 배불리 먹고 흙덩이를 치는 놀이를 할 정도로 매우 살기 좋은 시절

• **요순 시절**(堯舜時節) : **요**임금, **순**임금, **시절** － 요임금과 순임금 시절
→ 요임금과 순임금이 덕으로 천하를 다스리던 태평한 시대

• **해불양파**(海不揚波) : 바다 **해**(해양), 아니다 **불**, 날리다 **양**(고양), **파도** － 바다에 파도가 일지 않음.
→ 임금의 선정(善政, 백성을 바르고 어질게 잘 다스림)으로 백성이 편안함.

고전 소설 빈출 어휘

ㄱ

001 가긍한 : **가**련하고(가엾고) **긍**휼히 여기는 → 가엾고 불쌍한

기출 "무지한 삼대는 들어라. 네 두 형의 혼백이 우리 진중에 갇히어 나가지 못하고 주야로 울며 애통하되 '소장의 동생 삼대의 머리를 마저 바치올 것이니 **가긍한** 혼백을 놓아 주옵소서.' 하며 주야로 **가긍한** 소리 진중에 낭자하거늘 네 아무리 살리고자 한들 어찌 살리리오?"

002 가로되 : 말하기를 ㊌ 왈(曰)

기출 길동이 대답해 **가로되**,
"신이 전하를 받들어 만세를 모실까 했으나, …"

003 각설 : 이때 ㊌ 차설(且說)
→ 고전 소설에서 새로운 이야기가 시작될 때 글머리에 쓰는 연결어의 일종

기출 **각설**, 뇌천풍이 분기탱천하여 도끼를 휘두르며 강남홍에게 덤벼들었지만 그녀는 태연히 웃으며 부용검을 들고 서서 꼼짝도 않았다.

004 간계(奸計) : **간**사한 **계**교(꾀)

기출 (매월이 말하기를)
"상공께서 숙영낭자를 의심하시기로 제가 마침 원통한 마음이 있던 차에 때를 타서 감히 **간계**를 행하였으니…"

005 겁(劫) : 길고 오랜 시간 → '겁나게(매우)'가 방언이지만 '**겁**나게 긴 시간'으로 기억하면 쉽게 익힐 수 있을 것! ㊁ 찰나

기출 (성진이 말하기를)
"사부의 은혜는 천만 **겁**이 지나도 갚기 어렵나이다."

006 경각(頃刻)에 : 눈 깜빡할 사이에. 아주 짧은 시간에

기출 (덕령이 왜적에게)
"내 몸이 상중이 아니면 너희 장졸의 머리를 이 종이같이 **경각**에 거두고자 하나니…"

007 경상(景狀) : 좋지 못한 모습

기출 (백현이) 슬피 우니, 그 **경상**은 차마 눈 뜨고 볼 수 없더라.

008 경하 : **경**사스러운 일을 축**하**함.

기출 (사씨가 두 부인에게)
"감히 뜰에 나가 **경하** 드리며 떠나시는 길을 바라볼 수 없습니다."

009 계교(計巧) : **계**산된 **교**묘함. → 꾀

기출 (임)경업이 돌아오는 패문이 (조정에) 왔거늘, (간신) 자점이 헤오되, '경업이 돌아오면 나의 **계교**를 이루지 못하리라.' 하고 상께 아뢰기를

010 계하(階下) : 층**계**(**계**단)의 아래(**하**단)

기출 (사명당이) 송정을 잡아 **계하**에 꿇게 하고

011 고두하며 : 머리를 조아리며

기출 성진이 **고두하며** 눈물을 흘려 가로되

012 고하다 : 어떤 사실을 알리거나 말하다.

기출 사자 돌아가 전말을 **고하니** 왜왕이 이 말을 듣고 머리를 숙이고 능히 할 말을 못하거늘

013 곡절(曲折) : 사정이나 까닭 → '우여**곡절**'을 떠올릴 것!

기출 아무리 생각해도 그 **곡절**을 헤아리지 못하여

014 곡직(曲直) : 굽음(**곡**선)과 곧음(**직**선). → 사리의 옳고 그름.

기출 송사의 **곡직**을 알진대 양쪽의 말을 들음만 같음이 없나니

015 과인(過人)하다 : **인**간의 능력을 초**과**하다. → (능력·재주·지식·덕망 등이) 보통 사람보다 뛰어나다.

기출 전우치 재주 **과인(過人)하기로**

> **과인(寡人)** : 임금이 스스로를 낮추어 이르던 말
>
> 기출 (임금이 말하기를)
> "**과인**이 박덕하여 곳곳에 도적이 일어나니…"

016 기병(起兵) : **병**사를 일으킴(**기**상).

기출 (유충렬이 말하기를)
"들사오니 폐하께옵서 남적을 치라 하시기로 **기병**하신단 말씀이 옳으니이까?"

ㄴ

017 낭자하다 : ❶ 여기저기 흩어져 어지럽다.

기출 춘풍의 다리에 유혈이 **낭자하거늘** 비장(관직명)이 보고 차마 더 치진 못하고

Tip **고두하며** | 고개를 아래로 두며

❷ 왁자지껄하고 시끄럽다.

기출 "주야로 가궁한 소리 진중에 **낭자하거늘** 네 아무리 살리고자 한들 어찌 살리리오?"

018 내당 : 안주인이 거처하는 방 윤 내실(內室)

기출 하루는 승상이 심사가 상쾌하여 정신을 깨달아 **내당**에 들어가 부인을 위로하여 말하기를

019 노복(奴僕) : 사내종

기출 (선군이) 화를 이기지 못하여 급히 밖에 나와 형구를 벌이고 모든 **노복**을 차례로 신문하였다.

ㄷ

020 대경(大驚) : 크게(확**대**) 놀람(**경**악).

기출 금방울 같은 것이 금광이 찬란하거늘, 막 씨 **대경**하여 괴이히 여기며 손으로 누르되 터지지 아니하고

021 대경실색(大驚失色) : 크게(확**대**) 놀라(**경**악) 얼굴**색**을 잃고(상**실**) 하얗게 질림.

기출 통판(관직명)이 딸 아이의 혼절함을 보고 **대경실색**하여 약을 갈아 입에 넣고 사지를 만지며 부르짖었다.

022 대로 : 크게(확**대**) 분**노**함.

기출 사명당이 **대로**하여 객사(숙소)에 좌기하고 무사에게 명하여 송정을 잡아 계하에 꿇게 하고

023 대성통곡(大聲痛哭) : 큰(확**대**) 음**성**으로 **통곡**함.

기출 (윤지경이) 바삐 빈소에 들어가 관을 붙들고 **대성통곡**하다가 기운이 막히니

024 대작(大作) : 크게(확**대**) 일어남(동**작**).

기출 뱃머리에 나서 보니 새파란 물결이며 울울울 바람 소리 풍랑이 **대작**하여 뱃전을 탕탕 치니

025 대저 : 대체로 보아서

기출 **대저** 도적을 잡는 법은 이전의 행각으로 잡는 것이지 앞으로 일어날 일로는 잡지 못할 것이니

026 대희(大喜) : 크게(확**대**) **희**열을 느낌. → 크게 기뻐함.
윤 대열(大悅)

기출 급히 집어 보니 나뭇잎 같은 것이로되 가늘게 썼으되 '보은초(報恩草)'라 하였거늘, 공이 **대희** 왈

027 돌연 : 갑자기 윤 홀연

기출 수백 년 전에 여기에서 어떤 사람이 나무를 얽어 집을 짓고 열매를 먹으며 칭호를 박 처사라 하고 살았는데 **돌연** 간 곳을 모르겠다.

028 득죄(得罪) : 죄를 얻음(획**득**).

기출 선관이 내려와 이르기를, "남두성이 옥황상제께 **득죄**하여 십 년 동안 허물을 쓰고 세상을 보지 못하게 하였는데, 죄악이 다 끝났다."

ㅁ

029 만경창파(萬頃蒼波) : **만** 이랑(頃 : 밭 넓이 단위인 '이랑 **경**')의 푸른(**창**공) **파**도 → 끝없이 넓고 넓은 바다를 이르는 말

기출 (유연수가 말하기를)
"부인(사씨)이 무슨 죄로 **만경창파(萬頃蒼波)**에 죽었느뇨?"

030 만단정회(萬端情懷) : 온갖(**만단**) 정과 **회**포

기출 (옥에 갇힌 춘향이) 상사일념(相思一念)* 끝에 (꿈속에서 이 도령을 만나) **만단정회(萬端情懷)**하는 차라
*상사일념 : 서로 그리워하는 한결같은 마음.

031 만조백관 : 조정의 모든 벼슬아치

기출 (토끼가 말하기를)
"너의 나라 **만조백관** 한날한시에 모두 다 몰살시키리라."

032 망연히 : 아무 생각 없이 멍하게

기출 강남홍이 **망연히** 깨닫지 못하여

033 면전 : 대**면**(얼굴을 마주 봄)하고 있는 앞(**전**후)

기출 (범이 북곽 선생을 꾸짖으며)
"이제 사정이 급해지자 **면전**에서 아첨을 떠니 누가 곧이듣겠느냐."

034 모해(謀害) : 음모(악한 꾀)를 꾸미며 남을 해침.

기출 '유씨'는 계교로 '이 부인'을 모해하여 죽을 위험에 빠뜨린다.

035 뫼 : 산(山)

기출 모친을 붙들어 한 뫼를 넘어가 부인을 바위틈에 앉히고 뫼에 올라 바라보니

036 무고(誣告) : 사실이 아닌 일을 거짓으로 꾸며 고발하는 일

기출 (배연령이) 황보박을 부추겨서, 평장사 백문현이 비밀히 변방의 오랑캐와 결탁하여 사직을 위태롭게 꾀한다고 무고(誣告)하게 하니

037 무도(無道) : 도덕이 ×(없음) → 말이나 행동이 도리에 어긋나서 막됨.

기출 (호랑이가 장쇠에게)
"네 어미 무도(無道)하여 애매한 자식(장화)을 모해하여 죽이니 어찌 하늘이 무심하리오?"

038 무색하여 : 겸연쩍고 부끄러워. 무안하여

기출 상공 부부는 선군에게 바로 이르지 아니하였다가 일이 이같이 탄로 남을 보고 도리어 무색하여 아무 말도 못 하거늘

039 미구(未久)에 : 오래지 않아

기출 하걸(夏桀)* 학정*으로 용봉*을 살해코 미구(未久)에 망국 되었으니

　*하걸 : 하나라의 걸왕
　*학정 : 포학하고 잔인한 정치 ㈜ 폭정
　*용봉 : 중국 하나라의 신하. 걸왕에게 간언하다 죽임을 당함.

ㅂ

040 박덕(薄德) : 덕이 적음(희박). ㈝ 후덕(厚德)

기출 상이 탄식하며 말하기를,
"과인이 박덕(薄德)하여 곳곳에 도적이 일어나니 어찌 한심치 아니하리오."

041 박명(薄命) : 남은 생명이 적음(희박). → 복이 없고 팔자가 사나움.

기출 "박명하다, 나(춘향)의 모녀."

042 박장대소(拍掌大笑) : 손바닥(장갑)으로 박수를 치며 크게(확대) 웃음(폭소, 미소).

기출 노승이 박장대소하고 가로되

043 반공(半空) : 반공중(반은 공중). 땅으로부터 그리 높지 않은 허공

기출 갑자기 바람결에 옥피리 소리가 아련히 반공에 퍼졌다.

044 발원(發願) : 신이나 부처에게 소원을 말함(발표).

기출 (김 진사가 말하기를)
"부처께 지성으로 발원하여 오래된 약속을 실천하리라."

045 방불(彷彿)하다 : 거의 비슷하다.

기출 호왕이 마음에 서운하나 그(임경업)와 방불한 자가 없는지라. 이에 장군더러 왈
"장군이 부마가 되어 부귀를 누림이 어떠하뇨?"

046 방성대곡(放聲大哭) : 소리(음성) 놓아(방치) 크게(확대) 곡(통곡)을 함. ㈜ 대성통곡(大聲痛哭)

기출 심씨 크게 노하여 쇠채찍을 잡고 소저(화빙선)를 치려 하니, 공자(화진)는 방성대곡(放聲大哭)한대

047 배회(徘徊) : (아무 목적 없이 이리저리) 돌아다님.

기출 누각 아래 푸른 난새와 붉은 봉황이 쌍쌍이 배회하며

048 범상(凡常)한 : 평범하고 일상적인. 예사로운 ㈜ 심상(尋常)한, 평범한

기출 "삼대는 용맹이 실로 범상한 장수가 아니라, 쉽사리 잡지 못할 것이니 내일은 강장이 먼저 나아가 싸우라."

049 벽력(霹靂) : 벼락

기출 홀연 벽력 소리 진동하며 천지 뒤눕는 듯하고

050 복록(福祿) : 타고난 복과 벼슬아치의 녹봉(급료)

기출 지금 배 승상은 가장 천자의 총애를 입어 위세와 복록을 이루어 그 권세가 두려울 만하거늘

051 복지(伏地) : 땅에 엎드림. → '복지부동(伏地不動, 땅에 엎드려 움직이지 않음.)'을 떠올릴 것!

기출 공중으로부터 옥저 소리 청아한 가운데 한 소년이 내려와 상께 복지(伏地)하거늘 상이 놀라 물어 가로되,

052 부마(駙馬) : 임금의 사위

기출 이때에 호왕의 딸 숙모공주가 있으니 천하절색이라. (호왕이) 부마를 구하더니

ⓣ **박명** | 가인박명('미인은 운명이 기박하고 목숨이 짧다'는 뜻). 이 말이 맞다면 나는 오래 살 듯!

053 분기(憤氣) : **분**한 생각이나 **기**운

기출 용흘대 정신이 아찔하나 **분기**를 참지 못하여 다시 정신을 차려

054 불시에 : 제**시**간이 아닌(아니다**불**) 때에. 뜻하지 아니한 때에

기출 뒤늦게야 특(김 진사의 노비)의 소행을 알고 노비 십여 명을 거느리고 가서 **불시에** 특의 집을 포위하고 수색을 했습니다.

055 불초자 : 아들이 부모에게 자기를 낮추어 이르는 말

기출 "소자는 십 년을 부모 걱정시키던 **불초자** 원(「김원전」의 주인공)이로소이다."

> **불초하여** : 못나고 어리석어
>
> 기출 제자가 **불초하여** 생각을 그릇되게 하여 죄를 지었으니

056 불측(不測)한 : 생각이나 행동 따위를 **측**량할 수 ×(없는), 괘씸하고 엉큼한

기출 (심씨가 화진에게)
"네 이놈 진아, 네가 성 부인의 위세를 빙자하고 선천을 우롱하여 적장자(嫡長子)* 자리를 빼앗고자 하나 하늘이 돕지 않아 대사(大事)가 틀어졌더니, 도리어 요망한 누이와 흉악한 종과 함께 **불측(不測)한** 일을 꾀하였도다."
*적장자 : 본처가 낳은 장자(맏아들).

057 비복(婢僕) : 계집종(노**비**)과 사내종

기출 **비복(婢僕)**들이 황황히(급하게) 중문 밖에 모여 흐느끼더니

ㅅ

058 사은(謝恩) : 받은 **은**혜에 대하여 감사히 여겨 **사**례함.

기출 (전)우치 지필을 받자와… 시냇가에 버들을 그려 가지가지 늘어지게 그리고 그 밑에 안장 지은 나귀를 그리고, 붓을 던진 후 **사은(謝恩)**하매

059 삼경 : 한밤중. 밤 11시~새벽 1시

기출 멀리 명나라 진영을 바라보니 조용히 등불만 깜빡이는데, **삼경**을 알리는 북소리가 울렸다.

060 상계(上界) : 천상계. 하늘 위(**상**층)의 세**계**

기출 그대는 나와 함께 **상계(上界)**에 올라가 즐겁게 노는 것이 어떻겠느냐?

061 상례(常禮) : 평**상**시의(보통의) **예**법

기출 송정이 분부 왈,
"**상례**로 대접하라. 제 비록 부처라 한들 어찌 곧이들으리오."

062 서자(庶子) : 첩이 낳은 아들

기출 홍 판서와 시비 춘섬 사이에서 **서자**로 태어난 길동

063 성혼(成婚) : **혼**인이 **성**사됨.

기출 (백선군이 말하기를)
"아버님 말씀은 지당하시나, 제 마음이 아직 급하지 아니합니다. 나중에 **성혼**하여도 늦지 아니하오니 그 말씀은 다시 이르지 마옵소서."

064 소저(小姐) : 처녀, 아가씨 윤 낭자(娘子)

기출 부인은 주파가 말한 대로 전하고 **소저**의 뜻을 물었다.

065 송사(訟事) : 소송하는 일(**사**건). 백성끼리 분쟁이 있을 때, 관부에 호소하여 판결을 구하던 일

기출 대개 **송사** 처리가 이같이 어려우니, 벼슬을 하는 자가 살피지 않으면 옳겠는가!

066 수말(首末) : 머리(**수**석)와 끝(**말**미)을 아울러 이르는 말 윤 전말(顚末)

기출 용왕이 원수의 겪은 일과 용자*를 구하여 돌아온 **수말**을 다 전해 듣고
*용자 : 용왕의 아들.

067 수작 : 서로 말을 주고받음.

기출 서대쥐와 더불어 좌정 후에 다람쥐 송사한 일을 두어 마디 **수작**하더니

068 수절 : 정**절**을 지킴(**수**호).

기출 동리자는 **수절**을 잘하는 과부였다.

069 시비(侍婢) : **시**중을 드는 노**비**(계집종)

기출 심씨 **시비(侍婢)**를 시켜 소저를 잡아 와서 꾸짖기를

> **시비(是非)** : 옳음과 그름. 또는 옳고 그름을 따지는 말다툼
>
> 기출 의논이 분분하자 공이 말했다.
> "내 들으니 처사의 딸이 재덕을 겸비했다 하기에 혼약했으니 괜한 **시비** 마시오."

070 **식경(食頃)** : **식**사를 할 만한 시간. 밥을 먹을 동안.
→ 잠깐 동안

기출 그 풀을 부인 입에 넣으니, **식경** 후에 부인이 몸을 운동하여 돌아눕거늘, 좌우가 울음을 그치고 수족(손발)을 주무르니 그제야 부인이 숨을 길게 쉬는지라.

071 **신언서판(身言書判)** : 예전에, 인물을 선택하는 데 표준으로 삼던 조건. 곧 **신**수, 말씨(**언**어), 문필(**서**책), **판**단력의 네 가지를 이름.

기출 (토끼가 마음속으로 말하기를)
'나 지닌 **신언서판(身言書判)** 눌릴 데가 없건마는…'

072 **신원(伸冤)** : **원**통함을 풀어 버림.

기출 (춘향이 말하기를)
"서산에 지는 해는 내일 다시 오련마는 불쌍한 춘향이는 한번 가면 어느 때 다시 올까. **신원(伸冤)**이나 하여 주오. 애고 애고, 내 신세야."

073 **심상히** : 예사롭게 ㈜ 범상히, 평범하게

기출 송정이 분부 왈,
"상례로 대접하라. 제 비록 부처라 한들 어찌 곧이들으리오."
하고 **심상히** 여기거늘

074 **심중(心中)에** : 마음속에

기출 너구리는 본래 음흉한 짐승이라 **심중에** 생각하되

ㅇ

075 **연고** : 일의 까닭 ㈜ 연유

기출 승상 부부와 비복(종)들이 그 **연고**를 알지 못하여 답답하여 밤낮 근심으로 지내는데

076 **연후(然後)에** : 그런 **후**에

기출 세상에 난 **연후에** 먹기는 고사하고 보거나 듣거나 하였어야지.

077 **염문(廉問)** : **염**탐하여 **문**의함. 사정이나 형편 따위를 몰래 물어봄.

기출 "예서 동헌이 마주치는데, 소리가 크게 나면 사또 **염문(廉問)**할 것이니, 잠깐 지체하옵소서."

078 **영욕(榮辱)** : **영**예와 치**욕**

기출 (월경 대사가 조웅의 어머니에게)
"공자(조웅)의 평생 **영욕(榮辱)**을 다 알았사오니 조금도 염려 마옵소서."

079 **완연히** : 뚜렷이

(성진이) 자신의 몸을 보니 백팔 염주가 걸려 있고 머리를 손으로 만져 보니 갓 깎은 머리털이 가칠가칠하였으니 **완연히** 소화상의 몸이요 전혀 대승상의 위의가 아니니

080 **왈(曰)** : 말하기를 ㈜ 가로되

기출 강남홍이 듣고 정신이 상쾌하여 문득 깨달아 **왈**

노왈 : **노**하여(화내어) 말하기를
기출 (너구리가) 소매를 떨치고 거짓 **노왈**

대왈 : **대**답하여 말하기를
기출 도인 왈, / "지나가다가 책 읽는 소리를 듣고 한번 보고자 왔거니와, 성명이 무엇이뇨."
대왈, / "위흥이로소이다."

문왈 : 물어(**문**의) 말하기를
기출 이때 문득 한 노인이 이르러 **문왈**,
"그대는 어떤 사람이관대 적막한 산중에서 이같이 방황하며 슬퍼하느뇨."

소왈 : 웃으며(미**소**) 말하기를
기출 태수가 **소왈**,
"벼슬이 높으니 이제 그 수하게 자던 잠과 둔하게 많이 먹던 양을 줄이는 것이 좋을까 하오."

주왈 : (임금께) 아뢰어 말하기를
기출 채만홍이 **주왈**,
"신의 소견은 철마를 만들어 불같이 달구고 사명당을 태우면 비록 부처라도 능히 살지 못하리이다."

답소 왈 : (대)**답**하여 웃고(미**소**) 말하기를
기출 설 태수가 **답소(答笑)** 왈,
"나는 비록 약한 남자이나 조강지처를 무단히 버리지 아니하니…"

대소 왈 : 크게(확**대**) 웃고(미**소**, 폭**소**) 말하기를
기출 원수가 **대소 왈**,
"급제한 후는 더 많이 먹히더이다."

잠소 왈 : 가만히 웃으며(미**소**) 말하기를
기출 원수가 **잠소(潛笑)** 왈,
"형이 과연 눈이 무디다 하리로다. 옛날 금주에서 소 먹이던 목동이었다가 양 승상의 둘째 사위가 된 이경작을 모르오?"

---

081 **용렬(庸劣)하다** : 사람이 변변하지 못하고 졸**렬**하다. ㈜ 못나다

기출 (유연수가 말하기를)
"내 당초에 혼미하고 **용렬(庸劣)하여** 요사한 말을 귀담아들어 현인(賢人, 사씨를 말함.)을 방출하고 …"

082 원수(元帥) : 으뜸[**원**단(설날)]장**수**

기출 **원수**가 창으로 춤추며 삼대의 우편*으로 달려들며 접전하니
*우편 : 오른편, 오른쪽.

083 위의(威儀) : **위**엄이 있고 예**의**가 있는 태도나 차림새

기출 여인의 **위의(威儀)**는 정제하고 그 몸가짐이 귀족집 처녀 같았다.

084 의구하다 : **구**태(옛 모습)에 **의**지하다. → 옛날 그대로 변함이 없다.

기출 산천은 **의구하나** 인걸(인재)은 간데없고

085 의뭉하여 : 겉으로는 어리석은 것처럼 보이면서 속으로는 엉큼하여

기출 별주부가 **의뭉하여** 토끼의 동정 보자 긴 목을 옴뜨리고 가만히 엎졌으니

086 입신양명(立身揚名) : 출세하여 세상에 이름을 떨침.

기출 연왕의 자녀 합 이십육에 아들 십육 인은 각각 **입신양명**하여 부귀영화를 누리고

ㅈ

087 작위 : 벼슬(공**작**, 백**작**)과 지**위**

기출 여러 대신이 교대로 상소를 올려 지극히 간하니 천자의 노여움이 누그러져서 소부의 **작위**를 거두고 애주 참군으로 강등시켜 당일로 압송케 하니라.

088 장졸(將卒) : 장**수**와 병**졸**을 아울러 이르던 말

기출 모든 **장졸**이 혼비백산하여 일시에 항복하니

089 재배(再拜) : 두 번(**재**차) 절함(세**배**).

기출 원이 고개를 숙여 **재배**하고 말하기를

090 저어하다 : 두려워하다.

기출 • 막 씨 기이히 여겨 남이 알까 **저어하여** (금방울을) 낮이면 막 속에 두고 밤이면 품속에 품고 자더니
• (간신 정한담 등이 말하기를)
"신 등은 **저어하건대** 유심의 말이 가달을 못 치게 하니 가달과 동심하여 내응*이 된 듯하니 유심의 목을 먼저 베고 가달을 치사이다."
*내응(內應) : 내부에서 몰래 적과 통함.

091 적강(謫降) : (신선이) 귀양살이(**적**소 – 유배지)하러 인간 세상으로 하**강**함(내려옴). 죄를 지어 인간계로 쫓겨남.

기출 소아(숙향의 전생의 이름)가 천상에서 득죄하여 김 상서 집에 **적강**한 뒤로 도적의 칼 아래 놀라게 하고

> **적강 화소(謫降話素)** : 적강 모티프. 주인공이 천상에서 죄를 지어 지상으로 내려와 살다가 다시 천상으로 돌아가는 화소(이야기의 최소 단위)
>
> **적강 화소가 들어 있는 고전 소설** : 김원전, 구운몽, 숙향전, 양산백전, 최고운전, 유충렬전, 소대성전 등

092 전말 : 처음부터 끝(**말**미)까지 일이 진행되어 온 경과 〔유〕 수말(首末)

기출 여러 시비들이 달려가 사씨에게 그 **전말**을 고하고 통곡하였다.

093 전장(戰場) : **전**쟁을 하는 **장**소. 전쟁터

기출 토번국이 당나라를 침공하니, 양소유가 대원수가 되어 **전장**에 나간다.

094 전폐(全廢)하다 : **전**부 **폐**지하다(그만두다). 주로 '식음을 전폐하다'와 같이 쓰임.

기출 낭자가 이 말을 듣고 크게 놀라 이날부터 식음을 **전폐하고** 자리에 누워 일어나지 못하니

095 조회(朝會) : 조정의 관리들이 아침(**조**반)에 모여(집**회**) 임금에게 문안드리고 정사를 아뢰던 일

기출 유 주부 **조회**하고 나오다가 이 말을 듣고 천자 앞에 들어가 엎드려 주왈

096 종시(終是) : 끝내

기출 (너구리가) 말을 마치며 나와 수풀 사이에 앉아 **종시** 들어가지 않는지라.

097 좌기(坐起) : 관아의 으뜸 벼슬에 있던 이가 출근하여 **좌**석에 앉아 일을 시작함(**기**점).

기출 날이 밝으매 세 짐승이 황새집에 모여 송사할새 황새놈이 대청에 **좌기**하고 무수한 날짐승이 좌우에 거행하는지라.

098 좌중(座中) : **좌**석의 가운데(**중**간). 여러 사람이 모인 자리

기출 눈물이 흘러내려 옷깃을 적시니, **좌중**의 여러 무리들도 슬퍼하고

099 **주렴(珠簾)** : 구슬 따위를 꿰어 만든 발

기출 **주렴** 뒤에서 선화가 촛불을 밝히고 악곡을 타고 있었다.

100 **줌치** : '주머니'의 옛말

기출 '수복강녕*', '태평안락*' 양편에 새긴 돈 붉은 **줌치**

> **의사줌치** : '생각(소원)을 들어주는 주머니' 정도의 의미로 쓰임.
>
> 기출 (토끼가 독수리에게) "수궁엘 들어갔더니 용왕께서 '의사줌치'를 하나 주십디다."

*수복강녕 : 오래 살고 복을 누리며 건강하고 평안함.
*태평안락 : 태평하고(근심이 없고) 편안하고 즐거움.

101 **중로(中路)에서** : 오가는 길(도로)의 **중**간에서

기출 (임경업이) 잡혀 오다가 **중로에서** 도망하여 남경으로 들어가

102 **짐짓** : ❶ 일부러

기출 공이 그 말뜻(호부호형하고 싶어 하는 길동의 마음)을 짐작했지만, **짐짓** 책망하여 말했다.

❷ 과연(아닌 게 아니라)

기출 (호왕의 공주가 임경업을 보고 말하기를)
"들어오는 걸음은 사자 모양이요 나가는 걸음은 범의 형용이니 **짐짓** 영웅이로되…"

> **진짓** : 진짜의, 참된
>
> 기출 (육관 대사가 말하기를)
> "어니(어느 것이) 거짓 것이요 어니 **진짓** 것인 줄 분변치 못하나니, 어제 성진과 소유가 어니는 **진짓** 꿈이요 어니는 꿈이 아니뇨?"

ㅊ

103 **차설(且說)** : 이때 🔵각설(却說)

→ 고전 소설에서 새로운 이야기가 시작될 때 글머리에 쓰는 연결어의 일종

기출 **차설**, 이때 혼인날이 임박하자 혼구를 찬란하게 차려 하인들을 거느리고 금강산으로 길을 떠날새

104 **차시(此時)** : 이때. 이 **시**각

기출 **차시**에 반씨는 정히 혼미하여 잠깐 졸더니

105 **차탄(嗟歎)** : 탄식하고 한**탄**함.

기출 태후 이 말을 들으시고 **차탄(嗟歎)**하여 가라사대

106 **창황** : 당황

기출 왜왕이 **창황** 중 눈을 들어 하늘을 치밀어 보니

107 **책망(責望)** : 실**망**하여 질**책**함(나무람).

기출 부인이 (김덕령을) **책망**하여 왈

108 **처소(處所)** : 거**처**하는 장**소**

기출 일을 마치고 함께 길동의 **처소**로 돌아오니

109 **청파(聽罷)에** : **청**취하는 것을 **파**하고(마치고). 다 들은 후에

기출 왕비 **청파(聽罷)에** 시녀 등을 대책*하사 왈
*대책(大責) : 크게(확**대**) 질**책**함(꾸짖음).

110 **초동(樵童)** : 땔나무를 하는 아이 → '**초동**급부(樵童汲婦, 나무할 초·아이 동·(물) 길을 급·아내 부) : 나무를 하는 아이와 물 긷는 여자, 즉 보통 사람'을 떠올릴 것

기출 **초동**이 미소를 지으며 답했다.

111 **초사(招辭)** : 공초. 범죄 사실에 대한 죄인의 진술

기출 비취가 **초사(招辭)**를 올려 말했습니다.

112 **추호(秋毫)도** : 조금도

기출 밝은 대낮에 어찌 **추호도** 거짓을 아뢰오리까?

113 **출사(出仕)** : 벼슬에 나아감.

기출 청(淸)이, 훗날 당나라에 **출사(出仕)**하여 벼슬이 내공봉에 이르렀으며

114 **침소(寢所)** : **침**대(**침**상)가 있는 장**소**. 사람이 잠을 자는 곳

기출 (부인은) 소저와 의논하고자 하여 주파를 기다리게 하고 손수 소저의 **침소**로 갔다.

ㅌ

115 **탄복(歎服)** : 감**탄**하여 마음으로 **복**종함.

기출 호왕이 경업의 강직함을 보고 **탄복**하며 맨 것을 풀고 손을 이끌어 올려 앉히고

116 **통분** : 원**통**하고 **분**함.

기출 조정에 벼슬하는 이들은 권세 다투기에만 눈이 붉고 가슴이 탈 뿐이요 백성의 고통은 모르는 듯 버려두니, 뜻 있는 이가 **통분**함이 이를 길 없더니

Tip **차탄** | 아차차~~ 탄식이 절로 나오는군! **창황** | 창피할 정도로 당황함.

ㅍ

117 필경 : 마침내. 끝내

기출 (임경업의) 기력이 점점 쇠진하여 아무리 용맹한들 천수를 어찌 도망하리요. **필경** 호병에게 잡히니

ㅎ

118 하계(下界) : 아래(이**하**)에 있는 세**계**. 사람이 사는 이 세상 [반] 천상계

기출 "나(강남홍)는 본디 천상의 별인데 인연을 맺어 잠깐 **하계(下界)**에 내려온 것이로다."

119 하례(賀禮) : 축**하**하여 **예**의를 차림.

기출 조정에 가득 찬 신하들이 만세를 불러 **하례**하였다.

120 하릴없이 : 달리 어떻게 할 도리가 없이. 어쩔 수 없이

기출 별주부가 **하릴없이** 토끼를 업고 세상을 나가는데

121 하직(下直) : ❶ 벼슬아치가 임금에게 작별을 아룀.

기출 이제 벼슬을 내리어 신의 소원을 풀어 주셨으니 전하를 **하직**하고 조선을 떠나가옵니다.

❷ 웃어른께 작별을 고함.

기출 소저(심청) 만류하지 못하고 따를 길이 없어 울며 (어머니와) **하직**하고 수정궁에 머물더라.

122 한림 : 학사원·한림원에 속한 벼슬

기출 하루는 유 **한림**이 일을 마치고 집에 돌아오니 석 낭중이란 사람이 편지를 보내 남쪽 지방이 고향인 동청이란 자를 천거했다. ※ 유 **한림** : **한림** 벼슬을 하는 유 씨 성을 가진 이

123 합 : 칼이나 창으로 싸울 때, 칼이나 창이 서로 마주치는 횟수를 세는 단위

기출 (용홀대와 계화가) 서로 싸워 사십여 **합**에 승부를 모르더니

124 항서 : 항복을 인정하는 문**서**

기출 (사명당이 말하기를)
"네 왕이 항복할진대 일찍이 **항서**를 드릴 것이어늘 어찌 감히 나를 속이려 하느냐."

125 허탄하다 : 거짓되고 미덥지 아니하다. [유] 허망하다

기출 공이 자기가 한 일을 돌아본즉 도리어 **허탄한지라**.

126 호병(胡兵) : 오랑캐의 **병**사

기출 (임경업이) **호병**에게 잡히니 **호병**이 배를 재촉하여 북경 지경에 다다르니

> **호국(胡國)** : 북방의 오랑캐가 사는 나라(**국**가)
> 기출 경업은 **호국**에 들어가 세자를 구해 낼 기회를 엿본다.
>
> **호군(胡軍)** : 오랑캐의 **군**사
> 기출 **호군**이 철통같이 포위하고, (임경업을) 잡으라 하는 소리 진동하거늘
>
> **호선(胡船)** : 오랑캐의 배(**선**박)
> 기출 경업이 놀라서 잠을 깨어 보니 무수한 **호선(胡船)**이 사면으로 에워싸고
>
> **호장(胡將)** : 오랑캐의 **장**수
> 기출 **호장(胡將)**이 조선 국왕의 항서를 받고 세자 대군을 볼모로 잡아 들어갈새
>
> **호적(胡敵)** : 오랑캐 **적**(**적**군)
> 기출 (임경업이) 낮이면 높은 데 올라 **호적(胡敵)**의 옴을 기다리더라.
>
> **호왕(胡王)** : 오랑캐의 **왕**(임금)
> 기출 이때 태자의 나이 13세라, **호왕**에게 호령하여 하는 말이

127 호사가(好事家) : 남의 **사**건(일)에 대해 말하기 좋아하는(선**호**) 사람(애**호**가)

기출 이는 반드시 **호사가**들이 내 가문을 지나치게 칭찬해서 규수댁을 속이려는 것입니다.

128 황망(慌忙) : 당황하여 허둥지둥함(공사다**망**). [유] 창황

기출 삼대의 죽음을 보고 적진이 대경 **황망**하여 일시에 도망하거늘

129 흔연히 : 기쁘거나 반가워 기분이 좋게

기출 서대쥐 오소리를 보고 **흔연히** 웃어 가로되

130 희롱하다 : ❶ 재미 삼아(유**희**) **농**담하다. → 놀리다.

기출 (양소유가 말하기를)
"사부는 어찌하여 정도(正道)로 소유를 인도하지 아니하고 환술(幻術)로써 **희롱하시나이까?**"

❷ 완상하다. → 즐겨 구경하다.

기출 이날, (양소유가) 양 부인과 육 낭자를 데리고 대에 올라 머리에 국화를 꽂고 추경(秋景, 가을 경치)을 **희롱할새**

(Tip) **허탄하다** | 허망해서 탄식하다. **245**